나의 트레이딩 룸으로 오라!
알렉산더 엘더의 신 심리투자기법

Come Into My Trading Room
Copyright©2002, Dr. Alexander Elder
Elder.com

이 책의 한국어판 저작권은 Dr. Alexander Elder와의 독점계약으로
(주)이레미디어에 있습니다.
저작권법에 의해 한국 내에서 보호를 받는 저작물이므로
무단전재와 무단복제를 금합니다.

알렉산더 엘더의 신(新) 심리투자기법

나의 트레이딩 룸으로 오라!

COME INTO MY TRADING ROOM

알렉산더 엘더 지음 조윤정 옮김

나의 캠프 참가자들에게

📖 **프롤로그**

"당신은 자유로워질 수 있다. 늘 똑같은 업무에서 벗어나 아무에게도 간섭받지 않고 세계 어느 곳에서든 살면서 일할 수 있다." 내 첫 책 『Trading for a Living』은 그런 말로 시작한다. 책이 출간된 이후 덕분에 주식 투자에 성공했다며 감사의 인사를 건네는 사람들과 만나고 사귀는 일이 나에게는 가장 큰 기쁨 가운데 하나가 됐다.

나는 일 년에 몇 차례 트레이더 캠프를 연다. 캠프 참가자들은 외딴 휴양지에 가서 한 주간 강도 높은 수업을 받는다. 어떤 주식 중개인은 풀타임 트레이더로 변신했다가 하던 일을 정리하고 평생의 꿈이었던 라틴 여인을 찾아 아예 리우데자네이루로 날아가 버렸다. 한 심리학자는 옵션 발행으로 큰 성공을 거둔 후 남편을 위해 일찍 은퇴했다. 그녀는 남편과 함께 버진 아일랜드로 이주하여 스스로 '호흡 맞춰 그물침대 흔들기'라고 부르는 놀이의 전문가가 되었다. 어떤 남자는 버몬트 주에 있는 산 하나를 통째로 구입하여 정상에다 집을 짓고 거기서 주식을 거래한다. 나는 모든 학생들이 성공하기를 바란다. 하지만 그게 그리 쉬운 일은 아니다.

주식 거래에서 성공하려면 몇 가지 타고난 능력이 요구된다. 자제심, 숫자 감각, 위험에 대한 내성이다. 이런 능력이 없다면, 주식은 아예 시작조차 하지 말기 바란다. 습관적으로 술을 마시고 담배도 끊지 못하는 풍보는 뛰어난 거래자가 되기 힘들다. 자제심이 부족하기 때문이다. 잔돈푼에 벌벌 떠는 좀생원 역시 늘 발생하는 시장 리스크를 못 견딜 것이며, 간단한 산수조차 하지 못하는 몽상가는 가격이 급변할 경우 정신을 잃어버리고 말 것이다.

성공적인 트레이딩에는 자제심, 위험 내성, 계산 능력 외에 세 가지(3M)가 더 필요하다. 정신(Mind), 기법(Method), 돈(Money)이다. '정신'은 시장 노이즈 가운데서도 침착함을 잃지 않게 해주는 심리적 원칙을 만들고 이를 지키는 것이다. '기법'은 주가를 분석하고 의사결정나무를 확립시켜주는 시스템이다. '돈'은 어떤 거래든 리스크를 거래자본의 일부로 한정시키는 자금관리를 뜻한다. 잠수함을 한번 생각해보자. 잠수함은 많은 격벽으로 나누어져 있기 때문에 일부가 침수되더라도 물에 가라앉지 않는다. 당신도 이런 식으로 계좌를 관리해야 한다. 심리, 거래 전술, 자금관리. 이런 기술은 누구나 충분히 배울 수 있다.

능력 있는 거래자가 되려면 얼마나 많은 시간이 걸리고 얼마나 많은 비용이 들까? 어떤 원칙을 세우고, 어떤 방법을 사용하고, 거래 자금을 어떤 식으로 나누어야 할까? 처음에 무엇을 공부하고, 두 번째, 세 번째는 무엇을 공부해야 할까? 어떤 시장에서 거래하고, 수익은 어느 정도나 기대해야 할까? 이런 질문이 흥미를 끈다면 당신은 제대로 된 책을 고른 것이다.

당신도 주식 거래에 성공할 수 있다. 예나 지금이나 아무것도 모르는 상태에서 시작하여 하나둘씩 배운 뒤 마침내 성공을 이룬 사람들은 많다. 큰

돈을 번 사람들도 있다. 그러나 또 다른 사람들은 무지나 자제심의 부족으로 실패한다. 이 책을 읽고 난 뒤라면, 무지가 문제가 되지는 않을 것이다. 이 책에서 나는 당신에게 거듭 고함을 지르면서 어떻게 해야 책임감과 자제심을 갖춘 전문 트레이더가 될 수 있는지 가르쳐줄 것이다.

거래는 자아를 발견하는 여행이다. 배우는 것을 좋아하고, 리스크를 두려워하지 않고, 주식 거래로 얻을 수 있는 수익에 관심이 있다면, 그리고 이 일을 할 준비가 되어 있다면, 당신 앞에는 이제 커다란 프로젝트가 놓여 있다. 열심히 공부하고, 그 과정에서 발견하는 여러 가지 사실들을 기쁘게 받아들이기 바란다.

성공을 빈다. 이제 시작해보자.

● 이 책은 어떻게 구성되어 있는가? ●

마음으로 쓰는 책은 저절로 그 방향이 생겨나는 법이다. 글은 쓰이는 과정에서 발전하고 변화한다. 누구나 계획을 갖고 시작할 테지만, 글은 스스로의 관성에 의해 앞으로 나아간다. 그래서 깨닫기도 전에 계획했던 것보다 훨씬 멀리 가게 된다.

나는 이 책을 3년 전에 구상했다. 멕시코에서 열린 트레이더 캠프를 마치고 나서 뉴욕으로 돌아오는 비행기 안에서였다. 캠프 참가자 중에는 평소보다 초보자들이 많았고, 많은 수가 여성이었다. 그들은 일테면 '얼간이를 위한 주식 투자' 같은 책을 쓸 수 없는지 나에게 끊임없이 물어왔다. 우리 그룹에 물론 얼간이는 없었다. 캠프에 참가한 사람들은 모두 똑똑하고 명민하고 의욕에 넘쳤다. 그러나 그들은 규칙과 도구에 대해 배울 필요가 있었다. 그래서 나는 '물가의 아기들을 위한 금융 거래'라는 제목으로 간략한 실용적 입문서를 써서 크리스마스 때까지 마무리 짓자는 생각을 했다.

결국 세 번의 크리스마스가 지난 뒤에야 책을 끝마쳤다. 기초 부분은 쉽다. 그러나 그 뒤에서 보다 심층적인 부분을 다루었는데, 여기서 나는 『Trading for a Living』이 발간되고 나서 9년 동안 얻은 깨달음을 사람들과 나누고 싶었다. 나는 새로운 지표와 체계를 만들어냈다. 자금관리 기법은 보다 견실해졌으며, 새로운 기록 방법도 고안해냈다. 수백 명의 거래자들과 함께 일해본 경험 덕분에 나는 사람들에게 어떻게 거래 습관을 바꿔야 하는지 알려줄 수 있다. 내 충고를 듣는다면 무계획적으로 시장에 들어갔다 나왔다 하는 습관을 버리고 침착한 전문가적 방식으로 거래를 할 수 있게 될 것이다. 몇 분을 들여 이 책이 어떻게 구성되었는지 읽어보면 내가 그렇게 말할 수 있는 이유를 충분히 납득할 것이다.

1부 '물가의 아기를 위한 금융 거래'는 주로 주식 거래에 막 흥미를 느끼기 시작한 초보자들을 위해 씌어졌다. 여기서는 성공적인 거래를 위해 필수적으로 마스터해야 할 주제들을 다루고, 중요한 함정 앞에서 나타나는 위험 신호들에 관해 설명했다. 경험 많은 거래자들에게도 충분히 유익한 내용이 될 것이다. 특히 그전까지 주식 책에서 한 번도 제대로 다루어진 적이 없는 성공의 외부적 장벽들과 효율적 시장 이론에 대한 비판은 무엇보다 관심을 끌 것이다.

2부 '성공적인 거래를 위한 세 가지 M'에서는 주식 거래의 세 가지 핵심적인 측면을 가르쳐줄 것이다. 바로 정신, 기법, 돈이다. 정신은 거래 심리를 말하고, 기법은 거래할 주식을 찾고 시장에 들어갈지 나올지를 결정하는 방법을 말하며, 돈은 장기적 생존과 성공을 위한 거래자본의 관리를 의미한다. 일단 심리적 원칙들을 검토한 뒤 내가 아끼는 분석 도구들에 대해 설명할 것이다. 그중 일부는 지금까지 어디에서도 한 번도 얘기한 적이 없는 것들이다. 우리는 시스템 테스트, 데이 트레이딩, 손실제한주문을 하는 새로운 방법에 대해서도 논할 것이다. 단계별 자금관리 전략 역시 그전까지 다른 주식 책에서 다루어진 적이 한 번도 없다.

3부 '나의 트레이딩 룸으로'도 새로운 지식과 정보를 제공한다. 나는 당신에게 어떻게 시간과 노력을 구성해야 하는지에 대해 올바른 지침을 제공하고 기록을 제대로 관리하는 방법을 알려줄 것이다. 기록의 작성과 관리는 성공적인 거래의 보증수표다. 기록관리를 잘해두면 성공뿐만 아니라 실패에서도 많은 것을 얻을 수 있다. 당신도 기록을 관리해야 한다는 것을 알 테지만, 그것을 정확히 어떻게 해야 하는지 배우게 될 것이다. 여기까지 읽고 나면, 아무도 당신을 '물가의 아기'라고 부르지는 못할 것이다.

이 책은 시간을 들여 표시를 하면서 천천히 읽어야 한다. 흥미로운 부분은 반복해서 읽기 바란다. 이 책은 20년간의 거래와 강의 경험이 녹아 있는 책이다. 쓰는 데만 3년이 걸렸다. 이 책의 가치를 충분히 깨달으려면 한 번 정도 읽는 것으로는 부족할 것이다. 이제 차트 소프트웨어를 열고, 거래 기록들을 보고, 거래 데이터에 개념을 적용해보라. 이런 개념이나 아이디어들을 자기 자신의 것으로 만들어주는 것은 테스트밖에 없다.

'나의 트레이딩 룸'을 떠날 무렵이면 거래자로서 당신은 한층 더 높고 명석하며 성공적인 수준에 도달해 있을 것이다.

● 남성인가 여성인가? ●

거의 모든 논픽션 작가들은 딜레마에 직면한다. 어떤 인칭대명사를 사용할 것인가 하는 문제다. '그'라고 할까? '그녀'라고 할까? '그 혹은 그녀'라고 할까?

　　남성 거래자는 약 20대 1의 비율로 여성 거래자보다 많다. 하지만 여성들이 주식시장에 점점 더 많이 들어오면서부터, 이 비율은 균형점 쪽으로 신속하게 이동하고 있다. 상당히 수준 높은 부류의 거래자들이 참여하는 우리의 트레이더 캠프는 원래 남성이 압도적으로 많았다가 이제는 남녀의 비율이 거의 비슷한 단계에 이르렀다.

　　나는 오히려 여성 중에 성공적인 거래자들의 비율이 더 높다는 것을 발견했다. 여성은 남성보다 덜 오만하다. 오만은 주식 거래에서 치명적이다. 남성의 자아는—태곳적부터 우리를 전쟁과 반역, 유혈극으로 이끌었던 이 놀라운 작용 주체는—주식 거래에서는 덫이 된다. 남자는 차트를 연구하고 매수를 결정하는 일에 자존심을 건다. 그의 결정은 반드시 옳아야 한다! 시장이 예측대로 흘러가면, 그는 자신의 결정이 훨씬 더 옳다는 것을 증명하려고 한다. 수익이 클수록 좋은 것이다. 반면 시장이 예측을 벗어나면, 그는 시장이 반전하여 자신이 옳다는 것이 밝혀질 때까지 강한 의지로 고통을 견디며 기다린다. 그동안에 그의 계좌는 폐허가 된다.

　　반면 여성 거래자는 한 가지 단순한 문제에 집중한다. 돈은 어디 있는가? 여자들은 대개 자신이 옳다는 것을 증명하기보다는 이익을 취하고 손실을 피하는 데 신경을 쓴다. 여자들은 바람이 불어오는 방향에 몸을 맡기고 흐름을 타며 추세를 쫓고 한 발 먼저 나와 이익을 취하려는 경향이 강하다. 내가 기록관리가 주식 거래의 성공에서 엄청나게 중요한 한 가지 요소라고 말하면, 남자들보다는 여자들이 훨씬 더 새겨듣는다. 따라서 거래자를 고용할 때는 모든 조건이 동등하다 싶으면, 여성을 택하는 것이 좋다.

하지만 아직 거래자는 여성보다 남성이 훨씬 많다. 영어라는 언어를 고려하면, '그 또는 그녀'를 사용하는 것보다 그리고 두 인칭대명사를 번갈아 사용하는 것보다 '그'를 사용하는 것이 훨씬 더 부드러운 흐름이 될 것이다. 책읽기를 편하기 하기 위해, 이 책에서는 줄곧 남성대명사를 사용했다. 이런 선택에는 여성에게 무례를 범할 의도가 조금도 개입되어 있지 않음을 이해해주리라 믿는다. 나는 이 책이 성별에 상관없이 세상 어느 곳에서든 모든 사람들에게 좀더 쉽게 읽히기를 바랄 뿐이다.

알렉산더 엘더

📖 차례

프롤로그

1부 | 물가의 아기를 위한 금융 거래

1장 | 투자인가? 거래인가? 도박인가? · 23
현명한 투자자 · 23
현명한 거래자 · 25
　●효율적 시장 이론　●가격이란 무엇인가?
현명한 도박꾼? · 32

2장 | 어떤 시장을 거래해야 하는가? · 34
주식 · 35
선물 · 39
옵션 · 43

3장 | 첫 번째 단계 • 49

성공을 가로막는 장벽 • 50
●거래 비용이라?! ●수수료 ●체결오차 ●부대 비용

장비를 갖추자 • 61
●자본 규모 ●하드웨어와 소프트웨어 ●데이터

분석과 거래 • 73
●기본적 분석 ●기술적 분석 ●매수 및 매도 시점

2부 | 성공적인 거래를 위한 세 가지 M

4장 | 정신 – 자제심으로 무장한 거래자 • 87

시장을 돌아다니는 몽유병자 • 91
●중개인을 탓한다 ●전문가를 비난한다
●예기치 않았던 뉴스에 불평을 터뜨린다 ●소망적 사고

자기파괴 경향의 치료법 • 99
●패자들의 모임 ●사업상의 리스크 vs. 손실 ●전투

성숙한 거래자 • 110
●규율 ●기록관리 ●전투를 위한 훈련

5장 | 기법 – 기술적 분석 · 120

기본적인 차트 해석 · 122
●가격의 의미 ●캔들차트와 P&F차트 ●차트의 실제

지표: 다섯 발의 탄환 · 147
●도구의 선택 ●이동평균 ●채널 ●MACD 히스토그램 ●강도지수
●다섯 번째 탄환: 엘더-레이 ●사냥에 나설 준비가 되었는가?

6장 | 거래 · 206

시스템 테스트 · 210
●모의 거래

삼중 스크린 거래 시스템 · 215
●상충하는 지표들 ●상충하는 시간 스케일 ●삼중 스크린의 원칙
●스크린 1 ●스크린 2 ●스크린 3

데이 트레이딩 · 229
●플로어 트레이더들이 주는 교훈 ●기관 데이 트레이더들이 주는 교훈
●데이터 수집 ●심리의 문제 ●시장의 선택에 관하여 ●분석과 의사결정
●스크린 1 ●스크린 2 ●스크린 3
●데이 트레이딩, 하루를 넘길 것인가 말 것인가?
●개장 가격 범위 돌파 ●일일 계획

임펄스 시스템 · 259
●진입 ●청산 ●시장 온도계

거래의 청산 • 272
- 가격 목표점으로서의 채널
- 보호적 손실제한주문
- 안전영역 기법 ● 샹들리에 출구 전략

무엇을 거래해야 하나 • 299
- 주식 ● 옵션 ● 선물

7장 | 자금관리 원칙 • 348

계산에 능해야 한다 • 352
사업상의 리스크와 손실 • 354
- 손실은 일정한 비율을 넘는 피해다: 2퍼센트 원칙과 6퍼센트 원칙

치명적 손실을 피하기 위한 2퍼센트 원칙 • 356
- 어떤 거래든 손실을 거래 계좌에 있는 자본의 2퍼센트로 제한하라
- 선물: 거래에 적합한 시장들

연속적인 손실을 피하기 위한 6퍼센트 원칙 • 362
- 계좌 총액이 지난달 말보다 6퍼센트 이상 감소하면 그달의 나머지 기간 동안 거래를 중단하라

포지션 규모 • 368
자금관리 기법의 단계 • 373

3부 | 나의 트레이딩 룸으로 오라

8장 | 체계 잡힌 거래자 • 381
    거래 스프레드시트 • 383
    자본곡선 • 386
    거래일지 • 389
    행동 계획 • 392

9장 | 직업으로서의 거래 • 396
    자제와 겸손 • 400
        ● 자제심을 갖춘 거래자의 10가지 특징
    시간관리 • 406
        ● ABC 등급 시스템으로 시간관리 하기
    의사결정나무 • 415
        ● 거래 계획의 설계
    초보자, 준전문가, 전문가 • 426
        ● 초보자 ● 준전문가(노련한 아마추어 혹은 중급 거래자) ● 전문가
    프로가 되는 길 • 431

10장 | 나의 트레이딩 룸으로 오라 • 437

나의 거래일지 중에서 • 439
- 거래 1. CSCO(롱 포지션) ● 거래 2. GX(롱 포지션)
- 거래 3. PG(롱 포지션) ● 거래 4. IMPH(롱 포지션)
- 거래 5. OCA(숏 포지션) ● 거래 6. EBAY(숏 포지션)

에필로그: 이제 당신 차례다 • 464
감사의 말 • 467
참고문헌 • 470
저자 소개 • 476

PART 01

물가의 아기를 위한
금융 거래

COME INTO MY TRADING ROOM

PART 01

트레이더는 태어나는가 아니면 만들어지는가? 간단하게 답할 수 있는 문제는 아니다. 소질과 학습 양쪽 모두 중요하다. 하지만 그 비중은 사람마다 다르다. 스펙트럼의 한쪽 끝에는 천재가 태어나는데, 천재는 학습이 거의 필요치 않다. 스펙트럼의 다른 쪽 끝에는 도박꾼과 얼간이가 자리 잡고 있다. 이들에게는 누구도 도움을 줄 수 없다. 우리들 나머지는 스펙트럼의 가운데에 있는데 약간의 소질이 있지만 학습이 필요한 부류다.

천재는 책을 읽을 필요가 거의 없다. 시장에 대한 놀라운 감각을 타고났기 때문이다. 반면 도박꾼은 누가 아무리 뭐라 해도 아드레날린 분출의 쾌감에서 벗어나지 못한다. 이 책은 그 중간에 있는 보통의 거래자들을 위한 것이다.

CHAPTER 01
투자인가? 거래인가? 도박인가?

주식시장에 처음 들어가면 세 가지 길이 당신을 기다리고 있다. 이 세 길은 위험과 보물로 가득한 숲으로 이어져 있다. 첫 번째 길은 투자자들을 위한 길로 햇빛이 환한 지역을 지나간다. 이 길을 가는 대부분의 사람은 큰 부자가 되지는 않는다고 하더라도 쉽게 살아남을 수 있다. 거래자를 위한 또 다른 길은 당신을 깊은 숲 속으로 인도할 것이다. 많은 사람들이 중도에서 사라지겠지만 살아남는 사람은 부자가 되어 있을 것이다. 세 번째 길은 지름길이다. 도박꾼은 이 길을 가다가 늪에 빠질 게 뻔하다.

● 현명한 투자자 ●

투자자는 대다수가 기회를 깨닫기 전에 경제의 새로운 추세를 인식하고 투자에 나서서 이익을 얻는다. 똑똑한 투자자는 부산을 떨지 않고도 자신의 포지션을 지키면서 엄청난 수익을 올린다.

1970년대에 나는 보육시설 네트워크를 운영하는 킨더케어라는 회사의 주식을 샀다. 회사는 맥도널드 햄버거처럼 일관되고 신뢰할 만한 서비스를 제공하기 위해 노력했다. 킨더케어는 왼손과 오른손에, 그리고 앞가슴에 아이들을 주렁주렁 달고 있는 베이비붐 세대의 요구를 충족시켜주었다. 당시 내 친구들은 절반이 임신 중이었다. 미국에는 중요한 사회적 변화가 일어나고 있었고, 여성들이 직장에 나가는 숫자도 기록적으로 늘어났다. 누군가는 이 맞벌이 가정의 아이를 돌보아야 했고, 따라서 킨더케어의 주가는 새로운 사회의 추세를 등에 업고 큰 폭으로 상승했다.

AT&T는 장거리전화 사업을 독점하고 있었다. 하지만 1970년대 말 MCI라는 작고 무모한 신생 기업이 법적 분쟁에서 승리하면서 AT&T와 맞섰다. 바야흐로 탈규제의 시대가 시작되었고, 3달러에 팔리던 MCI―그 틈을 파고든 최초의 회사―의 주식은 이제 새로운 추세에 편승할 수 있는 또 다른 훌륭한 기회가 되었다.

몇 년 전 카리브 해에서 뉴욕으로 돌아올 때 조지라는 친구와 함께 비행기를 탄 적이 있다(그는 대부분의 사람들이 회사 이름조차 들어본 적이 없을 때 델의 주식을 3만 달러어치 사들여 백만장자가 되었다). 그는 기술적 분석의 도움으로 매수 후 3년 만에 최고가로 델의 주식을 모두 처분했다. 1등석 좌석에 느긋한 자세로 앉아 있던 조지는 인터넷 테크놀로지의 향후 추세를 파악하기 위해 몇 가지 투자 보고서를 읽고 있는 중이었다. 그는 얼마나 똑똑한가! 그로부터 일 년도 안 되어 인터넷주는 마치 중력도 없는 것처럼 고공행진을 했다.

이것이 투자의 매력이다. 델의 주식 상당량을 주당 4달러에 사서 몇 년 뒤 80달러에 팔 수 있다면, 종일 스크린 앞에 앉아 사소한 주가 움직임마다 눈에 불을 켜는 대신 훌훌 털고 휴양지로 떠나가 한 주 동안 느긋하게 즐길 수 있을 것이다.

그렇다면 단점은 무엇일까? 투자는 상당한 인내심과 엄청난 자신감을 요구한다. 크라이슬러가 파산의 위기에서 구조된 뒤 크라이슬러 주식을 사거나, 검색 엔진이 뭔지 아는 사람조차 드물 때 인터넷 검색 엔진 회사의 주식을 사려면 사회와 경제의 추세를 읽는 자신의 능력에 대해 엄청난 확신을 갖고 있어야 한다. 누구나 일이 일어나고 난 뒤에는 똑똑하다. 하지만 일이 일어난 초기에 똑똑한 사람은 드물다. 자신의 비전에 큰 몫을 걸고 그후로도 흔들리지 않을 만큼 심리적으로 강한 사람은 지극히 소수에 불과하다. 워렌 버핏이나 피터 린치처럼 줄곧 이런 식으로 행동할 수 있는 사람은 슈퍼스타로 각광을 받는다.

● 현명한 거래자 ●

거래자는 단기 주가 변동에 베팅을 하여 돈을 번다. 시장을 읽고 주가가 오를 것 같으면 주식을 매수하고 상승 추세가 끝날 무렵 주식을 매도한다는 것이 기본적인 아이디어다. 반대로 하락 추세에 돈을 걸 수도 있다. 하락세가 시작되었다는 판단이 나올 때 주식을 공매도했다가 하락세가 끝날 때 환매하면 된다. 개념은 간단하다. 그러나 실천은 어렵다.

뛰어난 분석가가 되는 것은 힘들다. 하지만 뛰어난 거래자가 되는 것은 더욱 힘들다. 초보자들은 종종 자신이 똑똑하고 컴퓨터를 다룰 줄 알고 하는 일마다 줄곧 성공해왔기 때문에 주식으로 쉽게 돈을 벌 수 있다고 믿는다. 당신은 성능 좋은 컴퓨터를 구입할 수 있고 나아가 검증된 거래 시스템을 구입할 수도 있다. 하지만 이것만으로 돈을 버는 일은 다리가 하나뿐인 삼발이 의자에 앉는 일과 비슷하다. 나머지 두 다리는 심리와 자금관리다.

마음의 균형을 잡는 것은 시장을 분석하는 것만큼이나 중요하다. 당신의 성격은 당신의 인식과 지각에 영향을 미친다. 따라서 성공과 실패의 핵심적인 측면이 된다. 불가피한 손실을 극복하고 장기적인 성공을 담보하기 위해서는 거래 계좌의 돈을 관리하는 것이 절대적으로 중요하다. 심리, 시장분석, 자금관리. 성공을 위해서는 이 세 가지 모두가 필수적이다.

군중 행동으로부터 이익을 얻는 데는 두 가지 방법이 있다. 첫 번째는 모멘텀 트레이딩이다. 물결이 일어나 군중을 훑고, 그래서 주가가 높아지기 시작할 때 주식을 매수하여 파고가 잦아들기 시작할 때 매도하는 방법이다. 새로운 추세를 조기에 확인하는 것은 쉬운 일이 아니다. 추세가 가속화되고 군중이 열광하기 시작하면 아마추어들은 마음을 빼앗긴다. 반면 프로들은 차분히 추세의 속도를 지켜본다. 그들은 군중이 원래 그렇듯 최면에 빠지자마자 반전을 기다리지 않고 이익을 취한다.

또 다른 방법은 역추세 전략이다. 주가 흐름의 이탈에 반대하여 정상 수준으로의 회복에 베팅하는 방법이다. 역추세 거래자들은 상향 돌파한 주가가 속도를 잃기 시작할 때 주식을 공매도하고 하락 추세가 약화될 때 환매한다. 초보자들은 역추세 매매를 매우 좋아한다("이때 사자! 주가가 더 이상 내려갈 리 없어!"). 그러나 이들 대부분은 추세가 좀처럼 반전하지 않아 꼼짝없이 당하고 마는 게 보통이다. 바람이 불어오는 방향으로 소변을 보는 사람은 옷이 더럽혀진다고 해서 불평할 자격이 없다. 프로들은 고통의 순간을 알리는 최초의 신호를 보자마자 도망칠 준비가 되어 있을 때만 역추세 거래를 한다. 반전을 예측하고 베팅하려면, 그전에 정교한 청산 전략과 자금관리 시스템을 갖추어놓아야 한다.

모멘텀 트레이더와 역추세 트레이더는 군중 행동의 두 가지 상반된 측면을 활용한다. 거래를 하기 전에 당신은 투자를 할지, 모멘텀 트레이딩을 할지, 역추세 트레이딩을 할지 결정해야 한다. 그리고 일단 거래에 들어가면, 계획대로 밀고 나가야 한다. 거래 중간에 전술을 바꾸지 말라. 그렇게 하면 승자가 가져갈 몫만 키워주는 꼴이 되고 말 것이다.

아마추어들은 줄곧 언제 거래에 진입할 것인가를 생각하는 반면, 프로들은 거래를 어떤 식으로 끝마칠까 고심한다. 그들은 또한 자금관리에 신경쓰면서, 현재의 시장조건 아래서 얼마만한 규모의 포지션을 취할지, 피라미딩pyramiding(수익을 내고 있는 포지션을 계속적으로 늘리는 거래 방법—옮긴이)을 할지 말지, 부분적으로 이익 실현을 할지 말지 등을 판단한다. 또한 거래 기록을 관리하는 데도 상당한 시간을 투자한다.

효율적 시장 이론

거래자는 불안한 소식이 들려오면 정신과 영혼, 온 존재를 바쳐 주식시장에서 이익을 취하려 한다. 효율적 시장 이론Efficient Market Theory에 따르면 그렇다. 효율적 시장 이론의 주요 지지자들은 학자들이다. 그들은 가격이 모든 가용한 시장 정보를 반영하고 있다고 주장한다. 사람들은 자신이 알고 있는 사실에 기반하여 거래를 하며, 최근의 가격은 시장에 관해 알려진 모든 사실을 드러낸다는 것이다. 이 이론의 지지자들은 이런 설득력 있는 주장으로부터 아무도 시장을 이길 수 없다는 흥미로운 결론을 이끌어냈다. 그들의 주장에 따르면, 시장은 모든 것을 알고 있다. 거래는 당신보다 많은 것을 알고 있는 누군가와 체스 게임을 하는 것과 같다. 따라서 시간과 돈을 낭비하지 않기 위해서는 포트폴리오를 지수화하고, 변동성에 따라 주식을 선택해야 할 것이다.

그렇다면 주식 거래로 큰돈을 버는 사람들은 어떻게 된 건가? 효율적 시장 이론가들은 승자는 단지 운이 좋았을 뿐이라고 설명한다. 그들의 얘기에 따르면 대부분의 사람들은 어느 순간 돈을 벌지라도 결국은 다시 시장에 돈을 토해놓을 수밖에 없다. 그렇다면 수십 년 동안 꾸준히 시장을 이겨온 사람들은 어떻게 설명해야 하는가? 20세기의 가장 위대한 투자자 중 한 명인 워렌 버핏은 사람들이 효율적이라고 믿는 시장에 투자를 하는 것은 카드를 보았자 별 소용이 없다고 믿는 사람들과 포커를 치는 것과 같다고 말한다.

나는 효율적 시장 이론이 시장에 관한 가장 올바른 견해 중 하나라고 생각하지만 한편으로는 대단히 쓸모없는 이론적 허구라고 믿는다. 시장이 군중을 구성하는 모든 개개 일원의 지적 능력을 반영한다는 이 이론의 주장은 옳다. 그러나 투자자와 거래자들이 이성적인 존재로 언제나 이익을 극대화하고 손실을 최소화하기 위해 행동한다는 가정에는 치명적인 결함이 있다. 이런 시각은 인간의 본성을 매우 이상화하고 있는 것이다.

대부분의 투자자들은 시장이 열리지 않는 주말에는 이성적인 사람들이다. 이때는 차분히 차트를 연구하면서 무엇을 사고팔지, 어느 지점에서 이익을 취할지, 언제 손절매를 할지 이성적으로 결정한다. 하지만 시장이 열리는 월요일이 되면, 아무리 신중하게 세운 계획이라고 해도 그들의 땀을 쥔 손 안에서는 모두 휴지조각이 되어버리고 만다.

거래와 투자는 일부는 이성적이며 일부는 감정적인 행위다. 사람들은 종종 충동에 사로잡혀 행동한다. 그런 행동이 자신에게 해가 된다고 하더라도 마찬가지다. 판돈을 긁어모은 도박꾼은 자신감에 넘쳐 매도 신호를 놓친다. 또한 시장에서 박살 나본 적이 있는 겁 많은 거래자는 과도하게 몸을 사린다. 그래서 주가가 조금이라도 하락하면 주식을 매도하여 자신의 원칙을 허물어뜨린다. 그러다가 주가가 상승하여 그가 정해놓은 원래의 이익 목표점을 훌쩍 넘어버리면, 그는 랠리를 놓쳤다는 자책을 견디지 못하고 생각해 두었던 진입 지점 훨씬 위에서 다시 매수 주문을 낸다. 그러면 주가는 상승을 멈추고 떨어지기 시작한다. 그는 처음에는 희망을 품고 그리고 나중에는 공포에 얼어붙어 바위처럼 사정없이 굴러 떨어지는 주가를 지켜본다. 마침내 그는 고통을 견디지 못하여 손실을 보고 주식을 전부 처분한다. 바로 바닥 근처에서. 이 같은 과정 어디에서 이성을 찾아볼 수 있겠는가? 원래의 매수 계획은 이성적일지 모르지만 실행 과정에서 감정의 격풍이 몰아쳤던 것이다.

감정적인 거래자는 최적의 장기적 이익을 추구하지 못한다. 그들은 아드레날린의 분출을 맛보는 데 미쳐 있거나 또는 덫이라고 생각되면 공포에 사로잡혀 필사적으로 거기서 벗어나려는 사람들이다. 주가는 이성적인 거래자와 투자자의 현명한 행동을 반영하지만, 한편으로는 난폭한 대중 히스테리를 반영하기도 한다. 이성적인 사람은 소수에 불과하다. 얼마 안 되는 그들 주위로는 머릿속이 뿌연 안개에 휩싸인 채 심장이 세차게 고동치고 손바닥에 흥건히 땀이 괸 사람들이 에워싸고 있다.

시장은 평평한, 즉 오르내림이 적은 거래 범위에서는 보다 효율적으로 작동한다. 이때는 사람들이 대개 머리(이성)를 쓴다. 하지만 추세가 진행되는 동안에는 시장이 점차 효율적으로 작동하지 않게 되는데, 사람들이 점점 더 감정적으로 행동하기 때문이다. 평평한 시장 흐름에서는 돈을 벌기가 어렵다. 당신의 적들이 상대적으로 차분하기 때문이다. 이성적인 사람들은 위험한 적이다. 빠르게 움직이는 추세에 열광적으로 반응하는 거래자들로부터 돈을 취하는 것이 훨씬 더 쉬운 일이다. 왜냐하면 감정적 행위는 보다 원시적이고 그만큼 예측이 쉽기 때문이다. 성공적인 거래자가 되려면 언제나 냉정과 침착함을 유지하고 흥분한 아마추어로부터 돈을 빼앗아 와야 한다.

사람들은 혼자 있을 때 이성적인 경향이 많고 군중이 되면서 충동적으로 변한다. 주식과 통화currency, 선물futures의 가격에 대한 열기 넘치는 집중과 관심은 거래자들을 하나의 군중으로 만든다. 가격이 조금이라도 올라가거나 내려감에 따라 세계에 널리 퍼져 있는 거래자들의 눈과 머리, 몸이 동시에 위로 아래로 움직인다. 시장은 피리를 위아래로 리드미컬하게 움직이며 뱀에게 최면을 거는 마술사처럼 거래자들에게 최면을 건다. 주가가 빠르게 움직이면 감정도 더 강해진다. 시장은 감정적일수록 효율을 잃고, 시장의 이런 비효율 상태로 인해 차분하고 자제심이 강한 거래자들이 이익을 얻을 수 있는 기회가 생겨난다.

이성적인 거래자들은 침착성을 유지하고 자신의 원칙을 지킴으로써 돈을 번다. 사방에는 탐욕에 눈이 먼 군중이 랠리를 쫓다가, 하락하는 시장에서 고통과 공포에 비명을 지르며 주식을 팔아치우는 거래자들로 가득 차 있다. 이런 와중에 똑똑한 거래자는 원칙을 고수한다. 시장을 읽고 거래를 하는 데는 기계적인 시스템을 사용할 수도 있고 자유재량에 따를 수도 있다. 하지만 어쨌든 그는 자신의 배짱보다는 원칙을 따른다. 이것이 그의 큰 장점이다. 분별력 있는 거래자는 효율적 시장 이론에 있는 커다란 구멍을 통해 돈을 쓸어 담는다. 투자자와 거래자가 이성적인 존재라는 가정이 바로 그 구멍이다. 대부분의 사람들은 이성적이지 않다. 승자만이 예외다.

가격이란 무엇인가?

각 거래는 매수자와 매도자 사이에 이루어지는 매매 행위다. 그들은 전화나 인터넷으로, 중개인을 통하거나 또는 직접 서로 만난다. 매수자는 매물을 가능한 싼 가격에 사고 싶어하는 반면 매도자는 가능한 한 비싼 가격에 팔고 싶어한다. 둘은 마음을 정하지 않은 거래자 군중이 주위를 에워싸고 있는 상황으로부터 압력을 받는다. 그들 군중이 언제 치고 들어와 거래를 채갈지 모른다.

거래는 탐욕스러운 매수자가 가격이 더 뛸 것을 두려워하여 1센트 더 높은 가격을 불렀을 때 성사된다. 혹은 겁 많은 매도자가 매물을 처리하지 못할지도 모른다는 두려움에 가격을 1센트 낮추는 데 동의했을 경우에도 이루어진다. 간혹 두려움 많은 매도자가, 차분히 때를 기다려오던 자제심 많은 매수자에게 매물을 쏟아붓기도 한다. 모든 거래에는 시장 군중의 행동이 반영되어 있다. 스크린에 나타나는 각각의 가격은 시장 참여자들 사이에 이루어진 가치에 대한 일시적인 합의를 표시한다.

회사와 상품의 근본적인 가치는 서서히 변하지만, 가격은 급격하게 요동친다. 합의가 금세 변할 수 있기 때문이다. 내 고객 중 한 명은 '가격이란 길이가 1마일이나 되는 고무줄로 가치와 연결되어 있기 때문에 지나치게 높거나 지나치게 낮은 수준에서 형성될 수 있는 것'이라고 말한다.

군중의 정상적인 행동을 보면, 그들은 어슬렁거리면서 시끄럽게 떠들지만 결국 아무 데도 가지 않는 게 보통이다. 때때로 군중은 흥분하여 랠리를 쫓거나 패닉에 빠지지만, 대개는 시간만 축내고 있다. 뉴스나 소문은 군중의 물결에 파문을 일으키고, 군중의 움직임은 스크린 위에 발자국을 남긴다. 가격과 지표는 군중 심리의 변화를 반영한다.

시장이 매수 또는 매도의 분명한 신호를 보내지 않을 때 많은 초보자들은 스크린을 뚫어져라 쳐다보며 거래 신호를 찾는다. 하지만 올바른 신호는 (그런 수고를 들이지 않더라도) 차트에서 튀어나와 눈길을 사로잡기 마련이다. 그런 신호가 나타나면 놓칠 수가 없는 것이다! 따라서 시장에서 아무런 신호도 주지 않을 때는 억지로 거래를 하려는 것보다는 때를 기다리는 것이 현명한 처사다. 아마추어는 어려운 도전을 찾고, 프로는 쉬운 거래를 찾는다. 패자는 주가 움직임에 동요하지만, 프로는 최상의 기회를 찾는다.

빠르게 움직이는 시장은 최상의 거래 신호를 제공한다. 군중이 감정에 사로잡힐 때 냉정한 거래자는 돈을 벌 최상의 기회를 발견한다. 반면 시장 흐름이 평평할 때는 성공적인 거래자들은 대부분 발을 빼며 전장에는 도박꾼과 중개인들만 남는다. 20세기의 위대한 투기가 중 한 명인 제시 리버모어는 매수를 해야 할 때가 있고 매도를 해야 할 때가 있으며 또 낚시를 하러 가야 할 때가 있는 법이라고 말했다.

● 현명한 도박꾼? ●

대부분의 사람들은 인생에서 때때로 도박을 한다. 대부분의 사람에게 도박은 오락의 수단이지만 일부는 중독자가 된다. 소수는 프로가 되어 도박을 직업으로 삼기도 한다. 도박은 매우 적은 사람들에게 생계를 제공하고 많은 사람들에게는 오락수단이 되지만, 간혹 가다 쉽게 돈을 따볼 요량으로 도박을 하는 사람들은 난로 위의 얼음과 같은 처지라고 하겠다.

몇몇 유명한 투자자들은 경마를 좋아한다. 그중에는 마젤란 펀드로 유명한 피터 린치가 있고, 워렌 버핏의 경우는 경마 정보지를 발간하기도 했다. 내가 내 첫 번째 책을 헌정했던 루Lou라는 친구도 증권거래소 회원권을 사서 금융시장에서 냉정한 도박꾼처럼 거래를 하기 전에는 수 년 동안 경마를 생계수단으로 삼았다. 어떤 사람들은 카드 게임을 좋아한다. 순전히 운이 승부를 결정하는 바카라를 좋아하는 사람도 있고 블랙잭을 좋아하는 사람도 있는데, 블랙잭은 어느 정도 기술이 있어야 하기 때문에 똑똑한 사람들이 많이 한다.

프로들은 도박을 직업으로 여긴다. 그들은 승률을 계산하고 확률이 유리할 때만 베팅을 한다. 반면 아마추어들은 돈을 걸고 싶어 몸이 근질거리는 것을 참지 못하고, 이런저런 설익은 기술을 시험하면서 한 게임이 끝나면 곧바로 다음 게임을 벌인다.

오락으로 도박을 할 때는 자금관리 원칙을 따라야 한다. 첫 번째 원칙은 잃어도 되는 돈의 액수를 정해놓는 것이다. 간혹 한 친구가 카지노로 나를 끌고 가는 경우가 있다. 그럴 때면 나는 그날 밤 마음 놓고 잃을 수 있는 돈은 오른쪽 주머니에 넣어놓고, 도박에서 따는 돈은(만약 있다면) 왼쪽 주머니에 넣는다. 그래서 오른쪽 주머니가 비면 더 이상 도박을 하지 않고, 왼쪽 주머니에는 절대 손을 대지 않는다. 종종 오른쪽 주머니보다 왼쪽 주머니에 돈이 더 많을 때가 있지만 그 돈을 쓴 적은 한 번도 없다.

나에게는 사업가로 성공한 친구가 한 명 있는데, 그는 라스베이거스의 휘황찬란한 불빛을 사랑한다. 그는 일 년에 몇 차례 5천 달러의 현금을 들고 라스베이거스로 날아가 그곳에서 주말을 보낸다. 지폐가 바닥나면 그 친구는 풀장에서 수영을 하고 훌륭한 정찬을 즐긴 뒤 비행기를 타고 집에 돌아온다. 그에게는 5천 달러 정도는 즐거움을 위해 지출할 만한 여유가 있었다. 하지만 결코 그 이상의 돈을 날리지는 않았다. 현금이 없어지고 난 뒤에는 풀장에서 한가롭게 시간을 보낸다는 점에서 그는 신용카드로 계속해서 칩을 사는 강박적인 도박꾼들과는 다르다. 그들은 자기 차례의 '행운'을 바라며 미련을 버리지 못하는데, 자금관리 원칙이 없는 도박꾼은 빈털터리가 될 수밖에 없다.

CHAPTER 02
어떤 시장을 거래해야 하는가?

많은 사람들은 인생의 중대한 결정에 대해 그다지 많은 생각을 하지 않는다. 그들은 환경, 시간 또는 우연의 결정에 따라 이런 문제들에 맞닥뜨린다. 어디서 살 것인가, 어디서 일할 것인가, 어떤 시장을 거래할 것인가 하는 문제들은 매우 중요하다. 그렇지만 우리 가운데 많은 수는 이런 문제에 대해 신중히 생각해보지도 않고 변덕에 따라 결정을 내리곤 한다. 때문에 그토록 많은 사람들이 불만족스러운 삶을 살아간다는 것은 놀랄 일이 아니다.

당신은 일시적인 기분에 따라 시장을 선택할 수도 있고, 주식을 거래할지 아니면 선물이나 옵션을 거래할지 곰곰이 생각해볼 수도 있다. 어쨌든 각 시장에는 나름대로 장단점이 있다. 성공한 거래자들은 이성적인 사람들이다. 승자는 오로지 돈을 보고 거래하는 반면 패자는 게임의 흥분에 따라 돈을 건다. 물론 이렇게 돈을 걸어서 어떤 결과가 나오는가 하는 것은 다른 문제다.

거래할 시장을 선택할 때는 주식이든 선물이든 옵션이든 모든 거래 대상이 두 가지를 충족시켜야 한다는 점을 명심하라. 바로 유동성liquidity과 변동성volatility에 대한 기준이다. 유동성은 일일 평균 거래량을 말하는데, 이를 다른 거래 대상과 비교해보아야 한다. 일일 평균 거래량이 크면 들어가고 나오기가 쉽다. 반면 거래량이 빈약한 거래 대상은 수익을 냈다고 해도 출구 앞에서 꼼짝도 못하고 묶이기 때문에 이익을 실현하려고 할 때 가격이 하락할 수도 있다. 변동성은 거래 대상의 가격 변화 정도이다. 가격 변화가 심할수록 거래 기회는 더 많다. 예컨대 많은 공익기업의 주식은 유동성은 크지만 변동성이 낮기 때문에 거래가 힘들다. 주가가 좁은 가격 범위 안에 머물러 있는 것이다. 장기 포트폴리오에서는 거래량이 적고 변동성이 낮은 일부 주식이 좋은 투자 대상이 될 수 있지만, 거래 대상으로서는 적당하지 않다. 전망이 밝다는 것을 아무리 확신한다고 해도 모든 시장이 거래 대상으로서 적합한 것은 아니다. 거래량이 많고 움직임이 좋아야 한다.

● 주식 ●

주식은 회사 소유권에 관한 증서다. 1억 주를 발행한 회사의 주식 100주를 사면, 그 회사의 1백만 분의 1을 소유한 것이다. 당신은 이렇게 그 회사의 지분 소유자가 될 수 있다. 누군가가 이 지분을 소유하고 싶어한다면 그는 당신의 주식을 사기 위해 값을 높게 불러야 하고, 이로써 주식의 가치는 올라간다.

사람들이 어떤 기업의 전망이 밝다고 믿고 주식을 사려고 하면 가격이 올라간다. 전망이 탐탁지 못하다고 생각되면 사람들은 주식을 팔고, 따라서 가격이 내려간다. 주식회사는 회사의 주가를 높이려고 한다. 더 많은 주식을 발행하거나 더 많은 돈을 끌어들이기 쉽기 때문이다. 최고 경영진의 보너스는 대개 주가에 달려 있다.

기본적 가치, 특히 이익이 결국 가격을 결정하지만, 저명한 경제학자이자 뛰어난 주식 투자자이기도 했던 존 메이너드 케인스는 "장기로 가면 우리 모두는 죽는다"는 의미심장한 말을 남기기도 했다. 시장은 투기성이 높은 주식들로 넘쳐나고, 수익성이 형편없는 기업의 주가도 어느 순간에는 로켓처럼 천정을 뚫고 치솟을 수 있다. 생명공학이나 인터넷처럼 새롭고 매력적인 산업의 주식은 실제 경영 성과보다는 미래의 수익에 대한 기대로 가격이 크게 상승하기 마련이다. 쥐구멍에도 볕들 날이 있다지만, 그것은 어디까지나 현실과 맞닥뜨리기 전까지다. 수익성이 좋고 탄탄하게 경영되는 기업의 주가도 비틀거리다가 하락할 수 있다. 시장은 모든 참여자들이 주식에 관해 알거나 생각하거나 느끼는 것의 총합을 나타낸다. 주가 하락은 많은 주식 보유자들이 주식을 매도하고 있다는 것을 뜻한다. 시장의 필수적인 규칙은 '싼 가격에 사는 것은 좋지만 가격이 하락하는 주식을 사는 것은 좋지 않다'는 것이다. 괜찮은 가격처럼 보일지라도 하락 추세에 있는 주식은 사지 말라. 그 주식의 펀더멘털이 마음에 든다면, 기술적 분석으로 추세가 상승 추세라는 것을 확인하라.

미국의 가장 성공한 투자자 중 한 명인 워렌 버핏은 주식을 산다는 것은 '시장Mr. Market'이라고 부르는 조울증에 걸린 친구의 파트너가 되는 것이라고 즐겨 말한다. 시장이라는 이 친구는 날마다 달리면서 당신에게 주식을 팔아치우든지 사든지 결정하라고 재촉한다. 대개 당신은 이 친구의 제안을 무시한다. 왜냐하면 그는 정신병자이기 때문이다. 때때로 이 친구는 깊은 우울증에 빠져 헐값에 주식을 사라고 한다. 바로 이때가 매수의 적기다. 다른 때는 조증 상태에서 당신의 주식에 터무니없는 가격을 매길 것이다. 이때 당신은 주식을 팔아야 한다.

　이런 개념은 그 단순명료함이 놀랍기 그지없지만 실천하기는 쉽지 않다. 시장은 우리 대부분을 붕 뜨게 만든다. 시장의 기분은 전염성이 매우 강하기 때문이다. 그래서 대부분의 사람들은 시장이라는 친구가 우울해할 때 주식을 팔려고 하고 그가 조증 상태에 있을 때 주식을 사고 싶어한다. 우리는 정신을 똑바로 차릴 필요가 있다. 우리에게는 얼마나 높아야 정말로 높은 것이고 얼마나 낮아야 정말로 낮은 것인지 판단할 만한 객관적인 기준이 필요하다. 버핏의 경우는 기본적 분석 그리고 자신의 놀랄 만한 본능적인 직감에 근거하여 결정을 내린다. 거래자들은 기술적 분석을 사용할 수 있다.

　본능적인 직감에 관해 말하자면 이것은 투자자 또는 거래자가 오랫동안 성공적인 경험을 통해 기를 수 있는 것이다. 초보자들이 말하는 본능적인 직감은 보통 도박 충동을 말하는 것이다. 나는 그들에게는 본능적인 직감에 대해 말할 자격이 없다고 생각한다.

　우리는 어떤 주식을 거래해야 하는가? 미국에 있는 주식만도 1만 종이 넘으며, 해외로 눈을 돌리면 그 수는 훨씬 더 많다. 투자 매니저로 크게 성공한 피터 린치는 지극히 단순하여 백치라도 운영할 수 있는 회사의 주식만을 매수한다고 썼다. 결국에는 백치들이 회사를 운영하게 되기 때문이라는 게 그의 얘기다. 하지만 린치는 거래자가 아니라 투자자이다. 기본적 가치가 보잘것없는 많은 기업의 주가도 끝도 없이 치솟아 낙관파 거래자들에게 돈다발을 안겨줄 수 있다. 물론 그 뒤에는 폭락하여 비관파들에게 역시 그만한 돈다발을 안겨다줄 테지만.

　주식시장에서는 수없이 많은 선택을 해야 한다. 유동성이 적은 주식이나 활기를 잃은 주식을 배제한다고 해도 마찬가지다. 경제신문을 펼쳐보면 광적인 랠리와 숨을 멎게 할 만한 폭락에 관한 이야기들이 쏟아져 나온다.

시류를 놓치지 않기 위해 뉴스에 나오는 주식을 거래해야 하는 걸까? 하지만 이미 너무 늦은 것은 아닐까? 미래의 선도주는 어떻게 찾을 수 있을까? 이처럼 많은 선택을 해야 한다는 것이 초보자들에게 스트레스를 준다. 그들은 몇 종의 주식에 집중하여 이들을 잘 거래할 수 있는 방법을 익히는 대신 깊이 없이 이런저런 많은 주식들 사이를 헤맨다. 확신을 갖고 하나의 종목을 거래하지 못하는 신출내기는 수천 개의 종목을 추적해주는 검색 소프트웨어를 찾아 돌아다닌다.

주식 말고 이와 먼 친척이라고 할 만한 뮤추얼 펀드를 택할 수도 있다. 뮤추얼 펀드는 유럽에서는 단위신탁unit trust이라고 불린다. 장기 투자자들은 수백 종의 주식에 분산 투자한 펀드에다 돈을 집어넣는 경향이 있다. 반면 거래자들은 특정한 경제 부문이나 어떤 나라 전체를 거래 대상으로 삼는 섹터 펀드sector fund에 집중하는 경향이 있다. 당신은 마음에 드는 분야나 나라를 고른 후, 종목 선택은 이런 펀드의 잘나가는 분석가들에게 맡길 수도 있다.

수익률이 높은 주식이나 펀드를 선택하는 것은 파티에서 조언을 듣거나 뉴스의 헤드라인을 훑어보는 것보다 훨씬 힘든 일이다. 거래자는 기본적인 혹은 기술적인 검색 매개변수를 개발해야 하고, 시스템을 고수하는 데 필요한 자제심을 길러야 하고, 자금관리 원칙이라는 안전망에서 벗어나지 않아야 한다. 우리는 2부에서 이 세 가지 영역에 관해 깊이 있는 고찰을 해볼 것이다.

읽을 만한 책 ● 루이스 엔젤Louis Engel의 『주식을 사는 법How to Buy Stocks』은 주식 투자자와 거래자를 위한 최상의 입문서이다. 저자가 사망한 지는 꽤 되었지만, 출판사는 몇 년마다 개정판을 내고 있다. 주의해서 최신판을 사보기 바란다.

● 선물 ●

선물은 처음에는 위험해 보인다. 열 명의 거래자 가운데 아홉 명은 첫해에 파산한다. 그러나 좀더 깊이 들여다보면 위험은 선물이 아니라 선물을 거래하는 사람들에게 있다는 것을 알게 된다. 선물은 거래자들에게 최상의 수익 기회를 제공하지만 그만한 위험이 함께 따라온다. 선물에서는 도박꾼들이 더 높이 쏘거나 혹은 자신의 발등을 쏘기가 좀더 쉬워진다. 그렇지만 훌륭한 자금관리 시스템을 갖춘 거래자는 선물을 두려워할 필요가 없다.

선물은 원래 경제의 최소 단위를 말하는 '상품^{commodities}'으로 불렸다. 옛날 사람들은 상품을 '발에다 떨어뜨렸을 때 아픔을 주는 것―금, 설탕, 밀, 원유―'이라고 말하곤 했다. 그런데 최근 몇십 년 동안 많은 투자 대상들―통화, 채권, 주가지수―이 상품처럼 거래되기 시작했으며, 이 새로운 투자 대상과 함께 전통적인 상품을 포함하여 선물이라는 용어를 사용하게 되었다.

선물은 어떤 상품의 특정한 양을 특정한 날에 인도하겠다거나 그런 인도를 받아들이겠다는 계약이다. 선물 계약은 매수자와 매도자 모두를 구속한다. 옵션에서는 매수자가 인도를 받아들일 권리는 있지만 의무는 없다. 콜 옵션 또는 풋옵션을 매수할 때는 원하지 않을 경우 계약을 이행하지 않아도 된다. 선물에는 이런 사치스러운 특혜가 없다. 시장이 예상과 반대로 흘러가면 증거금을 늘리거나 아니면 손실을 보고 거래에서 나와야 한다. 선물은 옵션보다 엄격하지만 거래자들에게는 더 좋은 기회를 제공한다.

주식을 사면 회사의 지분을 소유하게 되지만 선물 계약을 매수하면 아무것도 소유할 수 없다. 대신 미래에 상품을 매수한다는 구속력 있는 계약의 당사자가 된다. 상품은 한 트럭 분량의 밀이 될 수도 있고 한 뭉치의 재무부 채권이 될 수도 있다. 이런 계약을 파는 사람은 상품 인도의 의무를 진다. 주식에 지불하는 돈은 매도자에게로 가지만, 선물에서 증거금은 만기일이 되었을 때 당신이 상품을 인수한다는 것을 보증하는 일종의 담보로 중개인이 갖고 있다. 주식에서는 증거금으로 차입한 돈에 대해 이자를 지불하는 반면, 선물에서는 증거금에 대해 이자를 거두어들인다.

각 선물 계약에는 결제일이 있고 매매가는 결제일마다 다르다. 일부 전문가들은 매매가의 차이를 분석하여 반전을 예측하기도 한다. 대부분의 선물 거래자들은 늦게까지 기다리지 않고 거래를 조기에 종료하여 수익이나 손실을 결정짓는다. 인도일의 존재 때문에 사람들은 어떻게든 행동에 나설 수밖에 없고, 이것이 그들에게 현실을 돌아보게 하는 계기를 제공한다. 주식의 경우 10년간 줄곧 손실을 보면서도 그것이 서류상의 손실이라고 스스로를 속이며 끝까지 붙들고 앉아 있을 수 있다. 하지만 선물에서는 늘 현실이 결제일의 형태로 몽상가의 꿈속에 들이닥치기 마련이다.

선물 거래의 원리를 알아보기 위해, 선물 거래를 현금 거래와 비교해 보자. 지금은 2월이고 금의 매매가가 온스당 400달러이며, 분석에 따르면 금값이 몇 주 안에 420달러로 오를 가능성이 크다고 하자. 4만 달러의 현금이 있다면 당신은 거래상으로부터 100온스의 금을 살 수 있다. 분석이 맞다면 몇 주 내에 당신이 산 금의 가격은 4만 2,000달러가 될 것이다. 이 금을 팔면, 수수료를 감안하지 않는다 할 때, 2,000달러 혹은 5퍼센트의 수익을 올릴 수 있다. 이 정도 수익이면 괜찮다 하겠다. 이제 동일한 분석을 기초로 선물을 거래할 때는 어떻게 되는지 보도록 하자.

지금은 2월이고 금의 다음 인도월은 4월이며, 한 건의 선물 계약은 4만 달러에 상당하는 금 100온스의 거래를 다룬다고 하자. 이 계약의 증거금은 겨우 1,000달러다. 다른 말로 하자면 1,000달러의 예치금으로 4만 달러의 금을 취할 수 있다는 뜻이다. 당신의 분석이 맞아 금이 온스당 20달러 오른다면, 당신은 대략 현금으로 금 100온스를 샀을 때와 똑같은 수익—2,000달러—을 거둘 수 있다. 하지만 이때 수익률은 5퍼센트가 아니라 200퍼센트가 된다. 당신이 1,000달러의 증거금으로 2,000달러를 벌었기 때문이다. 선물을 거래하면 수익을 이처럼 크게 부풀릴 수 있다!

대개 사람들은 일단 선물이 어떻게 돌아가는지 알고 나면 탐욕에 사로잡힌다. 아마추어는 4만 달러를 갖고 있다고 하면 중개인에게 전화를 걸어 40건의 계약을 매수해달라고 한다! 그의 분석이 맞고 금값이 420달러로 오르면, 계약당 2,000달러(총액 8만 달러)를 벌 수 있다. 그렇게만 된다면 단 몇 주 만에 자금을 세 배로 불리는 것이다! 이렇게 몇 차례만 반복한다면 그는 한 해가 다 가기 전에 백만장자가 될 것이다. 쉽게 큰돈을 벌려고 하는 이런 꿈이 도박꾼을 망친다. 그들이 무엇을 간과하는지 보도록 하자.

무엇보다 곤란한 점은 시장이 생각대로 똑바로 움직이지 않는다는 것이다. 차트에서는 가짜 돌파, 가짜 반전, 박스권들을 무수히 볼 수 있다. 금값이 온스당 400달러에서 420달러로 오를 수도 있지만, 그전에 390달러로 떨어지는 것도 충분히 가능한 일이다. 이렇게 가격이 10달러 하락하면, 현금으로 100온스의 금을 산 사람에게는 1,000달러의 서류상 손실이 발생한다. 1,000달러의 증거금으로 금 100온스의 계약을 보유한 선물 거래자는 돈을 전부 날려버린다. 물론 여기까지 가기 전에 중개인이 그에게 전화를 걸어 증거금을 더 예치하라고 요구할 것이다. 하나의 거래에 자금의 대부분을 쏟아부었다면, 당신은 여유자금이 없을 테고, 이에 따라 중개인은 강제 매각을 진행할 것이다.

도박꾼은 엄청난 이익을 꿈꾸며 증거금 계좌를 가득 채웠다가 한순간 시장 흐름이 바뀌면 끝장이 나고 만다. 그들의 장기 분석이 옳을 수도 있고 금값이 목표 가격까지 오를 수도 있다. 하지만 어쨌거나 초보자들은 살아남기 힘들다. 왜냐하면 그들은 자본을 너무 많이 쏟아부으며 여유자금을 거의 남겨놓지 않기 때문이다. 선물이 거래자들을 망하게 만드는 것이 아니다. 그들을 망하게 만드는 것은 자금관리 능력의 부족이다.

선물은 강력한 자금관리 능력을 가진 트레이더들에게는 매우 매력적인 거래 대상이 될 수 있다. 선물은 고수익을 약속하지만, 얼음 같은 냉철함을 요구한다. 처음 거래를 시작할 때는 가격 변동이 느린 주식을 대상으로 삼는 게 좋다. 그러다가 일단 능숙한 거래자가 되면 선물 쪽으로 눈을 돌려보기 바란다. 자제심만 있다면 선물은 좋은 거래 대상이 될 것이다. 우리는 2부에서 선물에 관해 얘기하고 처음에는 어떤 품목을 다루는 게 좋은지 알아볼 것이다.

읽을 만한 책 ● 조지 앤젤George Angell이 쓴 『선물시장에서 돈을 버는 법Winning in the Futures Markets』은 선물 거래자들을 위한 최상의 입문서다(이 책은 그의 다른 모든 책을 능가한다). 트웰레스Teweles와 존스Jones의 『선물 게임Futures Game』은 미니 백과사전으로 여러 세대의 선물 거래자들을 교육시켰다(확인해보고 최신판을 구하기 바란다). 토머스 A. 히에로니머스Thomas A. Hieronymus의 『선물 거래의 경제학Economics of Futures Trading』은 아마도 선물에 관한 가장 깊이 있는 책일 것이다. 하지만 절판된 지 오래되었다. 중고 책을 한 번 찾아보기 바란다.

● 옵션 ●

옵션은 특정한 주식이나 지수, 선물이 특정한 시간 내에 특정한 가격에 도달하거나 그 가격을 넘을 것이라는 데 돈을 거는 것이다. 이 문장을 다시 한 번 읽어보기 바란다. '특정한' 이라는 단어가 세 차례나 나왔다는 것에 유의하길 바란다. 당신은 적당한 주식을 선택해야 하고, 그 움직임의 정도를 예상해야 하고, 예상 가격에 얼마나 빨리 도달할지 예측해야 한다. 그러니까 세 가지 선택을 해야 한다. 하나라도 틀리면, 당신은 돈을 잃는다.

옵션을 살 때는 한 번의 점프로 연속해서 서 있는 세 개의 고리를 통과해야 한다. 주식이든 선물이든 적당한 종목을 골라야 하고, 움직임을 맞춰야 하고, 타이밍도 틀려서는 안 된다. 놀이공원에서 공을 던져 세 개의 링을 한 번에 통과시켜 보았는가? 이 삼중의 복잡성이 옵션 매수를 치명적인 게임으로 만드는 것이다.

옵션에서는 레버리지leverage를 이용할 수 있다. 따라서 소액의 현금으로 많은 포지션을 취할 수 있다. 옵션 매수의 모든 리스크는 당신이 옵션에 지불하는 금액으로 한정된다. 옵션 거래를 하면, 판단이 정확하기만 하다면 단기간 내에 빠르게 돈을 벌 수 있다. 시장이 예측에서 빗나가더라도 손을 털고 나오면 그만이다. 아무런 채무도 발생하지 않는다! 이것이 전형적인 증권회사의 선전이다. 그래서 주식을 살 돈은 충분하지 않지만 자신의 행운을 믿고 대박을 터뜨리고 싶어하는 소액 거래자들이 옵션 거래 쪽으로 구름처럼 몰려든다. 하지만 보통 터지는 것은 행운의 대박이 아니라 옵션 매수자들의 머리다.

내가 운영하는 파이낸셜 트레이딩 사Financial Trading Inc.는 오랫동안 트레이더들에게 책을 판매해왔다. 어떤 사람이 다시 와서 또 다른 책을 사간다면, 그것은 그가 여전히 시장에서 활발하게 거래를 하고 있다는 뜻이다. 많은 고객들이 몇 달 혹은 몇 년마다 주식 또는 선물에 관한 책을 사간다. 그러나 처음으로 옵션에 관한 책을 주문했던 고객은 다시 오지 않는다. 왜 그런가? 단시간 내에 엄청난 돈을 벌어서 다른 책이 필요 없는 것일까? 아니면 완전히 손을 뗀 것일까?

초보자들은 많은 수가 주식을 살 충분한 돈이 없기 때문에 콜옵션을 산다. 선물을 거래하다 실컷 깨진 사람들은 때때로 선물옵션(options on futures) 거래로 방향을 튼다. 낙오자들은 자신의 부족한 거래 능력을 되짚어보는 대신 옵션에 손을 대기 시작하는 것이다. 문제를 직시하는 대신 고통을 피하기 위해 지름길을 찾는 것이 좋은 결과를 가져올 리 없다.

성공적인 주식 혹은 선물 거래자는 이따금 옵션을 이용하여 리스크를 줄이거나 이익을 보호한다. 노련한 거래자들은 드물게 특별한 경우에만 옵션을 매수한다. 우리는 이 책의 뒷부분에서 이에 관해 알아볼 것이다. 주식을 살 여유가 없기 때문에 주식의 대용물로 옵션을 거래하는 불쌍한 사람들에게 옵션은 결코 희망이 될 수 없다.

전문가들은 꿈을 좇아 옵션 거래에 몰려든 초보자들의 돈을 빼앗아간다. 매수 호가와 매도 호가의 차이는 끔찍하다. 어떤 옵션의 매수 호가가 75센트이고, 매도 호가가 1달러이면, 당신은 매수 즉시 게임에서 25퍼센트를 잃게 된 것이다. '손실은 옵션에 대해 지불하는 가격으로 제한된다'는 표현은 100퍼센트, 즉 전부를 잃을 수 있다는 뜻이다. 모든 것을 잃을 수 있다는 것에 어디 좋은 점이 있겠는가?

내 고객 중 한 명은 아메리카 증권거래소의 객장에서 투자 전문가로 일하고 있다. 그녀는 내가 가르치는 기술적 분석에 관한 강의를 들으러 왔다. 임신을 한 뒤 회사를 그만두고 집에서 거래를 하고 싶었기 때문이다. 그녀는 이렇게 말했다. "옵션은 희망이죠. 우리는 희망을 살 수도 있고 희망을 팔 수도 있는 거예요. 나는 전문가예요. 나는 희망을 팔죠. 나는 아침에 객장에 나가 사람들이 무엇을 원하는가 보죠. 그런 다음 희망에 가격을 매기고 그걸 사람들에게 팔아요."

프로는 옵션을 매수하기보다는 발행하기를 좋아한다. 옵션 발행은 많은 자본을 필요로 한다. 제대로 해보겠다고 하면 수십만 달러가 필요하고, 대부분의 성공한 옵션 발행자는 수백만 달러를 운용한다. 그들에게조차 옵션은 리스크가 없는 게임이 아니다. 몇 년 전 미국의 최고 투자 매니저 가운데 한 명이었던 내 친구는 《월스트리트 저널》의 표지를 장식했다. 그가 무방비 풋옵션을 발행하여 단 하루 동안 20년치의 수익을 모두 날려버렸기 때문이다.

옵션 발행자는 두 부류가 있다. 방비 발행자 covered writer는 주식을 사서 이 주식에 대한 옵션을 발행한다. 무방비 발행자 naked writer는 보유하고 있지 않은 주식에 대해 콜옵션과 풋옵션을 발행하고, 계좌에 든 현금으로 발행 옵션을 보증한다. 무방비 옵션을 발행하는 것은 허공에서 돈을 만들어내는 것과 같다. 그러나 급작스러운 가격 변동 때는 빈털터리가 되는 수도 있다. 옵션 발행은 자금 사정이 좋고 자제심이 강한 거래자들에게 어울리는 진지한 게임이다.

시장은 정보가 부족한 다수의 주머니에서 돈을 퍼내 정보가 풍부한 소수에게로 퍼주는 펌프 같은 것이다. 중개인, 판매업자, 조사 위원들처럼 이런 펌프를 위해 일하는 사람들과 거래소 객장을 청소하는 잡역부까지도 시장을 통해 흘러가는 이런 돈줄기로부터 봉급을 지급받는다. 시장이 다수로부터 돈을 가져와 조력자들에게 돈을 지불하고 나서 나머지 돈을 똑똑한 소수에게 주기 때문에 다수는 돈을 잃을 수밖에 없다. 당신은 대다수 거래자들이 무슨 일을 하건 무엇을 믿건 무슨 말을 하건 그들의 행동과 믿음, 말은 신경 쓸 게 못 된다는 것을 확신해도 된다. 성공하기 위해서는 군중 틈에서 벗어나야 한다. 현명한 거래자는 거대한 다수가 한쪽으로 움직이고 돈 많은 소수가 그 반대쪽으로 움직이는 상황을 찾는 법이다.

옵션에서 다수는 콜옵션을 매수한다. 풋옵션을 매수하는 것은 소수다. 내부자는 거의 독점적으로 옵션을 발행한다. 프로는 머리를 쓰는 반면 아마추어는 탐욕과 공포에 따라 움직인다. 프로는 옵션 거래에서 이런 감정들을 백분 이용한다.

탐욕은 옵션을 팔기 위한 선전과 광고의 동력이다. 당신도 이런 슬로건을 들어보았을 것이다. "단 몇 달러로 많은 주식을 움직일 수 있습니다." 어떤 아마추어가 주당 60달러 하는 어떤 주식의 상승을 예상한다고 하자. 그는 100주를 사기 위해 6,000달러를 가지고 있을 필요가 없다. 대신 그는 두 달 기한이 남아 있는 70달러 콜옵션을 각 500달러에 매수한다. 만약 주식이 75달러로 상승하면, 이 옵션은 얼마간의 시간가치 잠식분을 감안하고도 500달러의 내재가치를 획득할 것이다. 그러면 한 달 안에 투기자가 나타나 그의 몫을 두 배로 올려줄 수도 있을 것이다! 이 아마추어는 자신의 돈이 두 배가 되는 것을 보는 꿈에 마음이 부풀어 있다.

하지만 곧 이상한 일이 벌어진다. 주가가 2포인트 오를 때마다 콜옵션은 1포인트밖에 오르지 않는다. 하지만 주가가 떨어지면 콜옵션 가격은 급락하고 심지어 멈추어 있을 때도 떨어진다. 돈이 금세 두 배가 되는 것을 보는 대신 그는 곧 50퍼센트의 서류상 손실을 본다. 한편 시계 소리는 점점 크게 들리기 시작한다. 만기일이 가까워지고 있는 것이다. 주가가 그가 옵션을 매수했을 때보다 높은데도 불구하고 옵션 가격은 더 싸져 그는 서류상 손실을 기록하고 있다. 팔아치워서 돈을 일부라도 건질 것인가 아니면 참고 반등을 기다릴 것인가? 어떤 일이 옳은지 알고 있다고 하더라도 그는 그 일을 하지 않으려 한다. 탐욕이 그를 망쳐놓는다. 그는 아무 일도 하지 않고 기다리고, 결국 옵션은 만기에 이르러 휴지조각이 되고 만다.

옵션 매수의 또 다른 커다란 동기는 공포다. 특히 선물옵션의 경우가 그렇다. 패자들은 몇 차례 고통스러운 손실을 입는다. 분석 실력이 형편없고, 자금관리 시스템이 없기 때문이다. 그들은 매력적인 거래 기회를 보지만 손실이 두렵다. 그때 "제한적인 리스크에 무제한적인 이득"이라는 세이렌의 목소리가 들려온다. 그래서 그들은 선물옵션을 매수한다. 투기꾼들은 가난한 사람들이 복권을 사듯 옵션을 산다. 복권을 사는 사람은 지불한 돈의 100퍼센트를 리스크로 삼는다. '리스크가 100퍼센트'인 상황은 제한적인 리스크의 특수한 경우라고 하겠다. 하지만 리스크가 100퍼센트로 제한된다니?! 대부분의 투기꾼들은 이 기이한 숫자를 무시한다.

옵션 매수자들은 우울한 기록들을 갖고 있다. 그들이 몇 번의 거래로 얼마간의 돈을 벌었을지는 모르지만, 누가 옵션을 매수하여 자본을 모았다는 얘기는 들어본 적이 없다. 이 게임의 승률은 너무나 형편없기 때문에 몇 차례 거래 뒤에는 대부분 나가떨어지기 마련이다. 하지만 옵션은 재미의 요소가 크다. 값싼 입장권을 사서 게임에 참여하여 비싸지 않은 꿈을 꿀 수 있다. 복권과 흡사하다.

옵션에 손을 대기 위해서는 그전에 최소 일 년간 주식이나 선물에서 성공적인 거래 경험을 쌓을 필요가 있다. 금융시장에 처음 들어온 사람은 주식 대신 옵션을 거래하겠다는 생각은 꿈에도 하지 말기 바란다. 아무리 소액 계좌라 해도 주식을 찾아 주식 거래를 배워야 한다.

읽을 만한 책 ● 로렌스 맥밀런Lawrence McMillan의 『전략적 투자 대상으로서의 옵션Options as a Strategic Investment』은 옵션에 관한 전대미문의 베스트셀러로 마땅히 그럴 만한 자격이 있는 책이다. 옵션 거래에 관한 모든 측면을 다루는 참다운 미니 백과사전이다. 그의 다른 책보다 낫다.

CHAPTER 03
첫 번째 단계

주식 거래는 자유를 약속함으로써 우리를 유혹한다. 주식을 거래할 줄 알면 세계 어느 곳에서든 자유롭게 일하며 살 수 있다. 틀에 박힌 업무에서 벗어나며 누군가로부터 전화를 받을 필요도 없다. 주식 거래는 주로 지능이 평균 이상이며 게임을 좋아하며 리스크를 두려워하지 않는 사람들의 관심을 끈다. 하지만 이 흥미로운 모험에 들어가기 전에, 누구에게든 열정 말고도 거래의 현실에 관한 냉정한 이해가 필요하다는 것을 명심해야 한다.

- 주식 거래는 감정을 괴롭힌다. 생존과 성공을 위해서는 건전한 투자 심리를 길러야 한다.
- 주식 거래는 사고를 요구한다. 시장에서 우위를 얻기 위해서는 쓸 만한 분석 도구를 마스터해야 한다.
- 주식 거래는 뛰어난 수학 능력을 필요로 한다. 수학을 몰라 위기를 관리할 수 없는 사람은 결국 빈털터리 신세가 되고 만다.

거래 심리, 기술적 분석, 자금관리 이 세 가지를 모두 알면 성공적인 거래를 할 수 있다. 하지만 우선 당신이 성공으로 가는 길에서 만날 장벽들을 살펴보기로 하자.

시장은 되도록 많은 수의 사람들로부터 돈을 빼내려 한다. 도둑질은 허용되지 않지만 시장은 외부자outsiders보다 내부자insiders에게 엄청나게 유리하도록 고안되어 있다. 많은 거래자들의 성공을 가로막는 장벽에 대해 살펴보고 이 장벽을 조금이라도 낮추어보도록 하자.

● 성공을 가로막는 장벽 ●

투자자라면 수천 달러 상당의 주식을 사고 난 뒤에는 거의 아무것도 할 필요가 없다. 주식을 사서 오랫동안 보유할 것이기 때문에 수수료와 또 다른 비용은 그의 성공과 실패에서 미미한 역할을 할 뿐이다. 하지만 거래자라면 이야기가 달라진다. 거래자가 해야 할 일은 그보다 어려운 것이다. 사소하게 보이는 비용이라도 그를 파산시킬 수 있으며 계좌가 소액일수록 위험은 커진다. 거래 비용은 성공을 향한 길에서 장벽을 더 높게 만들 수 있다.

거래 비용이라?!

초보자들은 거의 고려하지 않지만, 거래 비용은 사실 거래자들을 실패로 이끄는 가장 큰 원인이다. 거래 비용을 줄이는 전략을 세우면 시장의 군중들보다 앞서 나갈 수 있다.

내 친구 한 명은 열두 살짜리 딸을 두었는데, 그 딸아이가 하루는 새로운 사업에 관한 멋진 구상에 관해 얘기했다고 한다. 아이는 이 사업에 기니피그 공장이라는 이름을 붙였다. 그리고 어머니가 쓰는 복사기로 홍보 전단지를 수없이 복사하여 이웃집을 돌아다니며 우편함에 쑤셔 넣었다. 기니피그는 그곳 동네 아이들에게 인기가 높았는데 가격이 6달러였다. 그런데 아이는 시내 시장에서 4달러를 주고 기니피그를 살 수 있다고 했다. 이 소녀가 엄청난 이익을 꿈꾸고 있을 때 트레이더인 아이의 어머니가 가족이 살고 있는 시드니 교외에서 시장까지 어떻게 갔다 올 거냐고 물었다. 아이는 누군가가 분명히 차를 태워줄 거라고 천진난만하게 대답했다.

아이는 공짜로 차를 타고 갈 수 있을지 모르지만 시장은 공짜로 거래를 하게 해주지 않는다. 한 주의 주식을 4달러에 사서 6달러에 팔면 2달러의 이익을 얻는 것이 아니다. 이 이익 중 상당 부분이 거래 비용으로 들어간다. 아마추어는 거래 비용을 무시하는 경향이 있다. 반면 프로는 거래 비용에 신경을 쓰고 이를 낮추기 위해 최대한 노력한다. 프로는 거래 비용을 당신에게 거두려 할 수도 있는데, 그럴 때는 그 규모를 부풀린다. 초보자들은 그들의 기니피그 공장으로 들어가서 열심히 일하지만, 4달러에 사서 6달러에 팔면서 왜 계속 돈을 잃는지 이해하지 못한다.

새로운 거래자는 어두운 숲 속으로 들어간 어린 양과 같다. 그는 죽임을 당할 공산이 크다. 그러면 아마 그의 살가죽은 중개인, 전문 거래자, 서비스 제공업자들끼리 나누어 가지게 될 것이다. 그들은 각자 이 불쌍한 양의 가죽을 조금이라도 더 많이 가지기 위해 악착같이 덤벼들 것이다. 이런 양이 되지 말기 바란다. 거래 비용에 대해 생각해보길. 거래 비용에는 세 가지가 있다. 수수료, 체결오차^{slippage}, 부대 비용이다.

수수료

수수료는 사소한 비용처럼 보일지 모른다. 대부분의 거래자들은 수수료를 대단하게 여기지 않는다. 그러나 수수료가 차곡차곡 쌓이면 결국 당신이 벌어들인 이익의 상당 부분을 중개인이 가져가 버렸다는 것을 알게 될 것이다.

증권회사는 최대 5,000주까지 매수하거나 매도하는 데 대략 20달러의 비용을 청구한다. 당신이 2만 달러의 계좌를 소유하고 있고 100달러 주식 200주를 매수하면, 20달러의 수수료가 청구되는데 이는 계좌 총액 1퍼센트의 10분의 1에 해당한다. 매수한 주식을 팔고 다시 수수료를 지불하면, 증권사에 지불하는 비용은 소유 자본 1퍼센트의 10분의 2가 된다. 이런 식으로 일주일에 한 번씩 거래를 하면, 월말에는 당신이 돈을 벌었는지 잃었는지 상관없이 중개인이 당신 계좌 총액의 1퍼센트를 가져가게 된다. 이런 식으로 일 년을 계속 거래하면, 수수료 비중은 자본의 12퍼센트까지 올라간다. 이것은 거액이다. 전문 투자 매니저는 해마다 25퍼센트의 연간 수익률을 올릴 수 있으면 만족한다. 하지만 그들도 만약 일 년에 수수료를 12퍼센트씩 내야 한다면 그 정도의 수익률을 올릴 수 없을 것이다.

하지만 상황은 더 나쁠 수 있다.

20달러 주식을 100주밖에 살 수 없는 소액 거래자의 경우를 보자. 그의 구매 총액은 2,000달러지만, 그는 똑같이 20달러의 수수료를 물어야 한다. 20달러면 자본의 1퍼센트에 이른다. 주식을 팔아서 거래를 마치고 다시 수수료를 지불하면, 그는 자본의 2퍼센트를 까먹는 것이다. 이렇게 일주일에 한 번 거래한다고 하면, 월말에는 수수료가 자본의 10퍼센트에 이르고, 연간으로 따지면 100퍼센트도 넘는다. 위대한 조지 소로스의 연간 수익률은 29퍼센트다. 100퍼센트의 수수료라는 벽을 넘어야 했다면 그는 그런 수익률을 달성하지 못했을 것이다.

계좌 총액이 클수록 수수료 비율을 낮출 수 있고 성공의 길 앞에 놓인 장벽도 낮출 수 있다. 계좌에 돈이 많다면 큰 이점이지만, 아무리 돈이 많다 해도 과도한 거래를 해서는 안 된다. 매번의 거래에 따라다니는 별것 아닌 것처럼 보이는 수수료는 성공의 길 앞에 놓인 장벽을 높게 만든다. 그러므로 빈번한 거래가 필요치 않은 시스템을 고안하기 바란다.

나는 풀서비스 브로커(매매 중개 서비스뿐만 아니라 투자 관련 조언까지 모든 서비스를 제공하는 주식 중개인―옮긴이)에게 80달러의 거래 수수료를 지불하는 선물 거래자를 만난 적이 있다. 물론 그 돈은 현명한 투자 조언에 대한 대가지만, 정직한 전문가라면 그런 식으로 80달러를 지불하면 선물 거래로 이익을 낼 가능성이 전혀 없다는 말을 그에게 해주어야 했다.

왜 사람들은 그런 터무니없는 가격을 지불하는 걸까? 그것은 어두운 숲 속으로 들어가는 어린 양들이 커다란 늑대, 즉 프로 트레이더를 너무도 두려워하기 때문이다. 그래서 길을 안내해줄 보호자, 즉 풀서비스 브로커를 고용하는 것이다. 하지만 그가 수학을 할 줄 안다면, 보호자에게 살가죽이 벗겨지는 것보다는 늑대를 만날 확률에 도전하는 것이 훨씬 더 낫다는 것을 알게 될 것이다.

풀서비스 브로커 가운데는 돈을 지불할 만한 가치가 있는 조언을 해주는 사람들도 있다. 그들은 훌륭한 조언을 해주고 주문을 제대로 이행해준다. 이런 사람들에게 지불하는 수수료는 터무니없는 것이 아니다. 문제는 이들이 거액의 계좌로 빈번히 거래하는 고객들만을 상대한다는 것이다. 활발한 거래 기록이 있는 백만 달러의 계좌를 보여주면, 당신도 그들의 관심을 끌 수 있을 것이다.

계좌의 액수가 대여섯 자릿수이고 일주일에 두 차례 정도만 거래를 한다면, 비싼 중개인의 쓸모없는 정보를 찾아 돈과 시간을 버리는 일은 삼가기 바란다. 저렴하고 신뢰할 만하며 쓸데없는 부가 서비스를 제공하지 않는 중개인을 구하여 거래를 시작하라. 이런 중개인은 인터넷이나 전화로 쉽게 찾을 수 있다.

체결오차

체결오차는 주문을 냈을 때의 가격과 주문이 체결되는 가격 사이에 발생하는 차이다. 당신이 기니피그가 4달러에 거래되고 있을 때 매수 주문을 낸다 하더라도 실제 매수가는 4.25달러가 될지 모른다. 그후 기니피그 가격이 6달러까지 오르고, 이때 매도 주문을 내지만 당신은 5.75달러밖에 받지 못할 수도 있다. 일상생활에서 우리는 고시 가격을 지불하는 데 익숙해져 있다. 하지만 이곳 성인들의 기니피그 공장에서는 매수 때 25센트를, 매도 때 역시 25센트를 가져가 버리곤 한다. 상황은 더 나쁠 수 있다.

이런 25센트와 50센트들이 모이면 보통의 빈도로 매매하는 거래자들에게도 상당한 액수의 돈이 될 수 있다. 이 돈은 누가 가져가는가? 체결오차는 프로들의 주된 수입원 가운데 하나다. 이런 이유로 그들은 체결오차에 대해 시치미를 떼곤 한다.

주식, 선물, 옵션에는 고정 가격이 존재하지 않는다. 대신 변동이 심한 두 가지 가격이 존재한다. 매수 호가^{bid}와 매도 호가^{ask}다. 매수 호가는 매수자가 제시하는 가격이며, 매도 호가는 매도자가 요구하는 가격이다. 프로는 매수를 강력히 원하는 사람이 나타나면 반색하며 그 자리에서 포지션을 처분한다. 최근 시장에서 형성된 매매가보다 약간 높은 가격으로 말이다. 랠리를 놓칠까 봐 안달하는 탐욕스러운 거래자들은 돈을 지나치게 지불하고 프로는 이런 사람에게 자신의 주식을 처분한다. 프로는 매도자들에게도 똑같은 식으로 행동한다. 가격 폭락을 두려워하여 당장 포지션을 처분하고 싶어 하는 사람이 있으면, 프로는 최근 시장에서 형성된 매매가보다 약간 낮은 가격으로 즉시 매물을 흡수한다. 불안해하는 매도자는 터무니없이 낮은 가격도 받아들인다. 체결오차는 시장 참여자들의 감정 상태에 좌우된다.

매수자에게 팔고 매도자에게 사는 프로들은 사회사업가가 아니다. 그는 사업을 하고 있는 것이다. 체결오차는 그의 신속한 움직임에 따른 수고비다. 대신 그들은 거래소 회원권을 구매 혹은 임대하거나 값비싼 장비를 설치함으로써 매수 주문과 매도 주문의 교차로에 있는 자신의 유리한 위치에 대해 높은 가격을 지불한다.

체결오차는 어떤 주문에서는 발생하지만 어떤 주문에서는 발생하지 않는다. 가장 널리 사용되는 세 가지 주문 형태는 지정가주문limit order, 시장가주문market order, 손실제한주문(가격역지정주문)stop order이다. 지정가주문은 가격을 지정한다. 예컨대 이런 식이다. "4달러에 기니피그 공장의 주식 100주를 매수하라." 시장이 활발하게 움직이지 않고 당신이 기꺼이 때를 기다릴 용의가 있다면 당신은 언젠가는 4달러에 기니피그 공장 주식을 살 수 있을 것이다. 당신의 주문이 시장에 도달할 무렵 기니피그 공장의 주가가 4달러 아래로 내려갔다고 하면, 당신은 주식을 좀더 싼 가격에 살 수 있을 것이다. 하지만 큰 기대는 하지 말길. 주가가 4달러를 넘으면 주문이 이행되지 않는다. 지정가주문을 하면 매수 또는 매도 가격을 통제할 수 있지만 주문 체결이 보장되지는 않는다.

시장가주문은 어떤 가격이든 상관없이 주문이 접수되는 시점에서 바로 매매를 성사시키도록 한다. 거래 성사는 보장되지만 가격은 통제되지 않는 주문이다. 당장 매매를 원할 때는 최상의 가격을 기대할 수 없다. 가격을 통제하기를 포기하고 체결오차를 감수해야 한다. 불안에 떠는 거래자들이 내는 시장가주문은 전문가들의 밥과 반찬이다.

손실제한주문은 시장이 이 가격에 도달하면 시장가주문이 된다. 주당

4.25달러에 기니피그 공장 주식을 100주 사서 3.75달러에 손실제한주문을 해두었다고 하자. 주가가 3.75달러로 하락하면, 손실제한주문은 시장가주문이 되어 주문 체결이 가능한 한 신속히 이루어질 것이다. 당신은 시장에서 빠져나오겠지만 변동폭이 큰 시장에서는 체결오차가 발생할 것을 예상해야 한다.

당신은 가격이든 시간이든 주문을 낼 때 통제하고 싶은 요소를 선택할 수 있다. 지정가주문을 내면 가격을 통제할 수 있지만 거래 성사를 보장하지는 못한다. 시장가주문을 낼 때는 매매 성사가 보장되지만 가격이 통제되지 않는다. 차분하고 인내심 있는 거래자는 지정가주문을 더 좋아한다. 시장가주문을 내면 자본의 상당 부분을 체결오차로 잃게 되기 때문이다.

체결오차는 보통 수수료보다 훨씬 큰 액수의 비용이 된다. 나는 나의 첫 책에서 이 둘의 규모를 평가했고, 지금도 그 부분을 그 책의 가장 뛰어난 내용 가운데 하나로 생각한다. 그러나 아쉽게도 이를 알아주는 사람은 거의 없었다. 탐욕이나 공포에 사로잡힌 사람들은 장기적인 재정적 이익에 집중하지 못하고, 어떤 가격에서든 거래를 하고 싶어한다. 효율적 시장 이론이란 게 바로 그런 거다.

매수 호가와 매도 호가의 차이 내에서 거래하며 체결오차를 취하는 전략을 선전하는 데이 트레이딩 회사들이 있다. 하지만 이런 거래 방법은 성공을 보장하지 못한다. 빈번한 거래로 생기는 많은 수수료는 어떤 이점도 상쇄해버리기 때문이다. 사람들은 2급 시세표 Level 2 Quotes에 많은 돈을 지불한다. 하지만 나는 2급 시세표를 이용하는 사람들의 실적이 크게 나아진 것을 본 적이 없다.

주식 거래에 뛰어드는 것은 빠르게 흐르는 강물 속으로 뛰어드는 것과 비슷하다. 물속에는 위험과 기회가 공존한다. 강둑에 서 있으면 언제 어디서 강물로 뛰어들지 결정할 수 있는데, 물속에서 나오는 것은 보다 까다롭다. 당신은 빠져나가고 싶은 지점을 볼 수 있을 것이다. 그곳은 이익 목표점이고, 거기에다 지정가주문을 해둘 수 있다. 반면 당신은 뒤따르는 손실제한주문으로 포지션을 보호하면서 현재의 흐름이 바뀌지 않는 한 강물에 계속 몸을 맡길 수도 있다. 그러면 이익이 증가할 테지만, 체결오차도 커질 것이다.

지정가주문은 거래를 시작하는 가장 좋은 수단이다. 때때로 거래를 놓치겠지만 거래 기회는 언제든 수도 없이 많다. 이 강은 수백 년을 흘러왔다. 노련한 거래자는 지정가주문을 사용하여 시장에 들어가 이익을 취하고 손실제한주문으로 포지션을 보호한다. 체결오차를 줄일 수 있는 것은 무엇이든 우리에게 직접적인 이익이 되고, 장기적인 성공의 가능성을 높여준다.

부대 비용

특히 처음에는 일부 비용이 발생하는 것을 피할 수 없다. 관련 서적을 사거나 주식 매매 소프트웨어를 다운로드하거나 데이터 서비스 계약을 체결해야 한다. 가능한 한 비용을 줄이는 것은 중요한 일이다. 아마추어들은 컴퓨터나 자료 구독, 자문 서비스 같은 거래 관련 비용을 거래 계좌에서 돈을 찾아 쓰지 않고 신용카드로 지불하는 습관이 있다. 이렇게 되면 자신이 얼마나 손실을 입었는지 제대로 알 수가 없다.

훌륭한 거래자는 수익이 나는 포지션을 늘리고, 손실을 볼 때는 거래 규모를 줄이는 법이다. 이런 건전한 원칙을 지출에도 똑같이 적용할 수 있다. 패자는 곤란한 문제에 돈을 쏟아붓기를 좋아하는 반면, 승자는 이익의 작은 일부만을 운용비로 쓴다. 성공한 거래자는 충분한 수익을 내서 감당할 여유가 생긴 뒤에야 새 컴퓨터나 소프트웨어 패키지 등을 구입한다.

최상의 툴이라고 하더라도 당신을 궁지에 빠뜨릴 수 있다. 최근 프랭크

푸르트에서 열린 세미나에 참가했을 때인데, 한 거래자가 다음 주에 계약할 강력한 분석 패키지 때문에 매우 들떠 있었다. 비용이 한 달에 2,000마르크(거의 1,000달러)였지만, 그 소프트웨어 패키지는 분석력이 엄청나게 뛰어나다는 장점이 있었다. "당신의 거래 계좌에는 돈이 얼마나 있죠?" 내가 묻자, 그는 5만 마르크라고 대답했다. 나는 이렇게 말해주었다. "그렇다면 당신에게는 그걸 살 만한 여유가 없어요. 이 소프트웨어는 일 년에 2만 4,000마르크의 비용이 듭니다. 소프트웨어 비용을 지불하기 위해서는 거의 50퍼센트의 수익률이 요구돼요. 소프트웨어가 아무리 좋다고 하더라도 그만한 비용을 지불해야 한다면 당신은 돈을 잃을 수밖에 없습니다. 좀더 싼 패키지를 찾아보세요. 일 년에 1,000마르크, 그러니까 계좌 총액의 2퍼센트가 넘지 않는 걸로요."

기관 거래자들은 매니저, 동료, 스태프로부터 도움을 받는다. 하지만 개인 거래자는 홀로 일하는 경우가 많고, 그래서 고립감과 외로움을 느끼기 쉽다. 서비스 공급업자는 고립무원의 황무지에서 도움의 손길을 주겠다고 약속하면서 그들을 먹잇감으로 삼는다. 힘들다고 생각하면 할수록 서비스 공급업자의 말에 귀가 솔깃해지기 쉽다. 솔직히 변호사든 자동차 수리공이든 의사든 어떤 분야의 전문가 열 명 중 아홉 명은 그다지 좋다고 할 수 없는 사람들이다. 그래서 우리는 보통의 자동차 수리공이나 의사를 믿지 않고, 신뢰하는 친구에게 소개를 해달라고 부탁한다. 대부분의 개인 거래자는 누구에게 물어봐야 하는지 알지 못하고, 요란한 선전을 하는 투자 상담사들에게 간다. 하지만 이들이 최고의 거래 전문가일 가능성은 거의 없다.

내가 오래전부터 알고 있던 한 투자 상담사가 최근에 일본인 고객들로부터 수억 달러를 횡령한 혐의로 연방정부로부터 기소를 당했다. 사실 그전까지 그는 미국에서 가장 뛰어난 시장 전문가 중 한 명이라는 명성을 누려왔다. 그의 이름은 매체에서 끊임없이 언급되곤 했었다. 우리는 한 회의에서 인사를 나누었는데, 사람들은 그의 강의를 듣기 위해 수천 달러를 내고 그 회의에 참석했다. 그는 나에게 자신의 프레젠테이션에 대해 어떻게 생각하는지 물었다. 나는 대단히 흥미있게 보았지만 대부분 제대로 이해할 수 없었다고 대답했다. "내가 바라는 게 바로 그거예요." 그가 밝게 웃었다. "고객들은 자신들이 모르는 뭔가가 있다 싶으면, 덥석 무는 법이죠!" 나는 그때 이미 그가 부정직한 사람이라는 걸 알았다. 단지 내가 놀란 것은 그가 친 사기의 규모가 어마어마하다는 사실이었다.

거래에 관한 몇몇 조언들은 실로 놀랄 만한 도움을 줄 수 있다. 몇 달러만 주면 평생의 경험이 담긴 책을 살 수도 있다. 또 수백 달러면 독창적이고 유익한 정보지를 구독할 수 있다. 그러나 보석처럼 귀중한 정보는 매우 드물고, 수많은 장사꾼들은 불안해하는 거래자들을 먹잇감으로 삼는다. 나에게는 질 나쁜 범법자들을 차단하기 위한 두 가지 원칙이 있다. 하나는 스스로 이해하지 못하는 서비스는 제공받지 않는다는 것이고, 다른 하나는 비싼 서비스는 피한다는 것이다.

어떤 투자 자문가가 알아들을 수 없는 말을 한다면 그 사람은 가까이하지 말아야 한다. 주식 거래는 평균 이상의 지능을 가진 사람들이 주로 참여한다. 아마 당신도 이 부류에 들 것이다. 당신이 열심히 노력했음에도 불구하고 알아들을 수 없다면, 그것은 상대방이 엉뚱한 소리를 하기 때문이다. 책에 관해 말하자면 나는 부정확한 언어로 쓰인 책은 보지 않는다. 언어는 사고의 반영이다. 명료한 글을 쓸 수 없다면 사고 또한 명료하지 않은 것이다. 나는 참고문헌 목록이 없는 책도 피한다. 우리는 모두 남들로부터 빚을 지고 있다. 자신의 빚을 인정할 줄 모르는 저자는 오만하거나 게으른 것이다. 이 두 가지는 주식 거래자로서는 특히 피해야 할 특징이다. 만약 어떤 책의 저자에게 그런 특징이 있다면 나는 그런 사람의 조언은 사양하고 싶다. 그리고 도둑질을 하는 사람도 결코 존중해줄 수 없다. 책 제목에는 저작권이 없지만, 최근 내 첫 번째 책 『Trading for a Living』의 제목을 약간만 바꾸어서 그대로 가져다 쓴 경우를 많이 보았다. 앞으로도 또 모방꾼이 지금 당신이 읽고 있는 책의 제목을 훔칠 것이 분명하다. 이렇게 스스로 생각도 할 수 없는 모방꾼들에게서 뭘 배우겠는가?

내 두 번째 원칙은 이미 말했듯이 책이든 정보지든 세미나든 가격이 매우 비싼 서비스는 피한다는 것이다. 200달러짜리 정보지가 2,000달러짜리 정보지보다 좋을 가능성이 크고, 500달러짜리 세미나가 5,000달러짜리 세미나보다 나을 가능성이 크다. 매우 비싼 제품을 파는 업자들은 사실 '부자가 되는 지름길'에 대한 암시를 파는 것이다. 이렇게 할 수 있는 것은 고객들이 엄청난 손실에서 벗어나기 위해 필사적으로 행동하기 때문이다. 미식축구에는 '헤일 메리$^{\text{Hail Mary}}$' 작전이라는 것이 있다. 경기가 몇 초밖에 남지 않았을 때 지고 있는 팀이 어떻게든 득점을 올리기 위해 무조건 앞으로 공을 패스하는 작전이다. 실력 면에서는 이미 상대방에게 졌지만, 단 한 차례의 도박에 승부를 거는 것이다. 계좌의 반 이상을 날린 거래자가 3,000달러짜리 거래 시스템을 구입한다면, 그도 그와 같은 일을 하고 있는 것이라고 할 수 있다.

유익한 조언을 해주는 전문가들은 대개 겸손하고, 서비스에 대해서도 높은 가격을 요구하지 않는 게 보통이다. 눈이 휘둥그레질 만한 가격은 놀라운 서비스를 제공할 것이라는 무의식적 기대를 부추기는 상술일 경우가 많다. 이 세상에 마술은 없다. 어떤 서비스라도 마술을 부릴 수는 없는 것이다. 상대적으로 저렴한 서비스는 효과를 얻으면 좋은 것이고, 설령 그렇지 못할 때라도 가벼운 손해에 불과하다.

어떤 사람이 지그문트 프로이트에게 어떤 것이 환자를 대하는 최상의 태도가 될 수 있는지 물은 적이 있다. 이 위대한 정신과 의사는 "온화한 회의주의"라고 대답했다. 이것은 금융 거래자들에게도 훌륭한 충고다. 이해하지 못하는 것이 있으면 다시 한 번 시도해보고, 그때도 이해하지 못한다면 그것은 당신에게 필요 없는 것이다.

'부자가 되는 지름길'을 알려주겠다는 사람들로부터는 한시 바삐 도망치기 바란다. 항시 비용을 낮출 일이며, 어떤 정보든 데이터로 직접 시험해보고 자기 자신의 것으로 만들어야만 귀중한 것이 된다는 사실을 명심하기 바란다.

● 장비를 갖추자 ●

성공적인 트레이더는 물살을 헤치고 상류로 거슬러 올라가는 물고기와도 같다. 수수료나 체결오차, 부대 비용이 당신이 가는 길을 계속 방해할 것이다. 당신은 한 푼이라도 남기기 위해서는 먼저 이 세 가지 장벽을 넘을 만한 돈을 벌어야 한다.

주식 거래가 어려워 그만두겠다고 결정하는 것은 부끄러운 일이 아니다. 춤을 추지 못한다거나 피아노를 치지 못하는 일이 부끄러워할 만한 일이 아닌 것과 마찬가지다. 많은 초보자들은 생각 없이 주식 거래에 뛰어들어 재정적으로 그리고 정신적으로 상처를 입는다. 트레이딩은 훌륭한 게임이지만, 만약 당신이 그만두려고 한다면 조금이라도 일찍 그만두는 것이 좋다.

주식 거래를 하고 싶다고 마음먹었다면 이 책을 계속 읽어보기 바란다. 우리는 앞으로 심리, 매매 전술, 자금관리에 관해 살펴볼 것이다. 그러나 우선 거래의 실제적 측면에 관해 얘기해보아야 한다. 계좌를 개설하고, 컴퓨터를 선택하고, 자료를 모으는 방법 말이다.

자본 규모

시장에서 돈을 버느냐 잃느냐는 부분적으로 계좌에 돈이 얼마나 있느냐에 달렸다. 두 사람이 동일한 거래를 하여 한쪽은 배를 불리지만 다른 한쪽은 빈털터리가 될 수도 있다. 똑같은 시간에 똑같은 양의 주식을 사고파는데 어떻게 그런 일이 일어나는가?

우리가 서로 만나 한 시간 동안 동전 놀이를 한다고 해보자. 앞면이 나오면 당신이 이기고 뒷면이 나오면 당신이 진다고 하자. 우리는 각자 5달러를 들고 게임을 시작하여 동전을 한 번 던지는 데 25센트를 건다. 제대로 된 동전을 사용하는 한, 한 시간이 끝날 때쯤 우리가 각자 가지고 있는 돈은 대략 5달러로 똑같을 것이다.

그런데 우리가 똑같은 동전을 사용하여 똑같은 게임을 하면서 당신은 5달러를 갖고, 나는 1달러를 갖고 게임을 시작한다면 어떻게 될까? 그렇다면 아마 당신이 내 돈을 모두 가져가게 될 것이다. 당신의 자본이 당신에게 더 큰 내구력을 주기 때문에 당신이 나보다 승리할 확률이 더 높은 것이다. 당신은 빈털터리가 되려면 스무 번을 연속해서 져야 한다. 반면 내 경우는 네 번만 연속해서 지면 자금이 바닥난다. 스무 번 연속해서 지는 것보다는 네 번 연속해서 지는 것이 훨씬 더 쉽다. 소액 계좌의 문제점은 몇 차례만 거래에 실패하더라도 살아남는 데 필요한 여유자금이 없어진다는 데 있다. 성공한 거래가 있으면 실패한 거래도 있는 법인데, 소액 계좌는 몇 차례의 거래 실패로도 그만 바닥이 나버린다.

대부분의 초보자들은 너무 적은 돈으로 주식 거래를 시작한다. 시장에는 노이즈가 많다. 매매 시스템의 분석을 거부하는 임의의 변동이 많은 것이다. 노이즈가 많은 구간에 들어간 소액 거래자는 안전망이 전혀 없다. 그의 장기 분석이 탁월하다 하더라도 시장은 그를 금세 털어버릴 것이다. 그에게는 실패를 이겨낼 내구력이 없기 때문이다.

1980년에 그야말로 풋내기였을 때 나는 길모퉁이에 있던 체이스 은행에 가서 신용카드 현금 서비스로 5,000달러를 인출했다. 내가 그렇게나 많은 돈이 필요했던 것은 거래 계좌가 바닥나면서 증거금의 추가 납부를 요구받았기 때문이었다. 구슬 같은 눈의 출납계원은 과장을 불렀고, 과장은 내게 영수증에 엄지손가락의 지문을 찍으라고 했다. 기분은 더러웠지만, 어쨌든 돈은 얻었다. 그러나 나는 그 돈을 몇 달 새에 잃고 말았다. 내가 활용한 매매 시스템은 정확했지만 시장의 노이즈가 돈을 다 먹어버린 것이었다. 내가 돈을 벌기 시작한 것은 거래 계좌의 액수가 다섯 자릿수가 되고 나서부터였다. 그 무렵 나한테 규모의 개념에 대해 알려줄 만한 사람이 있었으면 얼마나 좋았을까 종종 생각해본다.

소액 계좌로 거래를 하는 것은 나무 높이로 비행을 하는 것과 같다. 비행기를 기동할 여유가 전혀 없고 생각할 시간도 없다. 조금만 주의를 게을리하거나 조금이라도 운이 나쁘거나 특이하게 길게 하늘로 뻗은 나뭇가지라도 하나 있으면, 당신이 탄 비행기는 사고를 일으키고 폭발할 것이다. 높이 날수록 곤경을 벗어날 길을 찾을 수 있는 시간이 많아진다. 낮은 고도를 비행하는 일은 전문가에게도 벅찬 일이다. 하물며 초보자에게는 치명적이라고 하겠다. 거래자는 고도를 높일 필요가 있다. 더 많은 자본을 갖고서 기동할 만한 공간을 확보해야 한다.

거액의 계좌를 갖고 있는 사람이라면 어떤 거래에 일부 금액을 베팅했을 때 평정을 유지할 수 있다. 하지만 소액 계좌를 갖고 있는 사람은 단 한

번의 거래로 계좌 액수가 크게 늘어나거나 크게 줄어든다는 것을 생각하면서 긴장하게 된다.

나는 큰딸에게 백개먼backgammon(서양식 주사위 놀이의 일종―옮긴이)을 가르치면서 돈이 얼마나 사람의 마음을 흔들 수 있는지 깨닫게 되었다. 당시 딸아이는 여덟 살 정도였지만 결단력이 있었고 매우 총명했다. 백개먼을 몇 달 정도 가르치자 아이는 곧 나를 이기기 시작했다. 그 뒤 딸아이에게 1점에 1센트씩 돈을 걸고 게임을 하자고 제안했다. 그렇게 하면 우리의 계산 방식으로 한 게임에 최대 32센트를 딸 수 있었다. 딸아이는 계속 이겼고, 그래서 나는 계속 점수당 금액을 올렸다. 1점당 10센트에 이르자 딸아이는 지기 시작했고, 결국 그전에 땄던 모든 돈을 잃고 말았다.

큰딸이 돈이 걸리지 않거나 적게 걸렸을 때는 게임에 이겼는데 돈이 많이 걸렸을 때는 그럴 수 없었던 건 왜일까? 나에게 3.20달러는 푼돈에 불과하지만 아이에게는 정말 큰돈이었기 때문이다. 아이는 손에 쥘 큰돈을 생각하자 다소 긴장했고, 그래서 자신의 최상의 능력보다 약간 떨어지는 수준으로 게임을 했다. 사실 돈을 잃으려면 이 정도로도 충분한 것이다. 소액 계좌를 갖고 거래하는 사람은 돈에 너무 집착하기 때문에 생각하고 거래하고 수익을 내는 능력이 위축된다.

게임에 너무 많은 돈을 쏟아붓는 초보자들도 있다. 하지만 이 역시 좋지 않다. 자본이 너무 많은 초보자는 너무 많은 토끼를 쫓다가 부주의해지고 포지션 추적에 실패하여 돈을 잃고 만다.

그렇다면 주식 거래를 시작할 때 계좌에는 어느 정도의 돈이 있어야 할까? 우리는 지금 거래자본에 관해 말하고 있는 것임을 유념하기 바란다. 여기에 당신이 저축한 돈이나 장기 투자금, 퇴직 연금, 부동산, 크리스마스용 정기적금 등은 포함되어 있지 않다. 재무부 채권보다 높은 수익률을 올리기 위해 주식시장에서 굴리고 싶어하는 돈만을 고려해야 한다.

돈이 2만 달러가 안 되면 주식 거래는 꿈도 꾸지 말기 바란다. 2만 달러가 최소한이다. 5만 달러라면, 훨씬 더 안전한 고도로 비행을 할 수 있다. 거래 대상을 다양화하고 합리적인 자금관리도 할 수 있다. 하지만 10만 달러가 넘는 돈으로 주식 거래를 시작하는 것은 추천하고 싶지 않다. 거래 계좌에 돈이 너무 많으면, 초보자들은 집중력을 잃고 야무진 거래를 하지 못한다. 전문가들은 훨씬 더 많은 자금을 운용할 수 있지만 초보자들은 주식 거래를 배우는 동안에는 10만 달러 이하의 자본에 만족해야 한다. 쌍발 제트기를 조종하려면 그전에 단발 전투기를 조종하는 법을 제대로 배워야 하는 것이다. 성공적인 거래자는 돈을 신중하게 다루는 습관을 익힐 필요가 있다.

초보자들은 자본이 1만 달러나 5,000달러밖에 없는데 어떻게 해야 하냐고 종종 물어본다. 그러면 나는 그들에게 시장을 연구하고 모의투자를 해보면서 동시에 부업으로 자본을 축적하라고 권한다. 당신은 곧 전투에 들어갈 텐데 자본은 당신의 총알이다. 무장을 잘 갖춘 적군과의 싸움에서 오랫동안 버텨 끝내 승리를 하려면 당신에게는 상당한 무기가 필요하다.

하드웨어와 소프트웨어

예전에 주식 거래를 위해 처음으로 장비를 구입했던 때를 생각하면 지금도 감회가 새롭다. 나는 플로리다의 한 구멍가게에서 휴대용 계산기를 샀다. 일 년 뒤에는 작은 엔진이 달린 프로그램 가능 계산기를 얻었다. 이 계산기는 슬롯을 통해 마그네틱 메모리 카드를 끼워 사용하는 것이었다. 그다음에 최초로 컴퓨터를 샀다. 컴퓨터에는 두 개의 플로피 드라이브—하나는 프로그램용이고, 다른 하나는 데이터 디스켓용이었다—가 있었는데, 나는 램을 48킬로바이트에서 64킬로바이트(메가바이트가 아니라 킬로바이트다!)

로 업그레이드했다.

컴퓨터는 로켓처럼 빨랐다! 내 첫 번째 모뎀은 자료 수신 속도가 300보드로 엄청났다. 나중에는 업그레이드를 통해 무려 1,200보드로 속도를 올려놓았다. 하드 드라이브가 사용 가능하게 되었을 때는 10메가바이트 모델을 샀다(20메가바이트짜리도 있었지만, 누가 그런 엄청난 용량을 필요로 했겠는가?). 당시 기술적 분석을 위한 괜찮은 프로그램은 단 하나밖에 없었고 가격이 1,900달러였다. 오늘날에는 이 가격의 10분의 1이면 그보다 100배는 더 강력한 소프트웨어를 구입할 수 있다.

모든 거래자에게 컴퓨터가 필요할까? 내 친구 루 테일러는 신문 스크랩으로 모든 조사를 했다. 나는 그에게 몇 차례 컴퓨터를 주기도 했으나 소용없었다. 하지만 나 자신을 포함하여 대부분의 거래자는 컴퓨터가 없으면 낭패를 당할 것이다. 컴퓨터는 우리의 관찰 범위를 확장시켜주고 조사의 속도를 높여준다. 그래도 컴퓨터가 수익을 보장해주지는 않는다는 사실을 명심하라. 테크놀로지는 도움을 주지만, 성공을 보장하지는 못한다. 형편없는 운전자는 최고의 자동차를 망가뜨릴 수 있다.

컴퓨터로 주식 거래를 하려면 컴퓨터와 트레이딩 소프트웨어, 데이터 제공처를 선택해야 한다. 매매 프로그램은 시스템 요구 사양이 낮고 오래된 느린 컴퓨터로도 잘 돌아간다. 좋은 기술적 분석 프로그램을 사용하면 데이터 다운로드가 가능하고, 일중·일간·주간 차트와 함께 많은 지표들을 제공받을 수 있다. 또 좋은 프로그램을 사용하면 자신만의 지표를 추가할 수도 있고, 여러 조건에 따라 주식 리스트를 검색할 수도 있다. 이런 프로그램은 계속해서 늘어나고 있으므로 당신이 이 책을 읽을 무렵에는 지금의 어떤 프로그램에 대한 얘기라도 한물간 것이 되고 말 것이다. 내 컴퓨터는 우리 회사가 서비스의 일부로 제공하는 소프트웨어 안내서를 지속적으로 업데이트하고 있다. 이런 소프트웨어 안내서의 최신판을 원한다면 이 책의 마지막 페이지에 있는 주소로 연락해주기 바란다.

최근 인터넷에는 거래자들이 이용할 수 있는 자료 제공처가 놀랄 만큼 많아졌다. 지금은 소프트웨어를 사지 않더라도 시장을 분석할 수 있다. 웹사이트에 가서 관심을 끄는 주식이나 선물을 찾아 지표를 선택하고 마우스를 클릭하면 그만이다. 어떤 웹사이트는 무료고 어떤 웹사이트는 정액제 요금을 내야 한다. 그렇다면 왜 이런 웹사이트들을 놔두고 기술적 분석용 소프트웨어를 구입해야 하는가? 그 이유는 대중교통 수단이 잘 갖추어져 있는 뉴욕 같은 대도시에서 사람들이 차를 소유하고 있는 것과 비슷하다. 고객들은 나에게 종종 연락을 해서 그들이 아끼는 웹사이트에 어떻게 새로운 지표를 추가할 수 있는지 물어보곤 한다. 그렇지만 버스를 탔다면 운전사에게 당신이 마음에 들어하는 길로 가자고 부탁할 수 없을 것이다.

당신은 웹사이트에 지표를 추가하여 이것으로 차트를 살펴볼 수 있는 프로그래밍 능력이 있는가? 매수 신호가 녹색 점으로, 매도 신호가 빨간색 점으로 나타나게 할 수 있는가? 이렇게 해줄 수 있는 웹사이트를 찾는다면 당신은 더 이상 소프트웨어를 필요로 하지 않을 것이다. 하지만 조사에 관해 진지하게 생각하는 사람들이라면 그전까지는 누구나 기술적 분석용 소프트웨어를 계속해서 구입해야 할 것이다. 몇백 달러면 최상의 프로그램을 살 수 있다. 일 년간 업데이트가 가능한 주가기록 데이터베이스는 200달러가 넘는다. 만약 자본이 소액이라면 무료 웹사이트를 이용하기 바란다. 거래 계좌에서 비용을 가능한 최소한의 비율로 낮추기 위해 늘 노력해야 한다.

데이터

데이터 서비스에 가입하는 것은 간단한 일처럼 보이지만 여기서 주식 거래의 핵심에까지 이르는 몇 가지 문제가 제기된다. 얼마나 많은 시장을 모니터해야 하는 걸까? 얼마나 먼 과거 기록까지 조사해야 하는 걸까? 실시간 데이터가 필요할까? 이런 질문에 답하기 위해서는 주식 거래에 대해 더 깊이 들어가 의사결정 과정을 검토해보아야 한다.

얼마나 많은 시장을 모니터해야 하나? ● 초보자들은 흔히 한꺼번에 너무 많은 시장을 쫓는 실수를 저지르곤 한다. 어떤 사람은 수천 종목의 주식을 조사하는 소프트웨어를 찾지만 그러고 나서 금세 난감한 상황에 빠졌음을 깨닫는다. 진지한 태도를 지닌 초보자들이라면 20~30개의 종목을 골라 매일 일과日課 전후에 모니터해야 한다. 관심을 둔 종목에 대해서는 잘 알아야 하고, 대략 어떻게 움직이는지 감을 길러야 한다. 회사는 언제 실적을 발표하는가? 작년 주가의 최고치와 최저치는 어떠한가? 해당 주식에 관해 많이 알수록 자신감은 커지고 놀랄 일은 적어진다. 많은 전문가는 단 몇 종목의 주식에만 관심을 집중시킨다. 심지어 한 종목만 거래하는 경우도 있다.

그렇다면 어떤 주식을 모니터해야 할까? 먼저 최근에 가장 잘나가는 두세 가지 산업 부문을 선택하라. 이 글을 쓰고 있는 지금은 테크놀로지, 인터넷, 전기통신, 생명공학산업이 시장에서 각광을 받고 있지만 상황은 바뀔 가능성이 크다. 늘 그래왔기 때문이다. 이런 산업 부문에서 대여섯 종목의 선도주를 골라 날마다 모니터하라. 최고 거래량, 일반적인 추세, 확실한 반전 신호를 찾아보라. 몇 달이 지나 모니터해온 주식에 대해 잘 알고 돈도 상당히 벌고 난 다음에는 다른 산업 부문의 상위 여섯 종목을 거래할 준비가 되어 있을 것이다. 연구의 넓이보다는 깊이가 훨씬 더 중요하다는 것을 명심하라. 잘 아는 소수의 주식을 거래하면 더 많은 돈을 벌 수 있다.

선물 거래자의 경우는 선택이 좀더 쉽다. 종목이 6~7개 그룹에 40가지 정도밖에 없기 때문이다. 초보자들은 변동성이 큰 시장은 피해야 한다. 예컨대 곡물을 보자. 초보자라면 옥수수, 밀, 대두의 가격을 모두 분석해야 하지만, 거래는 옥수수만 해야 한다. 옥수수 가격이 곡물 가격 가운데 가장 천천히 안정적으로 움직이기 때문이다. 당신은 보조 바퀴가 달린 자전거로 충분히 연습을 한 뒤에 도로에 나가 달려야 하는 것이다. 열대 산물의 경우도 역시 모든 종목을 분석해야 하지만, 설탕만 거래해야 한다. 커피와 코코아 가격은 S&P만큼 빠른 움직임을 보일 수 있는 반면, 설탕 시장은 규모와 유동성이 크고 적당한 변동성을 갖춘 시장이기 때문이다. 말할 필요도 없을 테지만, 초보자들은 주가지수 선물은 아예 신경도 쓰지 말아야 한다. 주가지수 선물은 객장에서는 '로켓'이라는 이름으로 불린다. 1~2년 뒤에는 당신도 주가지수 선물을 거래하게 될지 모르지만, 이 단계에서는 주식시장에 관심이 있다고 하더라도 상장지수인 SPDR이나 QQQ를 선택하여 거래하기 바란다.

얼마나 먼 과거 기록까지 조사해야 하는가? ● 컴퓨터 스크린으로 일간 차트를 보면 5~6개월의 기록을 한눈에 편하게 볼 수 있다. 공간을 더 많이 차지하는 캔들차트(128쪽을 보라)의 경우는 그만큼 많이 볼 수 없다. 일간 차트만으로는 충분하지 않기 때문에, 적어도 2년치 분량의 주간 차트가 필요하다. 과거를 알면 미래에 대비할 수 있다. 10년 기간의 차트를 한번 들여다보고 지금이 장기적으로 가격이 높은 상황인지 낮은 상황인지 판단하는 것도 도움이 될 수 있다.

기간이 20년 이상인 차트는 특히 선물 거래자에게 유용하다. 선물은 주식과 달리 자연적인 바닥과 천정이 있다. 천정과 바닥의 수준은 고정되어 있지 않다. 하지만 매수 또는 매도 전에 현재 상황이 바닥에 가까운지 천정에 가까운지 알아보아야 한다.

선물의 바닥 가격은 바로 생산비다. 가격이 이 수준 아래로 떨어지면 생산업자는 생산을 멈추기 시작하고 공급량이 줄어들어 가격이 올라간다. 설탕이 넘쳐나면서 세계 시장의 가격이 설탕을 생산하는 데 드는 비용 아래로 떨어지면 주요 생산업자들은 생산을 멈추기 시작할 것이다. 예외가 있기는 하다. 절박할 정도로 가난한 나라는 외화를 벌기 위해 생산비용 이하의 가격이라 해도 상품을 세계 시장에 내다팔고, 자국 노동자들에게는 가치가 감소된 자국 통화로 임금을 지급할 것이다. 이와 같은 예외로 인해 가격이 생산비 아래로 내려갈 수 있지만 그 기간이 오래일 수는 없다.

대부분의 상품에서 천정의 가격은 대체 비용과 같다. 가격만 맞다면 한 상품은 다른 상품으로 대체될 수 있다. 예컨대 주로 가축 사료로 쓰이는 옥수수의 가격이 상승하면 가축에게 밀을 먹이는 게 저렴할 수도 있다. 더 많은 농부들이 밀을 사면서 옥수수 구매가 줄어들면 옥수수 가격을 올리는 디딤돌이 무너져버린다.

흥분에 사로잡힌 시장이 잠시 천정 너머로 올라설 수 있을지 모르지만 그 위에서 오랫동안 머무를 수는 없다. 똑똑한 거래자들은 가격이 이렇게 정상적인 범위로 돌아오는 순간에서 수익의 기회를 찾는다. 과거로부터 배우면 다른 사람들이 정신을 잃을 때 침착함을 유지할 수 있다.

선물 계약은 몇 달마다 한 번씩 만기가 되기 때문에 장기 차트를 분석하기가 힘들다. 일간 차트로 당월과 가장 가까운 달을 조사한다면, 주간 차트로는 뭘 해야 할까? 주간 차트로는 연속된 계약들을 볼 필요가 있다. 수학적 도구를 이용하여 몇 개의 계약월들을 이어붙여 보아야 한다. 두 종의 데이터를 다운로드하는 게 좋다. 약 6개월 전까지 거슬러 올라가는 데이터와 적어도 2년 전까지 거슬러 올라가는 연속된 계약의 데이터다. 연속된 데이터를 이용하여 주간 차트를 분석하고 최근월물 front month 로 바꾸어 일간 차트를 조사해야 한다.

실시간 데이터가 필요한가? ● 시장에서 가격이 변하면 매번 변할 때마다 스크린으로 실시간 데이터가 전송된다. 실시간 시황 화면은 지구상에서 가장 시선을 끄는 광경 중 하나다. 아마 여학생들이 알몸으로 배구를 하는 장면이나 고속도로의 연쇄 충돌 사고 장면과 일등을 다투지 않을까 싶다. 눈앞에서 주가가 춤을 추고 있는 것을 보고 있으면 매매의 최적기를 찾는 데 도움이 될 수 있지만, 당신은 현실을 잊고 아드레날린의 분수 속에서 허우적거리게 될지 모른다.

실시간 데이터는 정말로 거래에 도움이 될까? 그 답을 보자면 몇몇에게는 "그렇다"이고, 다른 일부에게는 "어쩌면"이고 대부분에게는 "아니다"이다. 한 거래자 친구는 말하길 책상 위에 실시간 시황 화면이 있는 것은 앞에 슬롯머신이 있는 것과 똑같다고 했다. 틀림없이 돈을 잃는다는 얘기다.

실시간 차트로 거래를 하면 쉬울 거라고 생각한다. 하지만 이 게임은 지구상의 어떤 게임보다 빠르게 진행된다. 오전 10시 5분에 포지션을 매수하여 가격이 몇 차례 오르는 것을 보다가 10시 15분에 이르러 200달러를 챙긴다. 하루 몇 차례 이런 일을 반복하고 나서, 4시면 미결 포지션을 남기지 않고 수천 달러의 이익과 함께 퇴근한다. 그리고 아기처럼 숙면을 취한 뒤 이튿날을 맞는다. 문제는 이런 일을 하기 위해서는 빈틈없는 반사행동이 요구된다는 것이다. 잠시 멈춰 생각하거나, 이익 실현을 늦추거나, 손실을 받아들이기를 주저하면 그걸로 끝이다.

대부분의 성공적인 데이 트레이더는 20대 초반의 남성이다. 나는 성공한 데이 트레이더로 서른 살이 넘은 사람은 만나본 적이 거의 없다. 물론 예외는 있다. 70대인 내 친구 한 명은 뛰어난 데이 트레이더다. 그러나 그녀는 법칙을 확인시켜주는 예외다. 이 게임은 생각 없이 뛰어드는 어떤 능력을 비롯하여 번개처럼 빠른 반사행동을 필요로 한다. 사람들 가운데 30세 넘어서까지 이런 능력을 갖고 있는 이는 거의 없다.

초보자들은 실시간 데이터를 필요로 하지 않는다. 그들은 일간 차트와 주간 차트로 거래하는 법을 배우는 데에 모든 관심을 집중해야 하기 때문이다. 일단 시장에서 돈을 벌기 시작하면 자신의 능력을 일중 차트에 적용해보는 것도 좋은 방법이다. 장기 차트에서 매수 또는 매도 신호가 나타나면, 실시간 데이터를 데이 트레이딩이 아니라 포지션을 취하거나 청산하는 데 활용하라.

실시간 데이터를 활용할 생각이라면 정말로 실시간 데이터인지 확인해보고 써야 한다. 대부분의 거래소는 실시간 데이터에 월별 요금을 청구한다. 인터넷에는 무료로 데이터를 제공하는 웹사이트가 넘쳐나지만, 20분이 늦는 데이터들이다. 재미로 볼 때는 상관없지만 이렇게 20분씩 느린 데이터를 갖고 거래를 한다면 자살행위나 마찬가지다. 실시간 데이터가 필요하다면 가장 좋은 데이터를 구하라.

● 분석과 거래 ●

시장은 엄청난 정보들을 낳는다. 연간 및 분기 보고서, 실적 전망, 기업 내부자의 보고서, 업종별 보고서, 기술 예측, 주간·일간·일중 차트, 기술 지표, 거래량, 채팅방의 의견, 인터넷 모임에서 들을 수 있는 얘기 등. 이런 많은 데이터 앞에서 당신은 해도 해도 분석이 끝나지 않으리라는 것을 깨달을 것이다.

돈을 잃은 일부 거래자들은 분석만 하다가 마비상태에 빠진다. 그들은 더 많은 데이터를 분석하면 더 이상 돈을 잃지 않고 성공할 수 있으리라는 기이한 망상을 갖는다. 이런 사람들은 근사한 차트들과 책꽂이에 가득한 주식 보고서들의 존재로 알아볼 수 있다. 그들은 어느 차트든 차트 한가운데서 지표 신호를 찾아내 당신에게 보여줄 것이다. 하지만 당신이 차트의 오른쪽 가장자리를 가리키며 그러면 이제 어떻게 할 거냐고 물어보면 그들은 우물거리기만 할 뿐이다. 왜냐하면 그들은 분석만 하지 거래는 하지 않기 때문이다.

분석가는 분석이 옳으면 돈을 벌지만 거래자는 거래를 해야만 돈을 벌 수 있다. 이 두 가지 행위는 목적이 서로 다르고 따라서 서로 다른 기질이 요구된다. 기관은 거래자와 분석가를 서로 다른 부서에 나누어 배치하는 경향이 있다. 하지만 개인 거래자들은 이렇게 분석과 거래를 딱 잘라 나눌 수 없다.

분석만 하면 금세 수익이 감소하는 지점에 도달한다. 분석의 목적은 분석 그 자체를 완벽하게 하자는 것이 아니라 의사결정 과정을 확립하고 자금 관리 원칙으로 이를 뒷받침하자는 것이다. 분석을 위한 몇 가지 화면 세팅을 개발하여 엄청난 시장 정보를 충분히 다룰 수 있는 규모로 줄이는 일이 필요하다.

기본적 분석

기본적 분석가는 수요와 공급에 근거하여 주가 움직임을 예측한다. 주식에서 보자면 그들은 회사가 생산한 제품의 수요와 공급을 연구한다. 선물에서는 상품에 대한 수요와 공급을 연구한다.

회사가 새로운 기술적 진보를 이루었다고 발표했는가? 해외로 사업을 확장했는가? 새로운 전략적 제휴 관계를 맺었는가? 새로운 주요 경영진이 참여했는가? 기업에 일어난 변화는 무엇이든 그 제품과 비용에 영향을 미칠 수 있다. 수요에 영향을 미치는 것은 사회에서 일어난 거의 모든 일이다.

기본적 분석은 시간이 흘러가면서 서로 다른 요소들의 중요성이 변하기 때문에 어려운 작업이다. 예컨대 경제 성장기에 기본적 분석가는 성장률에 관심을 집중하지만 후퇴기에는 배당의 안전성에 관심을 기울인다. 배당은 활력 넘치는 상승장에서는 오랜 유물처럼 보일지 모르지만, 어려운 때에 주식에 대한 궁극적인 테스트는 그것이 얼마나 많은 소득을 가져다주는가 하는 것이다. 기본적 분석가는 군중을 주시해야 한다. 군중의 관심이 시장 점유율에서 기술 혁신으로, 그리고 지금 당장 그들의 마음을 사로잡고 있는 그 어떤 것으로 옮겨가는지 알아야 한다. 기본적 분석가는 가치를 연구하지만 가치와 가격의 관계는 완전하지 않다. 다시 말하지만 가치와 가격은 1마일이나 되는 고무줄로 연결되어 있다.

선물시장에서 기본적 분석가가 하는 일이 주식시장보다 많이 쉽다고 할 수는 없다. 이자율과 경제 전반에 엄청난 영향력을 행사하는 연방준비제도이사회의 행동을 어떻게 예측할 것인가? 식물 성장 시기의 날씨에 관한 보고서가 곡물시장에 미칠 영향을 어떻게 분석할 것인가? 재고를 어떻게 평가하며, 계절 순환이 6개월이나 차이 나는 남반구와 북반구의 날씨 전망을 어떻게 평가할 것인가? 당신은 펀더멘털을 연구하느라 평생을 허비할 수도 있지만 능력 있는 사람들을 찾아 그들의 연구 결과를 돈 주고 살 수도 있다.

기본적 분석은 기술적 분석보다 훨씬 더 면밀하다. 이동평균은 주간 차트나 일간 차트나 일중 차트에서 대두든 IBM이든 다 비슷하게 움직인다. MACD 히스토그램은 재무부 채권이나 인텔이나 비슷한 메시지를 나타낸다. 그렇다면 우리는 기본적 분석은 모두 제쳐두고 기술적 분석에 집중해야 할까? 많은 거래자들은 가장 쉬운 길을 택한다. 하지만 나는 그것이 실수라고 생각한다.

기본적 요소들은 수개월 또는 수년간 큰 추세를 타고 싶어하는 장기 거래자들에게는 매우 중요하다. 펀더멘털이 강세라면 우리는 매수 포지션을 취해야 하고, 약세라면 매도 포지션을 취해야 한다. 단, 단기 거래자나 데이 트레이더에게는 기본적 분석이 상대적으로 덜 중요하다.

모든 주식과 상품의 기본적 분석에서 전문가가 될 필요는 없다. 이를 전문으로 하는 매우 똑똑한 사람들이 있고, 정기적으로 그들의 연구 결과가 발표되곤 한다. 하지만 그들 중 많은 수는 불가능을 시도하고 있는 것이다. 그들이 그렇게나 시장을 잘 알면 왜 거래를 통해 돈을 벌 수 없는지조차 스스로 이해하지 못하겠는가.

기본적 분석가들로부터 개념과 사고를 빌려 기술적 분석의 스크린을 통해 볼 수 있다면, 우리는 기본적 분석만 하거나 기술적 분석만 하는 사람들보다 훨씬 더 앞서나갈 수 있을 것이다. 강세 펀더멘털은 강세의 기술적 지표들에 의해 확인되어야 한다. 그렇지 않다면 의심해보아야 한다. 약세 펀더멘털은 약세의 기술적 지표들에 의해 확인되어야 한다. 기본적 지표들과 기술적 지표들이 일치한다면 현명한 거래자에게는 정말 신나는 일이 생길 것이다.

읽을 만한 책 ● 주식의 기본적 분석에 관한 주요 저작으로 벤저민 그레이엄Benjamin Graham과 데이비드 도드David Dodd가 공저한 『증권 분석Security Analysis』이 읽을 만하다. 두 명의 저자는 오래전에 세상을 떠났지만 그들의 제자가 계속 개정판을 내고 있다. 책을 사보기로 했다면 꼭 최신판을 확인해서 사기 바란다.

그레이엄의 제자인 워렌 버핏Warren Buffett은 세계 최고의 부자 중 한 명이 되었다. 그의 기본적 분석 방법을 설명한 입문서도 있다. 로버트 G. 해그스트롬Robert G. Hagstrom의 『워렌 버핏의 완벽투자기법The Buffett Way』이다.

선물의 기본적 분석에 관한 최고의 서적은 트웰레스와 존스의 『선물 게임』이다. 이 고전은 대략 10년마다 한 번씩 개정판이 나오고 있다(최신판을 구하는 것을 잊지 말길). 모든 선물시장에 대한 기본적 분석을 다룬 부분도 있다. 대두를 거래하든 스위스 프랑을 거래하든 이 책을 읽으면 시장을 움직이는 핵심적인 요인들에 대해 잘 알게 될 것이다.

기술적 분석

금융시장은 양당체제다. 두 당은 바로 매수세와 매도세다. 매수세는 가격을 끌어올리고 매도세는 가격을 끌어내린다. 차트는 우리에게 이들의 발자국을 보여준다. 기술적 분석가는 차트를 연구하여 어느 지점에서 한쪽이 다른 한쪽을 힘으로 제압하는지 찾아낸다. 그들은 상승 추세나 하락 추세를 조기에 알아내기 위해 반복적인 가격 패턴을 찾고 매도 신호나 매수 신호를 판단한다.

월스트리트에서 기술적 분석의 역할은 시간과 함께 변해왔다. 20세기 초에 매우 인기를 끌었는데, 《월스트리트 저널》의 창립자이며 다우 지수를 처음 만들어낸 다우가 이를 처음 도입했다. 로저 뱁슨 같은 일부 저명한 분석가는 1929년의 천정을 예측·확인하기도 했다. 그 뒤 20~30년간은 몰락의 기간이었다. 이때 기관 분석가들은 일자리를 잃지 않으려면 책상에서 차트를 감추어야 했다. 그러다가 1980년대 이후 큰 인기를 끌었다. PC가 보급되면서 거래자들이 쉽게 기술적 분석용 소프트웨어를 사용할 수 있게 되었기 때문이다.

주식시장은 최근 단기 거래를 지향하는 쪽으로 흘러왔다. '매수 후 보유' 전략의 시절은 지나가버렸다. 과거에 사람들은 오래 가지고 있을 '좋은 주식'을 사서 쟁여놓은 다음 때마다 배당금을 타곤 했다. 하지만 이제 경제변화의 속도가 빨라지고, 주가는 더욱 더 빠르게 움직이고 있다. 새로운 산업이 출현하는 반면 예전의 산업은 침체를 겪고, 많은 주식은 상품보다 훨씬 더 큰 변동성을 보인다. 기술적 분석은 이처럼 빠르게 변화하는 환경에 잘 맞는다고 하겠다.

기술적 분석에는 두 가지 주된 형태가 있다. 하나는 고전적 분석이고 다른 하나는 전산화 분석이다. 고전적 분석은 오로지 차트 연구에만 의존하며 연필과 자 외에 복잡한 것은 아무것도 더 필요로 하지 않는다. 고전적 분석가는 상승 추세와 하락 추세, 지지선과 저항선을 찾고, 삼각형이나 사각형 같은 반복적인 패턴을 찾는다. 입문하기는 쉬운 분야지만 문제는 분석이 주관적으로 치우칠 수 있다는 점이다. 고전적 분석가가 낙관적인 감정 상태에 있으면 그의 분석은 상승 추세를 나타내는 경향이 있고 비관적인 기분이면 분석도 하락 추세를 가리키는 경향이 크다.

현대의 기술적 분석은 훨씬 더 객관적인 전산화된 지표에 의존한다. 지표의 두 가지 주된 종류는 추세추종 지표와 오실레이터이다. 이동평균, 방향성 시스템$^{Directional\ System}$, MACD^{이동평균수렴확산지수} 같은 추세추종 지표는 추세를 확인하는 데 도움을 준다. 스토캐스틱, 강도지수$^{Force\ Index}$, 상대강도지수

RSI; Relative Strength Index 같은 오실레이터는 반전을 확인시켜준다. 양쪽 그룹에서 몇 가지 지표를 선택하여 조건을 설정하고 더 이상 손을 대지 않는 것이 중요하다. 아마추어는 종종 보고 싶은 것을 보여주는 지표를 찾곤 하는데 이는 기술적 분석을 잘못 이용하는 일이다.

기술적 분석의 가장 중요한 도구는 연필도 아니고 컴퓨터도 아니다. 모든 분석가들의 양쪽 귀 사이에 있으리라 예상되는 기관, 바로 머리다. 하지만 능력의 수준이 비슷한 두 명의 기술적 분석가가 있다고 하면 컴퓨터를 사용하는 쪽이 분명 유리하다.

기술적 분석은 과학이자 예술이다. 따라서 객관적인 동시에 주관적이다. 전산화된 방법에 의존하지만 절대 객관적일 수 없는 군중의 심리를 추적한다. 기술적 분석 최상의 모델은 여론조사다. 여론조사원은 과학적 방법을 이용하지만 질문을 고안하고 조사 기법을 선택하기 위한 심리학적 능력을 필요로 한다. 컴퓨터 스크린상의 가격 패턴은 군중 행동을 표현한다. 기술적 분석은 응용 사회심리학이며 대중 행동을 분석하여 돈을 버는 기술이다.

엄청난 데이터의 양에 질려버린 많은 초보자들은 자동 매매 시스템의 덫에 빠진다. 판매업자들은 효과가 입증된 최상의 기술적 분석 도구를 자신들의 필승 매매 시스템에 접목시켰다고 큰소리로 선전하곤 한다. 초보자가 곧 자동 매매 시스템을 살 계획이라고 신나서 얘기할 때면, 나는 그에게 그럼 그 뒤 당신은 무엇을 하고 있을 거냐고 물어본다. 또 내가 만약 똑같이 자동 의사결정 시스템을 구매하여 당신과 경쟁한다면 어떻게 될 것 같으냐고도 물어본다. 사람들은 마술을 믿고 싶어하고, 그런 마술이 일과 생각으로부터 자신을 구원해줄 수 있다고 하면 기꺼이 큰돈을 지불하려고 한다.

읽을 만한 책 ● 20세기 초반에 쓰인 로버트 에드워즈Robert D. Edwards와 존 매기John Magee의 『주가 추세의 기술적 분석Technical Analysis of Stock Trends』은 고전적 차트 기법에 관한 결정판으로 알려져 있다. 1955년 이후의 판을 구해 보기 바란다. 왜냐하면 1955년에 마지막으로 크게 개정이 이루어졌기 때문이다.

존 머피John Murphy의 『금융시장의 기술적 분석Technical Analysis of Financial Markets』은 고전 기술적 분석과 현대 기술적 분석에 대한 가장 완벽한 설명을 제공한다. 나의 첫 번째 책 역시 이 분석에 대해 상당한 부분을 할애하고 있다.

매수 및 매도 시점

트레이딩은 비밀이 없다는 것이 비밀이다. 알기만 하면 엄청난 수익을 낼 수 있는 마법의 패스워드 따위는 없다. 초보자들은 끊임없이 새로운 상술에 한눈을 팔고, 많은 약삭빠른 판매자들은 이들에게 별 쓸모도 없는 제품과 서비스를 팔아치운다. 사실 트레이딩은 노력이 필요한 일이다. 재능은 얼마간 요구될 뿐이다. 인간이 힘써 노력하여 발전시켜온 다른 모든 분야와 다를 바 없다. 수술을 하건, 미적분을 가르치건, 비행기를 조종하건 원리를 알고 교육을 받고 그 일을 열심히 하면 된다. 다만 여기에 약간의 재능이 필요한 것뿐이다.

현명한 거래자는 기본적 지표에 주의를 기울인다. 경제의 핵심 요인을 항상 의식한다. 그리고 대부분의 시간을 기술적 분석에 투자하면서 추세를 확인하고 반전 신호를 발견하기 위해 노력한다. 나중에 우리는 핵심적인 기술적 도구를 살펴보고 거래 계획을 짜볼 것이다.

시장은 끊임없이 변화한다. 이 게임에서는 유연성이 매우 중요하다. 한 똑똑한 프로그래머가 최근에 나한테 한 말을 들어보면, 그는 돈을 계속 잃고 있지만 자신의 손실제한주문 가격에서 매수를 한 사람들은 모두 이익을 보았을 것이라고 했다. 왜냐하면 그가 손실제한주문을 해둔 가격에서 주가가 계속 바닥을 찍었기 때문이다. 나는 그렇다면 손실제한주문을 해두던 가격에 손실제한주문을 내지 말고 매수 주문을 하지 그랬냐고 그에게 물었다. 그의 대답을 듣고서 그가 너무 완고하기 때문에 그렇게 하지 않았음을 알게 됐다. 그에게 매수 주문은 매수 주문이었고 손실제한주문은 손실제한주문이었다. 둘은 완전히 달랐다.

이런 완고함도 문제지만 높은 수준의 교육이 주식 거래에 핸디캡이 될 때도 있다. 유명한 시카고의 거래자 브라이언 모니슨은 인터뷰에서 이렇게 말한 적이 있다. "나는 수학 박사이고 한때 인공두뇌학에도 몸담은 적이 있는데, 이런 약점을 극복하고 주식 거래로 돈을 벌었죠."

많은 전문직 종사자들은 자신이 옳다는 강한 확신에 사로잡혀 있다. 엔지니어들은 모든 것이 계산될 수 있다고 믿으며, 의사들은 충분히 테스트만 한다면 무엇이든 올바른 진단과 치료를 할 수 있다고 믿는다. 하지만 환자를 치료하는 일은 정확성만으로 해결되는 일이 아니다. 거기에는 훨씬 많은 문제들이 관련되어 있다. "시장에서는 얼마나 많은 의사와 변호사들이 돈을 잃는가?" 하는 재미있는 말이 있다. 왜 그럴까? 왜 그들은 주식시장에서 돈을 잃을까? 지능이 모자라서 그런 것은 분명 아니다. 그들에게 부족한 것은 겸손과 유연성이다.

시장은 불확실성의 환경에서 작동한다. 거래 신호는 차트 중간에서는 분명하게 나타난다. 하지만 오른쪽으로 가면서 당신은 위대한 전쟁사가 존 키건이 말한 '전쟁의 포화' 가운데 길을 잃는 경험을 할 것이다. 확실성은 없고 오로지 가능성만 있을 뿐이다.

당신에게는 지금 두 가지 목적이 있다. 돈을 벌고 배우는 것이다. 따든 잃든 내일 더 나은 거래자가 되기 위해 당신은 거래 경험으로부터 깨달음을 얻어야 한다. 기본적 지표에 관한 정보를 샅샅이 살피고, 기술적 신호들을 읽고, 자금관리 원칙을 지키고, 리스크를 통제하라. 이제 당신은 방아쇠를 당길 준비가 되어 있다. 자 시작하자!

PART 02

성공적인 거래를 위한 세 가지 M

COME INTO MY TRADING ROOM

PART 02

'낮은 가격에 사서 높은 가격에 팔라. 높은 가격에서 공매도하고 낮은 가격에서 환매하라.' 낮은 가격에 사서 높은 가격에 판다고 하면 간단한 얘기처럼 들리지만, 탐욕과 공포가 올바른 마음가짐을 뒤집어놓는다. 거래자는 파도를 타려는 서퍼와도 비슷하다. 단 그들의 해변은 모래사장이 아니라 기암절벽이다. 프로는 기회를 기다리지만 아마추어는 감정에 이끌려 아무 때나 뛰어든다. 그들은 강할 때 매수하여 약할 때 매도함으로써 시장에 자신의 돈을 뿌린다.

프로는 시장에서 익숙한 패턴이 나타나기를 기다린다. 상승 모멘텀과 함께 계속적인 가격 상승을 지시하는 새로운 추세를 발견할 수도 있다. 아니면 랠리 동안 상승세의 소진을 나타내는 모멘텀의 약화를 감지할지도 모른다. 일단 패턴을 발견하면 그는 거래에 들어간다. 그는 자신이 언제 시장에 들어갈지, 어디서 이익을 취할지를 알며, 시장이 그의 예측과 달리 움직였을 때 어디서 손실을 받아들여야 할지도 알고 있다.

거래는 가격 변화에 베팅을 하는 행위지만 여기에는 역설이 존재한다. 각각의 가격은 가치에 관한 시장 참여자들의 최근의 합의를 반영한다. 거래에 나서는 것은 이런 합의에 도전하는 일이다. 매수자는 시장의 가격이 낮다고 주장하며 일반의 판단에 이의를 제기하는 사람이다. 매도자는 시장의 가격이 높다는 믿음으로 반기를 드는 사람이다. 매수자나 매도자나 합의된 판단이 변화되기를 기대하며, 그동안에는 시장의 견해를 거부한다. 시장에는 똑똑하기로 소문난 사람들도 있고, 엄청난 갑부들도 있다. 이런 사람들과 겨룬다는 것은 위험한 일이다. 따라서 당신은 만전을 기해야 한다.

현명한 거래자는 효율적 시장 이론에서 결함을 찾는다. 그는 시장을 두루 살펴보다가 비효율성이 나타나는 순간을 찾는다. 군중이 탐욕에 사로잡히면 초보자들은 그냥 대책 없이 시장에 뛰어들어 주식을 산다. 주가가 떨어져 매수자가 안절부절못할 상황이 발생하면 초보자들은 패닉 상태에서 기본적 가치는 무시하고 보유 지분을 투매한다. 감정에 따른 이런 행동들은 시장의 효율성이라는 냉정한 개념을 무색하게 만들고, 자제심이 강한 거래자들에게는 수익의 기회를 만들어준다. 시장이 정말로 차분하고 효율적이면 거래는 도박이 되고, 수수료와 체결오차 때문에 승산은 더욱 희박해질 수밖에 없다.

군중의 사고는 천천히 변하고 가격 패턴은 얼마간 차이가 난다고 하더라도 거의 동일하게 반복된다. 감정적 동요는 거래 기회를 만들어주는 반면 효율적인 시장은 등락을 반복하며 거래자들에게 틈을 내주지 않고 비용만 누적시킨다. 기술적 분석 도구는 패턴이 드러나기를 기다릴 만한 자제력이 있는 경우에만 유용한 것이다. 프로는 시장이 특별히 유리한 지위를 제공할 때만 거래에 뛰어든다.

카오스 이론에 따르면 많은 과정—강물의 흐름, 하늘에 떠 있는 구름의 이동, 목화 시장의 가격 변동—은 혼돈이 지배하며, 프랙탈fractals이라고 하는 일시적인 질서의 섬들만이 존재할 뿐이다. 이런 프랙탈은 멀리서 보든 가까이서 보든, 망원경으로 보든 현미경으로 보든 비슷한 모습으로 나타난다. 메인 주의 해안은 우주선에서 보나 무릎을 꿇고 확대경으로 자세히 들여다 보나 마찬가지로 들쭉날쭉하다. 대부분의 금융시장에서 장기의 주간 차트와 5분 간격의 단기 차트는 대단히 흡사한 모양을 나타내기 때문에 표시가 없으면 구분하기조차 힘들다.

엔지니어들은 혼돈을 인정하고 질서의 섬이라고 할 일시적인 프랙탈을 이용하면 많은 과정을 통제하기가 훨씬 더 쉬워진다는 것을 깨달았다. 훌륭한 거래자들이 깨닫는 것도 바로 이런 것이다. 그들은 시장이 혼돈스러우며 예측할 수 없다는 것을 인정하지만 질서의 섬들을 발견하기를 기대한다. 그리고 이런 패턴을 찾았을 때 망설이지 않고 매수 또는 매도를 할 수 있도록 스스로를 단련시킨다.

성공적인 거래는 정신, 기법, 돈, 이 세 가지에 달려 있다. 초보자들은 분석에 몰두하지만, 전문가들은 3차원의 공간에서 주식을 거래한다. 전문가들은 거래 심리—그들 자신의 감정과 시장의 대중 심리—를 안다. 또 특정한 주식이나 선물, 옵션을 선택하는 방법뿐만 아니라 매수 및 매도 시점의 결정에 적용할 엄격한 원칙을 고수한다. 거래자본을 관리하는 방법, 즉 돈에 대해서도 원칙을 세우고 지킨다.

사람들은 이따금 정신, 기법, 돈—거래 심리, 거래 기법, 자금관리—가운데 제일 중요한 것은 무엇인지 묻는다. 하지만 이런 질문은 삼발이 의자 가운데 어떤 다리가 제일 중요한지 묻는 것과 다름없다. 한 번에 하나씩 다리를 없애서 앉아보시길.

2부에서는 시장에서 성공하기 위한 이 세 가지 토대를 집중적으로 다룰 것이다.

CHAPTER 04
정신 – 자제심으로 무장한 거래자

사람들은 큰 기대를 품고 시장에 들어온다. 하지만 이익을 내는 사람은 소수에 그치고 대부분은 주머니를 몽땅 털린다. 업계는 진실이 드러나는 통계자료는 숨기고 거짓을 퍼뜨려 패자들의 돈이 승자에게 흘러들어가게 만든다. 사실 승자는 패자가 잃은 돈의 일부만을 거두어들일 뿐이다. 그 돈의 대부분은 승자와 패자가 똑같이 지불하는 사업 비용—수수료, 체결오차, 부대 비용—의 형태로 증권업계로 흘러들어간다. 성공적인 거래자는 높은 장벽들을 뛰어넘어야 하며, 계속 그렇게 높이 뛰어야 한다. 보통보다 잘하는 것으로는 충분하지 않다. 군중보다 훨씬 앞서 가야 한다. 당신은 지식과 훈련으로 무장해야만 성공할 수 있다.

    대부분의 아마추어는 엉성한 거래 계획을 갖고 거래 심리나 자금관리에 대해서는 아무런 대책도 없이 시장에 들어온다. 그래서 대부분은 상처를 입은 뒤 참담한 심정으로 몇 차례 더 거래를 해보다가 손을 끊는다. 더 많은 현금을 들고 와 다시 거래를 하는 사람들도 있다. 시장에서 계속 돈을 잃는 사람들을 꼭 패자라고 부를 필요는 없다. 그들은 그 대신 뭔가를 얻기 때문이다. 그들이 얻는 것은 오락적 가치, 즉 엄청난 재미와 쾌감이다.

주식시장은 지구상에서 가장 흥미로운 곳이다. 주식은 카드 게임이나 체스 게임, 모두를 열광의 도가니에 빠뜨리는 경마와 비슷하다. 게임은 매시간 진행되며 당신은 언제든 베팅을 할 수 있다.

내 지인 한 명은 가정생활에서 행복을 느끼지 못했다. 그는 사무실에 늦게까지 남는 방법으로 아내를 피했다. 그러나 주말에는 건물이 문을 닫기 때문에 가족의 품속으로 돌아갈 수밖에 없었다. 일요일 아침이 되면 그는 더 이상 '온가족이 함께'를 견디지 못하고 집의 지하실로 피신했다. 이곳에는 트레이딩 기기가 설비되어 있었다. 이 기기는 거래에서 실패를 맛본 어떤 사람이 그에게 대여를 해준 것이다. 일단 무상이었지만 나중에 그가 수익을 낼 때는 일부 몫을 받는다는 조건이 붙어 있었다. 일요일 아침 보스턴 교외에서 거래할 수 있는 것이 대체 뭐가 있을까? 중동의 금시장이다. 이때 중동에서는 금시장이 열린다. 내 지인은 시세를 나타내는 화면을 켜고 전화를 걸어(이때는 인터넷이 생기기 전이었다) 아부다비의 금을 거래했다!

그는 그곳의 거래자들과 비교하여 자신에게 어떤 이점이 있는지 자문해본 적이 없었다. 아부다비에 있는 거래자들에게는 없으며 보스턴 교외의 전원주택에 앉아 있는 그에게만 있는 것은 무엇일까? 그곳 사람들이 그에게 돈을 송금해줄 것이라고 믿을 수나 있었을까? 프로들은 누구든 자신의 이점을 알고 있지만, 아마추어들은 그런 질문을 받으면 멍한 표정을 짓는다. 자신의 이점을 모르는 사람은 그런 이점을 가지고 있지 않은 것과 똑같고 돈을 잃기 마련이다. 세계에서 가장 부유한 투자자 중 한 명인 워렌 버핏은 포커 판에 앉으면 15분 안에 누구의 주머니에서 돈이 나오고 있는지 알아야 한다고 말한다. 그걸 모른다면 주머니에서 돈을 퍼주고 있는 사람은 바로 당신이

기 때문이다. 내 보스턴 친구는 결국 파산하여 집을 잃었고 더 이상 아부다비의 금을 거래하지 못하게 되었으며 부부생활도 새로운 곤경에 처하고 말았다.

부유하건 가난하건 많은 사람들은 지루하고 갇혀버린 느낌 가운데서 살아간다. 헨리 데이비드 소로는 거의 두 세기 전에 이렇게 말했다. "대중은 조용한 절망의 삶을 영위한다."

우리는 매일 똑같은 침대에서 일어나 똑같은 아침을 먹고 똑같은 길을 따라 직장에 출근한다. 사무실에서 똑같은 지루한 얼굴들을 보고 오래된 책상 위의 서류들을 뒤적인다. 그러고는 똑같이 멍청한 TV 쇼를 보고, 맥주를 한 잔 마시고, 똑같은 침대에 들어가 잠을 청한다. 우리는 날마다, 달마다, 해마다 이런 일상을 반복한다. 생활은 가석방 없는 무기징역 같은 기분이 든다. 이 이상 기대할 수 있는 게 뭐가 있을까? 휴가를 떠나면 좀 나아질까? 패키지 여행 상품을 구매하여 파리로 날아가 일행과 함께 버스에 올라타고 개선문 앞에서 15분을 보내고 30분 동안 에펠 탑에 올라간다. 그런 다음에는 다시 집으로 돌아온다. 예전의 일상으로.

대부분의 사람들은 앞이 보이지 않는 깊은 숲 속에서 산다. 생각할 필요도 없고, 결정할 필요도 없으며, 삶의 초조함을 느낄 필요도 없다. 일상은 안전하다. 하지만 끔찍하도록 지루하다.

오락이나 여흥조차 더 이상 즐겁지 않다. 주말마다 할리우드 영화들을 보다 보면 결국 모두 지겨워진다. 디즈니랜드도 몇 번씩 다니다 보면 롤러코스터를 타는 재미도 아무 의미 없는 허무함으로 변질되고 만다. 소로를 다시 인용하자면 "게임이나 오락이라고 부르는 것조차도 그 아래에는 틀에 박힌 무의식적인 절망이 감추어져 있다. 거기에 진정한 즐거움은 없는 것이다."

그러다가 당신은 주식 거래 계좌를 개설하고 인텔의 주식 500주에 대해 매수 주문을 낸다. 이제 수천 달러만 있으면 일상에서 벗어나 주식시장에서 흥분을 만끽할 수 있게 되었다.

갑자기 세계가 살아 있는 색깔로 변한다! 인텔이 0.5포인트 오른다. 당신은 시세표를 확인한다. 신문을 사러 달려가고 최신 정보를 체크한다. 직장에 컴퓨터가 있으면 작은 창을 띄워 주가의 흐름에서 한시도 눈을 떼지 않는다. 인터넷이 생기기 전에 사람들은 주가 시세를 듣기 위해 휴대용 FM 수신기를 구입하여 살짝 켜놓은 채 책상 서랍 안에 감추어두곤 했다. 중년 남자의 책상 서랍에서 삐죽 튀어나온 안테나는 감옥의 창살 안으로 비쳐든 한줄기 햇살 같은 것이었다.

인텔이 1포인트 올랐다! 팔고서 이익을 취해야 할까? 아니면 더 사서 보유 주식을 늘려야 할까? 가슴이 세차게 고동친다. 당신은 살아 있음을 느낀다! 이제 3포인트가 올랐다. 당신은 보유 주식을 늘려 이익을 확대하고 단 몇 시간 만에 얻은 이익이 일주일치 봉급에 가깝다는 사실을 깨닫는다. 당신은 수익률을 계산하기 시작한다. 일 년의 나머지 기간을 이런 식으로만 한다면, 크리스마스 때까지는 큰돈을 벌게 될 것이다!

그러다가 갑자기 계산기에서 눈을 들어 보니 인텔의 주가가 2포인트 떨어져 있다. 당신은 속이 뒤집히는 것 같다. 몸을 새우처럼 구부리고 얼굴을 스크린에 가져다 댄다. 폐는 쪼그라들고 뇌로 가는 혈액의 양은 감소한다. 무엇인가를 결정하기에 가장 좋지 않은 때는 바로 이런 때다. 당신은 덫에 갇힌 동물처럼 불안에 잠식되어 있다.

주식 거래는 사람이 옷을 입고서 할 수 있는 가장 신나는 활동이다. 문제는 신나면서도 동시에 돈을 벌 수는 없다는 것이다. 카지노를 생각해보자. 아마추어들은 무료 음료를 들며 즐거운 마음으로 테이블 앞에 앉아 있지만, 전문 도박꾼은 냉정한 눈으로 한 게임 한 게임에 집중한다. 한시도 흐트러짐

없이 카드 카운팅을 하면서 확률을 계산하고 유리할 때를 판단한다. 성공적인 거래자가 되기 위해서는 강철 같은 자제심(정신)을 기르고 시장에서 우위에 설 수 있는 방법(기법)을 개발하고 거래 계좌(돈)에서 리스크를 관리해야 한다.

● 시장을 돌아다니는 몽유병자 ●

주식을 거래하는 합리적인 이유는 단 한 가지다. 돈을 벌려는 것이다. 돈은 우리를 시장으로 유혹한다. 그러나 새로운 게임의 흥분으로 우리는 종종 시야에서 목표를 놓친다. 우리는 즐거움을 위해, 아니면 일종의 도피로서, 아니면 가족이나 친구들에게 뽐내기 위해, 아니면 또 다른 이유로 주식 거래를 시작한다. 그런데 일단 돈에 대한 목표 의식을 잃어버리면 낭패를 당한다.

    주말에 책을 읽거나 차트를 들여다보고 있는 동안에는 침착하고 차분한 태도로 집중할 수 있다. 시장이 문을 닫고 있을 때는 이성적으로 행동하기 쉽다. 하지만 30분 동안 실시간 시황 화면을 들여다보고 난 뒤에는 어떤 일이 벌어지는가? 맥박이 뛰기 시작하는가? 업틱^{uptick}(직전 거래가보다 높은 호가-옮긴이)과 다운틱^{downtick}(직전 거래가보다 낮은 호가-옮긴이)에 홀려버리는가? 거래자들은 시장 앞에서 아드레날린의 분출을 체험한다. 흥분의 짙은 안개가 그들의 판단을 가린다. 주말의 차분한 마음가짐은 주가가 상승하거나 하락하는 동안 창문 밖으로 날아가 버린다. "이번은 달라. …… 이번 한 번만 손실제한주문을 넣지 말아야겠어. 시장이 변동성이 너무 크잖아." 감정에 치우친 거래자들은 흔히 그런 말을 한다.

    똑똑한 사람들도 많은 수가 시장에서는 몽유병자처럼 행동한다. 눈은

떴지만 정신은 닫혀 있는 것이다. 그들은 감정에 이끌리고 실수를 반복한다. 실수를 하는 것은 괜찮지만 그것을 반복하는 것은 괜찮지 않다. 처음으로 실수를 했다면 그것은 당신이 탐색하고 실험하는 살아 있는 사람이라는 것을 보여주는 것이다. 하지만 실수의 반복은 신경증과 다름없다.

패자는 성별, 나이, 인종을 가리지 않는다. 하지만 그들에게 몇 가지 특징이 나타나긴 한다. 그들이 흔히 내세우는 핑계를 몇 가지 살펴보도록 하자. 당신에게도 해당되는 사항이 있다면 이를 기회로 새로운 습관을 기르기 바란다.

중개인을 탓한다

거래자는 가장 중요하고 긴장된 순간에 중개인의 목소리를 듣는다. 매도 주문 혹은 매수 주문을 내거나 주문으로 이어질지 모르는 정보를 요청할 때다. 중개인은 시장에 가까이 있기 때문에, 우리 가운데 많은 이는 그가 우리보다 더 많은 것을 알고 있으리라고 생각한다. 그래서 중개인의 목소리를 읽으려고 하고 그가 우리의 행동을 긍정적으로 생각하는지 아니면 부정적으로 생각하는지 알아내려고 한다.

당신은 매매를 할 때 중개인의 목소리를 참고하는가? 만약 이동평균이 상승하고 강도지수가 하락할 때 중개인의 목소리가 들떠 있으면, 그 목소리에 영향을 받고 매수 주문을 내는가? 아니면 이러이러한 지표들이 이러이러한 조건들에 도달했을 때는 무조건 매수 주문을 내는가?

중개인의 목소리를 읽으려 한다는 것은 불안하다는 표시다. 초보자들에게는 흔히 있는 상황이다. 시장은 거대하고 변동성이 크다. 초보자들은 주가의 상승과 하락을 어떻게 따라잡을지 도저히 알 수 없을 것 같은 기분이 들 것이다. 겁에 질린 사람들은 황야에서 그들을 인도해줄 강하고 현명한 누군가를 찾는다. 중개인이 당신을 인도해줄 수 있을까? 아마 그렇지 않을 것이다. 하지만 돈을 잃었을 때 당신에게는 적당한 핑곗거리가 생긴다. 그런 멍청한 거래를 하게 만든 것은 바로 중개인이었다!

최근에 전문가 증인을 찾던 변호사 한 명이 내게 전화를 걸어왔다. 그의 얘기에 따르면 그의 고객은 대학 교수인데 몇 년 전 주식분할 전에, 델 주식을 주당 20달러에 공매도했다고 한다. 그는 "더 이상 오를 수 없다"는 중개인의 말에 따랐던 것이다. 하지만 델의 주식은 상승장을 주도하며 천정을 뚫었다. 교수는 일 년 뒤 80달러에 환매를 했고, 평생의 저축이 들어 있던 백만 달러 계좌는 빈 깡통이 되어버렸다. 그 교수라는 사람은 박사 학위를 딸 만큼 똑똑한 사람이었다. 하지만 평생 모은 돈이 천천히 사라지는 동안 중개인의 말을 계속 들을 정도로 감정에 좌우되었던 사람이기도 했다.

사실 중개인을 고소하는 사람까지는 별로 없지만 초보자들은 거의 모두가 중개인을 비난한다. 중개인에 대한 거래자의 감정은 정신 분석학자에 대한 환자의 감정과 비슷하다. 환자 자신이 병실 침대에 누워 있을 때 중요한 순간에 등장하는 정신 분석학자의 목소리는 그가 스스로 밝혀낼 수 있는 것보다 훨씬 더 깊은 심리학적 진실을 담고 있는 것처럼 느껴진다. 사실 훌륭한 중개인이라 해도 때때로 더 나은 조건으로 주문을 체결하는 것을 도와주고, 요청하는 정보를 제대로 입수해줄 수 있는 기술자일 뿐이다. 그는 당신의 조수이지 조언자가 아니다. 중개인에게서 거래의 방향을 찾으려는 것은 불안해한다는 증거다. 그것은 주식 거래의 성공에 전혀 도움이 되지 않는 일이다.

대부분의 사람들은 온라인 거래를 이용하기 시작하면서 더욱 활발한 거래를 한다. 왜 그런가? 낮은 수수료가 한 가지 요인이기는 하지만 여기서는 심리적 변화가 더 중요하다. 사람들은 살아 있는 사람을 대할 필요가 없을 때 덜 의식적인 상태가 된다. 우리 모두는 때때로 멍청한 거래를 하는데 온라인 거래는 이를 혼자만 알고 있게 해준다. 중개인과 전화 통화를 할 때보다는 자판을 두드릴 때 우리는 부끄러움을 덜 느낀다.

일부 거래자는 불안과 공포를 온라인 거래업체에 전가한다. 그들은 온라인 거래업체가 그들이 원하는 거래를 하지 않는다고 불평한다. 예컨대 특별한 형태의 주문을 받아주지 않는다는 것이다. 나는 그러면 계좌를 옮겨보는 게 어떠냐고 묻는데, 그 말에 그들의 얼굴에는 곧 두려움의 그늘이 드리워진다. 그 두려움은 변화에 대한 두려움이며 밥상을 엎을지 모른다는 두려움이다.

거래자로서 성공하기 위해서는 자신의 결정과 행동에 대한 완전한 책임을 받아들여야 한다.

전문가를 비난한다

시장에 처음 들어오는 사람들은 곧 온갖 투자 대가guru들의 무리가 자신을 둘러싸고 있는 것을 발견하게 된다. 그들은 거래에 관한 조언을 파는 주식시장의 전문가들이다. 대부분은 수수료를 청구하고, 일부는 자신의 증권회사에서 거래를 맡아 하는 조건으로 무료로 조언을 제공한다. 그들은 정보지를 발간하고, 언론에서 인용되며, 많은 이가 TV에까지 등장한다. 대중은 확실성을 열망하는데 전문가들이 그들의 열망을 충족시켜준다. 그들 대부분이 실패한 거래자들이라고 해도 전문가가 되는 것이 그렇게 쉬운 일은 아니다. 우선 생존율이 매우 낮다. 2년 이상 전문가로 남아 있는 사람은 거의 없다. 새로움의 빛이 사라지면 고객들은 더 이상 돈을 내지 않고, 전문가는 추세선을 그리는 것보다는 알루미늄판을 팔아서 돈을 버는 게 더 쉽다는 것을 알게 된다. 내가 이전 책에서 전문가에 관해 쓴 장은 다른 어떤 책에서 볼 수 있는 글보다도 그들에게 더 큰 두려움과 아우성을 불러일으켰다.

전문가에 대한 태도에 관해 말하자면 거래자는 세 가지 단계를 거친다. 처음에는 넋을 잃은 채 열심히 그들의 충고를 들으면서 금세 돈을 벌게 되리라고 기대한다. 두 번째 단계에서는 마치 전염병 보균자나 되듯이 그들을 피한다. 스스로 의사결정을 내리는 데 방해나 될 뿐이라고 생각하는 것이다. 마지막 단계에서는 일부 성공적인 거래자들이 새로운 기회를 알려주는 몇몇 전문가에게 주의를 기울이기 시작한다. 일부 실패한 거래자들은 스승, 트레이너, 치료사들을 찾으러 다닌다. 하지만 심리학과 거래를 동시에 알고 있는 사람은 거의 없다. 내가 만났던 몇몇 전문가는 스스로 매매를 하지도 못하면서 심리학에 대한 전문 지식이 있기 때문에 거래자들을 훈련시킬 만한 자격이 된다고 주장했다.

잠시 이 문제를 섹스 치료사의 경우와 비교해보자. 만약 내게 섹스에 관한 문제가 있으면 나는 정신과 의사, 심리학자, 섹스 치료사, 아니면 심지어 상담 목회자를 찾아가 보겠지만 가톨릭 신부에게는 가지 않을 것이다. 내가 가톨릭교도라고 하더라도 말이다. 가톨릭 신부는 섹스 문제에 관한 실제 지식이 없을 것이 뻔하기 때문이다. 만약 그에게 그런 지식이 있다면 오히려 그에게서 당장 도망쳐야 할 것이다. 주식에서 거래를 하지 않는 스승은 매우 의심스러울 수밖에 없다.

거래자는 조언에 관한 태도에서 몇 가지 단계를 거친다. 초보자들은 조언받기를 매우 좋아하고, 보다 진지한 사람들은 조언을 행동에 옮긴다. 경험 많은 거래자들은 조언을 귀담아 듣지만 늘 자신의 거래 시스템에 적용하여 그 조언이 가치가 있는지 없는지 알아본다. 나는 거래에 관한 조언을 들을 때면 내 시스템으로 테스트하여 스크린에서 그 결과를 확인해본다. 매수를 하든 매도를 하든 뒤로 물러나 있든 결정은 오로지 내 몫이다. 평균적으로 보자면, 스무 번 중 한 번은 조언을 받아들인다. 이런 조언들은 내가 간과했던 기회를 되돌아볼 수 있도록 해주지만, 거래를 쉽게 하는 지름길이 되지는 못한다.

크게 데인 적이 있는 초보자들은 멋도 모르고 전문가에게 실적 기록을 요구한다. 하지만 그들에게 자신의 실적 기록을 주물러서 근사하게 보도록 만드는 일은 완전히 식은 죽 먹기다. 독립적인 평가 기관에서 기록을 추적해도 마찬가지다. 나는 몇 년 전 정보지를 발간하면서 그 사실을 알았다.

나는 엄청난 돈을 지불했다고 하더라도 전문가의 모든 추천을 받아들이는 거래자는 한 번도 만나본 적이 없다. 만약 어떤 전문가의 고객이 200명이라면 그들은 서로 다른 추천 사항들을 받아들이고, 서로 다른 식으로 거래를 할 것이고, 결국 대부분 나름의 방식대로 돈을 잃을 것이다. 자문업에는 이러한 한 가지 규칙이 있다. '예측하는 일이 직업이라면, 되도록 많은 예측을 해야 한다.' 어쨌든 전문가는 손실을 입고서 희생양을 필요로 하는 몽유병자나 다름없는 초보 거래자들에게 쉬운 핑곗거리가 되어준다.

전문가의 얘기를 듣든 듣지 않든 거래 결과에 대한 책임은 100퍼센트 당신에게 있다. 다음에 귀가 솔깃한 얘기를 들었을 때는 그 정보를 자신의 거래 시스템에 적용하여 매수 신호나 매도 신호가 나타나는지 보라. 조언을 받아들이거나 거부하여 생기는 결과는 오로지 당신의 책임이다.

예기치 않았던 뉴스에 불평을 터뜨린다

나쁜 소식이 갑작스럽게 발생하여 주가에 충격을 주면 화가 나기도 하고 가슴이 아프기도 하다. 주식을 사고 나서 주가가 오르는데 나쁜 소식이 시장에 퍼지고 주가가 붕괴한다. 당신은 시장이 그런 일을 벌였다고 말하는가? 뉴스는 갑작스러운 것일 수 있다. 하지만 어떤 위험이나 장애도 책임은 당신에게 있다.

회사에 관한 뉴스의 대부분은 정기적으로 발표된다. 어떤 특정한 주식을 거래한다면, 먼저 그 회사가 언제 실적을 발표하는지 알아놓고 뉴스에 대한 시장의 반응에 대비해야 한다. 다가오는 발표에 대해 확신이 서지 않는다면 포지션을 줄여야 한다. 채권이나 통화, 지수 선물을 거래하면 중요한 경제 통계가 언제 발표되고 중요한 지표나 실업률이 어떻게 시장에 영향을 미치는지 알아두어야 한다. 중요한 뉴스가 발표되기 전에는 손실제한주문을 바짝 붙여두거나 거래 규모를 줄이는 게 현명한 대처일 수 있다.

정말로 예상할 수 없었던 뉴스가 터지면 어떻게 될까? 대통령이 저격을 당한다거나 유명한 애널리스트가 실적 악화에 대한 전망을 발표한다면 어떻게 될까? 당신은 시장을 조사하고 과거에 비슷한 사건이 일어났을 때 시장이 어떤 반응을 보였는지 알아두어야 한다. 사건이 당신의 뒷덜미를 잡기 전에 당신이 먼저 자기 몫의 숙제를 해놓아야 하는 것이다. 이런 지식을 갖추고 있으면 꾸물거리지 않고 행동에 나설 수 있다. 예컨대 대통령 저격 사건이 일어나면 시장에서는 늘 일시적인 하락이 일어나지만 곧 완벽한 회복이 뒤따른다. 따라서 이런 때는 주가 하락 시 주식을 매수하는 것이 현명한 행동이다.

거래 계획에는 갑작스러운 사건으로 인한 예리한 반등 또는 반락의 가능성이 포함되어 있어야 한다. 손실제한주문을 제대로 해두어야 하고, 거래 규모는 반전이 일어났을 때 재정적으로 피해를 입지 않을 만한 정도가 되어야 한다. 거래자들이 가는 길에 매복해 있는 위험은 수도 없이 많다. 손실을 억제하는 책임은 오로지 당신에게 있다.

소망적 사고

고통이 점차 증가하면 아무것도 하지 않고 상황이 나아지기를 기다리는 것이 사람들의 자연스러운 경향이다. 몽유병에 걸린 거래자들은 거래가 손실을 보고 있는데도 불구하고 '나아질 시간'을 기다리고, 그 사이 계좌는 거덜이 나버린다.

몽유병자는 바라고 꿈을 꾼다. 그는 앉아서 손실을 보며 이렇게 말한다. "주가는 오를 거야. 늘 그랬으니까." 승자는 간헐적으로 손실이 일어나면 이를 받아들이고 손을 털며 자리에서 일어난다. 패자는 손실을 받아들이기를 미룬다. 아마추어는 아이들이 복권을 사듯 거래를 한다. 그는 운명의 수레바퀴가 그의 승패를 결정하기를 기다린다. 반대로 프로는 이익을 보든 작은 손실을 보든 시장에서 빠져나오기 위한 완벽한 계획을 세워둔다. 프로와 아마추어의 중요한 차이 중 하나는 시장 탈출 계획의 유무다.

몽유병에 걸린 어떤 거래자가 주식을 35달러에 사서 32달러에 손실제한주문을 해두었다고 하자. 주가가 33달러로 떨어지면 그는 이렇게 말한다. "약간 여유를 둘 필요가 있어." 그래서 그는 손실제한주문 가격을 30달러로 낮추는데 이것은 치명적인 실수다. 그는 원칙을 잃어버렸을 뿐 아니라 자신의 계획을 어긴 것이다.

손실제한주문 가격은 한쪽 방향으로만 움직여야 한다. 한쪽 방향은 거래를 하는 방향을 말한다. 손실제한주문은 범선에서 돛을 평평하게 펴는 장치 같은 것이다. 거래에 좀더 여유를 주면 돛이 제대로 펴지지 않아 곤란에 처할 수 있다. 원칙을 어겨서 시장에서 이득을 얻었다면 다음번 거래에서 당신은 더 깊은 덫에 빠질지 모른다.

뭔가를 결정하기 가장 좋은 시간은 거래에 들어가기 전이다. 돈을 잃을 위험도 없고, 당신은 이익 목표점과 손실 범위를 신중하게 결정할 수 있다.

하지만 일단 거래에 들어가면 당신은 거래에 애착을 갖게 된다. 시장은 당신을 도취시키고 감정적 결정을 하도록 꾄다. 당신이 시장 탈출 계획을 미리 세우고 이에 따라야 하는 것도 그 때문이다.

손실을 보는 '거래trade'를 '투자invest'로 전환하는 것은 개인 소액 투자자들 사이에서 흔히 발견되는 병폐다. 하지만 기관 거래자들 사이에서도 이런 행동이 발견되곤 한다. 제대로 된 감독을 받지 않은 거래자가 단기 거래에서 돈을 잃고 나서 시간이 지나면 회복되기를 바라며 그 거래를 장기 거래로 바꾸어놓았을 때 은행과 거대 금융회사에서는 재앙이 발생하곤 한다. 처음에 손실을 보면 마지막에도 손실을 본다. 형벌의 시간을 연기하지 말라. 처음의 손실이 가장 나은 손실이다. 이것은 눈을 뜨고 거래를 하는 자들의 원칙이다.

● 자기파괴 경향의 치료법 ●

승리 일보 직전까지 갔다가 스스로 패배의 구렁텅이로 빠져버리는 사람들은 불운을 탓하기를 좋아한다. 건축업을 하는 내 친구는 운전사 한 명을 고용한 적이 있는데, 이 운전사는 자기 트럭을 사서 자기 사업을 하는 게 꿈이었다. 그는 수 년 동안 돈을 저축하여 마침내 커다란 최신형 트럭을 구입했다. 그는 당장 일을 그만두었고 신이 나서 엄청나게 술을 마셨다. 그리고 그날 밤 보험도 들어놓지 않은 트럭을 타고 가다가 둑에 박아버렸다. 트럭은 완전히 부서졌고, 그 운전사는 다시 내 친구를 찾아와 일자리를 줄 수 없겠냐고 물었다. 이것은 비극일까? 드라마일까? 아니면 자유에 대한 두려움과 안정된 봉급을 받는 안전한 일자리에 대한 무의식적 소망을 보여주는 터무니없는 사건이라 해야 할까?

왜 그동안 성공을 구가했던 똑똑한 사람들이 무모한 거래를 반복하면서 계속적으로 돈을 잃는 것일까? 무지 때문일까? 운이 나빠서일까? 아니면 스스로를 망치고 싶은 숨은 욕망 때문일까?

많은 사람들에게는 자기파괴적 경향이 있다. 정신과 의사로 일하면서 나는 심각한 문제에 대해 불평하는 대부분의 사람들이 실은 자기 자신에 대한 파괴를 일삼고 있다는 사실을 발견했다. 나는 환자들의 외부 현실을 바꿀 수는 없었다. 하지만 그들의 자기파괴 행위들을 하나씩 치유할 때면 외부적 문제들이 금세 사라지곤 했다.

자기파괴성은 인간 존재에 깊이 스며 있는 한 특징이다. 이것은 문명이 통제된 공격성 위에 세워져 있는 탓이다. 우리는 성장하면서 다른 사람에 대한 공격성을 통제하도록 교육받는다. 예의바르게 행동하고, 밀지 말고, 친절하게 대하라 등등. 우리의 공격성은 출구를 찾지 못한 채 대개는 자신에게로 향하게 된다. 우리 자신은 보호되지 않는 유일한 대상이기 때문이다. 우리는 우리의 분노를 내면으로 향하게 하고 자기 자신에 대한 파괴 행위를 배운다. 그렇게나 많은 사람들이 겁 많고 자기표현에 서툴며 부끄러움이 많은 사람으로 성장하는 것도 전혀 이상한 일이 아니다.

사회는 극단적인 자기파괴 행위에 대한 몇 가지 방어책을 갖추고 있다. 경찰은 건물 옥상에서 뛰어내리려는 사람들을 설득하고, 의료위원회는 사고를 자주 일으키는 외과의를 제명한다. 하지만 거래자의 자포자기는 누구도 막아주지 않는다. 이런 사람은 금융시장에서 정신 나간 행동을 할 수도 있다. 그러면 그가 스스로에게 손해를 끼치는 동안 중개인과 다른 거래자들은 기쁜 마음으로 그의 돈을 빼앗아갈 것이다. 금융시장에는 자기파괴 행위에 대한 보호장치가 없다.

당신은 자기파괴 행위를 하는가? 이를 알아보는 유일한 방법은 기록을 관리하는 것이다. 특히 이 책의 말미에 나오는 거래일지와 자본곡선을 이용하기 바란다. 자본곡선의 경사는 당신의 거래 행위에 관한 객관적인 지표이다. 곡선이 하락하는 일이 거의 없이 상승한다면 당신은 거래를 잘하고 있는 것이다. 곡선이 아래쪽을 향하면 당신은 시장의 방향을 제대로 좇지 못하고 있으며 자기파괴 상황에 놓여 있다는 것을 뜻한다. 이런 상황을 목격하면 거래 규모를 줄이고 거래일지를 좀더 열심히 들여다보면서 당신이 대체 무슨 일을 하고 있는 것인지 알아보아야 할 것이다.

당신은 자의식적인 거래자가 될 필요가 있다. 기록을 잘 관리하고, 과거의 실수에서 배우고, 미래에는 더 나은 거래를 해야 한다. 돈을 잃는 거래자는 부끄러워하는 경향이 있다. 손실은 고약한 비난처럼 느껴진다. 대부분의 사람들은 사실을 감추고 싶어하며, 그 자리를 빠져나와 영원히 다른 사람들의 눈에 띄지 않는 곳으로 사라져버리고 싶어한다. 숨는 것은 문제를 해결하는 방법이 아니다. 당신은 손실의 고통을 발판 삼아 자제심 강한 승자가 되어야 한다.

패자들의 모임

내 주식 인생을 영원히 바꾸어놓을 깨달음이 찾아온 것은 오래전 일이었다. 당시 나는 자본이 요요처럼 늘었다 줄었다 하는 현상을 겪고 있었다. 나는 시장에 대해 충분히 알고 있었고, 그래서 많은 거래를 통해 수익을 낼 수 있었지만, 수익을 지켜 자본을 늘릴 수가 없었다. 궁극적으로 나를 롤러코스터에서 빠져나오게 해준 깨달음은 알코올 중독자들의 모임에서 비롯되었다.

어느 날 늦은 오후 나는 친구를 따라 지역 YMCA에서 열리는 알코올 중독자들의 모임에 나갔다. 그 모임에서 갑자기 정신이 번쩍 드는 느낌을 받았다. 방 안에 있는 사람들이 마치 내 주식 거래에 관해 얘기하고 있는 것 같았다! 나는 사람들의 얘기 가운데 단순히 '알코올'이라는 단어 대신에 '손실'이라는 단어를 집어넣어 생각해보았다.

알코올 중독자들의 모임에 있는 사람들은 알코올이 어떻게 그들의 삶을 지배했는지 얘기했다. 당시 나의 거래 행위도 사실 손실에 좌지우지되고 있었다. 내 감정은 지그재그를 그리는 자본곡선을 그대로 따랐다. 나는 전화기의 단축 다이얼 버튼 위에서 손가락을 떨고 있었다. 주가가 올라갈 때는 뛸 듯이 기뻐했지만 내려갈 때는 서릿발처럼 차가운 공포를 느꼈다.

그 무렵 나는 열심히 정신질환자들을 진료했는데 환자 가운데는 알코올 중독자들도 있었다. 나는 차츰 알코올 중독자들과 손실을 보는 거래자들의 유사성을 발견하기 시작했다. 패자는 알코올 중독자들이 술집에 걸어 들어가듯이 시장에 들어간다. 그들은 즐거운 기대를 안고 시장에 들어갔다가 감당하기 어려운 두통과 피로, 의욕 상실과 함께 시장을 나온다. 음주와 주식 거래는 똑같이 사람들을 즐거움의 선을 넘어 자기파괴의 길로 유혹한다.

알코올 중독자와 패자는 눈을 감고 살아간다. 둘은 모두 중독의 손아귀에서 빠져나오지 못한다. 내가 진료실에서 만난 모든 알코올 중독자는 진찰 결과에 반발했다. 그러면 나는 시간낭비를 피하기 위해 간단한 실험을 제안하곤 했다. 나는 알코올 중독자들에게 다음 주에도 평소처럼 계속 술을 마시되 마신 술에 대해 일일이 적은 다음 그 기록을 다음번 진료 때 가지고 오라고 했다. 자신이 마신 술에 대해 며칠 이상 꾸준히 기록한 사람은 단 한 명도 없었다. 자신을 거울에 비쳐 보는 행동이 강박적인 행동이 주는 즐거움을 감소시켰기 때문이다. 근래에 나는 손실만 보는 거래자들에게 이렇게 거래에 관한 일지를 작성해보라고 말하곤 한다. 그러면 많은 수가 화를 낸다.

잘 관리된 기록은 자의식과 자제심의 증거다. 기록이 제대로 관리되지 않거나 아예 없다는 사실은 강박적인 거래 습관을 보여준다. 기록을 잘 관리하는 거래자가 바로 좋은 거래자다.

알코올 중독자와 패자는 과거나 미래에 대해 생각하지 않는다. 그들은 오로지 현재에만 관심을 쏟는다. 술을 목구멍 안으로 집어넣는 쾌감이나 스크린 위에서 춤추는 주가가 그들의 모든 관심을 빨아들인다. 현재 알코올 중독에 빠져 있는 사람은 '받아들이지 못하는 심리상태 in denial'에 있는 것이다. 그는 자신이 빠진 심연의 깊이를 알고 싶어하지 않고, 자신이 일으킨 문제의 가혹함 그리고 자신과 타인에게 일으킨 피해의 규모를 외면한다.

이런 상태를 무장해제시킬 수 있는 것은 알코올 중독자들의 모임에서 말하는 '밑바닥'을 때리는 고통뿐이다. 이것은 말하자면 각자가 가지고 있는 내면의 지옥 같은 것이다. 목숨을 앗아갈지 모르는 질병, 가족의 외면, 실직, 재앙 수준의 또 다른 사건들. 밑바닥을 때리는 참을 수 없는 고통은 외면하고 부인하는 상태를 허물고 피할 수 없는 선택의 상황을 직시하게 만든다. 자기 자신을 파괴할 것인가 아니면 인생을 되돌릴 것인가.

알코올 중독자들의 모임은 자발적 비영리 단체로 그 유일한 목적은 금주를 돕는 것이다. 단체는 기부나 선전, 로비 또는 공공소송에 참여하길 요구하지도 않으며 유급 치료사도 없다. 회원들은 장기 회원들이 이끄는 모임에서 서로서로 돕는다. 알코올 중독자들의 모임은 오래된 회원들이 새로운 회원들을 돕고 지원해주는 후원 체제로 운영된다.

이 단체에 가입한 알코올 중독자는 12단계 프로그램에 들어간다. 각 단계는 개인의 성장과 회복을 위한 것인데, 이 방법이 대단히 효과적이어서 또 다른 중독 행위를 치료하는 사람들도 이 프로그램을 이용하기 시작했다.

첫 번째 단계는 거래자에게 가장 중요한 과정이다. 쉬워 보이지만 실제로는 받아들이기 무척 어렵다. 많은 알코올 중독자는 끝내 이 단계를 넘어서지 못하고 모임에서 탈퇴하여 계속해서 자기파괴의 길을 간다. 신입 회원은 자리에서 일어나 회복기의 알코올 중독자들이 가득 모인 방 안에서 알코올이 자신보다 강하다는 것을 시인해야 한다. 이 일은 무척 어렵다. 왜냐하면 알코올이 당신보다 강하다면 다시는 술에 손을 대서는 안 되기 때문이다. 일단 첫 번째 단계를 넘어가면 금주를 위한 투쟁에 매진하게 된다.

알코올은 대단히 강력한 약물이기 때문에 그 모임에서는 일단 하루 동안 술 없이 지내보라고 권한다. 갱생 중인 알코올 중독자들은 지금부터 1년이나 5년간 금주하겠다는 계획을 세우지는 않는다. 목표는 훨씬 더 단순하다. 오늘밤 술을 마시지 않은 상태에서 잠자리에 드는 게 목표다. 그러다가 마침내 술을 마시지 않은 날들이 수 년에 이르게 된다. 모임은 무엇보다 하루하루 술을 입에 대지 않는 목표의 실현을 위해 회원들을 돕고 있다.

알코올 중독자들의 모임은 금주를 실천하는 것을 돕기 위해 행동뿐만 아니라 품성까지 변화시키는 목표를 갖고 있다. 사실 술을 안 마시는 것만으로는 충분하지 않다. 생각을 바꾸지 않은 사람은 스트레스를 받거나 지루함을 이기지 못할 경우 다시 술잔을 잡기 쉽다. 알코올 중독자는 중독을 극복하기 위해 사고와 생활의 방식을 변화시켜야 한다.

나는 술 때문에 문제가 생긴 적은 없지만 정신과 의사로 일하는 동안 알코올 중독자들의 모임이 낳은 성공 사례를 알고 존경심을 품게 되었다. 이러한 생각이 나의 입장에서 그다지 바람직한 것은 아니리라. 알코올 중독자들이 이 단체에 갈 때마다 정신과 의사의 수입이 줄어들 테니까 말이다. 하지만 나는 상관하지 않았다. 나는 처음으로 알코올 중독자들의 모임에 나간 뒤 수백만 명의 알코올 중독자들이 위에서 말한 단계를 따름으로써 회복될 수 있다면 거래자들도 똑같은 규칙을 따라 더 이상의 손실을 막고 원금을 회복하고 나서 마침내 승자가 될 수 있지 않을까 하는 생각이 들었다.

그렇다면 알코올 중독자들의 모임에서 배운 교훈을 어떻게 거래의 언어로 바꾸어야 하는 걸까?

손실을 입는 거래자 역시 받아들이지 못하는 심리상태에 있다. 그의 자본은 줄어들고 있지만 그는 무엇이 잘못되었는지 분석하지도 않고 계속 거래에 뛰어든다. 그는 알코올 중독자들이 위스키에서 값싼 포도주 사이를 오가듯이 계속해서 시장을 바꾼다. 정신이 너무 나약한 아마추어는 얼마 안 되는 손실을 받아들이지 못하다가 결국 큰 손실을 보기 마련이다. 거래 계좌에 큰 구멍이 나면 자존감에도 큰 구멍이 난다. 단 한 차례의 큰 손실이든 계속된 작은 손실이든 고통은 거래자의 '밑바닥'을 때리고, 그러면 대부분의 초보자들은 무너져버린다. 평균적인 투기자의 거래 수명은 연 단위가 아니라 월 단위다.

살아남은 자들은 두 부류로 나뉜다. 한 부류는 예전의 방식으로 돌아간다. 한바탕 엄청나게 취하고 나서 간신히 정신을 차렸다가 다시 술집으로 기어들어가는 알코올 중독자와 비슷하다. 그들은 더 많은 돈을 계좌에 쏟아붓고, 엄청난 수익률을 떠들어대는 업자로부터 거래 시스템을 구매한다. 그들은 계속 도박을 하는 것이지만, 이제는 방아쇠를 당기려 할 때면 불안과 공포 때문에 손을 떨게 된다.

밑바닥까지 경험한 소수의 거래자들은 변화하기로 결심한다. 회복은 느리고 고독한 과정이다. 군중 심리에 관한 뛰어난 책을 쓴 찰스 맥케이는 거의 두 세기 전에, 사람들은 군중이 되면 광기에 휩싸이지만 천천히 한 명씩 한 명씩 제정신으로 돌아온다고 썼다. 회복기의 알코올 중독자들에게 알코올 중독자들의 모임이 있듯이 우리에게도 회복기의 거래 실패자들을 위한 모임이 있으면 좋겠다는 생각이다. 우리에게 그런 모임이 없는 것은 주식 거래가 대단히 경쟁적인 행위이기 때문이다. 알코올 중독자들의 모임 회원들은 합심하여 술을 끊으려 하지만, 회복기의 거래자들은 모임을 갖는다고 해도 과시나 질투 때문에 쉽게 와해될 수 있다. 시장은 살벌한 곳이기 때문에 상호 지원 단체를 형성하거나 원조 단체를 찾지 못하는 것이다. 일부 기회주의자들은 자신을 거래자들의 코치로 포장하지만 대부분의 경우 그들의 탐욕은 치를 떨 정도다.

만약 거래자들의 단체를 만들 수 있다면 나는 그 단체를 '패자들의 모임Losers Anonymous'이라고 부를 것이다. 이 이름은 부정적으로 들릴 수 있지만, 그래도 괜찮다. 알코올 중독자들의 모임도 음주자들의 모임이라고 점잖게 짓지는 않았다. 가혹한 이름은 거래자들이 자신의 강박적인 행동과 자기 파괴성을 직시하는 데 도움이 될 것이다. 어쨌든 우리에게는 그런 모임이 없기 때문에 우리는 혼자 회복을 향한 길을 걸어가야 한다. 이 책을 쓴 것은 당신이 그 길을 끝까지 갈 수 있도록 돕기 위해서다.

사업상의 리스크 vs. 손실

오래전 내가 손실로부터 회복되는 과정을 시작했을 무렵 나는 아침마다 나 한 사람을 위한 패자들의 모임을 열었다. 나는 사무실에 들어가 시세를 나타내는 화면을 켜는 동안 일종의 워밍업으로 이렇게 말했다. "안녕하세요. 제 이름은 알렉산더입니다. 저는 패배자죠. 나 자신에게는 스스로에게 심각한 손실을 안기려는 욕구가 숨어 있어요. 전부터 그랬지요. 오늘 내 유일한 목표는 손실 없이 집에 돌아가는 것입니다." 드디어 스크린에 시세가 뜨면 나는 어젯밤 시장이 문을 닫은 동안 짜두었던 계획에 따라 거래를 시작했다.

금세 반론이 제기될 것이라는 생각이 든다. 무슨 소린가요? 손실 없이 집에 가다니? 매일같이 돈을 따는 것은 불가능해요. 어떤 걸 샀는데 그게 계속 하락하면 어떡할 건가요? 다른 말로 하자면 이런 것이다. 주식을 그날의 최고가에 샀다면 어떡할 텐가? 어떤 주식을 공매도했는데 그 즉시 반등했다면 어떡할 텐가?

우리는 손실^{loss}과 사업상의 리스크^{risk}를 명확히 구분해야 한다. 사업상의 리스크는 자본의 작은 누수다. 하지만 손실은 그 한계를 넘어선다. 나는 거래자로서 주식 거래라는 사업을 하므로 당연히 정상적인 사업상의 리스크를 받아들여야 한다. 하지만 손실을 받아들일 생각은 없다.

당신이 주식 거래를 하지 않고 과일과 야채 판매점을 운영한다고 해보자. 당신은 토마토 상자를 살 때마다 리스크를 떠안는다. 손님들이 사가지 않는다면 토마토가 썩어버려 손해를 보게 될 것이다. 이것은 정상적인 사업상의 리스크다. 재고 대부분을 팔기를 기대하지만 일부 과일과 야채는 상해버릴 것이다. 하지만 신중하게 상품을 구입하고 팔지 못한 상한 과일과 야채를 최소한으로 줄임으로써 수익을 낼 수 있다.

한편, 도매상이 진귀한 과일들이 가득 실린 트럭을 끌고 와서 당신에게 몽땅 팔려고 한다고 해보자. 그는 그 과일들을 다 팔면 당신이 지난 여섯 달간 번 돈보다 더 많은 돈을 벌 수 있다고 꼬드긴다. 귀가 솔깃한 얘기다. 하지만 손님들이 그 진귀한 과일들을 사지 않는다면 어떻게 되겠는가? 과일들이 금세 썩어버리면 당신의 사업은 큰 손해를 볼 수 있고 유지 자체가 힘들어질 수 있다. 그것은 더 이상 사업상의 리스크가 아니라 손실이다.

일부 거래자들은 패자들의 모임이라는 개념이 너무 부정적이라고 주장한다. 싱가포르의 어떤 젊은 여인은 자신은 긍정적 사고의 힘을 믿고 자신을 승자라고 생각한다고 말했다. 그녀는 긍정적인 사고를 유지할 수 있는 상황이었다. 왜냐하면 외부에서, 즉 그녀가 일하는 은행의 매니저로부터 그녀에게 규율이 부과되기 때문이다. 나의 생각에 반대하는 또 한 명은 텍사스에 사는 70대의 노부인이다. 그녀는 주가지수 선물을 거래하여 엄청난 성공을 거두었다. 그녀는 종교심이 굉장히 깊었다. 그래서 자신을 하나님의 자산관리인쯤으로 생각하고 있었다. 그녀는 매일 아침 일찍 일어나 길고 열렬한 기도를 드리고 나서 차를 타고 사무실로 가 S&P를 거래한다. 거래가 불리해지면 즉시 손절매를 한다. 그 돈은 그녀의 돈이 아니라 주님의 돈이므로 결코 잃어서는 안 되기 때문이었다. 그녀는 손실을 최소한으로 줄이며 이익을 축적한다.

나는 접근방식에 있어서 그 텍사스의 노부인과 공통점이 많다고 생각한다. 우리 둘은 모두 손실을 막아주는 시장 외적인 원칙을 갖고 있다. 시장은 세상에서 가장 자유로운 곳이다. 당신은 뭐든 마음대로 할 수 있다. 거래를 할 수 있는 충분한 자본만 있다면 말이다. 시장은 또한 흥분에 사로잡히기 쉬운 곳이다. 바로 그래서 원칙이 필요한 것이다. 나는 패자들의 모임의 원칙에 의존하고 있고, 그녀는 종교심에 의존하고 있는 것이다. 당신도 다른 어떤 원칙을 선택할 수 있다. 시장에서 꼭 해야 하거나 절대 해서는 안 된다고 분명히 말해주는 일련의 원칙들을 찾아야 한다.

전투

대부분의 거래자는 사업을 하거나 직장에 다니면서 번 돈으로 계좌를 개설한다. 그리고 그동안 성공적인 삶을 살아왔기 때문에 주식시장에서도 잘해나갈 것이라고 예상한다. 우리가 호텔을 운영하거나 눈 수술을 집도하거나 법정에서 재판을 할 수 있다면, 주식 거래를 잘 못할 이유가 없지 않은가. 하지만 처음에는 무척 쉬워 보였던 시장이 곧 우리를 비참하게 만든다.

주식 거래를 하다가 진짜 피를 흘리는 일은 거의 없지만, 시장의 피라고 할 수 있는 돈은 우리의 삶의 질과 수명에 중대한 영향을 미친다. 최근에 주식 관련 정보지를 쓰는 한 친구가 구독자들이 보낸 한 뭉치의 편지를 보여준 적이 있다. 내 시선을 사로잡은 것은 주식 거래로 신장이식수술 비용을 댈 만큼 충분한 돈을 번 사람의 편지였다. 그는 주식으로 목숨을 구했지만, 그만큼 많은 돈을 필요로 했으나 형편없는 거래를 하여 돈을 잃은 다른 수많은 사람들은 어떻게 되었을까 하는 생각이 문득 들었다.

트레이딩은 전투다. 무기를 집어들고 목숨을 걸고 싸울 때 당신은 술에 취해 있을 것인가 아니면 맨 정신으로 임할 것인가? 당신은 미리 준비를 해야 한다. 전투의 시기를 선택해야 하고, 준비가 되었을 때 전장에 들어가야 하며, 계획된 목표를 이루면 그곳에서 나와야 한다. 냉정하고 침착한 사람은 신중하게 싸움의 상대와 시기, 장소를 결정한다. 그는 자신의 선택에 따라 싸움을 시작하고 또 끝맺는다. 불량배가 시비를 건다고 해서 무작정 싸움을 벌이지는 않는다. 자제심이 있는 사람은 수백 가지 게임 가운데 자신에게 맞는 게임을 선택한다. 혀를 길게 늘어뜨린 개처럼 보이는 토끼마다 쫓아다닐 필요는 없는 것이다. 그는 매복을 하고 사냥감이 나타나기를 끈기 있게 기다린다.

대부분의 아마추어는 기분을 내기 위해 주식 거래를 하고 있다는 사실을 인정하려 들지 않는다. 돈을 벌려 한다는 것이 그들이 흔히 하는 얘기지만, 실상을 보면 대부분의 거래자들은 설익은 판단에 돈을 쏟아부으면서 엄청난 스릴을 맛본다. 금융시장의 거래 행위는 경마에 베팅을 하는 것보다 훨씬 품위 있는 일이지만, 흥분과 쾌감 면에서 본다면 조금도 다를 바 없다. 나는 경마를 하는 친구들에게 경주마가 문을 박차고 나간 후에 베팅을 할 수 있고 경주가 끝나기 전에 돈을 가져갈 수 있는 경마 게임이 있으면 어떻겠냐고 물어보곤 한다. 주식은 그처럼 멋진 게임이며, 그 유혹은 매우 강렬하다.

● 성숙한 거래자 ●

성공한 거래자는 예리하고 호기심이 많고 건방지지 않은 사람들이다. 그들 역시 대부분은 줄곧 손해만 보던 시절을 경험했다. 엄청난 수업료를 지불하고 고난의 학교를 졸업했으며, 이 경험을 통해 무딘 칼을 갈 수 있었다.

성공한 거래자는 자신감이 넘치지만 오만하지는 않다. 시장에서 살아남은 사람들은 결코 방심하지 않는다. 그들은 자신의 능력과 거래 기법을 신뢰하지만 새로운 발전에 눈과 귀를 열어놓고 있다. 성공한 거래자는 자신감 있고 주의 깊으며 융통성 있고 함께 있으면 즐거운 사람들이다.

성공한 거래자는 대개 보통 사람과는 매우 다른 사람들이고 별난 사람들도 많다. 다른 사람들과 섞일 때면 그들은 종종 사회적 규칙을 어긴다. 시장은 다수가 돈을 잃도록 만들어져 있다. 소수의 승자들은 다수와는 다른 리듬에 따라 시장에 들어가고 나온다.

시장은 동일한 거래 대상을 지켜보고 있는 거대한 군중으로 이루어져 있다. 이들은 업틱 한 번 다운틱 한 번에 온 신경을 곤두세우고 있다. 콘서트나 극장의 군중을 생각해보라. 공연이나 영화가 시작되면 군중은 함께 울고 웃으면서 감정적으로 동화되고 무정형의 강력한 집단정신이 생겨난다. 시장에서도 집단정신이 생겨나지만 여기서는 훨씬 더 해로운 작용을 한다. 군중은 함께 웃거나 우는 대신 각 거래자의 개인적인 심리적 약점을 찾아내 그곳을 공략한다.

시장은 탐욕스러운 거래자들을 유혹하여 그들의 계좌로 감당하기에는 너무 많은 포지션을 매수하도록 한 다음, 그들이 견뎌내기 어려울 만한 시장 반응을 일으켜 박살을 내버린다. 시장은 또한 급등 전에 짧은 급락기를 조성하여 두려움 많은 거래자들을 이익을 낼 수 있는 거래에서 털어내 버린다.

게으른 거래자들은 시장의 밥이다. 시장은 준비가 되어 있지 않은 거래자들에게 끊임없이 새로운 트릭을 쓴다. 당신의 심리적 약점이 무엇이든, 내면의 공포나 내면의 악마가 무엇이든, 숨은 약점이나 강박이 무엇이든 시장은 그것을 찾아내어 이용할 것이다. 상대방의 몸무게를 이용하여 바닥에다 꽂아버리는 기술 좋은 레슬링 선수처럼.

성공한 거래자는 내면의 악마를 물리치거나 극복한 사람들이다. 그들은 시장에게 당하지 않는다. 대신 평정심을 유지하면서 군중의 갑옷에 난 틈을 파고들어 시장을 변화시킨다. 그들은 별나 보일지 모르지만 거래에 있어서는 군중보다 훨씬 건강하다.

거래자가 되는 과정은 자기 발견의 여행이다. 거래를 충분히 오래하면 당신은 자신의 모든 심리적 약점과 맞닥뜨리게 될 것이다. 불안, 탐욕, 공포, 분노, 게으름 등. 당신은 심리 치료를 위해 시장에 들어온 게 아님을 기억하기 바란다. 자기 발견은 부산물이다. 거래의 목적이 아닌 것이다. 성공한 거래자의 일차 목표는 자본 축적이다. 건강한 거래는 다음과 같은 두 가지 질문에 대답할 수 있는 거래다. "수익 목표점은 어디인가?" "어떻게 자본을 보호해야 하는가?" 모든 거래에서 당신은 스스로에게 이 두 가지 질문을 던져야 한다.

뛰어난 거래자는 매번의 거래에서 그 결과가 오로지 자신의 책임임을 인정한다. 당신의 돈을 가져갔다고 해서 다른 사람을 비난할 수는 없다. 당신은 거래 계획과 자금관리 방법을 더 나은 수준으로 끌어올려야 한다. 그 일은 시간을 필요로 하고, 또 규율을 필요로 한다.

규율

내 친구 한 명은 개 훈련 사업을 한 적이 있다. 때때로 사람들이 그녀에게 전화를 걸어와 이렇게 말했다. "내 개가 부르면 언제든 달려왔으면 좋겠어요. 그런데 앉거나 눕는 걸 훈련시키고 싶지는 않아요." 그러면 그녀는 이렇게 대답했다. "끈에 묶지 않은 개를 주인에게 달려오게 하는 훈련은 가장 힘든 훈련 가운데 하나예요. 먼저 많은 복종 훈련이 필요합니다. 당신이 하는 말은 '내 개가 신경외과의가 되기를 바라지만, 고등학교에 가는 건 바라지 않아요'라고 말하는 것과 똑같아요."

많은 신참 거래자들은 스크린 앞에 앉아 데이 트레이딩으로 쉽게 돈을 벌 수 있을 것이라고 기대한다. 이들 역시 고등학교를 건너뛰고 곧바로 신경외과의가 되려는 것과 똑같다.

규율은 모든 분야에서 성공의 필요조건이며 시장에서는 특히 중요하다. 시장에서는 외부의 통제가 전혀 없기 때문이다. 당신은 스스로를 돌보아야 한다. 증거금 담당 계원 말고는 아무도 당신을 신경 쓰지 않기 때문이다. 당신은 정말 멍청하고 자기파괴적인 거래를 할지 모른다. 그러나 계좌에 돈이 충분히 있는 한 아무도 당신을 막지 않을 것이다. "잠깐, 기다려. 당신이 지금 무슨 일을 하고 있는지 생각해봐!"라고 말하는 사람은 아무도 없다. 중개인은 확인을 위해 당신의 주문을 복창할 뿐이다. 당신의 주문이 일단 시장에 도달하면, 다른 거래자들은 당신의 돈을 빼앗아가기 위해 상어떼처럼 달려든다.

인간의 노력이 투자되는 대부분의 분야에는 규율을 강요하는 원칙, 기준, 전문적 집단이 있다. 당신이 스스로를 아무리 독립적이라고 생각한다 하더라도 어깨너머로 보고 있는 기관이 존재하는 법이다. 개업의가 진통제 처방을 너무 남발하면 보건부에서 곧 통지가 날아온다. 그러나 시장은 당신에게 자본이 충분히 있는 한 아무런 제한을 부과하지 않는다. 손해를 보는 포지션을 늘리는 것은 수면제를 과다 처방하는 것과 비슷하다. 그러나 아무도 당신을 막지 않을 것이다. 사실 다른 시장 참여자는 당신이 자제심 없이 강박적으로 행동하기를 바란다. 그래야만 당신의 돈을 빼앗기 쉬워지니까. 자기파괴에 대한 방어책은 규율이다. 자기파괴 행위를 막기 위해서는 스스로 원칙을 정하고 그 원칙에 따라야 한다.

규율은 거래 시스템을 만들고 시험해본 뒤 이에 철저히 따르는 것을 의미한다. 기분에 따라 시장에 뛰어들거나 나오지 않고 미리 정해둔 신호에 따라 시장에 들어가거나 나오는 법을 배우는 것을 뜻한다. 쉬운 일을 하는 게 아니라 옳은 일을 하는 것을 뜻한다.

규율 있는 주식 거래로 가는 길에서 우선적으로 해야 할 것은 체계적인 기록관리다.

기록관리

뛰어난 거래자는 기록을 잘 관리한다. 그들은 회계사를 위해서가 아니라 학습과 훈련의 도구로 삼기 위해 꾸준히 거래를 기록한다. 제대로 된 기록이 없다면 어떻게 실적을 평가하고, 발전을 확인하고, 실수로부터 배울 수 있겠는가? 과거로부터 배우지 않는 사람은 실수를 되풀이하기 마련이다.

주식 거래를 하기로 결심했다면 당신은 값비싼 과정에 등록한 것이나 마찬가지다. 당신이 이 게임을 이해할 때면 그 비용은 대학 교육비에 버금갈 정도가 된다. 하지만 대부분의 학생은 이 살벌한 대학을 졸업하지 못하고 중도에 그만둘 것이다. 그래서 몇 차례 광적인 흥분을 맛보았던 기억 말고는 아무것도 얻지 못할 것이다.

인생의 어떤 영역이든 성과를 개선하고 싶을 때는 기록을 남기는 것이 도움이 된다. 더 나은 달리기 선수가 되려면 속도를 기록하여 더 나은 연습 방법을 고안하는 것이 필수적이다. 돈에서 자꾸 문제가 생기면 모든 지출을 기록하여 꼼꼼히 살펴보고 어떤 부분에서 낭비를 했는지 찾아내는 게 확실한 방법이다. 세심하게 기록을 작성하고 관리하면 문제를 밝혀내어 상황을 개선시킬 수 있다.

뛰어난 거래자가 되기 위해서는 몇 가지 과정—심리학, 기술적 분석, 자금관리—을 이수해야 한다. 각 과정은 그 과정에 맞는 고유의 기록 방법을 요구한다. '졸업'을 위해서는 이 세 과정에서 모두 높은 점수를 받아야 한다.

필수적인 첫 번째 기록은 당신의 모든 거래에 관한 스프레드시트다. 수익과 손실뿐만 아니라 진입과 청산, 체결오차와 수수료까지 기록해야 한다. 5장의 '기법-기술적 분석'의 거래 채널에서는 모든 거래의 질을 평가하는 법을 가르쳐줄 것이다. 이 방법으로 당신은 서로 다른 시장과 조건에서 성과를 비교할 수 있을 것이다.

필수적인 또 다른 기록은 각 월말의 계좌 잔액이다. 이를 차트에 표시하여 자본곡선을 그려보기 바란다. 곡선의 기울기는 당신이 시장의 흐름에 맞게 가고 있는지 아닌지를 보여준다. 우리가 원하는 목표는 꾸준한 상승세다. 중간중간 미미한 하락세가 나타날 수 있지만 말이다. 자본곡선이 아래쪽으로 움직이면 시장의 흐름을 타고 있지 못하다는 뜻이다. 따라서 거래의 규모를 줄여야 한다. 자본곡선이 지그재그를 그리는 경우는 충동적인 거래를 하고 있다는 뜻이다.

거래일지는 세 번째의 필수적인 기록이다. 거래에 들어갈 때마다 매수 또는 매도 시점의 차트를 인쇄하라. 커다란 공책의 왼쪽 페이지에 출력한 차트를 붙이고 왜 매수 또는 매도를 했는지, 이익 목표점이 어디이고 손실제한 주문은 어디에 해두었는지 간단한 설명을 적어두라. 거래를 마쳤을 때 다시 차트를 출력하여 오른쪽 페이지에 붙인 다음 거래에서 무엇을 배웠는지 기록하라.

이런 기록은 모든 거래자들에게 매우 중요하다. 우리는 8장 '체계 잡힌 거래자'에서 이에 관해 좀더 자세히 알아볼 것이다. 신발 상자에 가득 든 주문 확인서는 기록관리가 아니다. 기록할 게 너무 많다고 생각하는가? 시간이 충분치 않은가? 고등학교를 건너뛰고 신경외과의가 되고 싶은가? 거래자는 인내심과 규율의 부족 때문에 실패한다. 제대로 된 기록 작성으로 당신은 시장의 군중에서 떨어져 나와 홀로 성공으로 가는 길을 걸을 수 있을 것이다.

전투를 위한 훈련

훈련이 얼마나 필요한가는 당신이 무슨 직업을 원하는가에 달려 있다. 만약 청소부가 되고 싶다면 한 시간 정도의 훈련으로도 충분할 것이다. 밀걸레를 적당히 적시고 구멍이 뚫리지 않은 양동이 찾는 법만 배우면 된다. 반면 비행기를 조종하거나 환자들을 수술하고 싶다면 훨씬 더 많은 것을 배워야 한다. 주식 거래는 바닥을 닦는 것보다 비행기를 조종하는 것에 훨씬 더 가깝다. 따라서 당신은 이 기술을 익히는 데 많은 시간과 에너지를 쏟아부어야 한다.

사회는 조종사와 의사에게 광범위한 훈련을 부과한다. 그들의 실수는 큰 재앙을 불러오기 때문이다. 하지만 거래자의 금전적 손실은 자기 자신에게로 한정된다. 당신의 손실은 다른 누군가의 이득을 의미하기 때문에 사회는 전혀 신경 쓰지 않는다. 비행과 의료 행위는 원칙과 기준이 있고 이를 부과할 전문적 조직까지 있다. 하지만 주식 거래에서는 스스로 원칙을 세우고 스스로에게 이 원칙을 부과해야 한다.

조종사와 의사를 가르치는 교관과 교수는 시험과 평가를 통해 그들에게 규율을 부과한다. 개인 거래자는 학습이나 시험이나 규율을 위한 외부 체계가 전혀 없다. 우리는 시장에서 끊임없이 스스로 배우고 스스로 시험하고 스스로에게 규율을 부과해야 하기 때문에 힘든 것이다.

조종사와 의사의 훈련을 살펴보면 세 가지 특징이 두드러진다. 점진적인 책임 획득, 끊임없는 평가, 행동이 자동화될 때까지 계속되는 훈련이다. 이런 특징이 트레이딩에도 적용될 수 있는지 보도록 하자.

1. 점진적인 책임 획득 ● 비행학교는 첫날부터 신입생을 조종석에 앉히지 않는다. 의대생이 병원에 간 첫날 환자의 체온을 잴 수 있다면 큰 행운이다. 책임자는 학생들을 책임 수준이 약간 높아지는 다음 단계로 올리기 전에 학생들의 성적을 이중으로 확인한다.

이를 신참 거래자의 상황과 비교해보자.

신참 거래자에게는 점진적인 것이 아무것도 없다. 대부분의 사람들은 귀가 솔깃한 얘기나 아니면 누가 큰돈을 벌었다는 소문을 듣고 충동적으로 주식 거래에 나선다. 초보자들의 돈은 마치 주머니에 구멍이 뚫린 것처럼 금세 줄어든다. 그는 신문에서 중개업자의 이름을 보고 수표를 보내 처음으로 거래에 나선다. 이제 그는 배우기 시작한다! 주식시장은 언제 문을 닫는가? 갭이란 무엇인가? 시장은 상승세인데 왜 내 주식의 주가는 떨어지는가?

'죽기 아니면 살기' 식의 행동은 비행이나 트레이딩처럼 복잡한 일에서는 통하지 않는다. 시장에 뛰어드는 일은 신나는 일이지만 좋은 거래자는 이런 흥분을 좇지 않는다. 구체적인 거래 계획이 없다면 차라리 돈을 들고 라스베이거스로 가는 게 나을 것이다. 결과는 똑같더라도 적어도 그곳에서는 공짜 음료라도 즐길 수 있지 않은가.

2. 끊임없는 평가 ● 비행 훈련생이나 의대생의 발전은 수백 가지 시험으로 측정된다. 선생은 끊임없이 지식, 기술, 의사결정 능력을 평가한다. 좋은 점수를 받은 학생은 더 많은 책임이 주어지지만, 성적이 떨어지면 좀더 공부를 하고 추가로 시험을 보아야 한다.

거래자도 비슷한 과정을 겪을까?

계좌에 돈이 있는 한 당신은 어떻게든 거래를 할 수 있다. 과오를 메우기 위해 다시 충동적으로 거래에 뛰어들 수도 있다. 주문 확인서를 신발 상자에 한가득 모아두었다가 세금 신고 때 회계사에게 보여줄 수도 있다. 아무도 당신에게 테스트 결과를 들여다보라고 강요하지 않는다. 스스로 그렇게 하지 않는 한.

시장은 언제나 우리를 테스트한다. 하지만 소수만이 이에 주의를 기울인다. 시장은 모든 거래에 점수를 매기고 평가 결과를 게시한다. 그러나 이를 어디서 찾아볼 수 있는지 아는 사람은 거의 없다. 대단히 객관적인 한 가지 테스트는 바로 우리의 자본곡선이다. 몇 개의 시장에서 거래를 한다면 계좌 전체뿐만 아니라 시장 각각에 대해서도 이 테스트를 도입할 수 있다. 그러나 대부분은 이런 테스트를 하고 있지 않다.

조종사와 의사는 면허 인가 집단의 모든 질문에 답해야 하지만 거래자는 그냥 강의실을 빠져나간다. 아무도 출석을 부르지 않는 데다, 그들은 자기 규율이 매우 약하기 때문이다. 시험은 거래 규율의 핵심적인 부분이며 시장에서의 성공을 위해서는 필수적인 요소다. 이 책의 말미에서 설명하듯이 기록을 잘 관리하고 틈틈이 연구하면, 규율이 없는 경쟁자들보다 훨씬 앞서 나갈 수 있을 것이다.

3. 행동이 자동화될 때까지 계속되는 훈련 ● 의과대학에서 최종 시

험을 보고 있을 무렵 나는 환자를 검사하기 위해 반쯤 비어 있는 방으로 들어갔다. 환자를 보고 있는데 갑자기 커튼 뒤에서 소리가 들렸다. 놀랍게도 그곳에도 환자가 있었다. 그 환자는 죽어가고 있었다. "맥박이 안 뛰어!" 나는 또 다른 학생에게 소리쳤다. 우리는 함께 그 남자를 바닥에 내려놓았다. 내가 그의 가슴을 펌프질하기 시작하는 사이에 다른 학생은 그의 입에다 자신의 입을 댔다. 우리는 호흡을 맞추어 네 차례 가슴을 누르면 한 차례 숨을 불어넣는 일을 반복했다. 우리가 도움을 구하러 갈 수는 없는 상황이었지만 누군가 문을 열고 우리를 보았다. 마침내 소생반이 달려와 심폐 소생기로 전기 충격을 가하고 나서 그 남자를 데리고 갔다.

나는 그전까지 사람을 살려본 적이 없었다. 하지만 5년간 훈련을 해왔기 때문에 죽어가는 사람을 처음 만나서도 올바른 대처를 할 수 있었던 것이다. 행동할 때가 되었을 때 나는 생각할 필요가 없었는데, 훈련이란 이처럼 반응을 자동화하여 전략에만 집중할 수 있게 하는 것이 핵심이다.

당신이 산 주식의 주가가 5포인트 올랐다면 어떻게 할 텐가? 5포인트 내렸다면? 당신이 매입한 선물이 변동제한폭에 도달한다면 어떻게 하겠는가? 만약 거래 중에 멈춰 서서 생각해보아야 한다면 당신은 백전백패할 것이다. 당신은 시간을 들여 거래 계획을 짜고 시장에서 어떤 상상할 만한 일이 일어났을 때 어떻게 할지 미리 생각해두어야 한다. 머릿속에서 시나리오를 돌리고, 컴퓨터를 세팅하여, 시장이 갑자기 움직였을 때 어떻게 할까 다시 생각해볼 필요가 없을 만큼 스스로를 준비시켜라.

성숙한 거래자는 대부분의 거래 행위가 거의 자동화된 단계까지 도달해 있다. 이런 상태가 되면 전략에 대해 생각해볼 수 있는 자유가 생긴다. 당신은 자신이 이루고 싶은 것에 대해 집중하게 되고 그것을 어떻게 이룰지에 대해서는 덜 신경 쓰게 될 것이다. 이 단계에 이르기 위해서는 오랫동안 거래를 해보아야 한다. 오랫동안 거래를 하고 더 많은 거래를 할수록 더 많은 것을 배우게 된다. 배우는 과정에서는 소액으로 많은 거래를 하는 게 좋다. 초보자의 최우선 과제는 돈을 버는 것이 아니라 거래 방법을 배우는 것임을 잊지 말기 바란다. 거래하는 법을 배우면 돈은 따라오기 마련이다.

CHAPTER 05
기법 – 기술적 분석

주가가 오를 것인가 떨어질 것인가? 롱 포지션을 취해야 하는가 숏 포지션을 취해야 하는가? 거래자는 이런 질문에 대한 답을 찾기 위해 수많은 도구에 손을 댄다. 많은 사람들이 패턴 인식이나 전산화된 지표 사이에서 방황하며, 절박한 사람들은 점성술에 의지하기도 한다.

　누구도 모든 분석 기법을 배울 수는 없다. 누구도 의학의 모든 분야를 마스터할 수 없는 것과 똑같다. 내과의는 심장수술이나 산과학, 정신의학에서 전문의가 될 수 없다. 거래자는 시장에 관해 모든 것을 알 수 없다. 그러므로 자신에게 맞는 시장을 찾아 그 시장만을 주로 거래해야 한다.

　시장에서는 엄청난 양의 정보가 발생한다. 우리의 도구는 이런 정보의 흐름을 다룰 만한 형태로 재구성하는 데 도움을 준다. 자신이 이해할 수 있는 분석 도구와 기법을 선택하여 하나의 일관된 시스템으로 구축하고 자금관리에 집중하는 것이 중요하다. 차트의 오른쪽 가장자리에서 거래를 결정할 때 우리는 확실성이 아니라 가능성을 다루는 것이다. 만약 확실성을 원한다면 차트의 가운데로 돌아간 다음 당신의 주문을 받아줄 만한 중개인이 있는지 찾아보기 바란다.

기술적 분석에 관한 이 장은 거래자가 어떻게 시장을 분석해야 하는지 보여준다. 이를 그대로 따라하지 말고 본보기로 삼아 자신에게 맞는 도구들을 선택하기 바란다. 마음에 드는 기법을 자신의 데이터에 시험해보라. 직접 해보는 테스트만이 정보를 지식으로 바꾸어주고 기법을 당신의 것으로 만들어주기 때문이다.

이 책에 있는 많은 개념은 차트와 함께 설명을 했다. 차트는 폭넓은 범위의 시장에서 선택했다. 주식시장뿐만 아니라 선물시장도 있다. 기술적 분석은 나라마다 달리 번역되어 불리겠지만 세계 어디서나 똑같이 사용된다. 미국 주식시장의 IBM 차트에서 배운 것은 은이나 엔화에도 적용할 수 있다. 나는 주로 미국에서 거래하지만 독일, 러시아, 싱가포르, 오스트레일리아에서도 똑같은 기법을 사용해본 적이 있다. 기술적 분석의 언어를 알면 세계의 모든 시장을 다 읽을 수 있다.

기술적 분석은 어렵다. 하지만 거래는 더욱 어렵다. 차트는 일어난 일을 반영한다. 지표는 매수 세력과 매도 세력 간 권력의 균형을 드러낸다. 그런데 당신이 어떤 회사에서 분석가로 일하지 않는 한 분석은 그 자체로 끝이 아니다. 거래자로서 우리의 일은 분석을 기초로 살지, 팔지, 아니면 물러설지 결정하는 것이다.

각각의 차트를 검토한 뒤 차트의 오른쪽 끝에서 매수 세력에 베팅할지, 매도 세력에 베팅할지, 아니면 잠시 물러날지 결정해야 한다. 당신은 차트 분석에 따라 이익 목표점을 정하고, 손실제한주문 가격을 정하고, 자금관리 원칙을 적용해야 한다.

● 기본적인 차트 해석 ●

거래는 가격 변화에 베팅하는 것이다. 낮은 가격에 사서 높은 가격에 팔거나 높은 가격에 공매도하고 낮은 가격에 환매하면 돈을 벌 수 있다. 가격은 주식 거래의 중추다. 하지만 멈춰 서서 가격이 무엇인지 생각해보는 거래자는 거의 없다. 우리는 정확히 무엇을 분석하려고 하는 것인가?

금융시장은 거래소의 객장이나 전화상으로 아니면 인터넷을 통해 만나는 사람들의 거대한 군중으로 이루어져 있다. 이들은 세 그룹으로 나뉜다. 매수자, 매도자, 결정 유보 거래자다. 매수자는 가능한 한 싼 가격에 매수하기를 원한다. 매도자는 가능한 한 비싼 가격에 매도하기를 원한다. 그들은 영원히 협상을 벌일 수도 있지만, 결정 유보 거래자들로부터 압력을 받는다. 그들은 일부 결정 유보 거래자들이 마음을 정하고 게임에 뛰어들어 거래를 낚아채가기 전에 재빨리 행동해야 한다. 결정 유보 거래자들은 거래를 가속화하는 동력이다. 시장을 지켜보고 있으며 거래를 할 수 있는 돈을 가지고 있는 한 그들은 진정한 시장 참여자다. 각 거래는 시장 군중의 한가운데서 파문을 일으켜 매수자와 매도자 그룹 양쪽에 압력을 가한다. 이 때문에 각 거래는 전체 시장 군중의 현재 감정 상태를 반영한다.

가격은 모든 시장 참여자들이 합의한 가치로 거래 순간의 행동으로 표현된다. 많은 거래자들은 그들이 무엇을 분석하고 있는 것인지도 제대로 알지 못한다. 회사의 대차대조표인가? 연방준비제도이사회의 발표인가? 대두를 재배하는 주^{州}의 기상 보고서인가? 갠 이론의 우주적 파동인가?

모든 차트는 시장에서 여론조사 같은 기능을 한다. 변동하고 있는 가격은 가치에 대한 모든 시장 참여자들의 일시적인 합의를 나타낸다. 고가와 저가, 가격 바^{bar}의 길이, 모든 추세선의 기울기, 모든 패턴의 기간은 군중 행동의 양상들을 반영한다. 이런 패턴을 인식할 수 있으면 언제 낙관적 전망에 베팅하고 언제 비관적 전망에 베팅할지 결정하는 데 도움이 된다.

선거운동 기간에 여론조사원은 수천 명의 사람들에게 전화를 걸어 누구에게 투표를 할 것인지 묻는다. 잘 고안된 여론조사는 선거 결과에 대한 예측 능력을 보여주는데 이 때문에 정치인들은 돈을 지불하며 여론조사를 실시하는 것이다.

금융시장은 양당체제로 운영된다. 매수 세력과 매도 세력이 서로 대립되는 두 당이며, 여기에 침묵하고 있는 결정 유보 거래자들의 거대한 무리가 있다. 그들은 둘 중 한쪽 무리에 가세하여 힘을 실어줄 수 있다. 기술적 분석은 시장 참여자들을 대상으로 한 여론조사다. 매수 세력이 우세할 경우에는 공매도한 주식을 사들이고 롱 포지션을 취한다. 매도 세력이 우세할 경우에는 숏 포지션을 취해야 한다. 참가하기에 선거일이 너무 가깝다면 현명한 거래자들은 시장에서 물러난다. 물러나는 것도 시장에서 취할 수 있는 적절한 행동 중 하나이며 돈을 잃지 않을 수 있는 유일한 방법이다.

개인 행동은 예측하기가 힘들다. 반면 군중은 훨씬 더 원시적이고 군중 행동은 보다 반복적이며 예측하기가 더 쉽다. 우리가 해야 할 일은 뭐가 이성적이고 뭐가 비이성적인지 얘기하면서 군중과 다투는 일이 아니다. 우리는 군중 행동을 인지하고 그것이 계속될 가능성을 판단해야 한다. 추세가 상승세고 군중이 점점 더 낙관적으로 변하는 것을 발견하면 우리는 롱 포지션을 취해야 한다. 군중이 점점 더 비관적으로 변한다면 매도할 시간이 온 것이다. 군중이 혼란스러워하는 것 같다면 뒤로 물러나 시장이 방향을 결정짓기 전까지 기다려야 할 것이다.

가격의 의미

고가와 저가, 시가와 종가, 장중 변동과 주간 가격 범위는 군중 행동을 보여준다. 차트, 지표, 기술적 도구는 시장의 군중 심리를 들여다볼 수 있는 창이다. 진실에 좀더 가까이 다가가고 싶다면 당신은 스스로 뭘 연구하는지 분명하게 알고 있어야 한다.

많은 시장 참여자들이 과학이나 공학을 배경 지식으로 갖고 있는데 이런 사람들은 종종 물리 원칙을 적용하고 싶은 유혹에 넘어간다. 예컨대 그들은 명확한 추세 신호를 얻기 위해 거래 범위의 노이즈를 걸러내려 한다. 이런 방법도 도움이 될 수 있지만 이것이 자동적 거래 시스템이 될 수 있는 것은 아니다. 시장은 물리적 과정을 따르지 않기 때문이다. 시장은 군중 심리의 반영이며, 군중 심리는 다른, 덜 정확한 법칙을 따른다. 물리학에서는 모든 것을 계산하면 어떤 결과가 나올지 예측할 수 있다. 하지만 시장에서는 그렇지 않다. 군중은 늘 당신을 속일 것이다. 불확실성의 분위기 가운데에 행동해야 하고, 뛰어난 자금관리 방법으로 스스로를 보호해야 하는 것도 이 때문이다.

시가 ● 시가는 그날 시장의 최초가로 바 차트에서 바의 왼쪽에 있는 짧은 선으로 표시된다. 시가는 밤사이에 접수된 주문을 반영한다. 누가 이런 주문을 냈을까? 저녁을 먹고 나서 잡지를 읽다가 어떤 정보를 발견한 치과의사나 중개인의 거듭된 권유를 받았지만 먼저 아내의 허락을 필요로 했던 교사, 위원회가 자신의 아이디어를 승인해주기를 기다리며 회의에서 온종일 앉아 있던 보수적인 기관의 재정 책임자가 그들이다. 이들은 개장 전에 주문을 내는 사람들이다. 시가는 정보가 부족한 시장 참여자들의 견해를 반영한다.

아웃사이더, 즉 외부자들이 매수 또는 매도를 할 때 거래의 반대쪽에는 누가 있는 것인가? 시장의 프로들이 거래를 돕기 위해 이 자리로 들어온다. 하지만 그들은 결코 자선사업을 하려는 것이 아니다. 플로어 트레이더^{floor} ^{trader}(미국 증권거래소 회원업자의 일종으로 거래장 내에서 자기 자본으로 직접 매매를 한다–옮긴이), 즉 내부자들은 매수 주문이 많이 들어오는 것을 보게 되면 시가를 올려놓아 외부자들이 더 많은 돈을 지불하도록 만든다. 이때 프로들은 숏 포지션을 취하여 사소한 가격 하락으로도 수익이 나도록 한다. 군중이 개장 전에 두려움을 느끼고 시장에 매도 주문을 쏟아내면 시장은 매우 낮은 가격으로 문을 연다. 프로들은 그때 매물을 흡수하여 미미한 가격 상승에도 단기 수익을 거두어들인다.

시가는 내부자와 외부자, 프로와 아마추어 사이에서 그날 최초로 이루어진 세력 싸움의 결과다. 당신이 단기 거래자라면 개장 가격 범위^{opening} ^{range}에 주목해야 한다. 개장 가격 범위란 그날 처음의 15~30분까지 형성된 고가와 저가 범위를 말한다. 대개 개장 가격 범위에 뒤이어 돌파가 일어난다. 이런 돌파는 누가 시장을 지배하는지 보여주기 때문에 중요하다. 몇몇 일중 거래 시스템은 개장 가격 범위의 돌파에 기초하고 있기도 하다.

거래에 들어갈 최상의 기회는 개장 무렵 당신이 원하는 거래의 반대 방향으로 갭이 형성되었을 때다. 당신이 밤에 시장을 분석한 뒤 주식을 매수해야 한다는 판단이 섰다고 하자. 그런데 밤새 나쁜 소식이 시장에 충격을 주어 매도 주문이 쇄도하고 해당 주식의 시가가 크게 떨어졌다고 하자. 그 뒤 주가가 개장 가격 범위 내에서 안정되었을 때 당신이 여전히 강세를 예상하고 있는데 개장 가격 범위가 생각해두었던 손절매 가격보다 위에 있다면, 손실제한주문과 함께 개장 가격 범위의 고가보다 몇 틱 높은 곳에 가격역지정 주문을 내라. 틀림없이 괜찮은 이익 거래가 될 것이다!

고가 ● 왜 가격이 올라갈까? 일반적인 대답―매수자가 매도자보다 많기 때문에―은 사실 말이 안 된다. 왜냐하면 모든 거래에는 매도자와 매수자가 함께 존재하기 때문이다. 사실을 말하자면 매수자가 매도자보다 돈이 더 많고 더 열정적이기 때문이다.

매수자는 가격이 올라가면 돈을 번다. 업틱 때마다 이익이 차곡차곡 쌓인다. 그들은 성공의 기쁨으로 얼굴이 붉게 물들어 계속 주식을 사들이고, 친구들에게 전화를 걸어 주식을 사라고 독려한다. 이러면서 주가는 더 올라간다! 마침내 주가는 매수 세력의 여유자금이 바닥나는 수준에까지 도달한다. 그들 중 일부는 이익 실현을 위해 주식을 팔기 시작한다. 매도 세력은 시장이 과도한 가격 수준에 있다고 보고 공매도 주문을 낸다. 시장은 멈추었다가, 그날의 고점을 뒤에 남겨두고 곧 하락하기 시작한다. 이 지점은 그날 매수 세력이 행사한 최대 영향력을 보여준다.

모든 바^{bar}의 고가는 그 바에서 매수 세력이 발휘한 최대의 힘을 나타낸다. 매수 세력이 해당 기간 동안 가격을 얼마나 올릴 수 있었는지 보여주는 것이다. 일간 차트에 있는 바의 고가는 그날 하루 동안 매수 세력이 행사한 최대 영향력을 보여주고, 주간 차트에 있는 바의 고가는 그 한 주 동안 매수 세력이 행사한 최대 영향력을 보여주며, 5분 차트에 있는 바의 고가는 그 5분간 매수 세력이 행사한 최대 영향력을 보여준다.

저가 ● 매도 세력은 가격이 떨어지면 돈을 번다. 공매도 거래자는 다운틱 때마다 수익을 벌어들인다. 주가가 내려가면 매수 세력은 안절부절못한다. 그러다가 자신이 원하는 물건을 나중에 더 싼 가격에 살 수 있을 것이라고 생각하여 매수를 그만두고 물러난다. 매수자들이 손을 주머니에 집어넣으면, 매도 세력이 가격을 끌어내리는 것은 좀더 쉬운 일이 된다. 그리하여 가격은 계속 하락한다.

　주식을 공매도하기 위해서는 돈이 필요하다. 매도 세력의 돈이 바닥나기 시작하면 주가 하락은 둔화된다. 이때 매수 세력의 매물 사냥꾼들이 나타난다. 경험 많은 거래자들은 무슨 일이 일어나는지 금세 간파하고 공매도한 주식을 환매하고 롱 포지션을 취한다. 이제 주가는 그날의 저가를 뒤에 남겨두고 상승을 시작한다.

　각 바의 저점은 그 바에서 매도 세력이 발휘한 최대의 힘을 나타낸다. 일간 차트에 있는 바의 저가는 그날 하루 동안 매도 세력이 행사한 최대 영향력을 보여주고, 주간 차트에 있는 바의 저가는 그 한 주 동안 매도 세력이 행사한 최대 영향력을 보여주며, 5분 차트에 있는 바의 저가는 그 5분간 매도 세력이 행사한 최대 영향력을 보여준다. 오래전 나는 엘더-레이Elder-ray라는 새로운 지표를 개발했는데, 이 지표는 각 바의 고가와 저가가 평균 가격에서 얼마나 떨어져 있는지 측정하여 매수세와 매도세의 상대적인 힘을 파악하기 위한 것이다.

종가 ● 종가는 바 차트에서 바의 오른쪽에 있는 짧은 선으로 표시된다. 종가는 그날의 가치에 대한 최종적 합의를 나타낸다. 대부분의 사람들이 일간신문에서 보는 주가는 바로 종가다. 선물시장에서는 특히 중요하다. 거래 계좌의 정산이 종가에 좌우되기 때문이다.

　프로 거래자는 온종일 시장을 모니터한다. 그들은 아침 일찍부터 시가를 활용하여 높은 시가에서 매도하고 낮은 시가에서 매수하며, 그 뒤에는 이런 포지션들을 적절히 처분한다. 그들은 보통 극단적인 가격 변동을 중화시키고—반대로 거래하여—시장을 정상으로 되돌아오게 만드는 역할을 한다. 주가가 새로운 고가에 도달하여 멈추면 프로들은 주식을 매도하여 가격을 하락시킨다. 주가가 하락 후 안정화되면 그들은 주식을 매수하여 주가 상승을 이끈다.

개장 무렵 시장에 쇄도하던 아마추어들의 매도세와 매수세는 보통 시간이 가면서 잦아들고, 외부자들은 자신의 계획대로 거래를 진행한다. 폐장 시간이 가까워오면서 시장은 프로 거래자들의 손아귀에 들어간다.

종가는 프로들의 견해를 반영한다. 어떤 차트든 들여다보면 가격 바에서 시가와 종가가 빈번히 큰 차이를 형성하는 것을 알게 될 것이다. 이것은 대개 아마추어와 프로가 서로 거래의 반대쪽에 서 있기 때문이다.

캔들차트와 P&F차트

바차트가 주가 추적에 가장 널리 사용되고 있는 차트지만 다른 차트들도 있다. 서구에서 캔들차트는 1990년대 들어 유행하기 시작했다. 거래일을 표시하는 각 봉은 한 개의 몸통과 위아래로 난 두 개의 꼬리로 이루어져 있다. 몸통은 시가와 종가 사이의 범위를 나타낸다. 위쪽 꼬리의 끝은 그날의 고가이고 아래쪽 꼬리의 끝은 그날의 저가이다. 캔들차트 분석가는 시가와 종가의 관계가 일별 자료에서 가장 중요한 부분이라고 믿는다. 종가가 시가보다 높으면 봉의 몸통은 흰색이고 종가가 시가보다 낮으면 봉의 몸통은 검은색이다(우리나라에서는 종가가 시가보다 높으면 빨간색, 반대의 경우는 파란색이다-옮긴이).

몸통의 길이와 꼬리의 길이는 매도 세력과 매수 세력의 전투를 보여준다. 이런 정보는 몇 개의 봉이 무리를 지어 형성하는 패턴들과 함께 시장에서의 권력 다툼을 들여다볼 수 있는 유용한 시각을 제공한다. 롱 포지션을 취할지 아니면 숏 포지션을 취할지 결정하는 데 도움을 줄 수 있다.

캔들차트에서 한 가지 문제점은 봉이 너무 두껍다는 것이다. 바차트는 컴퓨터 스크린으로 스케일을 줄이지 않고 5~6개월치 일별 데이터를 볼 수 있다. 캔들차트를 똑같은 컴퓨터 스크린에 펼치면, 기껏해야 2개월치의 일별 데이터를 볼 수 있을 뿐이다. 따지고 보면 캔들차트는 바차트가 보여주는 것 말고는 그 이상의 것을 보여주지 않는다. 보통의 바차트를 그려 시가와 종가의 관계를 살펴보고 몇 가지 기술적 지표들로 분석을 보완하면 캔들차트만큼이나, 아니 그 이상으로 시장을 잘 읽을 수 있다. 캔들차트는 일부 거래자에게는 유용하지만 모든 거래자에게 그런 것은 아니다. 당신도 마음에 들면 사용하고 그렇지 않으면 바차트에 집중하라. 캔들차트를 사용하지 않는다고 해서 어떤 중요한 정보를 빠뜨릴까 걱정할 필요는 없다.

P&F차트는 거래량은 무시하며 오로지 가격에만 기초하고 있는 차트다. P&F차트는 수평의 시간 척도가 없다는 점에서 바차트나 캔들차트와 다르다. 시장이 움직임을 보이지 않으면 P&F차트는 더 이상 진행되지 않는다. P&F차트에서는 특정한 한계점 너머로 가격이 움직일 경우에만 X열과 O열이 더해지기 때문이다. P&F차트에서는 응집 구간이 잘 나타나 거래자들이 지지선과 저항선을 찾는 데 도움을 주며, 반전 지점이나 이익 실현의 목표점을 알려준다. P&F차트는 바차트보다 역사가 훨씬 오래되었다. 거래소의 칸막이 공간 안에 들어앉아 있던 프로들은 종종 칸막이 벽에다 P&F차트를 붙여놓곤 했다.

어떤 차트를 선택하느냐는 개인적인 선택의 문제다. 가장 편하게 생각되는 차트를 골라라. 나는 바차트를 선호하는데 P&F차트나 캔들차트를 좋아하는 노련한 거래자들도 많이 알고 있다.

차트의 실제

가격 변동이 바^{bar}를 만들고 바가 모여 패턴을 만든다. 성공한 거래자는 패턴을 식별하는 법을 배운 뒤 이런 패턴을 보고 거래한다. 그들은 친숙한 패턴이 나타나기를 기다린다. 어부가 과거에 수없이 고기를 낚았던 강둑에서 고기의 입질을 기다리는 것과 마찬가지다.

많은 아마추어들은 이 주식에서 저 주식으로 왔다갔다 하지만, 프로는 오랜 세월에 걸쳐 똑같은 종목을 거래한다. 그들은 그들이 노리는 사냥감의 성격, 습관, 버릇에 대해 배운다. 프로들은 잘 알고 있는 주식이 단기적으로 바닥에 도달하는 것을 보면 호기라고 생각하고 매수를 한다. 그들이 주식을 매수함으로써 하락이 멈추고 주가는 다시 상승한다. 주가가 상승하면 프로들은 매수량을 줄이지만 아마추어들은 좋은 소식에 마음이 동하여 시장에 들어온다. 주식이 과대평가되면 프로들은 포지션을 처분하기 시작한다. 그들의 매도 물량이 주가 상승을 억제하고 주가는 다시 하락한다. 아마추어들은 기겁하여 보유 물량을 투매하고 이 때문에 주가 하락은 가속화된다. 아마추어들이 보유 주식을 다 처분하고 나서 주가가 프로들이 바닥으로 생각하는 곳에 이르면 이 과정이 다시 시작된다.

이 과정은 수학적으로 완벽하지 않기 때문에 기계적 시스템이 딱 들어맞지는 않는다. 기술적 지표들을 이용하려면 판단을 해야 한다. 특정의 차트 패턴들을 하나하나 살펴보기 전에 다음의 기본적인 정의를 알아두자.

- **상승세**는 대부분의 가격 상승이 그전의 가격 상승보다 높은 지점까지 도달하는 패턴이다. 또 대부분의 가격 하락이 그전의 가격 하락보다 높은 지점에서 멈춘다.
- **하락세**는 대부분의 가격 하락이 그전의 가격 하락보다 낮은 지점까지 도달

하는 패턴이다. 또 대부분의 가격 상승이 그전의 가격 상승보다 낮은 지점에서 멈춘다.
- **상승 추세선**은 두 개 이상의 인접한 바닥을 연결하는 직선이 위로 향할 때를 말한다. 여기에 천정끼리 연결하는 직선을 그리면 거래 채널이 만들어진다.
- **하락 추세선**은 두 개 이상의 인접한 천정을 연결하는 직선이 아래로 향할 때를 말한다. 여기에 바닥끼리 연결하는 직선을 그리면 거래 채널이 만들어진다.
- **지지선**은 두 개 이상의 인접한 바닥을 연결한 수평선이다. 여기에다 천정끼리 연결한 수평선을 그리면 거래 범위를 알 수 있다.
- **저항선**은 두 개 이상의 인접한 천정을 연결한 수평선이다. 여기에다 바닥끼리 연결한 수평선을 그리면 거래 범위를 알 수 있다.

천정과 바닥 ● 주가 상승 구간의 고점들은 매수 세력의 최대 영향력을 보여주는 지점들이다. 그들은 주가를 더 높이 끌어올려 더 많은 돈을 벌고 싶어하지만 고점에서 매도 세력에게 밀린다. 반면에 주가 하락 구간의 저점들은 매도 세력의 최대 영향력을 보여주는 지점들이다. 그들은 주가를 더 끌어내려 숏 포지션으로 수익을 내고 싶어하지만 저점에서 매수 세력에게 압도당한다.

컴퓨터나 자를 이용하여 인접한 천정을 연결하는 직선을 그려보라. 직선의 기울기가 오른쪽으로 갈수록 위를 향한다면 매수 세력이 점점 더 강력해지고 있다는 뜻이다. 이때는 롱 포지션을 취하는 게 좋다. 이 직선이 아래쪽을 향해 기울어져 있다면 매수 세력이 점점 더 약해지고 있다는 뜻이므로 매수는 좋은 생각이 아니다.

바닥을 이어 추세선을 그려보면 매도 세력의 영향력 변화를 한눈에 알아볼 수 있다. 인접하는 두 개의 바닥을 연결하는 직선이 오른쪽으로 갈수록 아래로 기울어져 있으면, 매도 세력이 점점 더 강해지고 있다는 뜻이다. 이때는 공매도 거래의 적기다. 이 직선이 위쪽으로 기울어져 있다면 매도 세력이 약화되고 있다는 뜻이다.

천정을 연결한 직선과 바닥을 연결한 직선이 모두 수평선에 가깝다면 시장은 거래 범위(박스권) 안에 갇힌 것이다. 그러면 돌파를 기다리거나 거래 범위 내에서 단기 주가 변동의 차익을 노려야 할 것이다.

상승 추세선과 하락 추세선 ● 가격은 종종 보이지 않는 길을 따라가는 것처럼 보인다. 연속적인 주가 상승 구간에서 천정들이 점점 더 높아지면 가격은 상승 추세에 있는 것이다. 바닥이 계속하여 낮아지면 가격은 하락 추세에 있는 것이다.

바닥들을 연결하여 추세선을 그려보면 상승 추세인지 아닌지를 확인할 수 있다. 우리는 바닥을 이용하여 상승 추세를 확인하는데, 주가가 상승하는 동안 그 구간의 천정들은 넓고 불규칙한 형태를 띠기 때문이다. 기울기가 비교적 규칙적인 경향을 보이고 그것들이 선으로 연결된다면 보다 명확한 상승 추세 그림을 얻을 수 있다.

천정들을 연결하여 추세선을 그려보면 하락 추세 여부를 확인할 수 있다. 하락 추세에서 각 저점들은 이전의 저점보다 낮은데, 심지가 약한 주식 보유자들 사이에서 패닉이 일어나면 갑작스럽게 날카롭게 튀어나온 바닥이 형성될 수도 있다. 그러므로 천정들을 연결하여 추세선을 그려보면 하락 추세에 관한 보다 정확한 그림을 얻을 수 있다.

추세선의 가장 중요한 특징은 경사의 방향이다. 추세선이 위쪽으로 향하고 있으면 매수 세력이 우세한 것이고, 아래쪽으로 기울어져 있으면 매도 세력이 우위를 점하고 있는 것이다. 추세선이 길수록 그리고 추세선과 가격과의 접촉점이 많을수록 추세선의 유효성은 커진다. 추세선의 기울기는 군중의 흥분도를 반영한다. 추세가 차분하고 가파르지 않으면 오래갈 수 있다. 추세가 가속화되면 추세선의 경사가 급해지므로 추세선을 다시 그려야 한다. 추세선이 60도 이상으로 상승하거나 하락하면, 추세는 커다란 반전으로 막을 내릴 가능성이 크다. 때때로 가격 급등의 마지막 꼬리 부분에서 이런 현상을 볼 수 있다.

컴퓨터나 자를 이용하여 이런 선들을 그릴 수 있다. 추세선과 저항선, 지지선은 극단의 가격이 아니라 응집 구간 가장자리를 따라 그리는 것이 좋다. 응집 구간은 군중 행동을 반영하는 반면, 가격 극단점은 심지가 약한 거래자들 사이에서 일어난 패닉 반응을 보여준다.

꼬리: 캥거루 패턴 ● 추세가 형성되는 데는 오랜 시간이 걸리지만 꼬리는 단 며칠 만에 만들어진다. 꼬리는 시장 심리에 대한 소중한 정보를 제공하고, 반전 영역을 보여주며, 거래 기회를 알려준다.

꼬리는 추세 방향에서 일어나는 하루 동안의 스파이크를 말하며, 반전이 뒤따른다. 꼬리를 만드는 데는 적어도 세 개의 바^{bar}가 필요하다. 앞뒤의 바는 상대적으로 작고 가운데에 있는 바는 무척 길다. 가운데의 바가 꼬리지만, 그다음 날이 될 때까지는 그것이 꼬리인지 아닌지 확신할 수 없다. 다음날의 바는 매우 짧고 전날의 바 바닥 쪽에 형성되기 때문에 꼬리가 잘 드러난다. 꼬리는 밀집된 가격 바들 가운데서 튀어나와 있기 때문에 발견하기가 쉽다.

캥거루는 말이나 개와 달리 꼬리로 밀어서 몸을 움직인다. 캥거루는 척 봐도 어디로 점프를 할지 금방 알 수 있다. 바로 꼬리의 반대 방향이다. 꼬리가 북쪽을 가리키면 캥거루는 남쪽으로 점프를 하고 꼬리가 남쪽을 가리키면 북쪽으로 점프를 한다. 시장에서도 꼬리는 전환점에서 나타나는 경향이 있고 캥거루가 꼬리에서 반동을 얻듯 시장도 꼬리에서 반동을 얻는다.

어떤 패턴을 보고 거래하기 전에 우선 그 패턴이 시장에 대해 무엇을 알려주는지 알고 있어야 한다. 왜 시장은 꼬리에서 반대 방향으로 튕겨나가는 걸까?

거래소는 추세보다는 거래량으로부터 이익을 얻는 회원들이 장악하고 있다. 시장은 오르락내리락 거리면서 주문량이 가장 많은 가격 수준을 찾는다. 시장이 높이 치솟았다가 빠지면서 위쪽으로 향한 꼬리를 만들면, 그 높은 가격 수준이 거래량을 끌어내지 못한다는 뜻이다. 거래소 회원들은 더 낮은 가격이 거래량을 증가시킬지 알아보기 위해 주식을 매도하여 시장을 낮은 가격으로 끌어내릴 가능성이 크다. 꼬리는 이렇게 시장의 점유자들이 수익을 최대화하려는 과정에서 생겨난다.

기존의 추세에서 매우 긴 바(몇 개월 동안의 평균 길이보다 몇 배가 더 긴)가 나타나면 꼬리일지 모르니 주의해야 한다. 다음날 매우 짧은 바가 전날의 긴 바 바닥 쪽에 나타나면 꼬리 모양이 완성된다. 이때는 장이 끝나기 전에 꼬리의 반대 방향으로 거래를 해야 한다.

시장이 아래쪽으로 꼬리를 만들면 이 꼬리의 고가 근처에서 롱 포지션을 취하라. 일단 롱 포지션을 취하면 대략 꼬리의 절반쯤 되는 곳에 손실제한주문을 해두라. 시장이 꼬리를 먹어 들어가기 시작하면 곧바로 빠져나오라. 이때 롱 포지션의 수익 목표점은 이동평균과 채널을 이용하여 결정하는 것이 가장 좋다(147쪽의 '지표: 다섯 발의 탄환'을 보라).

시장이 위쪽으로 꼬리를 만들면 꼬리의 저가 근처에서 숏 포지션을 취하라. 일단 숏 포지션을 취하면 대략 꼬리의 절반쯤 되는 곳에 손실제한주문

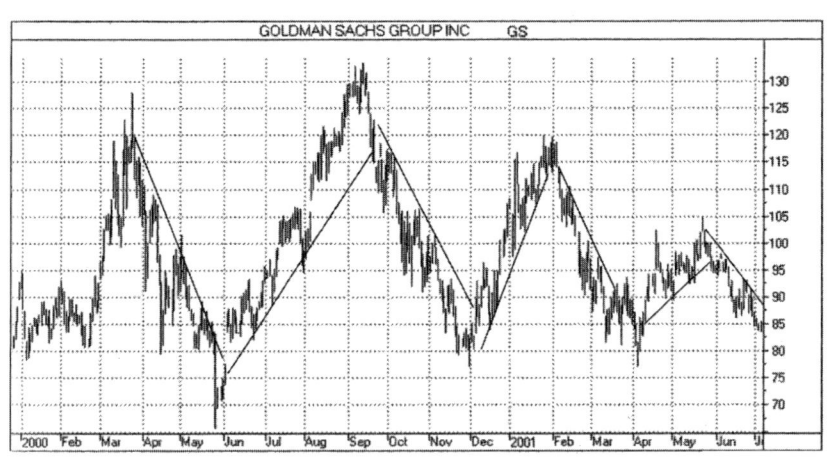

그림 5.1 추세선; 캥거루 꼬리

상승 추세를 표시하려면 바닥을 잇는 상승 추세선을 그려라. 하락 추세를 표시하려면 천정을 잇는 하락 추세선을 그려라. 추세를 허물지 않은 상태에서 주가가 잠깐 동안 추세선을 침범할 수 있다는 사실을 눈여겨보라. 마치 추세선에 고무줄로 연결되어 있는 것처럼 주가가 어떤 주어진 추세선 안에서 움직이는 것을 관찰하라. 당신은 추세선이 나아가는 방향으로 포지션을 구축해야 하며, 가격이 추세선에 꽤 가까울 때 들어가야 한다. 추세가 새로운 고점이나 저점에 도달할 무렵이면 추세선에서 너무 멀리 나아간 것이다. 너무 멀리 가면 다시 돌아와야 하는 법이다. 이 차트의 오른쪽 끝에서는 추세가 하락세고 주가가 5월 이후 그 어느 때보다도 추세선에서 멀리 떨어져 있다. 당신이 숏 포지션을 취하고 있다면 이제는 포지션 청산을 생각해보아야 할 때다.

2000년 5월과 11월, 2001년 4월의 바닥에 그리고 2001년 5월의 최근 천정에 형성된 밀집된 가격 흐름 가운데서 몇 개의 가격 바가 튀어나와 있는 것을 눈여겨보라. 이런 것이 바로 전환점을 보여주는 캥거루 꼬리다. 시장은 앞뒤의 바보다 훨씬 더 큰 바로 새로운 고점이나 새로운 저점을 시험하고 나서 금세 이런 극단적인 가격에서 뒷걸음질 친다. 당신은 그다음에 나오는 바를 보고 꼬리를 확인한 뒤 이전 추세와 반대 방향으로 거래를 해야 한다.

을 해두라. 시장이 꼬리를 타고 올라가기 시작하면 꼬리가 완전히 먹혀들어가기 전에 시장에서 빠져나와야 한다. 이때 이익 목표점은 이동평균과 채널을 이용하여 결정한다.

꼬리는 어떤 시간 스케일에서든 거래할 수 있다. 일간 차트가 가장 흔하지만 일중 차트나 주간 차트에서도 꼬리를 보고 거래할 수 있다. 가격 변동의 크기는 시간 스케일에 따라 달라진다. 주간 차트의 꼬리는 5분 차트의 꼬리보다 변동의 폭이 훨씬 크다.

지지선, 저항선, 가짜 돌파 ● 대부분의 거래자와 투자자는 매수하거나 매도할 때 재정적으로뿐만 아니라 감정적으로도 거래에 묶이게 된다. 그들의 감정은 시장의 추세를 진전시킬 수도 있고 반전을 낳을 수도 있다.

시장이 어떤 일정한 수준에 더 오래 머물수록 더 많은 사람들이 매수하고 매도한다. 주가가 80에서 떨어져 몇 주 동안 70 근처에서 거래되었다고 하자. 그러면 사람들은 주가가 지지선을 찾고 바닥에 도달했다고 믿을 것이다. 그런데 과도한 매물이 나와 주가가 60으로 더 떨어진다면 어떻게 되겠는가? 현명한 주식 보유자라면 69나 68에서 재빨리 빠져나왔을 것이다. 하지만 다른 사람들은 고통스러운 하락의 과정을 끝까지 참고 견딘다. 만약 그들이 60근처에서도 포기하지 않고 마침내 주가가 다시 70을 회복했을 때까지 주식을 가지고 있다면, 그들은 그동안 겪은 고통 때문에 '본전을 되찾을 수 있는' 기회를 놓치려 하지 않을 것이다. 이때 그들이 매물을 내놓으면 적어도 한시적으로는 주가 상승이 저지될 공산이 크다. 그들의 고통스러운 기억 때문에 주가 하락 시 지지선 역할을 했던 곳이 주가 상승 시 저항선이 된다. 그 역도 마찬가지다.

후회는 지지선과 저항선의 배후에 있는 또 다른 심리적 원동력이다. 주가가 한동안 80에 거래되다가 95로 상승했다면, 80 근처에서 주식을 사지 않은 사람들은 기차를 놓친 기분이 들 것이다. 주가가 다시 80 근처로 떨어지면 놓친 기회를 아쉬워하던 거래자들은 얼씨구나 하면서 매수에 나설 것이다.

지지선과 저항선은 몇 개월 또는 몇 년 동안 유지될 수 있다. 투자자들의 기억이 오래가기 때문이다. 주가가 과거의 수준으로 돌아가면 어떤 사람들은 포지션을 늘릴 기회로 생각하고 또 어떤 사람들은 시장에서 빠져나갈 기회로 삼는다.

차트로 작업을 할 때는 최근의 천정과 바닥들을 연결하여 지지선과 저항선을 그려야 한다. 이들 영역에서는 추세가 둔화되리라는 것을 예측하여 이때를 포지션을 취하거나 이익을 실현하는 기회로 삼아야 한다. 지지선과 저항선은 유연하다는 것을 명심하라. 이 둘은 유리벽보다는 철망에 가깝다. 유리벽은 딱딱하고 깨지면 산산조각 나는 반면 철망은 소떼가 밀면 어느 정도는 뒤로 밀리고 소들이 주둥이를 내밀 수도 있다.

하지만 철망은 기울어지더라도 그대로 서 있다. 시장은 지지선 아래로 그리고 저항선 위로 많은 가짜 돌파를 일으킨다. 이때 주가는 짧은 이탈 뒤에 원래의 범위로 되돌아온다. 가짜 상향 돌파는 시장이 저항선 위로 올라갔을 때 일어나고, 반전되어 하락하기 전에 매수자들을 끌어들인다. 가짜 하향 돌파는 주가가 지지선 아래로 떨어졌을 때 일어난다. 그래서 반전 상승이 일어나기 전에 더 많은 매도 세력을 끌어들인다. 가짜 돌파는 프로들에게 최상의 거래 기회를 제공한다. 가짜 돌파는 꼬리와도 비슷하지만, 꼬리는 단 하나의 긴 바가 있는 반면 가짜 돌파는 특별히 크지 않은 여러 개의 바들이 생겨날 수 있다.

가짜 돌파는 왜 생기며, 이때는 어떻게 거래를 해야 할까? 장기간의 상승 마지막에는 주가가 저항선에 맞닥뜨려 더 이상 오르지 못하고 주춤거린다. 프로들은 저항선 수준 위에 더 많은 매수 주문이 걸려 있다는 것을 안다. 일부는 새로운 돌파점을 찾아 주식을 매수하려는 거래자들의 주문이고, 다른 일부는 주가 상승 구간 동안 숏 포지션을 취하고 있었던 거래자들의 가격역지정주문이다. 프로들은 사람들이 어느 지점에 가격역지정주문을 해두었는지 누구보다 먼저 알고 있는 사람들이다. 왜냐하면 그들이 주문을 받는 사람들이기 때문이다.

가짜 돌파는 전문가들이 가격역지정주문을 발동시키기 위한 작전을 펼칠 때 발생한다. 예컨대 주가가 60의 저항선보다 약간 낮을 때 플로어 트레이더들이 58.85 근처에서 주식을 매수하기 시작한다고 하자. 매도세가 약화되면 주가는 60을 넘어서고, 이때 공매도 거래자들의 가격역지정주문이 실행된다. 플로어 트레이더들은 주가가 60.50에 도달하면 매물을 내놓기 시작한다. 그들은 대중의 매수 주문이 줄어들고 있는 것을 보면서 공매도를 하는 것이다. 그러면 주가는 다시 60 아래로 떨어진다. 이렇게 하여 차트상에서 주가가 60을 넘었다가 금세 제자리로 돌아오는 가짜 돌파가 일어나는 것이다.

S&P500 선물은 가짜 돌파가 자주 일어나는 것으로 잘 알려져 있다. 이 시장은 날마다 몇 틱^{tick} 차이로 전날의 고가를 넘어서거나 전날의 저가 아래로 떨어진다(틱은 거래소에서 허용되는 최소 가격 변화 단위다-옮긴이). S&P가 거래하기 힘든 시장인 것도 바로 이 때문이다. 그러나 초보자들은 파리떼처럼 이곳으로 몰려든다. 플로어 트레이더들은 이들에게서 돈을 우려내며 신나는 날들을 보낸다.

몇몇 최상의 거래 기회는 가짜 돌파 뒤에 생겨난다. 하지만 주가가 가짜 상향 돌파 뒤 원래의 수준으로 되돌아왔을 때 공매도 거래를 하려면 상당한

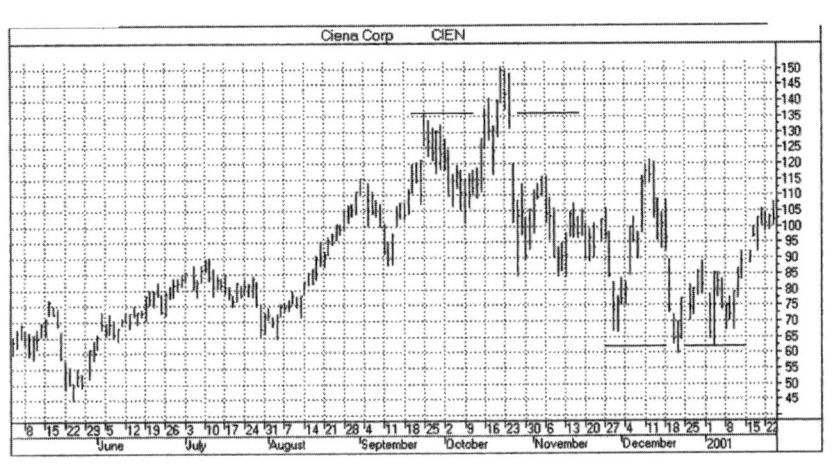

그림 5.2 지지선, 저항선, 가짜 돌파

9월에 CIEN은 140 아래에서 천정을 친 다음 10월에 다시 이 수준을 공략하여 150 너머로 상승했다. 하지만 그로부터 며칠 뒤 전고점 아래로 급락했다. 불쌍한 몇몇 사람들은 150 이상의 가격으로 주식을 샀다. 얼마나 주식을 갖고 싶었으면! 가짜 상향 돌파는 상승장의 끝을 알렸다.

하락장은 12월에 65 근처에서 바닥을 쳤다. 하지만 1월에 몇몇 필사적인 매도자들이 주식을 투매하여 CIEN은 잠시 60 근처까지 떨어졌다. 차트의 오른쪽 가장자리에서 주가는 전저점 위로 상승하고 있다. 한 달 만에 주가가 50퍼센트 상승하면서 약세 함정(bear trap)은 무너졌다. 이런 신호는 기술적 지표를 이용하면 확인하기가 훨씬 쉽다. 이에 관해서는 나중에 논할 것이다.

자신감이 있어야 한다. 가짜 돌파의 천정을 손실제한주문 가격으로 삼아라. 주가가 가짜 하향 돌파 뒤 원래의 수준으로 상승했을 때 롱 포지션을 취하려면 역시 상당한 자신감이 있어야 한다. 가짜 돌파의 바닥을 손실제한주문 가격으로 삼아라.

보유 포지션이 있을 때 가짜 돌파로부터 스스로를 보호하려면 거래 규모를 줄이고 손실제한주문 가격을 좀더 멀리 떼어놔야 한다. 만약 손실제한주문이 이행되어 시장에서 나온다면 다시 들어갈 준비를 해놓으라.

어떤 거래든 리스크를 계좌의 작은 일부로 한정하면 많은 이점이 있다. 우선 손실제한주문 가격을 좀더 융통성 있게 정할 수 있다. 변동성이 높을 때는 풋옵션을 매수하여 롱 포지션을 보호하거나 콜옵션을 매수하여 숏 포지션을 보호할 생각을 해보기 바란다. 마지막으로 가짜 돌파 때 손실제한주문이 이행되어 시장에서 나오더라도 다시 거래에 뛰어드는 것을 겸연쩍게 생각하지 말라. 초보자들은 한 차례 포지션을 취했다가 손실제한주문이 이행되어 시장에서 나오면 그대로 바깥에 남아 있는 경향이 있다. 반면 프로들은 자신이 원하는 거래를 달성할 때까지 몇 번이고 시장에 뛰어든다.

이중 천정과 바닥 ● 매수 세력은 주가가 오르면 돈을 번다. 몇몇은 주가가 상승하는 과정에 이익을 실현하지만, 새로운 매수 세력이 들어와 상승은 계속된다. 모든 랠리는 많은 매수자들이 "정말 근사하군. 훨씬 더 근사해질 수도 있겠지. 하지만 이쯤에서 현금으로 찾아가는 게 나을 거야"라고 말하는 지점까지 도달한다. 부유한 매수자들이 상당한 이익을 취해간 후, 그들이 가져간 몫을 새로운 매수 세력이 제대로 충당할 수 없을 때 랠리는 고점을 찍는다.

시장이 고점에서 하락할 때 이미 이익을 현금으로 가져간 똑똑한 거래자들은 가장 마음이 편한 부류다. 여전히 주식을 갖고 있는 매수자들은, 특히 늦게 들어온 매수자들은 함정에 빠진 기분이 든다. 수익은 서서히 없어져버리고 곧 손실로 전환된다. 그들은 주식을 갖고 있어야 할까 팔아야 할까?

돈 많은 거래자는 하락이 끝나가고 있다고 판단하면 다시 주식을 매수하기 시작한다. 주가 상승이 재개되면 더 많은 매수자들이 들어온다. 이제 주가는 전고점의 수준에 접근한다. 이때 당신은 매도 주문이 주가 상승을 저지하리라 충분히 예상할 수 있다. 그전의 주가 하락 구간에서 옴짝달싹 못하고 당했던 많은 거래자들은 시장이 그들에게 두 번째 기회를 주었을 때 어떻게든 빠져나오려고 할 것이기 때문이다.

주가가 전고점을 향해 상승하고 있을 때 가장 중요한 질문은 주가가 새로운 고점을 기록할 것인가 아니면 이중 천정을 형성하고 하락할 것인가 하는 것이다. 기술적 지표는 이 질문에 답하는 데 커다란 도움을 줄 수 있다. 기술적 지표는 주가가 새로운 고점에 도달할 것으로 예상된다면 당신에게 주식을 갖고 있으라고 알려줄 것이고, 하락 다이버전스가 형성된다면(147쪽의 '지표: 다섯 발의 탄환'을 보라) 두 번째 천정에서 이익을 취하라고 알려줄 것이다.

시장의 바닥에서는 이 패턴의 거울 이미지가 만들어진다. 시장이 새로운 저점으로 떨어지면 많은 똑똑한 공매도 거래자들이 공매도한 주식을 환매하고 주가는 다시 올라간다. 상승세가 꺾이고 다시 주가가 하락하기 시작하면 모든 눈이 전저점을 향한다. 전저점이 돌파될 것인가? 매도 세력이 강하고 매수 세력이 약하면 주가는 처음의 저점 아래로 떨어질 것이고 하락 추세가 계속될 것이다. 매도 세력이 약하고 매수 세력이 강하면 하락은 전저점 근처에서 멈추며 이중 바닥이 형성될 것이다. 기술적 지표들은 둘 중 어떤 일이 일어날 가능성이 높은지 알아내는 데 도움이 된다.

삼각형 ● 삼각형은 응집 영역으로서 승자는 이익을 실현하고 새로운 추세추종 세력이 시장에 들어오는 휴지 기간이기도 하다. 한편 반대 방향에서는 그들의 적이 역추세 매매를 한다. 기차역과도 비슷하다. 기차는 승객들

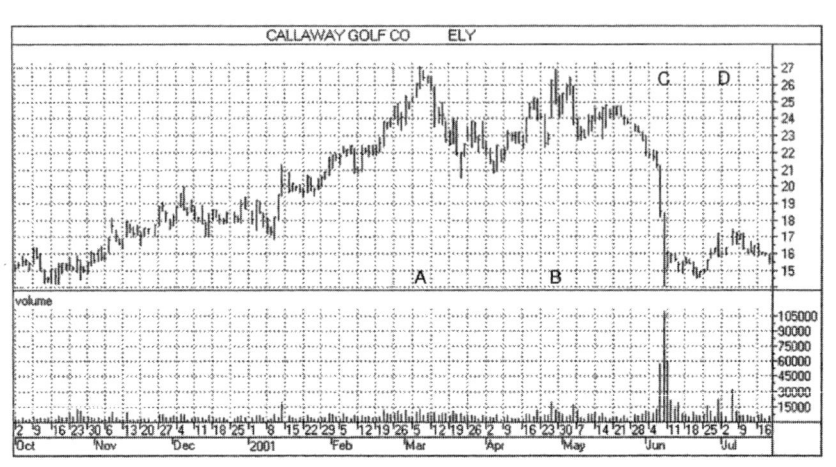

그림 5.3 이중 천정과 바닥, 거래량

캘러웨이 골프(ELY)는 3월에 A에서 27.18의 최고가에 도달했다가 다시 B에서 그 비슷한 수준까지 상승하여 26.95를 기록했다. 그로부터 며칠 뒤 주가는 B에서 내려와 이중 천정 형태가 분명하게 드러나게 되었다. 많은 지표들(우리가 나중에 살펴볼)은 이 무렵 하락 다이버전스를 그리고 있었다.

그러다 6월 빅 버사 골프 클럽의 발명가로도 유명한 고령의 회사 설립자가 사망하자 주가가 폭락했다. 꽤 전형적인 충동적 반응으로, 사람들은 기반이 탄탄한 대기업에 한 개인의 사망이 얼마나 영향을 미칠지 여부는 생각하지도 않고 주식을 투매했다. 이런 폭락 현상은 스스로 커져간다. 주가가 하락할수록 더 많은 사람들이 주식을 팔아치우려 들기 때문이다. 대중의 패닉을 극명하게 드러내는 거래량 스파이크를 눈여겨보기 바란다. C의 저점은 대단히 고전적인 형태는 아니라고 해도 캥거루 꼬리와 비슷하다. 주가는 D에서 17을 넘는데, 이런 현상을 데드 캣 바운스(dead cat bounce)라고 한다. 데드 캣 바운스는 '죽은 고양이도 높은 곳에서 떨어지면 조금은 튀어 오른다'는 속담에서 유래한 용어로 어떤 의미 있는 상승세를 뜻한다기보다는 단순히 주가 폭락에 대한 반응을 가리킨다.

차트의 오른쪽 가장자리에서 주가는 적은 거래량으로 최근의 바닥을 향해 떨어지고 있다. 주가가 그 수준에서 반등한다면 이중 바닥이 형성된다. 이것은 상당히 전형적

> 인 패턴이 될 것이다. 폭락과 뒤이은 데드 캣 바운스, 여기에 점진적인 하락이 이어지며 두 번째 바닥을 형성하는 것이다. 주가가 일단 두 번째 바닥에서 상승하면 한동안 견조한 상승세를 유지할 가능성이 크다.

이 내리고 새로운 승객들이 탈 수 있도록 정차해 있다. 그 역이 종착역이 될 수도 있는데 만약 그렇다면 방향을 바꿔 돌아갈 것이다.

　삼각형의 위쪽 경계는 매도 세력이 매수 세력을 힘으로 누르고 주가 상승을 막는 곳을 보여준다. 아래쪽 경계는 매수 세력이 매도 세력을 제압하고 주가 하락을 막는 곳이다. 이 두 경계가 수렴하기 시작하면 돌파가 다가오고 있음을 알아야 한다. 일반적으로 말해 일단 삼각형이 형성되기 이전 추세가 계속될 것이라고 예상하는 게 올바른 판단이다. 삼각형 벽 사이의 각도는 매수 세력과 매도 세력의 균형을 반영하고, 돌파의 방향이 어느 쪽이 될지 암시한다.

　상승 삼각형은 위쪽 경계가 평평하고 아래쪽 경계가 위로 향한다. 평평한 위쪽 경계선은 매도 세력이 머릿속에 선을 그어놓고 주가가 그 선에 닿을 때마다 주식을 매도하고 있다는 것을 보여준다. 그들은 꽤 강력한 그룹임이 분명하다. 그들은 주가가 염두에 두고 있던 수준에 도달할 때까지 차분히 기다리고 있다가 주식을 처분하는 것이다. 이와 동시에 매수 세력은 점점 더 공격적으로 변해간다. 그들은 매물을 흡수하면서 바닥을 계속 끌어올리고 있다.

　그렇다면 어느 쪽에 베팅을 해야 할까? 이 싸움에서 누가 이길지는 아무도 알 수 없다. 하지만 똑똑한 거래자들은 상승 삼각형의 위쪽 경계보다 약간 높은 지점에 매수 주문을 내곤 한다. 매도 세력이 방어하는 쪽이기 때

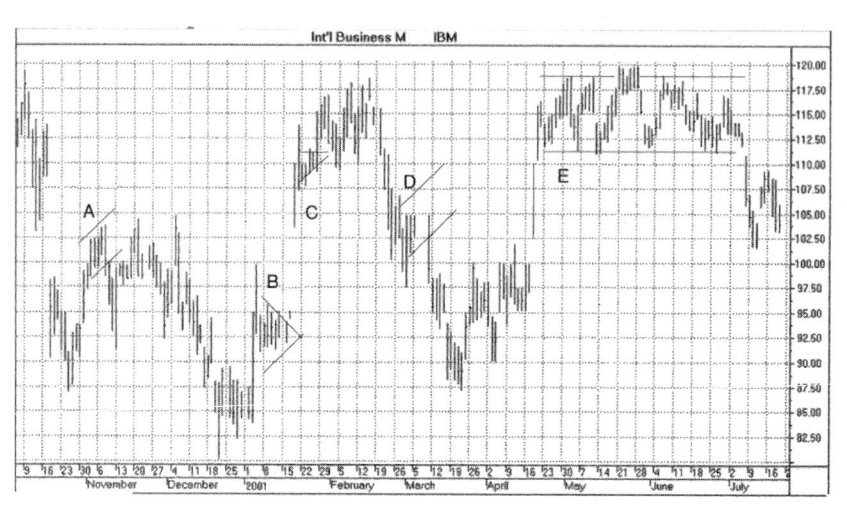

그림 5.4 삼각형, 페넌트형, 사각형

차트 패턴은 매수 세력과 매도 세력의 발자국이다. 패턴 A와 D는 페넌트형이라고 불린다. 깃대를 형성하는 가파른 주가 상승이나 하락에 뒤이어 나타나는 타이트한 가격 밀집 구역이다. 페넌트형이 추세 방향으로 형성되면(A) 보통 예리한 반전이 일어난다. 페넌트형이 기존의 추세와 반대 방향으로 뻗으면(D) 밀집 패턴에 불과하며, 추세는 보통 그대로 이어진다. 당신은 이에 따라 페넌트형의 경계 위쪽이나 아래쪽에서 매수 주문을 내야 할 것이다.

패턴 B는 대칭 삼각형이고 패턴 C는 상승 삼각형이다. 삼각형의 돌파는 앞선 추세를 따르는 경향이 있다. 특히 삼각형이 조밀하고, 몇 개의 바(bar)만으로 이루어져 있을 때는 더욱 그렇다. 패턴 E는 사각형이다. 한쪽 세력이 사각형의 벽들을 밀어붙이고 이 때문에 짧은 가짜 돌파가 일어나기도 하는 것을 눈여겨보기 바란다. 따라서 이때는 너무 일찍 시장에 뛰어들어서는 안 된다. 주가가 결정적으로 사각형을 돌파할 때 반전이 된다.

차트의 오른쪽 가장자리에서 주가는 강력한 저항선 역할을 하는 사각형 아래에 있다. 주가는 이때 빙판 밑에서 익사해가는 사람과도 같다. 추세는 하락세고 일시 반등은 공매도 거래 기회를 제공한다.

문에, 공격하는 매수 세력이 이기면 가파른 돌파가 일어날 가능성이 크다. 이런 논리에 따르면 상승 삼각형에서는 상향 돌파를 기대하고 주식을 매수해야 한다.

하락 삼각형은 아래쪽 경계가 평평하고 위쪽 경계가 아래로 기울어져 있다. 평평한 아래쪽 경계선은 매수 세력이 단호하며 일정한 수준까지 기다렸다가 주식을 매수하고 있음을 보여준다. 동시에 매도 세력은 점점 더 공격적으로 변하고 있다. 그들은 점점 더 낮은 가격에서 주식을 처분하고 있고 이에 따라 시장은 매수 세력이 그어놓은 선으로 근접해간다.

그렇다면 어느 쪽에서 베팅을 해야 하는가? 매수 세력인가, 매도 세력인가? 경험 많은 거래자들은 하락 삼각형의 아래쪽 경계보다 조금 낮은 지점에 공매도 거래 주문을 내곤 한다. 매수 세력이 그 선을 방어하고 있지만, 만약 오랜 방어 끝에 그 선이 무너지면 가파른 하락이 일어날 공산이 크다. 이런 논리에 따르면 하락 삼각형에서는 하향 돌파를 기대하고 주식을 매도해야 한다.

대칭 삼각형은 매수 세력과 매도 세력이 동등하게 강한 자신감에 차 있다는 것을 보여준다. 매수 세력은 계속 매물을 빨아들이고, 매도 세력은 더 낮은 가격에도 계속하여 주식을 처분한다. 양쪽 모두 물러서지 않는데, 그들의 싸움은 주가가 삼각형의 끝에 도달하기 전까지 해결이 나야 한다. 돌파는 삼각형이 형성되기 전 추세의 방향으로 일어날 가능성이 크다.

거래량 ● 각 거래 단위는 두 개인, 즉 매수자와 매도자의 행위를 나타낸다. 거래량은 소유자가 바뀐 주식의 수, 계약의 수, 금액으로 측정할 수 있다. 거래량은 보통 가격 밑의 히스토그램으로 표시된다. 거래량은 매수 세력과 매도 세력의 행동에 관한 중요한 단서를 제공한다. 거래량이 증가하면 추세가 계속될 가능성이 커지고, 거래량이 감소하면 기존의 추세를 의심해보아야 한다.

거래량은 시장 참여자들의 고통의 수준을 반영한다. 모든 거래의 모든 틱에서 한 사람이 승자가 되면 다른 한 사람은 패자가 된다. 충분히 많은 패자가 새로 게임에 들어와 승자에게 수익을 안겨줄 경우에만 시장은 돌아갈 수 있다. 시장이 하락하고 있으면 매우 용감하거나 무모한 매수자가 시장에 들어와 주식을 매수해야 하다. 이런 매수자가 없으면 거래량은 증가하지 않는다. 시장이 상승세에 있을 때는 매우 용감하거나 아니면 무모한 매도자가 주식을 매도해야 한다. 거래량 증가는 패자들이 계속 시장에 유입되면서 기존의 추세가 계속될 것이라는 것을 보여준다. 패자들이 시장을 포기하기 시작하면 거래량이 줄어들고 추세는 동력을 상실한다. 거래량은 거래자들에게 몇 가지 유용한 단서를 제공한다.

하루 동안 거래량이 예외적으로 크고 동시에 주가가 거래 범위를 돌파하면, 대개 이때를 추세의 시작으로 볼 수 있다. 반면 기존의 추세 가운데 갑자기 거래량이 예외적으로 커지면 추세가 끝나는 경향이 있다. 엄청나게 큰 거래량, 보통보다 세 배 이상 많은 거래량은 시장의 대중 히스테리를 보여준다. 이때는 초조해하던 매수 세력이 마침내 상승 추세가 진짜라고 확신하고 매수에 뛰어들거나 안달하던 매도 세력이 마침내 바닥이 아직 멀었다고 판단하고 공매도 거래에 뛰어든 것이다.

가격과 거래량의 괴리는 전환점에서 일어나는 경향이 있다. 가격이 새로운 고점을 기록했지만 거래량이 줄어들었다면 상승 추세가 별다른 관심을 끌지 못했다는 것을 보여준다. 가격이 새로운 저점을 기록했지만 거래량이 감소했다면 낮아진 가격이 별다른 관심을 끌지 못했고 상승 반전이 일어날 가능성이 크다는 것을 보여준다. 가격이 거래량보다 중요하긴 하지만, 뛰어난 거래자는 늘 거래량을 분석하여 군중 참여의 정도를 가늠한다. 더욱 객관적인 거래량 평가를 위해서는 강도지수라는 지표를 이용하기 바란다(다음 장을 보라). 강도지수로 포착하는 거래량 변화는 거래자들에게 중요한 메시지를 제공한다.

● 지표: 다섯 발의 탄환 ●

내 친구 중 한 명은 제2차 세계대전 때 탱크를 몰았는데 스탈린그라드에서 빈까지 진격했다. 그는 단 세 가지 수단으로 탱크를 계속 끌고 갈 수 있었다. 커다란 해머와 커다란 스크루드라이버, 그리고 쌍욕이었다. 그가 전쟁을 승리로 이끈 몇 가지 단순한 수단으로부터 얻은 교훈을 우리는 시장의 위험한 환경에도 적용해볼 수 있다.

아마추어는 여기저기서 조금씩 돈을 벌려고 한다. 오늘은 이런 기법을 써보고 내일은 저런 기법을 써본다. 그의 생각은 분산되어 있다. 그래서 그는 돈을 계속 잃고 중개인과 플로어 트레이더들의 배만 불린다. 새로운 사냥꾼은 멋진 장비를 한가득 등에 지고 숲 속으로 들어가지만 곧 장비 때문에 행동만 느려질 뿐이라는 것을 알게 된다. 경험 많은 사냥꾼은 짐을 가볍게 하고 움직인다.

초보자들은 움직이는 것은 뭐든 총을 발사한다. 늙은 사냥꾼은 자신이 어떤 사냥감을 쫓는지 정확히 알고서 몇 발의 총알만 가지고 다닌다. 단순함과 규율은 서로 조화를 이룬다. 성공적인 거래자가 되기 위해서는 소수의 시장을 선택하고 또 소수의 도구를 선택하여 이를 잘 활용해야 한다. 만약 5종의 주식을 모니터한다면 50종의 주식을 모니터할 때보다 연구가 깊어지고 결과도 더 좋을 것이다. 만약 5개의 지표를 이용한다면 25개의 지표를 이용할 때보다 지표에 대한 이해도가 더 높을 것이다.

우리가 알아보려는 지표들은 한 거래자의 선택을 보여주는 것이다. 나는 이 접근법을 '다섯 발의 탄환'이라고 부른다. 옛날에 군대의 소총은 다섯 발의 탄환이 들어갔는데, 나는 똑같이 다섯 발의 탄환을 이용하여 시장을 분석할 것이다. 다섯 발로 할 수 없다면 열 발로도 할 수 없을 것이다. 왜냐하면 이런 때는 분석할 만한 거래 기회가 아예 존재하지 않을 게 분명하기 때문이다. 나는 당신이 이 리스트를 자신의 탄환을 선택하기 위한 출발점으로 삼기를 바란다. 군중 행동의 여러 측면을 파악하기 위해 여러 다른 그룹에서 지표를 선택한 일반 원칙에 주목하기 바란다. 핵심은 자신의 분석과 트레이딩 스타일에 맞는 몇 가지 주된 도구를 선택한다는 것이다.

우리가 살펴보려는 도구—이동평균, 엔벨로프, MACD, MACD 히스토그램, 강도지수—는 다음 장에서 설명하는 거래 시스템의 주요 구성 요소들이다. 마술의 지표란 없다. 지표는 모두 장단점이 있고, 그 둘을 모두 알고 있는 것이 중요하다. 그래야만 여러 지표들의 장점을 이용하는 한편 단점을 서로 보완해줄 거래 시스템을 만들 수 있기 때문이다.

도구의 선택

시장은 거래자들을 혼란에 빠뜨릴 수 있다. 시장은 종종 동시에 양쪽 방향으로 나아가기도 한다. 주간 차트에서는 상승하고, 일간 차트에서는 하락할 수도 있는 것이다. 시장은 당신에게 계획이 바뀌었다고 이메일을 보내지 않고 마음대로 방향을 바꿀 수 있다. 잠자던 어떤 주식이 갑자기 크게 올라 가격역지정주문을 뚫고 끝도 없이 치솟는 반면, 그전에는 큰 인기를 누렸던 주식이 폭락하여 당신의 자본을 크게 잠식할 수도 있다.

트레이딩은 복잡하고 쉽지 않은 게임이다. 시장은 거대한 군중으로 이루어져 있는데 기술적 분석은 말하자면 응용 사회 심리학이다. 우리는 몇 가지 도구를 선택하여 시장 행동의 여러 다른 측면을 확인해야 한다. 어떤 지표든 사용하기 전에 우리는 먼저 그 지표가 어떻게 구성되어 있으며 그것이 무엇을 측정하는 것인지 이해해야 한다. 과거의 데이터로 테스트를 하고 그것이 여러 다른 조건에서 어떻게 기능하는지 배워야 한다. 당신은 지표를 테스트하면서 설정을 조정하고 오래된 렌치처럼 익숙하고 편하게 사용할 수 있는 신뢰할 만한 거래 도구로 만들어야 할 것이다.

툴박스와 블랙박스 ● 주식 잡지를 펼치면 컴퓨터의 디스크 드라이브에서 100달러짜리 지폐가 나오는 광고를 자주 볼 수 있다. 그런 프로그램이 있다면 나 역시도 기꺼이 하나 장만할 것이다. 하지만 내가 찾은 프로그램들은 전부 돈의 흐름과 정반대로 갔다. 컴퓨터는 현금을 쉽게 집어삼킬 수 있지만 컴퓨터에서 돈을 뽑아내려면 엄청난 수고를 들여야 한다. 그런 광고들은 일테면 블랙박스를—전산화된 거래 시스템을—팔고 있는 것이다. 몇몇 광대 같은 인간들은 한 무더기의 거래 법칙을 프로그램화하여 이런 프로그램을 복사 방지 설계가 된 디스켓이나 CD에 집어넣고 엄청난 수행성과를 자랑하는 도구라며 당신들에게 판매한다. 이런 프로그램들은 시장 데이터를 집어넣으면 금세 답을 내놓는다. 언제 매수해야 하고 언제 매도해야 하는지 단번에 말해주는 것이다! 이런 마술을 믿는다면, 당신은 산타클로스를 기다려도 될 것이다.

이런 공식화된 시스템의 놀라운 수행성과 기록은 사실 의미가 없는 것이다. 왜냐하면 그 기록들은 과거의 데이터에 법칙을 적용하여 나온 것이기 때문이다. 과거에 어떤 법칙이 잘 맞아떨어졌는지는 어떤 컴퓨터든 얘기해줄 수 있다. 블랙박스 프로그램은, 시장이 변하면, 아무리 자기 최적화되어 있다고 하더라도 자멸하고 만다. 블랙박스는 초보자들을 유혹하고, 초보자들은 이런 프로그램으로부터 거짓된 안도감을 느낀다.

좋은 소프트웨어 패키지는 툴박스다. 툴박스는 요컨대 시장을 분석하고 당신이 스스로 결정할 수 있게 해주는 도구 상자다. 툴박스는 데이터를 다운로드하고, 차트를 그리고, 지표를 표시하고, 원하는 거래 신호를 프로그램화할 수 있게 해준다. 툴박스는 차트와 분석 도구를 제공하지만 거래에 관해서는 당신 스스로가 결정해야 한다.

툴박스의 핵심은 지표들이다. 지표는 원자료$^{raw\ data}$의 노이즈 가운데서 추세와 반전을 확인하기 위한 도구다. 좋은 툴박스를 이용하면 지표를 수정하고 심지어 스스로 고안할 수도 있다. 지표는 객관적이다. 추세에 관해 언쟁을 할 수는 있겠지만, 지표가 상승을 가리키면 상승인 것이고 하락을 가리키면 하락인 것이다. 지표가 가격에서 비롯된 것임을 명심하라. 지표는 복잡할수록 가격에서 동떨어지고 현실에서 멀어진다. 가격이 가장 중요하고 지표는 그다음이며 간단한 지표가 최상의 지표다.

추세추종 지표와 오실레이터 ● 지표에 관해 배우는 것은 외국어를 배우는 것과 비슷하다. 초보자들이 흔히 저지르는 실수를 연발하더라도, 거기에 완전히 빠져서 능숙하고 능통해질 때까지 계속 연습해야 한다.

좋은 기술적 지표는 시장 조건이 변할 때 잘 기능하는 단순한 도구다. 좋은 기술적 지표는 견고해야 한다. 매개변수의 변화에 상대적으로 영향을 덜 받아야 한다는 말이다. 지표가 기간을 17일로 잡을 때는 신뢰할 만한 신호를 보내지만 기간을 15일로 잡을 때는 엉망이라면, 그런 지표는 쓸모가 없다. 좋은 지표는 폭넓은 설정 범위에서 유용한 신호를 제공한다.

우리는 모든 기술적 지표를 세 가지 주요 범주로 나눌 수 있다. 추세추종 지표와 오실레이터, 기타 지표다. 지표를 활용할 때는 그 지표가 어느 범주에 속하는지 알아야 한다. 각 범주의 지표들은 다음과 같은 장단점이 있다.

추세추종 지표에는 이동평균, MACD, 방향성 시스템 등이 포함된다. 큰 추세는 큰돈을 의미하는데, 이런 지표들을 활용하면 상승 추세에서는 롱 포지션을 취하고 하락 추세에서는 숏 포지션을 취할 수 있다. 이들 지표는 고유의 관성 덕분에 추세를 포착하여 계속 추세 방향으로 나아갈 수 있다. 하지만 전환점에서는 반응이 늦을 수밖에 없는데 그것도 이런 관성 때문이다. 이들의 장점과 단점은 동전의 양면 같은 것이므로 어느 한쪽만을 취할 수는 없다.

오실레이터에는 강도지수, 변화율, 스토캐스틱 등이 있다. 오실레이터는 시장이 과매수 상태인지(가격이 너무 높아 곧 하락할지) 아니면 과매도 상태인지(가격이 너무 낮아 곧 상승할지) 보여주어 전환점을 포착할 수 있게 도와준다. 오실레이터는 거래 범위 안에서 특히 잘 작동하여 상승 전환과 하락 전환을 제때에 발견할 수 있게 해준다. 주가가 상대적으로 평탄한 움직임을 보일 때 이런 신호를 포착한다면 당신은 현금자동인출기를 찾은 것이나 다름없다. 대단치는 않다고 하더라도 당신은 틀림없이 뭔가를 얻을 것이다. 오실레이터의 단점은 상승 추세에서 너무 일찍 매도 신호를 보내고 하락 추세에서 너무 일찍 매수 신호를 보낸다는 것이다.

강세합의지수 bullish consensus, 거래자들의 매매에 관한 보고서 commitment of traders, 신고점-신저점지수 New High-New Low Index 같은 기타 지표들은 시장의 현재 분위기를 측정한다. 기타 지표들은 전반적인 상승세나 하락세가 강화될지 아니면 약화될지 알려준다.

서로 다른 범주의 지표들은 종종 서로 모순된다. 예컨대 시장이 상승할 때 추세추종 지표는 상승하며 우리에게 매수를 지시한다. 반면 오실레이터는 이때 과매수 상태를 나타내고 매도 신호를 보내기 시작한다. 하락 추세에서도 모순된 상황이 발생한다. 추세추종 지표는 하락하며 매도 신호를 보내는 반면 오실레이터는 과매도가 되어 매수 신호를 보낸다. 그렇다면 어떤 신호를 따라야 하는가? 차트 한가운데서는 답을 찾기 쉽다. 그러나 매매 결정을 해야 하는 차트의 오른쪽 가장자리에서는 답을 찾기가 훨씬 어렵다.

일부 초보자들은 복잡한 것에는 눈을 감아버리고 그냥 하나의 지표만 선택하여 오로지 거기에 매달린다. 시장이 갑자기 예측하지 못했던 방향으로 전환하여 된통 당할 때까지는 말이다. 다른 사람들은 무작위로 몇 가지 지표들을 골라 신호를 평균화한다. 하지만 이것은 의미가 없다. 왜냐하면 그 결과가 어떤 지표들을 선택하느냐에 따라 달라지기 때문이다. 다음에 설명하는 삼중 스크린 거래 시스템은 서로 다른 시간 스케일로 지표를 연결시켜 신호 충돌의 문제를 극복케 해준다.

시간: 5의 법칙 ● 컴퓨터 스크린에서는 시가-고가-저가-종가 형식으로 대략 120개의 바^{bar}를 편하게 볼 수 있다. 바 하나가 한 달을 나타내는 월간 차트를 본다면 어떻게 될까? 10년치의 자료를 한눈에 볼 수 있을 것이고, 주가 흐름의 보다 큰 그림을 파악할 수 있을 것이다. 지난 2년간의 주간 차트를 펼쳐 주가의 상승과 하락을 조사해볼 수도 있다. 일간 차트라면 컴퓨터 스크린은 지난 몇 달간의 주가 움직임을 당신에게 보여줄 것이다. 바 하나가 한 시간의 거래 범위를 표현하는 시간 차트는 어떨까? 시간 차트라면 지난 며칠간의 주가기록을 좀더 자세히 들여다보고 단기 추세를 발견할 수 있을 것이다. 가격을 좀더 세밀히 들여다보고 싶은가? 각각의 바가 10분간의 가격 변동을 나타내는 10분 단위 차트는 어떨까?

이런 모든 차트를 들여다본다면 시장이 동시에 서로 다른 방향으로 움직일 수 있다는 것을 알게 될 것이다. 주간 차트에서는 상승 움직임을 볼지 모르지만, 일간 차트에서 가격은 급락하고 있을 수도 있다. 시간 차트에서는 가격이 하락하지만 10분 단위 차트에서는 상승하고 있을 수도 있다. 어떤 추세를 따라야 하는가?

대부분의 초보자들은 하나의 시간 스케일만 주목한다. 그들이 들여다보는 것은 대개 일간 차트다. 문제는 다른 시간 스케일에서 비롯된 새로운 추세가 눈앞의 것밖에 보지 못하는 거래자들에게 종종 피해를 준다는 것이다. 또 다른 심각한 문제는 일간 차트만을 들여다보면 똑같은 것을 보고 있는 다른 수천 명의 거래자들과 다른 점이 있을 수 없다는 것이다. 당신이 가지고 있는 이점은, 당신이 가지고 있는 우위는 무엇인가?

시장은 너무 복잡하기 때문에 두 개 이상의 시간 스케일로 분석해야 한다. 나의 첫 책에서 처음으로 설명한 '5의 법칙'은 모든 시간 스케일을 이어준다. 모든 시간 스케일이 5의 인수에 의해 위아래로 연결되어 있다는 뜻이다. 한 달은 거의 5주(정확히는 4.3주)이고, 한 주는 5일이며, 거래일은 거의 5시간으로 이루어져 있다. 한 시간은 10분 단위로 나눌 수 있고(6), 10분 단위를 다시 2분짜리 바로 나누면 5가 된다.

삼중 스크린의 핵심 원칙은 나중에 살펴볼 테지만 원하는 시간 스케일을 선택한 다음 그보다 한 단계 높은 시간 스케일의 차트를 본다는 것이다. 롱 포지션을 취할지 아니면 숏 포지션을 취할지 전략적 결정을 내리는 것은 이런 한 단계 높은 차트에서다. 그리고 나서는 원래의 시간 스케일로 돌아가 어디서 들어가고 나올지, 어디를 수익 목표점으로 삼을지, 어디에 손실제한 주문을 해둘지 전술적 결정을 내린다. 분석에 시간이라는 차원을 부여함으로써 우리는 경쟁에서 우위를 점할 수 있을 것이다.

적어도 2개 이상, 3개 이하의 시간 스케일을 활용해야 한다. 그렇지만 이보다 많아지면 의사결정 과정만 혼란스러워질 뿐이다. 30분 혹은 5분 단위 차트로 데이 트레이딩을 한다면 주간 차트는 본질적으로 아무 쓸모가 없다. 주간 차트와 일간 차트를 이용하여 단기 변동을 거래한다면 5분 단위 차트의 가격 움직임은 노이즈에 불과하다. 원하는 시간 스케일의 차트를 선택하고 여기에다 한 단계 더 높은 시간 스케일의 차트를 추가하여 분석을 시작해보기 바란다.

이동평균

이동평균은 가장 오래되고 가장 간단하고 가장 유용한 거래 도구다. 추세를 확인하고 거래에 들어갈 지점을 찾는 데 도움을 준다. 차트에 선으로 표시되며 각 점은 최근의 평균 가격을 나타낸다.

이동평균은 실제로 무엇이며, 무엇을 측정하기 위한 것일까?

각각의 가격은 시장 참여자들 사이에 이루어진 가치에 대한 일시적인 합의이며, 매매 순간을 기록한 시장 군중의 스냅사진이다. 만약 당신이 친구의 사진을 찍어 내게 보여주고서 그가 낙관주의자인지 비관주의자인지 아니면 매수 세력인지 매도 세력인지 물으면 어떻게 될까? 한 장의 사진으로 그걸 알기는 힘들 것이다. 하지만 10일 동안 연속해서 똑같은 위치에서 스냅사진을 찍으면 그 사진들을 모아 합성사진을 만들 수 있을 것이다. 10장의 사진을 서로 겹치면 고유한 특징들이 드러나는 반면 비본질적인 특징들은 사라져버릴 것이다. 매일 다시 사진을 찍고 그 사진을 원래의 합성사진에 덧씌운다면, 당신은 친구의 감정 상태에 대한 이동평균을 얻을 수 있을 것이다. 이런 합성사진들을 일렬로 늘어놓는다면 친구가 점점 더 행복해지고 있는지 아니면 점점 더 불행해지고 있는지 훨씬 더 분명하게 보일 것이다.

이동평균은 시장의 합성사진 같은 것이다. 새로운 가격이 형성되면 이 가격을 더하고 과거의 가격을 뺀다. 상승하는 이동평균은 군중이 점점 더 낙관적으로 변하고 시장이 점점 더 강세가 된다는 것을 보여준다. 하락하는 이동평균은 군중이 점점 더 비관적으로 변하고 시장이 점점 더 약세가 된다는 것을 보여준다.

이동평균은 데이터뿐만 아니라 데이터를 구성하는 방법에도 영향을 받는다. 데이터 구성에 따른 노이즈로부터 이동평균의 메시지를 분리해내기 위해서는 몇 가지 결정을 내려야 한다. 우선 어떤 데이터를 사용할지 결정해야 한다. 기간도 선택해야 한다. 장기 추세를 포착하기 위해서는 기간이 길어야 하고, 단기 추세를 포착하기 위해서는 기간이 짧아야 한다. 마지막으로 이동평균의 종류를 선택해야 한다.

어떤 데이터를 이용해야 하는가? ● 일간 차트와 주간 차트에 의지하는 거래자들은 종가를 이동평균에 적용한다. 이것은 좋은 생각이다. 종가는 가치에 대한 최종적인 합의를 나타내며 그날의 가장 중요한 가격 정보이기 때문이다.

반면 5분 또는 1시간 단위 차트의 종가는 그다지 특별한 의미가 없다. 데이 트레이더는 종가를 평균 내기보다는 각 평균가의 평균을 내는 게 훨씬 낫다. 예컨대 각 바의 '시가+고가+저가+종가'를 4로 나누거나 '고가+저가+종가'를 3으로 나눌 수도 있을 것이다.

우리는 이동평균을 강도지수(나중을 보라) 같은 지표에 적용할 수도 있다. 원래의 강도지수는 그날의 가격 변화와 거래량을 반영한다. 강도지수를 평활화하면 흐름이 더 매끄럽게 되며 지수의 장기 추세를 파악할 수 있다.

기간은 얼마나 길어야 하는가? ● 이동평균은 추세 확인에 도움을 준다. 상승하는 이동평균은 롱 포지션을 취해야 한다는 것을 알려주고, 하락하는 이동평균은 숏 포지션을 취해야 한다는 것을 알려준다. 이런 장점에는 대가가 따른다. 기간이 길면 이동평균은 추세 변화에 대한 반응이 느려진다. 반면 기간이 짧으면 가격 추적에는 좀더 효과적이지만 속임수 신호(whipsaw), 즉 주요 추세에서의 일시적인 이탈에 민감하게 반응한다. 요컨대 기간을 매우 길게 하여 이동평균을 만들면 중요한 반전을 놓치게 된다. 짧은 기간의 이동평균은 추세 변화에 매우 민감하지만, 바가 10개 미만일 경우에는 추세 추종 도구로서의 목적을 잃게 된다.

첫 책을 쓸 때 나는 바가 13개인 이동평균을 이용했다. 하지만 최근에는 훨씬 더 중요한 추세를 포착하는 한편 속임수 신호를 피하기 위해 기간이 좀더 긴 이동평균으로 바꾸었다. 주간 차트를 분석하려면 우선 반년치의 데이터를 담고 있는 26주 이동평균을 살펴보라. 그다음에는 기간을 줄이면서 이동평균의 매끄러움이 없어지지는 않는지 잘 살펴보라. 일간 차트에서는 우선 대략 한 달의 거래일 수를 반영하는 22일 이동평균을 사용하고, 기간을 더 줄일 수 있는지 알아본다. 기간을 얼마로 해서 이용하든 자료에 실제로 적용해서 테스트를 해보아야 한다. 소수의 종목만을 택하여 시간을 들이더라도 물 흐르듯 매끄러운 선을 얻을 때까지 여러 가지 이동평균의 길이를 테스트해보라.

지표의 기간은 날짜 수보다는 바의 수로 표현하는 게 좋다. 컴퓨터는 당신이 분석하는 것이 일간 차트인지, 월간 차트인지, 시간 차트인지 모른다. 단지 바만을 볼 뿐이다. 일간 차트의 이동평균에 대해 말할 수 있는 것은 주간 차트의 이동평균이나 월간 차트의 이동평균에 대해서도 말할 수 있다. 어쨌든 22일 이동평균보다는 22개 바의 이동평균이라고 하는 게 좋다.

수학을 잘하는 거래자들은 시장 조건에 따라 기간을 변화시킨 이동평균을 사용하는 게 어떤지 알아보기 바란다. 존 엘러스(John Ehlers), 투샤 찬드(Tushar Chande), 페리 카우프만(Perry Kaufman)은 그런 방법을 옹호하고 있다. 엘러스의 최근 책 『트레이더를 위한 정밀과학(Rocket Science for Traders)』은 모든 지표를 당면한 시장 조건에 적용하는 방법을 깊이 탐구하고 있다.

어떤 종류의 이동평균을 활용해야 하는가? ● 단순이동평균은 주어진 기간의 가격들을 모두 더하고 이 총액을 기간으로 나눈다. 예컨대 10일 기간의 단순 종가 이동평균은 지난 10일간의 종가를 모두 더한 뒤 10으로 나눈 것이다. 하지만 단순이동평균의 문제는 각각의 가격이 두 차례 영향을 미친다는 것이다. 해당 가격이 더해질 때와 빠질 때 말이다. 새로운 고가는 이동평균을 위로 밀어 올리면서 매수 신호를 만들어낸다. 이것은 좋다. 우리는 이동평균이 새로운 고가에 잘 반응하기를 바란다. 하지만 10일 뒤 이렇게 큰 값이 데이터에서 빠질 때 문제가 생긴다. 이때는 이동평균 역시 크게 하락하면서 매도 신호를 보내게 된다. 이건 터무니없는 일이다. 단순이동평균의 기간을 하루 줄이면 매도 신호가 하루 더 빨라질 것이고 하루를 늘리면 하루 더 늦어질 것이기 때문이다. 단순이동평균은 기간을 조작하면 거래 신호를 마음대로 조종할 수 있는 것이다!

지수이동평균(EMA, exponential moving average)은 이런 문제가 생기지 않는다. 지수이동평균은 처음 더해지는 가격에 가중치를 주기 때문에 이때의 가격에만 반응한다. 과거의 가격은 해당 기간에서 단번에 빠지는 것이 아니라 시간이 가면서 천천히 사라져간다.

EMA = P~today~ × K + EMA~yesterday~ ×(1 − K)

- K = 2 /(N + 1)
- N = EMA의 일 수(거래자가 선택한다)
- P~today~ = 오늘의 가격
- EMA~yesterday~ = 어제의 EMA값

요즘은 지표를 손으로 계산하는 사람이 거의 없다. 컴퓨터가 훨씬 더 빨리 더 정확하게 계산해주기 때문이다.

22개의 바로 이루어진 종가 이동평균을 만들고 싶다면 이렇게 계산하면 된다. K=2/(22+1)=2/23=0.087이다. 이 수에 오늘의 가격을 곱하고, 어제의 EMA값을 0.913(즉 1-0.087)으로 곱한다. 그리고 이 둘을 더하면 오늘의 EMA값이 된다.

거래자들은 때때로 처음에는 어디서 EMA값을 얻는지 묻곤 한다. 우선 22개 바의 단순이동평균을 구한 다음 지수이동평균으로 바꾸어라. 대부분의 지표는, 의미 있는 신호를 제공하기 위해서는 한두 달간의 데이터를 필요로 한다.

이동평균의 거래 신호 ● 이동평균에서 제공하는 가장 중요한 정보는 기울기의 방향이다. 지수이동평균이 상승하면 군중이 낙관적으로 변하고 시장이 강세로 변한다는 뜻이고 지수이동평균이 하락하면 군중이 비관적으로 변하고 시장이 약세로 변한다는 뜻이다.

거래자인 당신에게는 세 가지 선택이 있다. 롱 포지션을 취하느냐, 숏 포지션을 취하느냐, 물러나 지켜보느냐. 이동평균은 여기서 하나의 선택을 없애준다. 이동평균선이 위쪽으로 향하면, 숏 포지션을 취해서는 안 되고 롱 포지션을 취하거나 물러나 지켜보아야 한다. 이동평균선이 아래쪽으로 향한다면 매수를 해서는 안 되고 숏 포지션을 취하거나 물러나 상황을 지켜보아야 한다. 지수이동평균이 위로 갔다 아래로 갔다 하면 시장이 추세 없이 요동을 치고 있다는 뜻이다. 이럴 때는 추세추종 기법을 버리는 게 낫다. 이 때는 지수이동평균을 계속 모니터하되, 새로운 추세가 나타나기 전까지는 신호를 곧이곧대로 받아들여서는 안 된다.

이동평균의 메시지를 무시해도 좋은 유일한 때는 MACD 히스토그램(나중에 설명할 것이다)과 가격 간의 상승 다이버전스 이후 바닥을 찾으려 할 때다. 이때는 손실제한주문을 바짝 붙여두어야 한다. 만약 거래가 성공적이었다면 수익을 잘 보관해두되 게임의 규칙이 바뀌었다고 생각해서는 안 된다. 자신이 규칙보다 위에 서 있다고 생각하는 거래자는 부주의해지고 곧 돈을 잃고 만다.

이동평균이 상승하는 곳에서 롱 포지션을 취하고, 이동평균이 하락하는 곳에서 숏 포지션을 취하라. 이동평균을 활용하여 '가치 거래 value trade'와 '더한 바보 이론 거래 greater fool theory trade'(주식시장에는 누군가 높은 가격에 매수하였을지라도 더 높은 가격에 사줄 더한 바보가 항상 존재한다는 이론-옮긴이)를 분별하라. 상승 추세에서는 중간중간 하락이 일어나는데 대부분 이동평균선까지 되돌아온다. 만약 당신이 지수이동평균선 근처에서 주식을 사면 가치 거래를 한 것이고 손실제한주문을 지수이동평균선 약간 밑에 바짝 붙여둘 수 있다. 이제 가격 상승이 재개되면 당신은 돈을 벌 것이다. 그리고 시장이 예상과 반대 방향으로 움직인다 하더라도 손실은 적을 것이다. 지수이동평균선 근처에서 주식을 매수하면 이익을 최대화하고 손실을 최소화할 수 있다.

만약 우리가 지수이동평균보다 높은 가격에 주식을 매수했다면 우리의

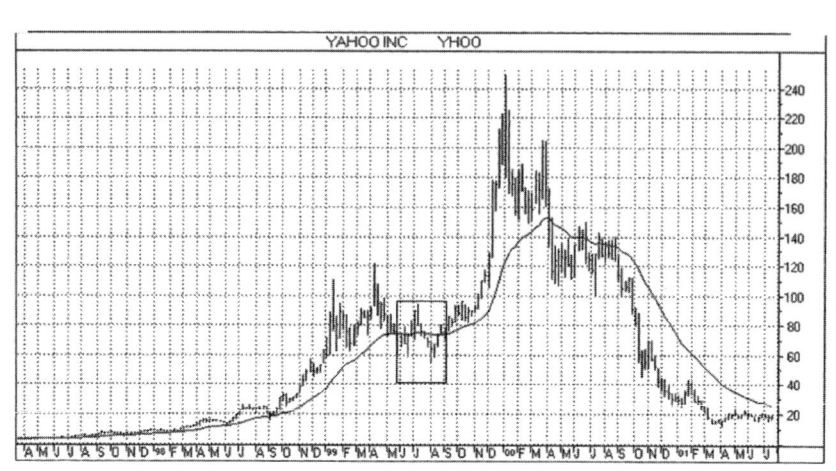

그림 5.5 이동평균―주추세

지수이동평균은 도로공사 중인 증기롤러처럼 느리지만 꾸준히 나아간다. 또한 모든 시간 스케일에서 유효하지만 주간 차트에서 특히 빛을 발한다. 주간 차트에서는 지수이동평균으로 주추세를 좇기가 쉽다. 시장이 아무리 당신을 떨쳐버리려고 하더라도 소용없을 것이다. 주간 이동평균선의 방향으로 거래를 하면 많은 거래자들보다 앞서 나갈 수 있을 것이다. 지수이동평균선의 방향으로 포지션을 취한 다음 보유하고 있거나 아니면 일간 차트를 이용하여 매매를 해도 된다.

이 26주 지수이동평균선은 YHOO가 누렸던 강세장의 영광 전체를 보여주고 있다. 주가는 미미하게 움직이기 시작했다가 마침내 250달러의 최고가에 도달한 뒤 다시 형편없이 떨어졌다. 당신이 아침에 일어나 주간 지수이동평균선을 보고 그 방향으로 거래를 했다면 큰 곤경에 처하지는 않았을 것이다!

완벽한 지표란 없다. 지수이동평균 역시 시장이 지그재그 행보를 할 때는 어려움을 준다. 1999년에 그랬듯이 지수이동평균선이 요동을 치기 시작하면, 물러나 있거나 단기 거래를 해야 한다. 주추세를 찾으려 해서는 안 된다.

YHOO에서 세 개의 꼬리를 찾아보라(네 번째 꼬리는 이 세 개의 꼬리만큼 완전하지 않다). 꼬리가 있으면 가격은 몇 주 안에 반 토막이 난다.

차트의 오른쪽 가장자리에서 주가는 평평한 움직임을 보이고 지수이동평균은 하락하

> 고 있다. 주가는 천정보다는 바닥에 가깝지만 주식을 서둘러 매수할 필요는 없다. 지수이동평균이 평평해졌다가 다시 올라가기 시작할 때를 기다린 다음 새로운 상승세에 맞추어 포지션을 취해야 할 것이다.

행동은 이런 뜻이나 다름없다. "나는 바보야. 돈을 지나치게 많이 낸 거지. 하지만 가다 보면 나보다 더 심한 바보가 있겠지 뭐. 그러면 그 바보가 내가 낸 돈보다 더 많은 돈을 나한테 줄 거라구." '더한 바보 이론'을 믿고 베팅하는 것은 정말 바보 같은 짓이다. 시장에는 바보가 매우 드물다. 바보 같은 사람들은 거의 금융시장에 들어오지 않는다. 그러니 '더한 바보 이론'을 믿으면 필경 돈을 잃고 만다.

고공 행진을 하는 주식이 '더한 바보 이론'을 입증시켜주는 것처럼 보일 때도 있다. 달아오른 장세에서는 가치도 없고 배당금도 지급되지 않는 주식들조차 날아다닐 수 있다. 이런 투기적 상승 흐름을 놓쳤다고 생각하는 가치 거래자는 선택을 해야 한다. 그는 "매번 흐름을 탈 수는 없는 거니까"라고 침착하게 말하며 자신의 거래 방법을 그대로 고수할 수 있을 것이다. 아니면 "늑대들과 살려면 늑대같이 울어야 하는 거지"라고 하며 주식 매수에 나설지도 모르겠다. 그런데 만약 후자와 같이 한다면 당신은 '더한 바보 이론'에 의존하여 거래를 하는 것임을 알아야 한다. 당신을 광분한 군중으로부터 구분 지어주는 유일한 자산은 바로 리스크관리—손실제한주문과 자금관리—라는 것을 명심해야 한다.

하락 추세에서의 공매도 거래에도 똑같은 규칙이 적용된다. 가격이 지수이동평균을 향해 반등하고 있을 때 공매도를 한다면—시장이 다시 반전하여 하락이 재개되기 전에—당신은 가치를 팔아버리는 것이 된다. '더한 바보 이론'의 신봉자들은 지수이동평균의 한참 아래쪽에서 공매도 거래를 하는데, 지수이동평균에서 멀리 떨어질수록 더 심한 바보다.

두 개의 이동평균선을 이용하여 추세를 확인하고 포지션을 취하라. 당신은 시장을 잘 추적하는 지수이동평균을 선택할 수 있다. 하지만 지수이동평균이 너무 급격하게 움직이면 가격이 이곳으로 다시 돌아가지 못하기 때문에, 가치 거래의 기회를 잡지 못할 수도 있다. 이 문제를 해결하기 위해서는 또 다른 이동평균선을 활용해야 한다. 기간이 긴 지수이동평균으로 추세를 확인하고 기간이 짧은 지수이동평균으로 거래 시점을 찾아라.

당신이 선택한 시장에서 추세를 확인하는 데 22일 지수이동평균이 매우 유용하다고 하자. 그렇다면 이 지수이동평균을 차트에 표시하고, 기간을 반으로 줄인 11일 지수이동평균도 다른 색깔로 똑같은 차트에 표시하라. 그래서 22일 지수이동평균으로는 상승 추세와 하락 추세를 계속하여 확인하되, 진입 시점을 파악할 때는 기간이 짧은 11일 지수이동평균을 활용하라.

이동평균은 추세를 확인하고 롱 포지션을 취할지 아니면 숏 포지션을 취할지 결정하는 데 도움을 준다. 거래에 들어가기 위한 가치 영역 value areas 을 찾는 데도 도움을 준다. 거래 종료 시점을 찾으려면 다음에 나오는 도구, 즉 이동평균의 채널을 활용한다.

채널

시장은 조울증에 걸린 짐승이다. 들뜨면 한없이 상승하지만 하락세에서는 숨이 멎을 만큼 빠르게 내리꽂는다. 하루에 20포인트나 올랐다가 다음 날에는 24포인트나 내려가면서 군중의 환상을 유발한다. 무엇이 이런 움직임을 낳는가? 주식의 기본적인 가치는 서서히 변하지만 탐욕, 공포, 낙관, 절망의 파도가 가격을 급등하게도 하고 폭락하게도 한다.

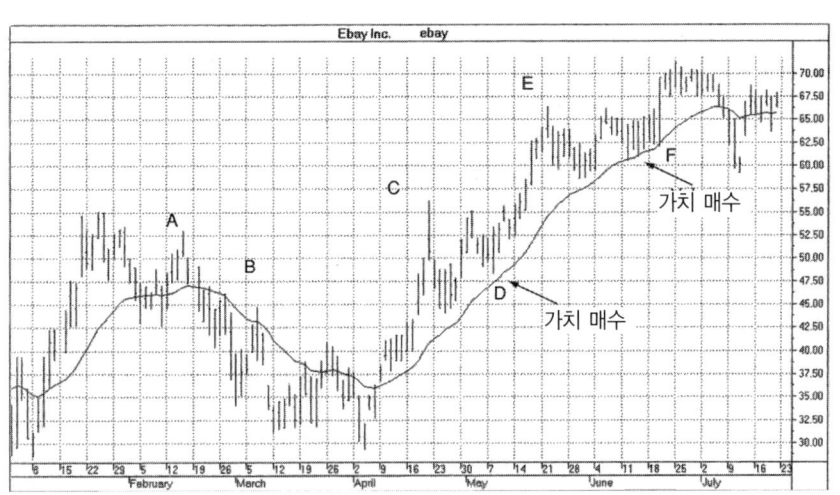

그림 5.6 가치 거래와 '더한 바보 이론' 거래

상승하는 이동평균선과 가까운 지점에서 주식을 매수하면 가치 거래를 할 수 있다(D 와 F 지점). 이런 기회를 기다리려면 인내심이 필요하다. 하지만 이것이 랠리를 좇는 것보다 훨씬 안전하다. 지수이동평균보다 높은 가격에 주식을 매수한 사람은 가치보 다 더 많은 돈을 준 것이다. 그는 그보다 더 많은 돈을 지불할 더 심한 바보를 만나 기를 바라고 있는 셈이다. 천정(C와 E 지점) 근처에서 주식을 매수하고서 초조해하는 거래자들은 결국 떨어져나가거나 기를 쓰고 기다렸다가 본전만 찾고 나간다.

많은 주식과 선물은 전형적인 반응 패턴을 보인다. 따라서 이를 식별하고 활용할 줄 알아야 한다. 이 글을 쓰고 있을 무렵, EBAY는 계속 캥거루 꼬리가 나타났다(A, B, C, E). 꼬리 C가 가장 고전적인 형태를 띠었지만 다른 꼬리들도 유효하다. 어떤 패턴 을 예상해야 하는지 알고 있으면, 그 패턴이 나타날 때 출현 사실을 좀더 일찍 알 수 있다.

차트의 오른쪽 가장자리에서 지수이동평균은 상승을 멈추고 기우뚱거리기 시작했다. 상승 추세가 끝난 것이다. 만약 당신이 추세 거래자라면 다른 추세로 갈아타야 할 시 간이 왔다. EBAY를 계속 주시하면서 새로운 추세가 나타나기를 기다려야 할 것이다.

시장이 과소평가 수준이나 과대평가 수준 혹은 매수 지점이나 매도 지점에 도달했다고 어떻게 말할 수 있을까? 시장 분석가들은 채널을 활용하여 이런 지점들을 찾을 수 있다. 채널이나 엔벨로프는 이동평균선의 위아래에 있는 두 개의 선으로 구성되어 있다. 채널은 크게 두 가지 종류가 있다. 단순 엔벨로프와 볼린저 밴드라고도 알려진 표준편차 채널이다.

볼린저 밴드에서는 변동성에 따라 위쪽 선과 아래쪽 선 사이의 폭이 계속하여 변화한다. 변동성이 증가하면 볼린저 밴드는 폭이 넓어지지만 시장이 소강상태로 들어가면 폭이 좁아진다. 이런 특징이 옵션 거래자들에게는 유용하다. 변동성이 옵션 가격을 움직이기 때문이다. 요컨대 볼린저 밴드가 좁아지면 변동성이 낮으므로 옵션은 매수해야 한다. 볼린저 밴드의 폭이 넓어지면 변동성이 높으므로 옵션은 매도하거나 발행해야 한다.

주식과 선물 거래자들은 단순 채널 또는 엔벨로프를 활용하는 것이 더 낫다. 단순 채널은 이동평균선과의 거리가 일정하여 좀더 안정된 가격 목표점을 제공한다. 지수이동평균 위아래로 얼마 정도 떨어진 두 개의 선을 그려보라. 두 개의 이동평균선을 활용하고 있다면, 기간이 긴 이동평균선에 맞추어 채널선을 그려야 한다.

이동평균은 가치에 대한 평균적인 합의를 나타낸다. 그렇다면 채널은 어떤 의미를 띠고 있는 것일까? 상단 채널선은 합의된 평균적 가치 이상으로 가격을 끌어올리려는 매수 세력의 힘을 반영한다. 시장에 존재하는 낙관주의의 통상적인 한계를 표현하고 있다. 하단 채널선은 합의된 평균적 가치 아래로 가격을 끌어내리려는 매도 세력의 힘을 나타낸다. 시장에 존재하는 비관주의의 통상적인 한계를 표현하고 있다. 채널을 잘 그리면 시장의 조증과 울증을 진단하는 데 큰 도움이 된다. 대부분의 소프트웨어 프로그램은 다음과 같은 공식에 따라 채널을 그린다.

$$\text{상단 채널선} = \text{EMA} + \text{EMA} \times \text{채널 계수}$$
$$\text{하단 채널선} = \text{EMA} - \text{EMA} \times \text{채널 계수}$$

잘 그려진 채널은 대부분의 가격을 포함하며 몇 개의 극단적인 가격만이 바깥으로 튀어나와 있다. 채널이 지난 몇 달 동안의 가격 중 대략 95퍼센트를 감싸 안을 때까지 계수를 조정하라. 수학자들은 이것을 보조 표준편차 채널이라고 부른다. 대부분의 소프트웨어 패키지에서는 이런 조절을 매우 쉽게 할 수 있다.

어떤 시장이든 이리저리 조절하면서 적합한 채널 계수를 찾아라. 채널이 대략 모든 가격 데이터의 95퍼센트를 포함할 때까지 계속하여 계수를 조절한다. 최고가들과 최저가들만 바깥으로 튀어나오게 한다. 채널을 그리는 것은 셔츠를 입어보는 것과 같다. 몸에 잘 맞는 사이즈를 선택해서 팔목과 목만 나오게 해야 하는 것이다.

거래 대상이나 시간 스케일이 다르면 채널의 폭도 달라야 한다. 변동성이 큰 시장은 채널의 폭이 넓어야 하고, 채널 계수가 커야 한다. 시간 스케일이 클수록 채널은 더 넓어야 한다. 주간 채널은 폭이 일간 채널보다 두 배 정도 넓은 게 보통이다. 주식은 선물보다 채널의 폭이 넓어야 한다. 선물에서 채널을 검토하고 조정하기 좋은 때는 기존의 계약이 만기가 가까워져 새로운 계약으로 옮겨가야 할 때다.

상승 추세에서 채널은 보통 고점에 잘 들어맞는다. 강세장에서는 상승이 하락보다 훨씬 강력하고 저점이 하단 채널선에 거의 닿지도 않는다. 반면 하락 추세에서는 채널이 저점을 따라가는 경향을 보이고, 힘이 부족하여 상단 채널선에 못 미쳐 고점이 형성된다. 하나는 고점을 위해, 또 하나는 저점을 위해 별개로 두 개의 채널을 그릴 필요까지는 없다. 당신은 시장에서 우세한 흐름만 좇으면 된다. 수평적 움직임을 보이는 시장에서는 고점과 저점이 각 채널선에 닿을 것으로 예상할 수 있다.

우리는 강세를 예상할 때 상승하는 지수이동평균 근처에서 가치 매수를 하고 시장이 과대평가되었을 때—상단 채널선 근처나 위에서—이익을 실현하고 싶어한다. 만약 약세를 예상하면 하락하는 지수이동평균 근처에서 공매도 거래를 하고 시장이 과소평가되었을 때—하단 채널선 근처나 아래에서—환매를 하고 싶어할 것이다.

상승하는 이동평균선 근처에서 매수를 한다면 상단 채널선 근처에서 이익을 취하라. 하락하는 이동평균선 근처에서 공매도 거래를 한다면 하단 채널선 근처에서 환매를 하라. 채널은 가치를 상회하거나 하회하는 변동을 포착해내지만, 주추세는 해당되지 않는다. 하지만 이런 변동은 매우 큰 수익을 가져다줄 수 있다. 채권 선물에서 주가가 지수이동평균에서 채널선으로 움직이는 것을 잡으면, 2,000달러의 증거금으로 대략 2,000달러를 벌 수 있다. 한 해에 몇 차례만 이렇게 한다면, 당신은 많은 프로들보다 훨씬 나은 성과를 거둘 수 있다.

초보자들의 경우 상단 채널선 근처에서 포지션을 처분한 몇 주 뒤 땅을 치고 후회할 수도 있다. 상승장에서는 오늘의 가격이 과대평과된 것처럼 보이더라도 다음 달에는 참으로 싼 가격으로 생각되는 경우가 비일비재하다. 하지만 전문가들은 후회라는 감정으로 스스로를 괴롭히지 않는다. 그들은 투자를 하는 것이 아니라 거래를 하는 것이다. 그들은 예전의 차트를 보면서 똑똑해지기는 쉽지만 차트의 오른쪽 가장자리에서 그만큼 똑똑한 결정을 내리기는 힘들다는 것을 잘 안다. 그러므로 그들은 시스템을 갖추고 있고 어떤 일이 있어도 시스템을 따른다.

가격이 채널을 벗어났다가 이동평균선으로 되돌아오면, 이 이동평균선의 경사 방향으로 거래를 하되 채널선 근처를 이익 목표점으로 삼아라. 가격은 대단히 강력한 추세일 때만 채널을 벗어난다. 가격은 후퇴한 뒤 종종 다시 이런 돌파점의 극단적인 가격을 시험하기 마련이다. 채널 돌파가 일어나면, 확신을 갖고 그쪽 방향으로 다시 거래를 하기 바란다.

가격은 때때로 미친 것처럼 급등한다. 그러면 채널을 돌파하여 오랫동안 바깥에서 머물며 지수이동평균으로 되돌아오지 않는다. 이런 강력한 움직임을 보면 당신은 선택을 해야 한다. 뒤로 물러나 지켜보거나 아니면 이런 갑작스러운 움직임에 맞는 거래 시스템으로 눈길을 돌려야 한다. 전문 거래자들은 일단 자신에게 맞는 기법을 발견하면 그 기법을 고수하는 경향이 있다. 그들은 익숙하지 않은 방식으로 변화를 도모하기보다는 거래를 포기하는 쪽을 택한다.

본질적으로 이동평균선이 평평하다면, 하단 채널선에서 롱 포지션을 취하고 상단 채널선에서 숏 포지션을 취하되 가격이 이동평균선으로 돌아갈 때 이익을 실현하라. 상단 채널선은 과매수 지대의 경계다. 장기 차트에서 시장이 상대적으로 평평하다면, 즉 어떤 가격 범위 안에서 등락이 이뤄진다면 가격이 상단 채널선으로 상승했을 때 공매도 거래 기회가 생기며 가격이 하단 채널선으로 하락했을 때 매수 기회가 발생한다.

프로들은 이탈에 반灰하여, 그리고 정상적인 수준으로의 회복을 보며 거래를 하는 경향이 있다. 하지만 아마추어들은 모든 돌파에 강력한 움직임이 뒤따를 것이라고 생각한다. 간혹 아마추어들의 생각이 옳을 때도 있지만, 돈을 벌기 위해서는 결국 프로들처럼 베팅을 해야 한다. 그들은 시장이 언제부터 과도한 반응에 들어갔는지 그리고 어디서 반전할지 알기 위해 채널을 이용한다.

성적을 평가하는 법 ● 두 명의 친구가 대학 과정을 밟고 있다고 하자. 둘은 능력이나 배경이 비슷하지만, 한 명이 한 주마다 시험을 보는 동안 다른 한 사람은 최종 시험만을 기다리고 있었다고 하자. 다른 모든 요소가 똑같다면 둘 중 누가 최종 시험에서 높은 점수를 받겠는가? 최종 시험을 마냥 기다린 사람이겠는가, 아니면 매주 시험을 치른 사람이겠는가?

대부분의 교육 시스템은 정기적으로 학생들이 시험을 치르도록 한다. 시험은 사람들에게 지식의 틈을 메우는 계기를 마련해준다. 일 년 내내 시험을 치른 학생은 최종 시험에서 훨씬 더 나은 성적을 올리기 마련이다. 시험은 성적을 향상시켜준다.

시장은 끊임없이 우리에게 시험을 치르도록 한다. 하지만 대부분의 거래자는 자신의 성적을 확인하는 일 따위는 하지 않는다. 그들은 수익에 정신없이 기뻐하거나 아니면 돈을 잃고 나서 씁쓸한 마음으로 주문 확인서를 쓰레기통에 버릴 뿐이다. 그러나 으스대거나 자책하는 것으로는 더 나은 거래자가 될 수 없다.

시장은 모든 거래에 성적을 매기고 벽에다 그 결과를 붙여놓지만, 대부분의 거래자들은 자신의 성적을 어디서 볼 수 있는지 잘 알지 못한다. 어떤 사람은 돈을 세어봄으로써 확인할 수 있다고 생각하지만 이것은 매우 엉성한 평가 방법이다. 가격 조건이 서로 다른 시장들은 성과를 비교하지 못하기 때문이다. 예컨대 주식시장에서 부주의하게 거래한 쪽이 까다롭고 복잡한 다른 시장에서 한 치의 오차도 없이 거래를 했을 때보다 더 큰 수익이 나기도 한다. 이 둘 중 어느 쪽이 더 나은 성적을 보여주는가? 돈은 중요하지만, 늘 성공에 관한 최상의 척도가 되는 것은 아니다.

거래의 질을 평가하는 데 채널이 도움이 된다.

거래에 들어갈 때 상단선에서 하단선까지 채널의 폭을 재보라. 일간 차트로 거래 시점을 찾는다면 일간 차트의 채널폭을 측정하고, 10분 단위 차트를 이용한다면 10분 단위 차트에 있는 채널의 폭을 측정하라. 아무튼 차트에 맞는 채널의 폭을 구하고, 거래를 끝낼 때 이익 포인트를 채널의 퍼센트로 계산해보라. 그것이 바로 당신이 거래에서 얻은 성적이다.

주식이 10퍼센트 채널로 80포인트에 거래되고 있다면, 상단 채널선은 88이고 하단 채널선은 72이다. 이 주식을 80에 사서 84에 팔았다고 하자. 16포인트(상하 8포인트씩) 폭의 채널에서 4포인트 수익을 냈다면 성적은 16분의 4, 즉 25퍼센트다. 이 같은 성적은 어느 등급에 속할까?

한 차례 거래로 채널의 30퍼센트가 넘는 이익을 올렸다면 A급 거래자다. 이익이 채널의 20~30퍼센트라면 B급 거래자고, 10~20퍼센트라면 C급 거래자다. 이익이 채널의 10퍼센트 미만이거나 손실을 보았다면, 그 거래자는 D급이다.

훌륭한 거래자는 기록을 잘 관리한다. 가장 중요한 첫 번째 기록은 모든 거래에 관한 스프레드시트다(8장 '체계 잡힌 거래자'에서 이에 관해 살펴볼 것이다). 이 스프레드시트에다 두 개의 열을 추가하기 바란다. 첫 번째 열에는 당신이 거래에 들어갔을 때 형성되어 있던 채널의 폭을 기록하라. 두 번째 열에는 당신이 거래에서 나왔을 때 얻은 수익을 채널폭의 퍼센트로 기록하라. 성적을 모니터하면서 실력이 늘고 있는지 아니면 떨어지고 있는지, 꾸준한지 아니면 기복이 심한지 살펴보라. 대학교 때 교수들은 당신에게 점수를 매기곤 했다. 이제 채널을 이용하여 자신의 거래에 성적을 매기면 당신은 더 나은 거래자가 될 수 있을 것이다.

어떤 시장을 거래해야 하는가? ● 채널은 어떤 주식이나 선물을 거래해야 하고 어떤 주식이나 선물에서 손을 떼야 하는지 알려주기도 한다. 어떤

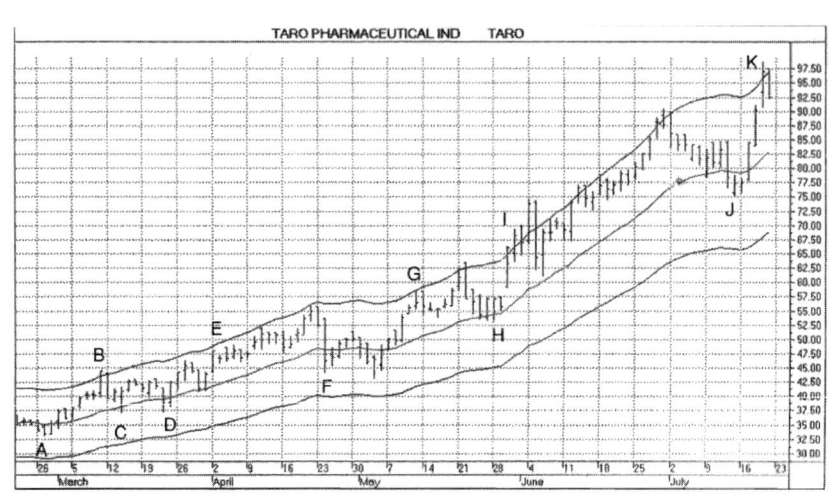

그림 5.7 이익 실현을 위한 채널

지수이동평균이 상승하면 상승 추세라는 뜻이다. 주가의 최근 반응에 따라 지수이동평균 근처 혹은 그보다 약간 높거나 낮은 곳에서 매수를 하는 것이 좋은 생각이다. A에서 지수이동평균은 35인데, 가격 바는 33에 닿아 있다. 가격 바가 지수이동평균을 2포인트 정도 뚫은 것이다. 저가가 지수이동평균을 C에서는 1포인트만큼, D에서는 2.25포인트만큼, F에서는 4만큼, H에서는 0.75포인트만큼, J에서는 4포인트만큼 관통했다. 단기 저점이 깊었다 얕았다를 번갈아 하고 있는 것이다. 만약 당신이 어디서 매수 주문을 낼지 결정하려고 한다면 이것은 매우 중요한 정보다. 최근의 바닥이 지수이동평균을 얕게 뚫었다면 다음번에는 깊게 뚫을 것이라고 예상할 수 있고, 그 역도 마찬가지다. 당신은 이런 예측에 따라 매수 주문을 내야 할 것이다.

지수이동평균 근처가 매수 지점이라면 팔아야 할 곳은 상단 채널선이다. 그림을 보면 TARO의 경우는 매수 보유 전략이 훨씬 더 좋은 성과를 낳았으리라는 것을 쉽게 알 수 있다. 하지만 차트의 오른쪽 가장자리에서는 미래를 명확하게 알기가 쉽지 않다. 지수이동평균 근처에서 가치 매수를 하고 가치를 넘어 상단 채널선 근처에서 이익을 실현하는 것이 훨씬 더 안전하고 믿을 만한 방법이다. A에서 매수한 주식은 B에서 매도할 수 있고, 다시 C나 D에서 매수했다가 E에서 팔 수 있다. 이런 식이다.

> 거래자는 어떤 주어진 거래에서 얻은 이익이 채널폭의 몇 퍼센트인지 계산하여 자신의 성적을 평가해볼 수 있다. 예컨대 차트의 오른쪽 가장자리에서 상단 채널선은 97이고, 하단 채널선은 69이다. 따라서 채널폭은 28이다. A급 거래자는 다음번 거래에서 최소 30퍼센트 또는 8.4포인트의 이익을 얻어야 하고, B급 거래자는 20퍼센트 또는 5.6포인트, C급 거래자는 10퍼센트 또는 2.8포인트의 이익을 얻어야 한다.
> 차트의 오른쪽 가장자리에서는 가격이 상단 채널선을 뚫었다. 지수이동평균 근처의 J 영역에서 주식을 매수했다면, 이제 이익을 실현하고 하향 후퇴를 기다릴 때다.

주식이 훌륭한 펀더멘털을 보여주거나 매우 분명한 기술적 신호를 제공할지 모르지만, 거래를 하기 전에는 반드시 채널을 측정해야 한다. 채널은 거래할 가치가 있을 만큼 변동 범위가 충분히 넓은지 알려준다.

채널폭이 30포인트인 변동성이 큰 주식을 모니터하고 있다고 하자. 당신이 A급 거래자라면 각 거래에서 채널의 30퍼센트 혹은 9포인트를 얻을 수 있어야 한다. 이 정도면 수수료를 지불하고 체결오차를 부담하고도 수익을 남길 수 있다. 반면 채널폭이 겨우 5포인트인 주식을 보자면, A급 거래자라도 겨우 1.5포인트(30퍼센트)의 수익을 보고 거래를 해야 한다. 이런 거래를 하면 수수료와 체결오차를 제할 경우 아무것도 남지 않는다. 아무리 근사해 보인다고 해도 이런 주식은 내버려두는 게 좋다.

만약 성적이 떨어지거나 시장이 당신의 예상과 반대로 움직인다면 어떻게 될까? 겨우 C급 거래를 하여 채널의 10퍼센트밖에 수익이 나지 않았다면 어떻게 될까? 채널폭이 30포인트인 첫 번째 주식은 3포인트 수익이 날 것이다. 이 정도면 비용을 지불하고도 얼마간 돈을 벌 수 있다. 하지만 채널폭이 5포인트인 주식은 수익이 겨우 0.5포인트에 불과할 것이다. 따라서 수수료와 체결오차를 제하고 나면, 아마 손실 쪽에 서 있게 될 것이다. 초보자들은 종종 명확한 기술적 패턴을 보여주는 싼 가격의 주식에 매혹된다. 그들은 왜 자신이 계속 돈을 잃는지 이해하지 못한다. 주식이 움직일 만한 공간이 없을 때는 어떤 거래자도 돈을 벌 수 없다.

계속해서 조금씩 돈을 잃어가고 있던 어떤 뛰어난 기술적 분석가가 나에게 조언을 구해온 적이 있다. 나는 차트를 팩스로 보내달라고 요청했다. 팩스로 받은 차트는 그가 채널폭이 겨우 2~4달러에 불과한 10달러 혹은 15달러짜리 주식을 거래했다는 것을 보여주었다. 그가 거래한 주식들은 사실상 가격이 움직일 만한 공간이 없었고, 수수료, 체결오차, 부대 비용만이 계속하여 그의 자본을 갉아먹었던 것이다. 만약 고기잡이로 생계를 유지하고 싶다면 당신은 충분히 큰 물고기가 있는 강물을 찾아야 한다.

어떤 새로운 주식에 관심이 간다면 먼저 그 주식의 채널이 거래를 할 만큼 충분히 넓은지 조사해보라. 우리는 스스로를 A급 거래자로 그리고 뭐든 만능으로 생각하기를 좋아하지만, 만약 C급 거래밖에 하지 못했다면 어떻게 할까? 채널의 10퍼센트에 해당하는 수익밖에 거두지 못했다면 그 주식은 거래할 가치가 있는 것일까? 초보 거래자들은 채널이 10포인트 미만인 주식은 건드리지 말아야 한다. C급 거래자들은 그 주식에서 겨우 1포인트 수익밖에 거두지 못할 것이기 때문이다.

몇몇 거래자들은 거래 규모가 크다면 채널폭이 좁은 주식을 거래해도 괜찮다고 말한다. 그들은 채널폭이 3포인트인 주식 1만 주를 거래하는 것이 채널폭이 30포인트인 주식 1,000주를 거래하는 것과 똑같다고 생각한다. 그러나 사실은 그렇지 않다. 왜냐하면 채널폭이 좁은 경우 체결오차의 비율이 훨씬 크기 때문이다. 이렇게 되면 성공 앞에 세워진 외부 장벽은 더 높아진다.

채널폭이 좁은 저가 주식은 좋은 투자 대상이 될 수 있다. 유명한 자산관리 전문가 피터 린치를 생각해보라. 그는 10배까지 뛰는 보기 드문 주식을 찾아낸다. 그러나 이런 것은 투자investment다. 거래trade가 아니다. 80달러짜리 주식이 800달러가 되기보다는 5달러짜리 주식이 50달러가 되기가 훨씬 더 쉽다. 당신은 거래자로서 단기 변동에서 수익을 낼 주식을 찾아야 한다. 따라서 채널폭이 좁은 주식에 에너지를 낭비하는 일은 피해야 할 것이다.

데이 트레이딩의 보상 ● 데이 트레이딩은 기만적일 정도로 쉬워 보인다. 초보자들은 불 속에 뛰어드는 나방처럼 데이 트레이딩에 뛰어든다. 아마추어들은 일중 차트를 들여다보며 강력한 상승과 가파른 하락을 본다. 거기에는 돈이 있고, 그 돈은 컴퓨터와 모뎀, 실시간 데이터를 갖춘 명민한 사람이라면 누구든 가져갈 수 있을 것처럼 보인다. 데이 트레이딩 회사는 수수료로 엄청난 돈을 번다. 그들은 데이 트레이딩을 부추긴다. 실망을 겪고 한꺼번에 빠져나가는 엄청난 수의 고객들을 대신할 사람들이 필요하기 때문이다. 이들 회사는 고객의 통계자료를 대중에게 숨겨왔는데, 2000년에 매사추세츠 주 감시관이 이런 기록을 압수했다. 이 기록에 따르면, 6개월 동안 돈을 번 데이 트레이더는 16퍼센트에 불과했다.

러시아에는 '팔꿈치는 가까이 있지만, 물 수는 없다' 는 오래된 속담이 있다. 당신도 한번 해보라. 목을 길게 빼고 팔을 구부려서 팔꿈치를 물어보라. 팔꿈치가 바로 눈앞에 있지만, 잘 안 될 것이다. 데이 트레이딩도 마찬가지다. 돈이 당신 눈앞에 있지만, 몇 틱 차이로 계속 놓치게 될 것이다. 왜 그토록 많은 사람들이 데이 트레이딩을 하면서 그토록 많은 돈을 잃는 것일까? 그것은 일간 채널이 수익을 낼 만큼 폭이 충분히 넓지 않기 때문이다. 채널을 이용하여 거래 대상을 선택하는 법은 데이 트레이더들에게 강력한 메시지를 전한다.

활발히 거래되는 인기주 몇 종목을 보기로 하자. YHOO, AMZN, AOL은 내가 지금 이 글을 쓰고 있는 날, 선두에서 대중의 주목을 받고 있다. 당신이 이 책을 읽을 무렵이면 바뀔지도 모르지만, 어쨌든 일간 차트와 5분 단위 차트의 채널에서 다음과 같은 수치를 얻었다.

	일간 차트의 채널폭	A급 거래자 (30퍼센트)	C급 거래자 (10퍼센트)	5분 단위 차트의 채널폭	A급 거래자 (30퍼센트)	C급 거래자 (10퍼센트)
AOL	20	6	2	3	0.9	0.3
AMZN	21	6.3	2.1	3	0.9	0.3
YHOO	54	16.2	5.4	7	2.1	0.7

일간 차트를 이용하여 며칠 간격으로 주식을 매수·보유하는 스윙 트레이더는 이렇게 활발한 움직임을 보이는 주식의 거래에 강점을 지닌다. 그가 만약 A급 거래자라면 큰돈을 벌 수 있겠지만, C급 거래자라고 하더라도 채널폭의 10퍼센트를 이익으로 가져가면 초보로서의 학습 과정을 어떻게든 견뎌낼 수 있을 것이다. 하지만 똑같은 주식을 데이 트레이딩하는 사람은 살아남기 위해서는 기필코 A급 거래자가 되어야 한다. 그 아래로 떨어지면 수수료와 체결오차, 부대 비용이 그를 산채로 뜯어먹어 버릴 것이다.

데이 트레이딩 덕분에 많은 돈을 버는 업자들의 무리—중개인, 소프트웨어 거래상, 시스템 판매업자 등—가 내지르는 항의의 목소리가 들리는 듯하다. 그들은 성공적인 데이 트레이더들의 사례를 떠들어댄다. 마치 그런 얘기들이 뭐라도 증명하고 있는 것처럼! 물론 뛰어난 데이 트레이더들이 존재하는 것은 사실이다. 그중 몇 명은 나의 친구이기도 하다. 하지만 슬프게도 그런 사람들은 극소수다.

성공적인 데이 트레이더가 될 수 있는 확률은 매우 낮다. 일중 차트의 채널폭이 충분히 넓지 않기 때문이다. 소폭의 가격 변동에서 돈을 벌기 위해서는 완전한 A급 거래자가 되어야 한다. 사소한 방심이나 자잘한 시장 노이즈, 약간의 성적 하락으로도 손실을 입게 될 것이다.

데이 트레이딩은 흥분과 재미를 준다. 스릴을 좇는 사람들은 사실 데이 트레이딩으로 돈을 벌려고 하기보다는 돈을 내고 오락을 즐기는 것과 마찬가지다. 흥분과 재미를 원하는 데이 트레이더는 돈을 벌 수 있다고 기대하면서 스스로를 속인다. 그들은 팔꿈치를 이빨로 물 수 있다고 믿는 것이다. '내일은 될 거야' 하면서….

MACD 히스토그램

MACD$^{Moving\ Average\ Convergence-Divergence}$는 이동평균수렴확산지수다. 이 지표는 제럴드 아펠$^{Gerald\ Appel}$이 개발했다. 그는 세 가지 이동평균으로 두 가지 MACD선을 만들었다. 우리는 MACD의 기능을 강화하여, 두 개의 MACD선 사이의 거리를 나타내는 히스토그램을 그릴 수도 있다. MACD 히스토그램은 추세를 확인하고 매수세와 매도세의 강도를 평가하는 데 도움을 준다. 이 지표는 기술적 분석에서 반전을 파악하기 위한 최상의 도구 가운데 하나다.

어떤 지표든 사용하기 전에 그것이 어떻게 구성되어 있으며 무엇을 측정하는지 알아야 한다. 이미 언급했듯이, 각각의 주가는 시장 참여자들 사이에서 이루어진 가치에 대한 일시적인 합의다. 이동평균은 우리에게 일정한 기간 동안 이루어진 가치에 대한 평균적인 합의를 보여준다. 빠른 이동평균은 단기간의 평균적인 합의를 반영하고, 느린 이동평균은 장기간의 평균적인 합의를 반영한다. MACD 히스토그램은 빠른 이동평균과 느린 이동평균의 간격을 추적하여 합의의 변화를 측정한다.

아펠은 MACD를 만들기 위해 세 가지(12, 26, 9) 지수이동평균^{EMA}을 사용했다.

1. 12일의 종가 EMA를 계산한다.
2. 26일의 종가 EMA를 계산한다.
3. 12일 EMA에서 26일 EMA를 뺀다. 이것이 빠른 선 혹은 MACD선이다.
4. MACD선의 9일 EMA를 계산한다. 이것이 느린 선 혹은 시그널선이다.

12, 26, 9라는 값은 표준적인 숫자가 되었고, 현재 대부분의 소프트웨어 패키지에서 기본값으로 사용되고 있다. 내가 테스트한 바로는 이런 값들을 변화시킨다고 해서 MACD 신호에 큰 변화가 일어나지는 않는다. 기를 쓰고 관계를 왜곡시키기 위해 다른 값은 놔두고 어떤 하나의 값을 두 배로 하지 않는 이상 말이다. 몇 개의 시장을 모니터하고 있는 동안 지표들을 맞춤형으로 설정할 만한 시간이 없다면, MACD의 기본값을 그대로 사용해도 괜찮다. 몇 개 안 되는 시장만을 보고 있다면, 더 높거나 더 낮은 MACD값을 테스트하여 주식이나 선물에서 전환점을 더 가깝게 추적할 수 있는 값을 찾아라. 소프트웨어에 MACD가 없다면, 빠른 그리고 느린 MACD선 대신 두 개의 EMA(예컨대 12일짜리와 26일짜리)를 이용하라. 그러고 나서 다음 페이지에 있는 MACD 히스토그램 공식을 이 두 EMA의 차이에 적용해보기 바란다.

빠른 MACD선은 가치에 대한 단기적인 합의를 반영하며, 느린 시그널선은 장기적인 합의를 반영한다. 빠른 선이 느린 선 위로 올라간다면 시장 참여자들이 낙관적으로 변했다는 뜻이다. 매수 세력이 강해지고 있을 때이므로 롱 포지션을 취할 적기다. 빠른 선이 느린 선 아래로 내려간다면 시장 참여자들이 비관적으로 변했다는 뜻이다. 매도 세력이 강해지고 있을 때이므로 숏 포지션을 취할 적기다. MACD선은 추세를 따르고, MACD선들의 교차는 추세의 반전을 나타낸다. 다른 모든 추세추종 지표들처럼, MACD선은 시장이 움직이고 있을 때 잘 작동하지만, 변동이 심할 때는 우리를 속임수 신호로 이끈다. MACD를 MACD 히스토그램으로 변환하면 더욱 유용한 도구를 만들 수 있다.

MACD 히스토그램 = 빠른 MACD선 − 느린 시그널선

MACD 히스토그램은 단기 이동평균선과 장기 이동평균선의 간격을 측정하고 이를 히스토그램으로 나타낸 것이다. 가치에 대한 장기적 그리고 단기적 합의 사이의 격차를 반영한다. 일부 소프트웨어 패키지는 MACD선들은 포함하고 있지만 MACD 히스토그램은 포함하고 있지 않을 수 있다. 그럴 경우 MACD선들을 스크린에 띄운 다음 메뉴로 돌아가 스프레드^{spread}라는 지표(아니면 MACD 오실레이터)를 실행시키기 바란다. 이 명령은 두 선의 간격을 측정하여 히스토그램으로 그려줄 것이다.

MACD선들을 볼 때 간격이 너무 좁은 부분도 MACD 히스토그램으로는 스크린에 맞도록 스케일을 조정해 볼 수 있다. MACD 히스토그램의 기울기는 매수 세력이나 매도 세력이 강해지고 있는지 어떤지를 보여준다. 기울기는 최근의 두 바^{bar}의 관계에 의해 정의된다. MACD 히스토그램의 바들이 올라가고 있는 경우, 군중이 낙관적으로 변하고 있다는 신호다. 따라서 롱 포지션을 취할 적기다. MACD 히스토그램의 기울기가 낮아지고 있는 경

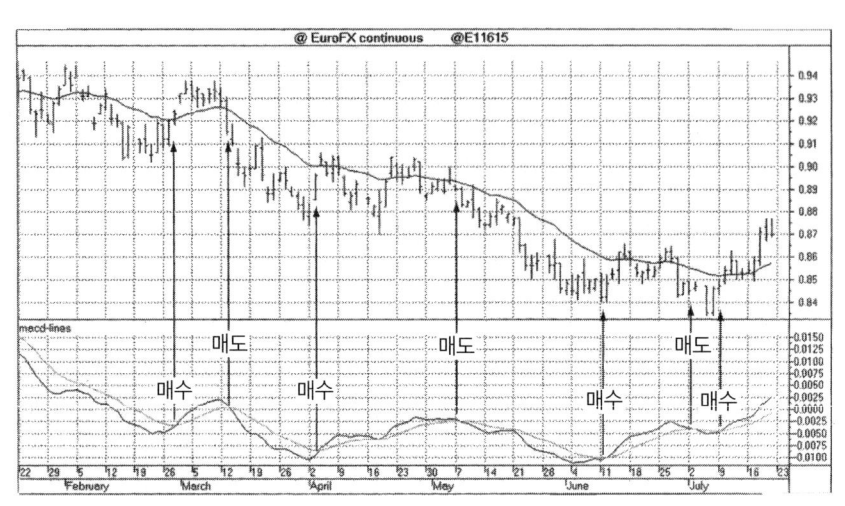

그림 5.8 MACD선

진입과 청산 신호는 거의 대칭적이지 않다. 딱 맞는 진입 신호를 제공하는 지표는 대개 청산에 맞는 지표가 되지 못한다. 다른 지표가 훨씬 더 잘 들어맞는 것이다. MACD선은 빠른 선과 느린 선이 교차할 때 신호를 보낸다. 빠른 선이 위로 교차해 올라갈 때는 매수하라는 신호다. 빠른 선이 아래로 교차해 들어갈 때는 공매도하라는 신호다. 그러나 보유 중인 포지션을 청산하기 위해 교차가 일어나길 반대 방향에서 기다리고 있는 것은 좋은 생각이 아니다. 그 무렵이면 이익의 상당한 몫이 증발해버렸을 것이기 때문이다.

이 차트에서 거래 시스템을 적용할 수 있는가? MACD선은 교차점에서 시장에 들어가라고 말해주지만, 나오는 시점은 어떻게 판단할 것인가? 시장의 상승 동력이 꺼지기 시작할 때를 알아내 제때에 돈 가방을 들고 떠나려면 어떤 도구를 이용해야 하는가? 차트의 오른쪽 가장자리에서 MACD선은 매수 영역에 있다. 빠른 선이 느린 선 위에 있으며 둘 다 상승 중이다. 하지만 주가는 지수이동평균 위에 있다. 즉 과대평가되어 있는 상태다. 차트의 오른쪽 가장자리에서 이 주식을 매수하는 것은 '더한 바보 이론'에 기반한 거래다. 상승하는 지수이동평균 근처에서 매수 주문을 냈다면 가치 매수를 할 수 있었을 것이다.

우, 군중이 비관적으로 변하고 있다는 신호다. 따라서 숏 포지션을 취할 적기다.

시장은 양당체제로 돌아간다. 매수 세력과 매도 세력이 그 두 당이다. MACD 히스토그램이 상승하면 매수 세력이 강해지고 있다는 뜻이고, 하락하면 매도 세력이 강해지고 있다는 뜻이다. 당신은 MACD 히스토그램의 도움으로 승리하는 세력에 베팅하고 그 반대 세력을 공매도해버릴 수 있을 것이다.

가장 강력한 신호 ● MACD 히스토그램은 두 종류의 신호를 제공한다. 하나는 평범하다. 이 신호는 우리가 모든 바에서 보는 것으로 바로 MACD 히스토그램의 기울기다. MACD 히스토그램의 업틱은 앞의 바가 형성되었을 때보다 매수 세력의 힘이 강해졌다는 신호다. 반면 다운틱은 매도 세력이 강해졌다는 신호다. 이런 업틱과 다운틱은 소소한 매수 및 매도 신호를 제공해준다. 하지만 이런 신호에 크게 의지해서는 안 된다. 시장은 직선으로 움직이지 않으며, MACD 히스토그램이 업틱과 다운틱을 반복하면서 요동치는 것은 지극히 정상적인 일이다.

또 다른 신호는 드물게 발생한다. 일간 차트에서 보자면, 대부분의 시장에서 일 년에 한두 차례 생겨나는 정도다. 그러나 이 신호는 기다릴 만한 가치가 있다. 기술적 분석에서 가장 강력한 신호이기 때문이다. 가격과 MACD 히스토그램의 천정과 바닥 간에 생겨나는 다이버전스가 그 신호다. 다이버전스는 가격의 고점과 저점이 한 방향으로 진행하는 동안 MACD 히스토그램의 천정과 바닥이 그와 반대 방향으로 진행할 때 발생한다. 이런 패턴이 일간 차트에서 나타나는 데는 몇 주 또는 한 달 이상이 걸리기도 한다.

상승 다이버전스는 가격이 바닥을 찍고 반등했다가 다시 새로운 저점

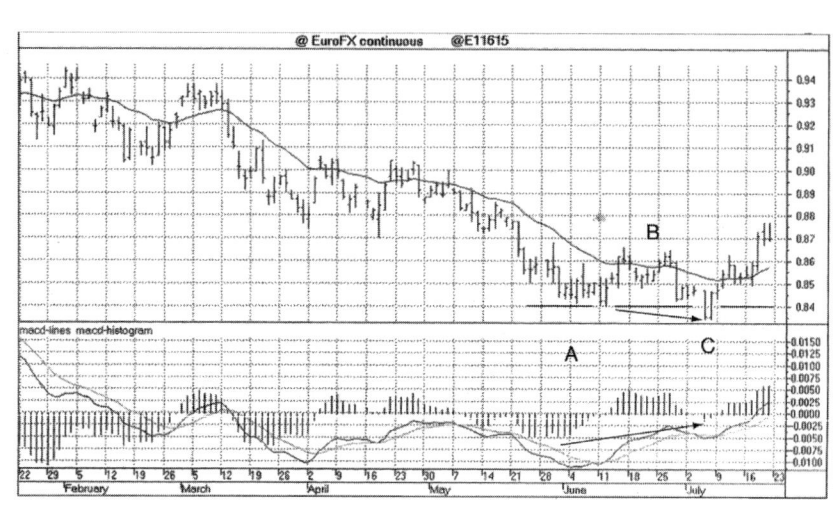

그림 5.9 MACD 히스토그램

일간 차트에서 일 년에 겨우 한두 차례 나타나는 MACD 히스토그램의 매우 강력한 신호는 이 지표의 천정 또는 바닥과 가격의 고점 또는 저점 사이에 발생하는 다이버전스다. 영역 A에서 유로화의 가격은 84센트의 저가까지 하락했고, MACD 히스토그램도 A에서 바닥을 치면서 이 저가를 확인시켜주었다. 이어 가격은 영역 B로 반등했고, MACD 히스토그램도 강력한 랠리로 유로화의 상승 동력을 확인시켜주었다. MACD 히스토그램은 몇 달 만에 새로운 고점으로 상승하여(6월 18일), 약세장의 이면에서 매수 세력이 점점 더 강해져왔다는 것을 보여준다. 그렇지만 가격은 영역 B에서 이중 천정을 형성했다. 이 영역에서 MACD 히스토그램도 고점을 기록하는데 이 두 번째 천정(6월 27일)은 첫 번째 천정보다 조금 낮다. 이것은 하락 추세가 다시 시작될 가능성이 높다는 경고다. 이때까지 지표와 가격은 조화를 이루어왔지만, 이제부터 이 둘은 서로 갈라지기 시작한다.

영역 C에서 가격은 약세장의 새로운 저점을 기록한 반면, MACD 히스토그램은 중앙선 바로 밑에서 멈추면서 그전의 하락 때보다 더 얕은 바닥을 형성했다. 그런 후 MACD 히스토그램이 이 저점에서 얼마간 상승하며 강세 다이버전스를 보였다. 매도 세력이 힘을 잃고 매수 세력이 주도권을 잡았다는 것을 보여준다.

> 두세 가지 기술적 도구가 똑같은 메시지를 보내면 상호 확인이 이루어진다. 영역 C에서 가짜 하향 돌파가 일어난 것을 보라. 이 가짜 돌파는 매수 세력의 손실제한주문들을 실행시키고 흥분한 매도 세력을 끌어들여 그들이 공매도 거래를 하게 만든다. 성급한 매수 세력이 시장에서 떨어져 나가고, 늦게 등장한 공매도 세력은 꼼짝없이 손이 묶이는 상황에서 상승 반전이 완성된다. 덫에 갇힌 공매도 세력은 더 이상 고통을 참을 수 없을 때까지 기다렸다가 어쩔 수 없이 환매를 하며, 이로써 반등의 불꽃에 기름을 부어준다.
>
> 차트의 오른쪽 끝에서 가격이 상승 다이버전스를 발판으로 더 높이 날아가고 있다. 이런 강력한 패턴은 보통 몇 달 아니면 몇 주간 가격을 위로 끌어올린다.

으로 하락했을 때 일어난다. 이때 MACD 히스토그램은 가격과 다른 패턴을 그려야 한다. MACD 히스토그램이 최초의 바닥에서 상승할 때 0선 위로 올라서면서 '매도 세력의 기를 꺾어야 한다.' 가격이 새로운 저점을 형성했을 때는, MACD 히스토그램이 그전보다 얕은 바닥으로 하락해야 한다. 이 지점에서 가격의 바닥은 전보다 낮아졌지만 MACD 히스토그램의 바닥은 전보다 높아진다. 이는 매도 세력이 약화되었고 하락 추세가 반전을 준비하고 있다는 신호다. MACD 히스토그램이 두 번째 바닥에서 상승했을 때가 매수 신호다.

때때로 두 번째 바닥에 뒤이어 세 번째 바닥이 나타나기도 한다. 손실제한주문을 해두고 적합한 자금관리 기법을 활용해야 하는 것도 이 때문이다. 시장에서는 확실성이란 없다. 오로지 개연성만 있을 뿐이다. MACD 히스토그램의 다이버전스 같은 믿을 만한 패턴조차 이따금 실패를 낳는다. 따라서 가격이 두 번째 바닥 아래로 떨어지면 시장에서 나가야 한다. 우리는 거래자본을 보존했다가 MACD 히스토그램이 세 번째 바닥에서 상승할 때

다시 시장에 들어가야 한다. 단, 세 번째 바닥이 첫 번째 바닥보다 내려오지 않아야 한다.

하락 다이버전스는 가격이 새로운 고점을 찍고 하락했다가 다시 새로운 고점으로 상승했을 때 일어난다. MACD 히스토그램은 첫 번째 천정에서 하락할 때 0선 아래로 무너지면서 위기가 찾아오리라는 최초의 신호를 보낸다. 가격은 더 높은 고점까지 상승하지만 MACD 히스토그램은 전보다 훨씬 낮은 천정에 도달한다. 매수 세력이 약화되었으며 가격이 단순히 관성에 의해 상승했고 반전이 임박했다는 신호다.

'바스커빌가의 개' ● MACD 히스토그램은 거래자들에게 X-레이가 의사들에게 해주는 역할을 한다. X-레이는 알다시피 피부 아래에 있는 뼈의 강함과 약함을 보여준다. 가격이 새로운 고가나 저가에 도달하면 매수세나 매도세가 강력한 것처럼 보인다. 하지만 MACD 히스토그램의 다이버전스는 주도 세력이 약해지고 반전이 가까웠다는 사실을 알려준다.

MACD 히스토그램이 상승 다이버전스를 형성할 때, 즉 가격이 새로운 저점으로 하락하는 동안 MACD 히스토그램이 더 얕은 바닥으로 내려갔다가 상승할 때는 롱 포지션을 취하라. 말하자면 MACD 히스토그램이 두 번째 바닥에서 상승할 때 롱 포지션을 취하라는 얘기다. 그전보다 바닥이 얕아졌다는 것은 매도 세력이 약해졌다는 뜻이다. 이때 기록한 업틱은 매수 세력이 주도권을 잡았다는 신호다. 만약을 대비하여 최근의 바닥에 손실제한주문을 해두라. 상승 다이버전스에서 일어나는 반등은 매우 강력할 때가 많지만, 신호가 틀릴 때를 늘 대비해야 한다.

공격적인 거래자는 여기에 그치지 않고 '손실을 막고 반대 포지션을 취하는 stop and reverse' 전략으로 나아간다. 만약 손실제한주문으로 롱 포지션이 청산되면, 거꾸로 공매도를 한다는 뜻이다. 매우 강력한 신호가 제대로 된 결과를 만들어내지 못했다면 시장의 이면에서 무엇인가 펀더멘털에 변화가 생긴 것이 분명하다. 기술적 분석에서 가장 강력한 신호에 따라 매수를 한 뒤 손실제한주문 가격에 걸려 시장을 나와야 했다면, 매도 세력이 특히 강력하므로 공매도를 할 기회라는 뜻이다. 롱 포지션에서 숏 포지션으로 갈아타는 것은 보통 좋은 생각이 될 수 없지만, MACD 히스토그램의 다이버전스가 무력화되었을 때는 예외적인 경우다.

나는 아서 코난 도일 경의 추리소설 제목에 따라 이를 '바스커빌가의 개The Hound of the Baskervilles' 신호라고 부른다. 이 소설에서 셜록 홈스는 시골 저택에서 일어난 살인 사건을 조사하게 되는데, 해결의 실마리는 범행이 저질러지는 동안 그 집의 개가 짖지 않았다는 사실에서 비롯되었다. 개가 짖지 않았다는 것은 개가 범인을 잘 알고 있었다는 뜻이고, 따라서 살인은 내부인의 소행일 수밖에 없었다. 셜록 홈스는 어떤 행위가 아니라 기대되었던 행위의 부재로부터 신호를 찾아낸 것이다. MACD 히스토그램의 다이버전스가 반전을 낳지 못하면, '바스커빌가의 개' 신호가 된다.

MACD 히스토그램이 하락 다이버전스를 형성했을 때, 즉 가격이 새로운 고점으로 상승하는 동안 MACD 히스토그램이 전보다 낮아진 고점까지 상승했다가 다시 하락할 때 숏 포지션을 취하라. 군중이 아우성을 치면 정신을 내다버린 다음 눈을 질끈 감고 무조건 질러버리고 싶은 마음이 든다. 군중이 광란에 빠지면 혼자 냉정을 유지하고 있기가 무척 힘들다. 하지만 똑똑한 거래자는 MACD 히스토그램 다이버전스를 들여다본다. 가격이 고점을 찍었다가 하락한 다음 다시 더 높은 고점으로 상승하지만, MACD 히스토그램은 고점을 기록한 다음 매수 세력의 기를 꺾으며 0선 아래로 내려갔다가 전보다 더 낮은 고점을 만들 때 하락 다이버전스가 만들어진다. 이는 매수 세력

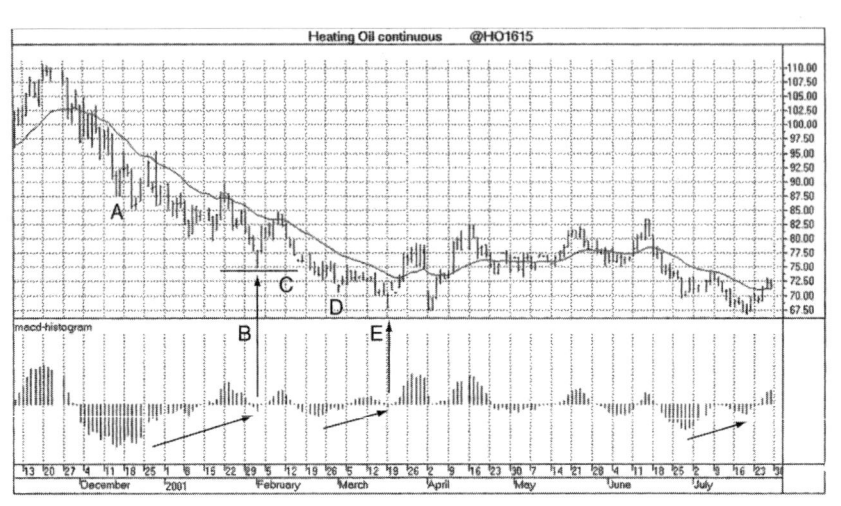

그림 5.10 '바스커빌가의 개' 신호

난방유는 다른 석유 제품과 함께 2000년 11월 역사적인 최고가를 기록했다. 그런 다음 수요가 줄어들었고, 새로운 물량이 시장에 들어와 매수 열풍이 꺼지고 유가는 하락하기 시작했다. 12월에는 85센트로 떨어졌고(A), MACD 히스토그램은 새로운 저점에 도달했다. 대단히 낮은 저점은 매도 세력이 엄청나게 강하다는 것을 보여준다. 가격이 반사적으로 지수이동평균으로 반등했을 때는 MACD 히스토그램이 양의 값으로 전환했다가(매도 세력의 기를 꺾으면서) 더 얕은 바닥으로 하락했다(B). 이 무렵 가격은 75센트까지 내려갔다가 다시 상승하면서 캥거루 꼬리를 만들었다. 꼬리와 함께 나타난 상승 다이버전스는 매수 신호다. 하지만 아무리 강력한 신호라고 해도 노련한 거래자는 손실제한주문을 이용한다는 사실을 명심하라.

난방유는 다시 하락을 시작했고, 가격이 영역 C에서 B의 바닥 아래로 내려가면서 '바스커빌가의 개' 신호가 나타났다. 이때는 거꾸로 공매도를 해야 했다. 난방유는 궁극적으로 68 아래까지 내려갔다. MACD 히스토그램의 상승 다이버전스가 무효화될 때 '바스커빌가의 개' 신호가 나타난다. 기본적인 펀더멘털의 변화가 다이버전스를 무시할 정도로 매우 강력하기 때문에, 손실제한주문이 이행되어 시장에서 나온 뒤에는 돌파 방향으로 다시 거래를 하는 게 좋다.

> 손실제한주문을 이용하고 다이버전스가 무효화된 뒤 반대 방향으로 거래할 만큼 훈련이 되어 있는 사람은 다음번에 다이버전스를 보아도 두려워할 필요가 없다. D-E에서 새로운 상승 다이버전스를 보고 난 뒤 당신은 똑같은 원리와 규칙에 따라 다시 거래를 해야 할 것이다.
>
> 차트의 오른쪽 끝에서도 상승 다이버전스의 형태를 볼 수 있다. 가격은 3~4월의 저가를 잠시 침범한 뒤 가짜 하락 돌파를 끝내고 상승을 시작하여 강세 신호를 보냈다. 지수이동평균은 하락을 멈추면서 평평해졌다. 여기서부터는 최근의 저가에 손실제한주문을 해두면서 매수 거래를 해야 한다.

이 약화되었다는 뜻이며, 가격이 관성에 의해 상승했지만 관성이 사라지면 가격이 붕괴될 것임을 알 수 있다.

MACD 히스토그램이 두 번째 천정에서 하락하면 공매도 신호가 된다. 일단 공매도를 하면 최근의 천정 가격에 손실제한주문을 해두기 바란다. 천정 근처에서 공매도할 때 손실제한주문을 하는 것은 잘 알려져 있듯이 지독히도 어렵다. 엄청난 변동성 때문이다. 규모가 작은 포지션을 거래하면 좀더 여유 있게 손실제한주문을 해둘 수 있을 것이다.

일간 차트에 나타나는 MACD 히스토그램과 가격 간의 다이버전스는 거의 언제나 거래할 만한 가치가 있다. 주간 차트의 다이버전스는 보통 상승장과 하락장 간의 전환을 나타낸다.

MACD 히스토그램이 몇 달 만에 새로운 고점에 도달하면 매수 세력이 매우 강하다는 뜻이고, 이에 상응하는 가격의 고점은 앞으로 다시 도달되거나 돌파될 가능성이 크다. MACD 히스토그램이 몇 달 만에 새로운 저점에 도달하면 매도 세력이 매우 강하다는 뜻이다. 이에 상응하는 가격의 저점은 앞으로 다시 도달되거나 돌파될 가능성이 크다.

MACD 히스토그램이 새로운 기록적인 고점에 도달했을 때는 매수세가 열광적이고 엄청나게 강력하다는 뜻이다. 매수 세력이 숨을 고르기 위해 멈추었을 때조차 상승 관성이 워낙 강력하기 때문에 휴지기 뒤에도 상승할 가능성이 크다. MACD 히스토그램이 새로운 저점으로 하락하면 매도 세력이 매우 강력하다는 뜻이다. 매수 세력이 가격 반등을 시도한다고 해도 하락 관성에 떠밀려 다시 이 저가를 시험하거나 돌파할 가능성이 크다.

MACD 히스토그램은 자동차의 전조등 같은 것이다. 앞에 있는 길을 직선으로 비추어준다. 이 빛이 집으로 가는 길 전체를 비추어주지는 않지만 충분히 먼 거리를 밝혀준다. 따라서 당신이 정상적인 속도로 운전하면서 꼬불꼬불 구부러진 길을 안전하게 갈 수 있도록 해줄 것이다.

강도지수

강도지수 force index는 내가 개발한 오실레이터로 이전 책에서 처음 소개했다. 그 책을 쓰면서 가장 힘들었던 결정은 강도지수에 대해 밝히느냐 마느냐 하는 것이었다. 처음에는 내 비밀 무기를 밝히기가 꺼려졌다. 그러나 그동안 주식 책을 읽으면서 저자들이 여러 가지를 이야기하면서도 모든 걸 다 말해줄 수는 없다는 것을 잘 알지 않느냐는 식으로 슬쩍 빠져나갈 때마다 얼마나 화가 났었는지를 기억했다. 나는 모든 것을 쓰거나 아니면 아예 아무것도 쓰지 않을 것이라고 결심했다. 그런 결심을 하고 강도지수에 대해 썼던 것이다.

그런데 강도지수에 대해 밝힌 것은 나에게 조금도 해가 되지 않았다. 강도지수는 전과 똑같이 유효한 신호를 제공했고 현재까지 강도지수를 매매시스템에 포함시킨 회사는 극소수일 뿐이다. 어쨌든 차트상에 나타나는 강도지수의 반응은 조금도 바뀐 게 없다. 나는 이 일로 해서 한 친구가 생각났다. 그 친구는 배에서 일하는데 실은 굉장한 밀수꾼이었다. 하지만 그는 밀수품을 특별히 숨기는 법이 없었다. 때로는 책상 옆에, 그러니까 세관 직원의 코 아래 두기도 했다. 그의 얘기를 들어보면 비밀을 노출하는 것이 비밀을 지키는 가장 좋은 방법이 될 수도 있다고 하겠다.

강도지수는 세 가지 필수적인 정보를 한데 묶어 시장의 전환점을 확인하는 수단이다. 주가 움직임의 방향과 정도, 그리고 거래량이 그 세 가지 정보다. 가격은 시장 참여자들 사이에 이루어진 가치에 대한 합의다. 거래량은 재정적인 그리고 감정적인 참여의 정도를 나타낸다. 가격은 사람들의 생각을 반영하고, 거래량은 사람들의 감정을 반영한다. 강도지수는 세 가지 질문을 통해 대중의 견해와 감정을 연결시킨다. 가격이 올라가고 있는가, 내려가고 있는가? 변화의 규모는 어느 정도인가? 가격을 움직이는 데는 얼마만한 거래량이 필요했는가?

강력한 움직임은 약한 움직임보다 계속될 가능성이 크기 때문에 움직임의 강도를 측정하는 것은 매우 유용하다. 가격, 강도지수의 천정과 바닥의 다이버전스는 중요한 전환점을 찾는 데 큰 도움이 된다. 강도지수의 스파이크는 추세가 소진되는 집단 히스테리 영역을 확인시켜준다. 강도지수를 구하는 공식은 다음과 같다.

$$\text{강도지수} = (\text{오늘의 종가} - \text{어제의 종가}) \times \text{오늘의 거래량}$$

오늘의 종가가 어제의 종가보다 높으면 강도지수는 양수고, 반대는 음수가 된다. 오늘 종가와 어제 종가 사이의 차이가 커지면 강도는 커진다. 또 거래량이 증가하면 강도가 커진다. 즉, 움직임이 더욱 강력해진다.

강도지수는 거래량이 많은 가운데 가격이 크게 움직일 때 커지고 거래량이 적은 가운데 가격이 적게 움직일 때 작다. 종가가 변하지 않으면, 즉 어제와 오늘의 종가가 같으면 강도지수는 0이 된다.

강도지수의 이동평균 ● 강도지수는 0선 위는 양수를, 0선 아래는 음수를 표시하여 히스토그램으로 그릴 수 있다. 강도지수의 원자료는 들쭉날쭉하다. 하루는 높고 하루는 낮고 하면서 오락가락한다. 따라서 지수이동평균으로 평활화하고 이를 히스토그램으로 나타내는 것이 좋은 방법이다.

강도지수를 기간이 13일 이상인 장기 지수이동평균으로 평활화하면, 매수 세력과 매도 세력 사이에서 이루어지는 장기적 힘의 균형이 어떻게 변화하는지 측정할 수 있다. 진입 시점과 청산 시점을 정확하게 선택하기 위해서는 강도지수를 2일 지수이동평균 같은 기간이 매우 짧은 이동평균으로 평활화해야 한다.

주식 또는 선물의 추세가 상승세인 반면 강도지수의 2일 지수이동평균이 0 아래로 하락할 때가 매수 신호다. 추세가 하락세인 반면 강도지수의 2일 지수이동평균이 0 위로 상승하면 매도 신호다.

단기 강도지수를 활용하는 데 있어 핵심은 이를 추세추종 지표와 결합하는 것이다. 예컨대 가격의 22일 지수이동평균은 상승하는데 강도지수의 2일 지수이동평균이 음수가 된다면, 상승 추세에서 단기적인 하락 움직임이 나타난 것이기 때문에 매수 기회다. 일단 롱 포지션을 취하면 몇 가지 청산 전략이 있다. 매우 단기적인 목표에 치중한다면, 강도지수가 양수로 돌아선 그다음 날 주식을 매도하라. 보다 장기적인 전략을 취한다면, 가격이 채널선에 닿거나 지수이동평균이 평평해질 때까지 주식을 보유하고 있어야 한다.

가격의 22일 지수이동평균은 하락하는데 강도지수의 2일 지수이동평균이 0 위로 올라간다면, 하락 추세에서 단기적인 상승 움직임이 나타난 것이기 때문에 공매도를 할 기회다. 매우 단기적인 목표에 치중한다면, 강도지수가 음수로 돌아선 후 재빨리 이익을 실현하고 공매도했던 주식을 환매해야 한다. 보다 장기적인 목표를 갖고 있다면, 하단 채널선을 이익 목표점으로 삼아라.

강도지수의 2일 지수이동평균이 정상적인 천정이나 바닥보다 몇 배나 큰 상승 스파이크 또는 하락 스파이크를 형성하면, 상승 또는 하락 동력이 소진되었다는 신호다. 따라서 기존 보유 포지션을 처분해야 한다.

추세가 상승세이고 강도지수의 2일 지수이동평균이 지난 2개월간의 정상적인 고점보다 8배 이상 높은 크기로 날카로운 상승 스파이크를 형성하면, 매수 열풍이 분 것이다. 매수 세력은 기차를 놓칠까 봐 두려워하고, 공매도 세력은 덫에 갇힐지 모른다는 생각에 어떻게 해서든 환매를 하려 한다. 하지만 이런 스파이크는 상승 구간의 마지막에 일어나는 게 보통이다. 이때는 사실 롱 포지션을 처분하여 이익을 실현할 적기다. 가격은 대개 다시 상승하여 스파이크가 형성된 날의 고점을 다시 시험한다. 하지만 이 무렵에는 상승의 열기가 사라지고 다른 지표에서는 하락 다이버전스가 생겨나 추세 반전을 경고한다.

강도지수의 2일 지수이동평균이 지난 2개월간의 정상적인 저점보다 4배 이상 낮은 정도로 날카로운 하락 스파이크를 형성하면, 하락세에서 히스테리 단계에 들어간 것이다. 매수 세력 사이에서 패닉이 일어나 사람들이 시장에서 나오기 위해 가격에 상관없이 주식을 투매한다는 것을 보여준다. 이런 스파이크는 하락 추세의 마지막에 일어나곤 한다. 이때는 숏 포지션을 처분하여 이익을 실현할 적기다. 가격은 때때로 스파이크가 형성된 날의 저점을 다시 시험한다. 하지만 이 무렵에는 대부분의 지표에서 강세 다이버전스가 만들어지며 상승 반전이 다가왔다는 것을 알려준다.

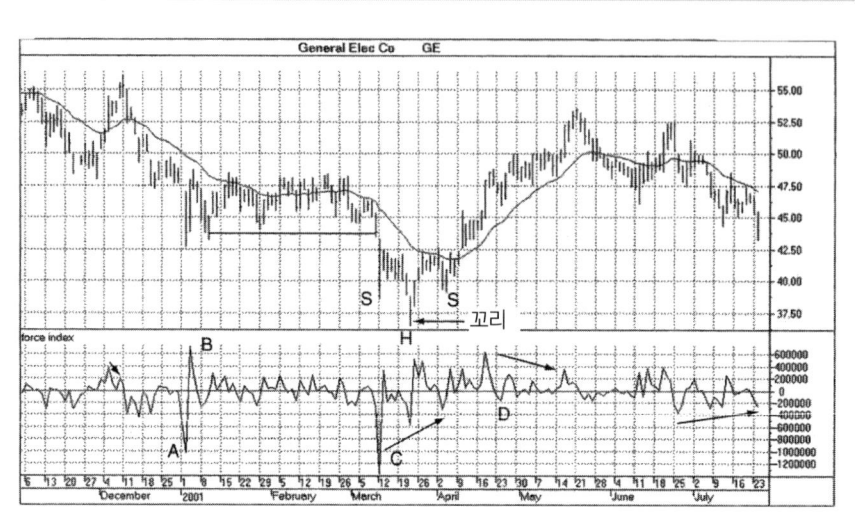

그림 5.11 강도지수: 2일 지수이동평균

단기 2일 강도지수의 스파이크가 추세의 동력이 소진되는 곳을 보여주고 있다. 영역 A의 하락 스파이크는 56에서 43으로의 주가 하락이 끝났다는 것을 보여준다. 흥미롭게도 그 뒤 곧바로 영역 B에서 상승 스파이크가 발생했다. 서로 반대 방향을 가리키는 이런 두 개의 인접한 스파이크 패턴은 시장의 거대한 혼란을 보여주며, 대개 평평한 가격 움직임 구간이 뒤따라온다. 정말로 GE는 이 두 개의 스파이크 뒤로 거의 두 달 동안 평평한 움직임을 보였다.

기술적 패턴들은 비슷한 메시지를 보내면서 서로를 확인시켜준다. 영역 C의 하락 스파이크는 하락 추세가 거의 동력을 소진했다는 것을 보여준다. 이 상승 신호 뒤에 주가와 강도지수 사이에 상승 다이버전스가 발생했다. 주가가 계속 더 낮은 바닥에 도전하는 동안 강도지수의 바닥은 더 높아진 것이다. 고전적 차트 해석에 익숙한 사람들은 알겠지만, 이 무렵 '역머리어깨형'이 나타났다. 마침내 매우 낮은 바닥에서 캥거루 꼬리가 생겼다. GE는 계속하여 종을 울리며 우리에게 하락이 끝났으니 어서 올라갈 준비를 하라고 소리치고 있는 것 같다! 37에서 53으로의 상승 구간 중간에 해당하는 영역 D에서 강도지수가 하락 다이버전스를 형성하기 시작하며, 매수 세력이 힘을 잃고 있다는 것을 알려준다. 지수이동평균이 5월에 하락으로 반전하며 이 신호

> 를 확인시켜주었을 때, 상승장은 끝이 났다. 이때가 이익을 실현하고 공매도를 할 마지막 기회였다.
>
> 차트의 오른쪽 가장자리에서 지수이동평균이 하락하고 주가는 새로운 저점으로 떨어졌지만, 강도지수는 상승 다이버전스를 형성하기 시작하는 중이다. 숏 포지션에 대해 손실제한주문을 바짝 붙여놓아야 한다는 뜻이다.

강도지수의 스파이크는 이미 언급했던 캥거루 꼬리와 다소 흡사하다 (130쪽의 '차트의 실제'를 보라). 이 둘의 차이는 꼬리가 순수하게 가격에 근거하고 있다면, 강도지수는 가격과 함께 거래량을 반영한다는 점이다. 꼬리와 강도지수의 스파이크는 심지가 약한 거래자들 사이에 패닉이 일어났다는 것을 알려준다. 그들이 우르르 몰려나가고 나면 추세는 반전의 채비를 갖춘다.

다가온 반전 ● 추세 반전을 뜻밖의 사건이라고 할 수는 없다. 강도지수와 가격의 다이버전스가 이에 선행하기 때문이다. 시장이 계속 상승하려고 하지만 강도지수의 고점이 낮아지고 있다면 매수 세력이 약화되고 있다는 뜻이다. 주식이나 선물이 계속 하락하려고 하지만 강도지수의 바닥이 점차 얕아지고 있다면, 매도 세력이 약화되고 있다는 뜻이다.

강도지수의 지수이동평균과 가격 사이에서 발생한 다이버전스는 추세가 반전하리라는 것을 보여준다. 강도지수와 가격의 천정 또는 바닥 패턴 사이에서 일어난 다이버전스는 추세가 약화되고 있다는 것을 보여준다. 이런 메시지의 유용성은 우리가 평활화하는 강도지수의 지수이동평균의 기간에 달려 있다. 강도지수의 지수이동평균 기간이 매우 짧다면, 예컨대 2일이라

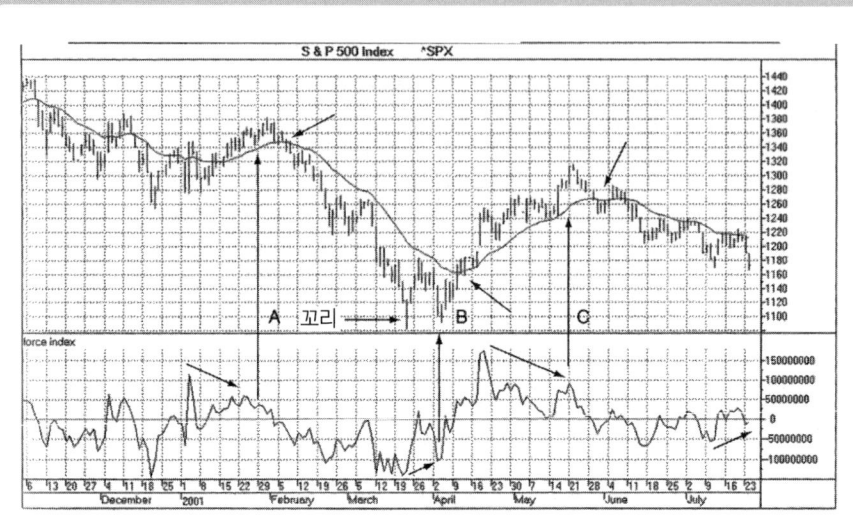

그림 5.12 강도지수: 13일 지수이동평균

13일 지수이동평균으로 평활화한 장기 강도지수는 매수 세력과 매도 세력 간의 장기 권력 이동을 보여준다. 강도지수가 0 아래로 떨어지면 매도 세력이 주도권을 장악한 것이고, 0 위로 올라가면 매수 세력이 지배력을 얻은 것이다. 이런 지표와 가격의 고점 간에 발생하는 다이버전스는 시장의 천정 전에 나타난다. 또한 지표와 가격의 저점 간에 발생하는 다이버전스는 중요한 시장의 바닥 전에 나타난다.

영역 A에서 마지막으로 가격 고점이 형성되었을 때 강도지수는 고점이 더 낮아졌다. 매수세가 약화되었고 천정이 형성될 가능성이 크다는 뜻이다. 며칠 뒤 지수이동평균이 하락하면서 새로운 하락세가 시작되었다는 것을 확인시켜준다. 이 패턴의 거울 이미지가 영역 B에서 생겨난다. 여기서 가격의 종가가 전보다 낮아진 반면 강도지수의 바닥은 전보다 높아진 것을 볼 수 있다. 며칠 뒤 지수이동평균이 상승하면서 중요한 상승을 예고했다. 이곳에서 이중 바닥이 형성된 것에 주의하라. 캥거루 꼬리가 형성된 다음 가격이 다시 이 저가를 시험하고 있다. 이것은 패턴과 지표가 서로를 보강해주는 많은 사례 가운데 하나다. 영역 C에서 강도지수는 하락 다이버전스를 형성하면서 상승세가 끝났다는 경고를 보내고 있다. 며칠 뒤 지수이동평균이 하락하고, 여기서부터 하락세가 시작되었다. 시장은 이처럼 당신에게 계속 메시지를 보낸다. 당신은

> 듣기만 하면 된다.
> 차트의 오른쪽 가장자리에서는 시장이 하락하고 있고, 하락하는 지수이동평균이 이를 확인시켜준다. 하지만 강도지수는 상승 다이버전스를 형성하기 시작했다. 숏 포지션에 손실제한주문을 바짝 붙여두어야 할 시기다.

면, 다이버전스는 일주일가량 지속되는 단기 추세의 마지막을 정확히 짚는 데 도움을 준다. 만약 기간이 13일 이상인 강도지수의 지수이동평균을 활용하면, 몇 달간 지속되는 장기 추세의 마지막을 찾을 수 있다.

상승 추세에서 롱 포지션을 보유하고 있다면, 강도지수의 2일 지수이동평균이 하락 다이버전스를 형성했을 때—가격이 상승하는 동안 지표의 고점이 낮아졌을 때—이익을 실현하라. 공매도를 했을 때는 강도지수의 2일 지수이동평균이 상승 다이버전스를 형성했을 때—가격이 하락하는 동안 지표의 저점이 높아졌을 때—이익을 실현하라. 이익을 실현한 뒤 뒤로 물러나 시장을 관찰하라. 반대 추세를 견디며 마냥 앉아 있는 것보다는 시장을 나갔다가 들어가는 게 더 낫다.

강도지수를 추세추종 지표와 연계하는 것이 무엇보다 중요하다. 강도지수만 활용하면, 이 지표가 너무 민감하기 때문에 과도한 거래를 하게 된다. 그럴 경우 돈을 버는 것은 필경 당신이 아니라 당신의 중개인이 될 것이다. 단기 오실레이터의 신호는 장기 추세추종 지표로 보완을 해야 한다. 이것이 삼중 스크린 거래 시스템의 핵심 원칙이다.

다섯 번째 탄환: 엘더-레이

앞서도 말했듯이 예전의 군대 소총은 탄창에 다섯 발의 탄환밖에 들어가지 않았다. 이런 소총으로 전투에 임하면 총을 마구 쏘아대기보다는 목표를 정확히 맞추는 데 주력하게 된다. 이것은 거래에서도 좋은 자세다.

지금까지 우리는 네 개의 탄환을 선택해 조사해보았다. 지수이동평균, 채널, MACD 히스토그램, 강도지수다. 이동평균은 추세추종 지표이고, 채널, 강도지수, MACD 히스토그램은 오실레이터다. 그렇다면 다섯 번째 탄환으로는 무엇을 골라야 할까?

당신이 다섯 번째 탄환을 선택하는 것을 돕기 위해 몇 가지 도구에 관해 더 알아보겠다. 이 범위를 벗어나서 지표를 선택하는 것은 당신 자유지만, 당신이 사용하려는 각각의 지표가 어떻게 구성되어 있고 무엇을 측정하는 것인지는 틀림없이 알아두어야 한다. 지표를 되풀이해 시험해보고 확신을 갖고 신호를 찾을 수 있도록 하라.

기술적 지표에 관해서라면 다른 책들에서도 수십 가지를 더 찾아볼 수 있을 것이다. 하지만 무엇보다 중요한 것은 양이 아니라 이해의 질과 깊이다. 물에 빠진 아마추어들은 지푸라기라도 잡으려고 계속해서 지표들을 추가한다. 반면 성숙한 거래자는 몇 가지 효과적인 도구를 선택하여 활용법을 제대로 익히고, 거래 시스템의 구성과 자금관리에 관심을 쏟는다.

시장에 마법의 탄환 같은 것은 없다. 완벽하거나 궁극적인 지표는 없다. 지표에 사로잡힌 거래자는 금세 수익이 감소하는 순간에 도달한다. 분석 도구의 선택은 거래 방식에 달려 있다. 중요한 것은 도구를 선택하여 제대로 시스템을 구성하고 리스크를 관리하며 신속하게 돈이 있는 곳으로 쫓아가야 한다는 것이다.

엘더-레이 ● 엘더-레이$^{Elder-ray}$는 내가 개발한 지표로 X-레이와의 유사성 때문에 이런 이름을 붙였다. 엘더-레이는 시장의 이면에 있는 매수 세력과 매도 세력의 역학 구도를 보여준다. 추세추종 이동평균을 2개의 오실레이터와 결합하여 언제 롱 포지션이나 숏 포지션을 취하고 언제 이를 청산해야 하는지 알려준다. 대부분의 소프트웨어 개발업체는 제품에 엘더-레이를 포함시키지 않지만, 약간만 공을 들이면 당신이 직접 엘더-레이를 프로그래밍할 수 있을 것이다.

엘더-레이를 그리려면 컴퓨터 스크린을 우선 세 개의 수평 패널로 나누어야 한다. 분석하려고 하는 주식의 차트를 맨 위의 패널에 띄우고, 이동평균선을 그 위에 표시하라. 두 번째 패널에는 매수 세력의 강도를, 세 번째 패널에는 매도 세력의 강도를 히스토그램으로 나타낸다. 다음은 엘더-레이의 공식이다.

매수 세력의 강도 = 고가 - 지수이동평균
매도 세력의 강도 = 저가 - 지수이동평균

이동평균은 가치에 대한 평균적인 합의를 나타낸다. 각 바^{bar}의 고가는 해당 바에서 매수 세력의 최대 강도를 나타낸다. 각 바의 저가는 해당 바에서 매도 세력의 최대 강도를 나타낸다.

엘더-레이에서는 각 바에서 나타나는 매수 세력과 매도 세력의 강도를 합의된 평균적인 가치와 비교한다. 매수 세력의 강도는 합의된 평균 가치에 견준 매수 세력의 최대 강도이며, 매도 세력의 강도는 합의된 평균 가치에 견준 매도 세력의 최대 강도이다.

우리는 매수 세력의 강도를 두 번째 패널에 히스토그램으로 나타낸다.

각 바의 높이는 가격 바의 고가—매수 세력의 최대 강도—와 지수이동평균 사이의 간격을 나타낸다. 매도 세력의 강도는 세 번째 패널에 나타낸다. 각 바의 길이는 각 바의 저가—매도 세력의 최대 강도—와 지수이동평균 사이의 간격을 나타낸다.

가격 바의 고가가 지수이동평균 위에 있을 때 매수 세력의 강도는 양수다. 가격 폭락 때 종종 일어나듯이 가격 바 전체가 지수이동평균 아래로 내려가면, 매수 세력의 강도는 음수가 된다. 가격 바의 저가가 지수이동평균 아래에 있으면, 매도 세력의 강도는 음수다. 가격 폭등 때 종종 일어나듯 가격 바 전체가 지수이동평균 위로 올라가면, 매도 세력의 강도는 양수가 된다.

이동평균선의 기울기는 시장의 현재 추세를 확인시켜준다. 기울기가 올라가고 있으면, 군중이 점점 더 낙관적으로 변하고 있다는 뜻이다. 이때는 롱 포지션을 취할 시기다. 기울기가 내려가고 있으면, 군중이 점점 더 비관적으로 변하고 있다는 뜻이다. 이때는 숏 포지션을 취할 시기다. 가격은 계속하여 이동평균선에서 멀어지지만 마치 고무줄이 달린 것처럼 되돌아온다. 매수 세력의 강도와 매도 세력의 강도는 이 고무줄의 길이를 보여준다. 매수 세력과 매도 세력의 강도의 정상적인 크기는 가격이 다시 원래의 자리로 돌아오기 전에 이동평균선에서 얼마나 멀리 벗어날 수 있는지 보여준다. 엘더-레이는 어디서 이익을 취해야 하는지 가장 잘 보여주는 기술적 지표 가운데 하나다. 이동평균선에서부터의 거리가 평균적인 매수 세력의 강도나 매도 세력의 강도와 같은 곳이 포지션 청산 지점이다.

엘더-레이에서 매수 신호로 파악해야 할 때는 상승 추세에서 매도 세력의 강도가 음수로 변한 뒤 다시 상승할 때다. 매도 세력의 강도가 음수가 되었다는 것은 바의 저가가 합의된 평균적인 가치 아래로 내려가면서 바가

지수이동평균을 가로지르고 있다는 뜻이다. 매도 세력의 강도가 음수로 변하는 것을 기다리면 급등한 가격을 피하고 가치 매수를 할 수 있다. 실제적인 매수의 신호는 매도 세력의 강도가 음수에서 양수로 되돌아설 때다. 이런 움직임은 매도 세력이 힘을 잃기 시작했으며 상승 추세가 재개되리라는 것을 보여준다. 가격이 상단 채널선에 도달했을 때나 추세추종 지표가 상승을 멈추었을 때 이익을 실현하라. 상승 추세를 끝까지 좇으면, 이익이 더 커질지 모른다. 하지만 상단 채널선에서 이익을 실현하는 것이 훨씬 더 안전하다.

엘더-레이에서 공매도 신호로 파악해야 할 때는 하락 추세에서 매수 세력의 강도가 양수로 변한 뒤 다시 하락할 때다. 하락 추세는 일간 또는 주간 지수이동평균의 하락으로 확인할 수 있다. 매수 세력의 강도가 양수로 변했다는 것은 바의 고가가 합의된 평균적인 가치 위로 올라가면서 바가 지수이동평균을 가로지르고 있다는 뜻이다. 매수 세력의 강도가 양수로 변하는 것을 기다리면 급락한 가격을 피하고 가치대로 혹은 그 이상의 가격 수준에서 공매도를 할 수 있다. 실제 공매도의 신호는 매수 세력의 강도가 하락할 때다. 이런 움직임은 매수 세력이 힘을 잃기 시작했으며 하락 추세가 재개되리라는 것을 보여준다. 일단 공매도를 했다면, 가격이 하단 채널선에 도달하거나 추세추종 지표가 하락을 멈추었을 때 자신의 방식에 따라 이익을 실현하라. 하락 추세가 계속될 동안 포지션을 보유하고 있으면 더 많은 돈을 벌지 모르지만, 하단 채널선에서 이익을 실현하는 것이 꾸준한 결과를 성취하기 좀더 쉬운 방법이다. 초보 거래자의 경우 장기 추세 거래는 다음 단계로 남겨두고 단기 변동을 거래하는 법을 배우는 것이 좋다.

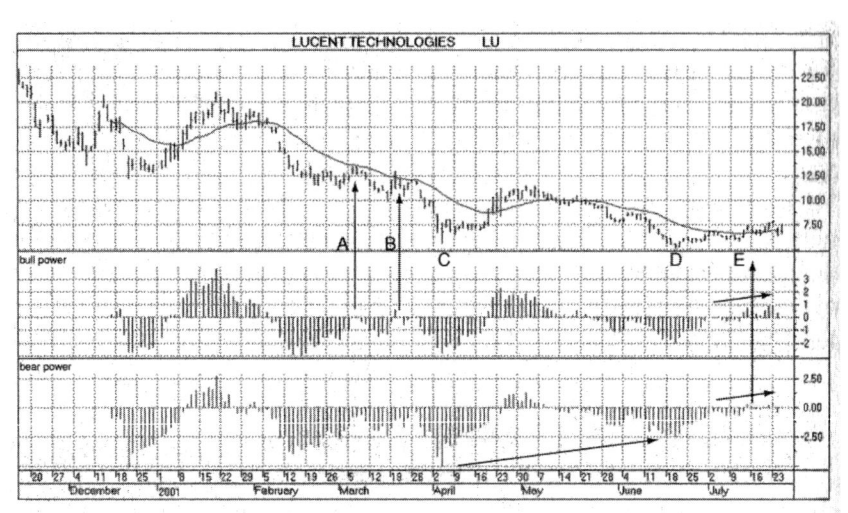

그림 5.13 엘더-레이

'낮은 가격에서 사고 높은 가격에서 팔라'는 말은 근사하게 들리지만, 거래자와 투자자들은 루슨트의 주식을 7달러보다는 70달러에서 사면서 오히려 훨씬 더 편안해하는 것처럼 보인다. 그들이 효율적 시장 이론가들이 믿는 것만큼 이성적이지 않은 게 아닐까? 엘더-레이는 이성적인 거래자들에게 시장의 수면 아래에서 무슨 일이 진행되고 있는지 어렴풋이나마 들여다보게 해준다.

22일 지수이동평균에서 확인해볼 때 추세가 하락세고 매수 세력이 물 밑에 가라앉아 있다면, 반등이 일어나 가격이 잠시 수면 위로 올라왔을 때가 공매도 거래 기회다(화살표 A와 B). 가격이 영역 C에서 캥거루 꼬리를 형성하면서 예리한 반등이 뒤따른다. 5.50에서 11.50까지 상승한 것은, 수익률로 따져보면 결코 코웃음 칠 만한 일이 아니다. 이 같은 저가 주식은 대개 수익률이 높다. 영역 D에서 루슨트의 주식은 새로운 저가로 하락했지만, 매도 세력의 강도가 보다 얕은 바닥을 형성하며 상승 다이버전스가 생겨났다. 이런 가짜 하락 돌파는 매도 세력을 덫에 가둔다. 랠리가 가속화되면서 매도 세력의 강도가 양의 값이 되는데 이 강도가 다시 0 선으로 떨어질 때가 매수 기회다(영역 E).

스토캐스틱 ● 이 오실레이터는 과매수와 과매도 상태를 확인하여 저가에서 사고 고가에서 파는 데 도움을 준다. 또한 그만큼 중요한 또 다른 이점으로, 고가에서 매수하거나 저가에서 공매도하는 일을 피하는 데도 유용하다. 이 지표는 몇십 년 전 조지 레인$^{George\ Lane}$에 의해 유명해져 현재는 대부분의 소프트웨어 패키지에 포함되어 나온다.

스토캐스틱은 매수 세력이 최근 거래 범위의 고가 근처에서 종가를 형성할 능력이 있는지 그리고 매도 세력이 최근 거래 범위의 저가 근처에서 종가를 형성할 능력이 있는지 측정한다. 스토캐스틱은 매수세의 최대 강도를 나타내는 거래 범위의 고가와, 매도세의 최대 강도를 나타내는 저가, 그리고 스마트 머니의 발자취를 나타내는 시장의 최종 균형, 즉 종가를 연계시키는 지표다.

매수 세력이 가격을 하루 동안 더 높은 수준으로 끌어올릴 수도 있고 매도 세력이 가격을 더 낮은 수준으로 끌어내릴 수도 있다. 스토캐스틱은 이들의 능력을 폐장 때 평가한다. 시장에서 마침내 돈을 세는 시간 말이다. 매수 세력이 그날 하루 가격을 높이 끌어올렸지만 종가가 최근 거래 범위의 고가 근처에 가까이 가지 못했다면, 스토캐스틱은 하락하면서 약세를 확인시켜주고 매도 신호를 보낸다. 매도 세력이 그날 하루 가격을 끌어내렸지만 종가가 최근 거래 범위의 저가 근처에 가까이 가지 못했다면, 스토캐스틱은 상승하면서 강세를 확인시켜주고 매수 신호를 보낸다.

스토캐스틱에는 빠른^{Fast} 형태와 느린^{Slow} 형태의 두 가지가 있다. 이 둘은 각각 선으로 구성되어 있다. %K라고 하는 빠른 선과 %D라고 하는 느린 선이다. 빠른 스토캐스틱은 두 단계를 거쳐, 느린 스토캐스틱은 세 단계를 거쳐 만들 수 있다.

1. 빠른 선 %K를 구한다.

$$\%K = \frac{(\text{Close}_{today} - \text{Low}_n)}{(\text{High}_n - \text{Low}_n)} \times 100$$

- Close_{today} = 오늘의 종가
- Low_n = 선택된 바(bar)들의 저가 가운데서 가장 낮은 가격
- High_n = 선택된 바들의 고가 가운데서 가장 높은 가격
- n = 바의 수(거래자가 선택한다)

우리는 스토캐스틱을 계산하기 위한 날 수나 바의 수를 먼저 선택해야 한다. 이것이 n의 값이다. 수가 낮으면, 예컨대 10보다 낮으면, 스토캐스틱은 최근의 바들을 다루면서 소소한 전환점들을 알려줄 것이다. 보다 긴 기간을 택하면, 스토캐스틱은 더 많은 데이터를 포함하여 소소한 전환점은 놓치는 대신 규모가 큰 전환점들에 대한 신호를 제공해줄 것이다.

스토캐스틱의 기간을 어느 정도로 해야 할까? 오실레이터는 반전을 포착하기 위해 이용하므로 기간이 짧은 것이 더 나을 것이다. 장기의 경우는 추세추종 지표에 의존하면 된다. 우선 5일이나 7일짜리로 시작하는 것이 좋겠지만, 몇 가지를 더 시험하여 당신이 선택한 시장에 가장 잘 맞는 기간을 골라보기 바란다.

2. 느린 선 %D를 구한다.

%K보다 적은 바의 수로 빠른 선 %K를 평활화하여 %D를 구한다. 예컨대 5일 스토캐스틱을 그리기로 했다고 하면, 우리는 앞의 %K를 구하는

공식에서 5의 값을 이용할 것이고, 아래의 %D를 구하는 공식에 3개의 바를 이용할 것이다.

$$\%D = \frac{(Close_{today} - Low_n)의\ 3개\ 바\ 합}{(High_n - Low_n)의\ 3개\ 바\ 합} \times 100$$

빠른 스토캐스틱은 가격 변화에 매우 민감하기 때문에 선이 들쭉날쭉한 형태를 띤다. 따라서 여기서 한 걸음 더 나아가 빠른 스토캐스틱을 좀더 매끄러운 형태의 느린 스토캐스틱으로 만들어주는 것이 좋다. 물론 컴퓨터가 알아서 모든 일을 해줄 것이다.

3. 빠른 스토캐스틱을 느린 스토캐스틱으로 변환한다.
빠른 스토캐스틱의 느린 선은 느린 스토캐스틱의 빠른 선이 된다. 앞의 2번 째 단계를 반복하여 느린 스토캐스틱의 느린 선을 구한다.

스토캐스틱은 0에서 100까지 오간다. 낮은 수준은 과매도 상태를 나타내고 높은 수준은 과매수 상태를 나타낸다. 과매수 상태는 가격이 너무 높아 이제 떨어질 때가 되었다는 뜻이다. 과매도 상태는 가격이 너무 낮아 이제 올라갈 때가 되었다는 뜻이다. 전고점과 전저점들을 나타내는 수평 기준선을 그릴 터인데, 우선은 저점에 가까운 15와 고점에 가까운 85에서 수평 기준선을 그려보기 바란다.

스토캐스틱이 하단 기준선 근처에 있을 때 매수 기회를 찾아라. 스토캐스틱이 상단 기준선 근처에 있을 때 매도 기회를 찾아라. 스토캐스틱이 낮을 때 매수를 하는 것은 감정적으로 매우 힘든 일이다. 바닥 근처에서는 시장이

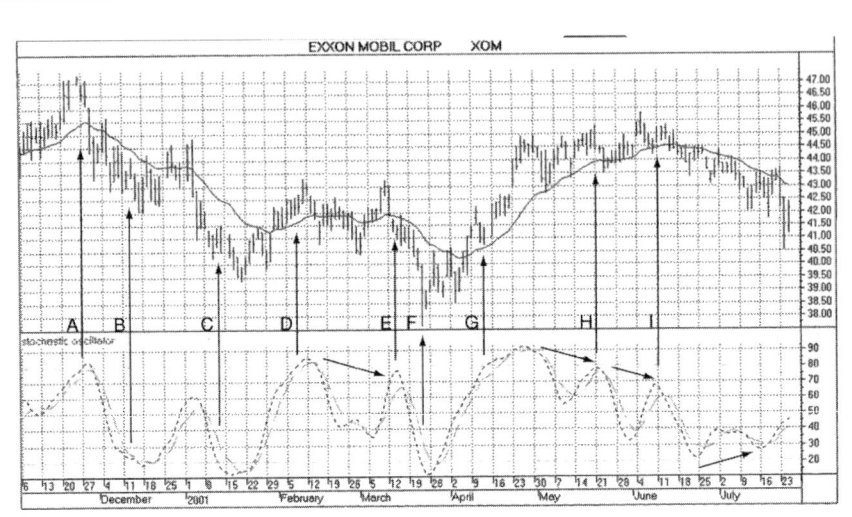

그림 5.14 스토캐스틱

당신은 가격이 높을 때 매수를 하면 기분이 좋고, 가격이 하락할 때 매도를 하면 안도감을 느낄지도 모른다. 그러나 스토캐스틱은 당신이 옳은 일을 할 수 있도록 도와줄 것이다. 옳은 일이란 싸게 사서 비싸게 파는 것을 말한다. 스토캐스틱이 하단 기준선으로 하락하면, 시장이 과매도 상태에 있다는 것을 말해주고 매수 신호를 보내는 것이다(B, C, F). 매수를 하든 않든 상관없지만, 스토캐스틱이 낮으면 공매도 거래는 하지 말아야 한다.

스토캐스틱이 상단 기준선으로 상승하면 매도 신호다(A, D, G, H). 매도 신호는 강력한 상승 추세 시에는 너무 이를 수 있지만, 당신이 매도를 하든 않든 한 가지 사실은 분명하다. 매수를 하기에는 너무 늦었다는 것이다. 스토캐스틱은 당신이 추세를 뒤쫓는 우를 범하지 않게 해준다.

다이버전스는 가장 강력한 신호다. E에서 엑손은 고가가 비슷한 이중 천정을 형성했는데 스토캐스틱은 전보다 낮은 천정을 만들었다. 하락 다이버전스이며 강력한 매도 신호. 3월에 강력한 반등이 시작되었지만 5월에 이르자 하락 다이버전스가 나타났다. 파티가 끝난다는 신호다. I에서 삼중 하락 다이버전스가 나타났을 때 보유 주식을 처분하고 공매도를 할 수 있는 기회가 한 번 더 있었다. 여기서부터 주가 하락이

> 줄곧 계속되었다.
> 엑손의 차트 오른쪽 가장자리에서는 주가 하락이 계속되고 있고, 하락하는 지수이동 평균이 이를 확인시켜주고 있다. 스토캐스틱은 상승 다이버전스를 만들려고 하지만, 두 번째 바닥이 거의 첫 번째 바닥만큼 낮다. 매도 세력이 매우 강력하여 하락은 앞으로도 계속될 가능성이 크다.

대개 너무 처참해 보이기 때문이다. 하지만 이때야말로 매수의 적기라 할 수 있다. 스토캐스틱이 상단 기준선으로 반등했을 때는 매도 기회를 찾아보아야 할 시간이 온 것이다. 이것 역시 쉬운 일이 아니다. 스토캐스틱이 고점으로 향할 때는 시장이 정말 끝도 없이 상승할 것처럼 보이기 때문이다. 하지만 이때가 매도 적기다.

우리는 기계적인 방법으로 스토캐스틱만을 보아서는 안 된다. 강력한 상승 추세가 시작되었을 때 스토캐스틱은 금세 과매수 상태를 보여주면서 매도 신호를 보낸다. 강력한 하락장에서는 스토캐스틱이 일찍부터 과매도 상태가 되면서 매수 신호를 보낸다. 이 지표는 추세추종 지표로 보완해야만 탈이 없다.

거래자는 매수 신호를 확인하기 위해 스토캐스틱이 상승으로 돌아서는 것을 기다려야 할까? 매도 신호를 확인하기 위해 스토캐스틱이 하락으로 돌아서는 것을 기다려야 할까? 사실을 말하자면, 그러지 않아도 된다. 왜냐하면 스토캐스틱이 방향 전환을 할 무렵에는 보통 새로운 움직임이 이미 진행 중에 있기 때문이다. 시장에 들어갈 기회를 찾는다면, 단순히 스토캐스틱이 극단적인 영역에 들어갔을 때를 거래 신호로 삼아야 한다.

스토캐스틱이 상승 다이버전스를 형성할 때, 즉 가격이 새로운 저점으로 떨어졌지만 스토캐스틱은 전보다 얕은 바닥을 만들었을 때 롱 포지션을 취하라. 스토캐스틱이 하락 다이버전스를 형성할 때, 즉 가격이 새로운 고점으로 상승했지만 스토캐스틱은 전보다 낮은 천정을 만들었다가 하락할 때 숏 포지션을 취하라. 이상적인 매수 상황에서는 스토캐스틱의 첫 번째 바닥이 하단 기준선 아래에 있고 두 번째 바닥은 하단 기준선 위에 있다. 최상의 매도 신호는 스토캐스틱의 첫 번째 천정이 상단 기준선 위에 있고 두 번째 천정은 상단 기준선 아래에 있을 때 발생한다.

스토캐스틱이 상단 기준선 위에 있을 때는 매수를 하지 말라. 스토캐스틱이 하단 기준선 아래에 있을 때는 공매도를 하지 말라. 이런 금지 규칙은 아마도 스토캐스틱의 가장 유용한 메시지일 것이다. 추세 확인은 이동평균선이, 반전 확인은 MACD 히스토그램이, 이익 목표점 확인은 채널이, 진입과 청산 시점 포착은 강도지수가 스토캐스틱보다 낫다. 문제는 이들 지표가 대부분의 경우 행위 신호만을 제공한다는 것이다. 스토캐스틱은 위험 지대를 알려준다. 스키 슬로프에 있는 빨간 깃발들이 스키 타는 사람들에게 위험한 지역을 알려주는 것과 똑같다. 스토캐스틱은 당신이 추세를 뒤쫓고 싶어 할 때 가지 말라고 말해준다.

사냥에 나설 준비가 되었는가?

어떤 지표를 선택하느냐는 개인의 취향에 달려 있다. 자동차를 선택하는 것과도 비슷하다. 단, 추세를 확인하기 위한 추세추종 지표와 반전을 확인하기 위한 오실레이터를 함께 사용한다는 사실을 명심해야 한다.

이상 설명한 지표들 외에, 방향성 시스템에 대해 알아보고 싶어할지도 모르겠다. 추세를 찾는 데 뛰어난 방향성 시스템은 몇 가지 요소로 구성되어 있는데, 그중 하나는 새로운 상승장을 확인하는 데 유용한 ADX이다. 윌리엄스 %R은 스토캐스틱과 비슷한 오실레이터이지만, 이익을 내고 있는 포지션의 피라미딩을 언제 해야 하는지 알아내는 데 특히 유용하다. 상대강도지수^{RSI}는 온전히 종가에 바탕한 오실레이터다. 폐장 무렵에 시장을 지배하는 시장 전문가들의 행동을 추적하는 데 유용하다.

단 하나의 지표로는 어떤 시장에서도 성공을 보장할 수 없다는 것을 명심하라. 이동평균선 같은 추세추종 지표는 추세를 잘 포착하지만 거래 범위 내에서 속임수 신호를 만들어낸다. 오실레이터는 거래 범위 내에서 천정과 바닥을 확인시켜주지만, 시장이 움직이기 시작할 때는 너무 일찍 역추세 신호를 보낸다.

거래 신호는 차트의 한복판에서는 찾아내기 쉽지만, 오른쪽 가장자리에서는 찾기가 여간 어려운 게 아니다. 이 세상에 마법의 지표는 없다. 모든 지표는 거래 시스템의 요소들이다. 좋은 거래 시스템은 몇 가지 도구를 활용하는데, 이런 도구 각각의 부정적인 특징들을 서로 상쇄하게 만드는 한편 긍정적인 특징들은 온전히 남아 있게 한다.

CHAPTER 06
거래

초보자들은 거래를 할 때 감정에 빠진다. 만약 시장에서 살아남고 또 성공하고 싶다면 당신은 반드시 자제심을 길러야 한다. 공포 또는 기쁨이라는 감정이 마음속에서 생겨난다면 당신은 의식적으로 자제심의 끈을 조이고 냉철하게 거래 시스템에 따라야 한다. 당신의 거래 시스템은 시장의 문이 닫히고 당신이 침착함을 유지하고 있을 때 만들어둔 것이다. 당신의 거래 시스템이야말로 당신이 시장에서 살아남고 또 성공할 수 있는 유일한 길이다.

자동 거래 시스템의 개념에는 기본적으로 결함이 있다. 이런 시스템이 제대로 돌아갈 수 있다면, 가장 큰 컴퓨터를 가진 가장 똑똑한 사람이 오래전에 시장을 궁지에 몰아넣었을 것이다. 시장은 물리 법칙을 따르는 기계적인 혹은 공학적인 실체가 아니기 때문에 자동 시스템은 제대로 효과를 발휘할 수 없다. 시장은 불완전한 대중 심리에 따라 움직이는 거대한 군중이다. 물리학과 수학은 도움이 될 수 있지만 거래의 결정에서는 심리에 대한 고려가 필요하다.

당신이 전문가와 얘기를 나눈다면, 전문가가 물어볼 최초의 질문 중 하나는 당신이 자유재량 거래자discretionary trader인지 아니면 시스템 거래자인지 하는 것이다(어쩌면 당신이 한 몇 마디 말로 이미 그 답을 알고 아무것도 물어보지 않을 수도 있다).

자유재량 거래자는 시장에서 정보를 얻어 몇 가지 기술적 도구를 활용하여 이를 분석한다. 그는 시간과 시장에 따라 다소 다른 도구들을 적용할 것이다. 그의 의사결정나무decision-making tree에는 많은 가지들이 있으며, 그는 시장 상황이 변하면 그때그때에 맞춰 다른 가지를 따라 간다. 모든 가지는 의사결정나무의 튼튼한 줄기에 연결되어 있다. 이것은 리스크 조절을 위한 어길 수 없는 원칙들의 집합이다.

시스템 거래자는 거래에 들어가고 나오기 위한 기계적인 규칙들의 집합을 만들어놓는다. 그는 이런 규칙들을 백테스트한 뒤 자동 조종 장치에 걸어놓는다. 이 지점에서 아마추어와 프로가 서로 다른 길을 간다. 시장에 겁을 집어먹은 아마추어는 자기가 만든 것이든 남으로부터 구입한 것이든 시스템이 자신의 근심을 덜어준다는 것에서 안도한다. 시장 상황은 늘 변화하고 모든 시스템은 자기파괴적이다. 기계적인 시스템에 의존하는 모든 아마추어들이 종국에 돈을 잃을 수밖에 없는 것은 바로 이 때문이다. 한편 자신의 거래 시스템을 자동 조종 장치에 맡긴 프로는 계속해서 매처럼 모니터를 노려보고 있다. 그는 보아 넘길 만한 작동 부진과 갖다 버리고 새로 장만해야 할 정도의 시스템 퇴화와의 차이를 안다. 프로 시스템 거래자는 자유재량 거래를 할 수 있다는 바로 그 이유 때문에 기계적인 시스템을 이용할 수 있는 것이다!

내가 경험한 바로, 시스템 거래자는 보다 일관된 결과를 얻는 경향이 있지만, 가장 큰 성공을 거둔 거래자는 스스로 판단하고 결정할 수 있는 사람들이다. 선택은 냉정한 비즈니스적 결정보다는 성향에 좌우된다. 어떤 사람은 시스템 거래에 끌리고 또 어떤 사람은 자유재량 거래에 매력을 느낀다. 이 책에서 읽을 수 있는 대부분의 내용은 자유재량 거래를 다루고 있다. 하지만 모두 시스템 거래에도 적용할 수 있는 것들이다. 이 책은 두 부류의 거래자 모두에게 도움을 주기 위해 쓰였다.

거래 시스템은 시장을 위한 행동 계획이지만 어떤 계획도 모든 일을 예측할 수는 없다. 늘 판단이 요구되는 것이며 이는 최상의 신뢰할 만한 계획이라고 해도 마찬가지다.

당신의 생활 가운데서 어떤 또 다른 계획이나 시스템에 대해 한번 생각해보자. 예컨대 차고에서 자동차를 꺼내는 일에 관해 생각해보자. 먼저 당신은 차고 문을 열어야 한다. 그런 다음 차의 시동을 걸고 거리를 향해 몰고 가되 벽에 부딪히거나 지나가는 자전거를 치거나 트럭과 충돌하는 일을 피해야 한다.

차고에서 자동차를 꺼내는 일도 매번 똑같은 일을 똑같은 순서대로 한다는 점에서 시스템에 따라 일을 처리하는 셈이다. 당신은 이 과정에서 늘 반복되는 과정에 대해서는 생각하지 않고 중요한 것에 주의를 기울인다. 자전거를 탄 아이나 전날 밤 내린 눈이나 인도를 지나고 있는 이웃사람 같은 위험을 피하는 일 말이다. 장애물을 발견하면 당신은 시스템에서 벗어났다가 상황이 정상으로 되돌아오면 다시 시스템으로 돌아간다. 당신은 자전거 타는 아이나 눈길이나 이웃들까지 모두 알아서 처리해주는 완벽한 시스템을 마련하려고 들지는 않을 것이다. 그런 시스템은 너무 복잡하고 또 아무리 해도 결코 완벽해질 수 없기 때문이다. 이웃은 다른 방향에서 당신의 자동차가 지나는 길목으로 나타날 수도 있다. 시스템은 반복적인 과정을 자동화하고, 필요할 때 당신이 재량껏 판단할 수 있도록 도와주는 장치다.

이것이 바로 당신이 시장에서 필요로 하는 것이다. 거래 대상을 찾고 손실제한주문 가격과 이익 목표점을 정해주는 시스템 말이다. 하지만 이럴 때라도 당신은 당신이 가는 길에서 연준^{FRB}의 발표라는 형태로 튀어나오는 커다란 트럭이나 실망스러운 실적 보고서의 형태를 하고 있는 자전거 탄 아이에 주의를 기울여야 한다. 많은 초보자들은 완벽한 거래 시스템을 만들거나 아니면 그런 시스템을 구입한다는 불가능한 일을 소망한다. 이것은 '자동차를 차고에서 꺼내는 완벽한 시스템'을 만드는 것만큼이나 불가능한 일이다.

나에게는 거래자들을 위해 시스템을 테스트해주면서 살아가는 친구가 두 명 있다. 둘 다 전문 프로그래머다. 그중 한 명이 웃음을 터뜨리며 내게 해준 얘기에 따르면, 성배를 찾았다고 생각하는 아마추어들로부터 적어도 일주일에 한 번씩 전화가 온다고 한다. 아마추어들은 자동화된 규칙들의 시스템을 조사하여 최적의 매개변수를 찾고 싶어하는데, 보통 그들이 가장 걱정하는 것은 프로그래머가 그 비밀을 훔치지 않을까 하는 것이라고 했다! 나는 그 친구에게 거래 시스템 테스트를 했던 몇 년 동안 수익을 내는 자동화 시스템은 얼마나 있었냐고 물었다.

그 친구는 하나도 없었다고 대답했다.

하나도 없었다고? 그렇다면 그 친구는 그런 종류의 작업들을 하는 데 염증을 느끼지 않았을까?

그가 그나마 보람을 갖고 그 일을 계속 할 수 있었던 것은 소수의 꾸준한 고객들 덕분이었다. 그들은 전문 거래자로서 성공적인 삶을 영위하고 있었다. 그들이 테스트를 위해 그에게 가져오는 거래 도구는 대개 얼마 안 되었다. 그들은 어떤 식으로 손실제한주문을 해야 하는지, MACD의 기간은 얼마로 해야 하는지 등을 결정하기 위해 매개변수들을 테스트했다. 그런 다음에는 자신의 판단에 따라 소수의 거래 기법들을 조합하여 의사결정나무를 만들었다.

뛰어난 거래 시스템이 백테스트를 거친 구성 요소들로 이루어져 있다고 하더라도 행동에 대한 결정권은 결국 거래자에게 있다. 시스템에 대개 리스크 조절과 자금관리에 관련된 침범할 수 없는 원칙들이 있는 것은 사실이지만, 거래자는 이런 요소들을 결합하여 스스로 거래 결정을 내릴 재량을 갖고 있는 것이다.

뛰어난 거래 시스템은 시장에 들어가고 나오기 위한 행동 계획이며, 거래 대상을 찾거나 자본을 보호하는 따위의 역할을 한다. 그러나 진입, 청산, 손실제한주문 가격 조절 같은 대부분의 행위는 부분적으로는 모르지만 완전히 자동화될 수는 없다. 생각은 고된 일이다. 기계적인 거래 시스템은 당신에게 더 이상 생각할 필요가 없다고 유혹할지 모르지만 그것은 거짓된 약속이다. 성공적인 트레이더가 되기 위해서는 스스로 판단할 줄 알아야 한다. 거래 시스템은 거래의 방식이지 자동 처리 공정이 아니기 때문이다.

● 시스템 테스트 ●

당신은 각각의 지표, 규칙, 기법을 시스템에 포함시키기 전에 테스트해보아야 한다. 많은 거래자들은 이를 위해 과거의 데이터를 테스트 소프트웨어에 쏟아부은 다음 시스템의 매개변수에 관한 결과를 얻는다. 손익률, 최대 및 최소 이익 또는 손실, 평균 이익 및 손실, 연속적으로 이익 혹은 손실을 낸 거래의 최장 횟수, 평균 수익, 평균 또는 최대 손실폭 등은 객관성과 견실함의 외관을 제공한다.

이런 결과값들은 당신의 마음속에 안도감이라는 거짓된 감정을 낳을 것이다.

테스트로는 매우 근사한 결과값을 받아볼 수 있었지만 진짜 돈으로 거래를 할 때 연속으로 다섯 차례의 손실을 본다면 어떻게 하겠는가? 현실에서는 언제든 이런 일이 일어난다. 당신은 이를 앙다물고 다른 거래를 한다. 하지만 또 다시 손실을 입는다. 손실폭은 커져만 간다. 당신은 다시 거래를 하겠는가? 그렇지 않을 것이다. 계좌의 금액이 줄어들면서, 당신은 갑자기 인상적인 테스트 결과들이 당신의 미래를 걸기에는 너무나 믿을 수 없는 것처럼 보이기 시작할 것이다.

컴퓨터 테스트의 매력은 대단하여 수수료를 받고 시스템을 테스트하는 것이 프로그래머들 사이에서 작은 사업이 되었을 정도다. 어떤 거래자들은 소프트웨어를 테스트하는 방법을 배우기 위해 몇 년은 아니라고 해도 몇 달씩 노력을 하기도 한다. 자신이 거래를 두려워한다는 것을 인정하기 싫어하는 패자는 새로운 소프트웨어 사용법을 익히는 중이라고 아주 그럴듯한 변명을 한다. 그는 물을 두려워하여 물에 뛰어들지는 않고 수영복의 주름만 펴고 있는 수영선수와 다를 바 없다.

시스템 테스트는 오직 한 가지 방법만이 유효하다. 이 방법은 느리고 시간이 많이 들지만, 한 번에 백 개의 시장을 테스트하는 방법들과는 다르다. 거래에 제대로 대비하게 해주는 것은 결국 이 방법뿐인데, 과거의 데이터들을 한 번에 한 주치 또는 하루치씩 조사하는 방법이다. 먼저 어느 날의 차트를 보고 그다음 날의 거래 신호를 신중히 기록한다. 그런 후 그다음 날의 차트를 클릭하여 거래를 기록하고 또 그다음 날을 위한 거래 신호를 기록한다. 이런 식으로 계속해야 한다.

우선 최소 2년 동안의 주식과 선물 데이터를 다운로드하라. 파일의 원쪽에 시선을 고정시키고, 그다음 자료의 내용이 어떻게 변하는지 보지 않도록 주의하라. 기술적 분석 프로그램과 스프레드시트를 열라. 컴퓨터에서 거래자에게 가장 중요한 두 가지 키는 알트와 탭이다. 이 두 키로 두 프로그램을 쉽게 오갈 수 있기 때문이다. 분석 프로그램에서 두 개의 창을 열라. 하나는 지표들이 그려진 장기 차트이고 다른 하나는 단기 차트다. 스프레드시트를 열고 페이지 맨 위에 시스템의 규칙을 적고, 진입 날짜 및 가격, 청산 날짜 및 가격을 기입할 항목을 만들라.

주간 차트를 보고 거래 신호를 찾아보라. 매수 신호 또는 매도 신호가 있다면, 같은 날에 끝나는 일간 차트로 가서 역시 매수 신호 또는 매도 신호가 나타나 있는지 살펴보라. 만약 있다면 당신이 낼 주문을 스프레드시트에 기록하라. 다시 일간 차트로 돌아가 하루 뒤의 기록을 보라. 당신이 낸 매수 주문이나 매도 주문이 이행되었을지 여부를 확인하라. 이행되었다면 스프레드시트로 돌아가 그 결과를 기록하라. 하루하루 거래를 추적하면서 손실 제한주문 가격을 계산하고 어디서 이익을 실현해야 하는지 결정하라.

전체 데이터 파일에 대해 이 과정을 수행하라. 주간 차트에서는 한 번에 한 주씩, 일간 차트에서는 한 번에 하루씩 조사를 해나가라. 시스템에 나타나는 신호와 당신의 행동을 매번 기록해두라.

한 번에 하나씩 자료를 펼쳐보는 과정에서 시장의 역사가 천천히 드러나며 당신에게 끊임없이 과제를 던져줄 것이다. 마우스를 클릭하면 매수 신호가 나타난다. 당신은 이 신호를 받아들일 것인가? 스프레드시트에 당신의 결정 사항을 기록하라. 정해진 목표점에서 이익을 실현할 것인가, 아니면 매도 신호나 가격의 움직임에 따라 이익을 실현할 것인가? 이런 식으로만 한다면 당신은 단순히 시스템 테스트 이상의 성과를 거둘 수 있을 것이다. 한 주 혹은 하루치씩 자료를 조사해가면서 실제적으로 의사결정 능력을 기를 수 있다. 한 번에 하나씩의 바를 테스트하는 과정은 소프트웨어 백테스팅에서 얻을 수 있는 것보다 훨씬 많은 것을 당신에게 가져다줄 것이다.

시장이 열리면서 당신이 생각해둔 매수 수준 위로 또는 손실제한주문 가격 아래로 가격 갭이 형성되었을 때 당신은 어떻게 하겠는가? 선물에서 제한폭까지 움직인다면 어떻게 하겠는가? 시스템을 조절하거나 변경하거나 폐기해야 할까? 한 번에 하루치씩 자료를 보는 방법으로 당신은 거래를 하지 않고서도 거래의 실제 경험에 가까이 다가가 생생한 시장을 그대로 접하게 될 것이다. 그것은 전문적인 시스템 조사 프로그램의 깔끔한 결과 보고서에서는 얻을 수 없는 경험이다.

이런 수동식 테스트 방법은 생각하고, 사건을 인식하고, 안개가 자욱한 시장의 상황에서 행동할 수 있는 능력을 개선시켜줄 것이다. 당신의 거래 계획에는, 그 대부분이 자금관리에 관한 것일 테지만, 어쨌든 어떤 절대적인 원칙이 있어야 한다. 이런 원칙을 고수하는 한 당신은 시장에서 거래할 때 그만큼 많은 자유를 누릴 수 있다. 당신에게는 한층 높아진 지식, 성숙도, 판단력, 기술력이 갖춰질 것이고 어떤 전산화된 테스트에서도 얻을 수 없는 중요한 자산이 될 것이다.

모의 거래

모의 거래는 실제로 돈을 내고 거래를 하지는 않지만 거래에 관한 결정을 내려 이를 기록하고 실제 거래처럼 추적하는 방법이다. 모의 거래를 하는 대부분의 사람들은 시장으로부터 크게 당한 뒤 용기를 잃은 사람들이다. 어떤 사람들은 실제 거래와 모의 거래 사이를 오가면서 왜 모의 거래에서는 돈을 버는데 실제 거래에서는 늘 돈을 잃고 마는지 의아해한다.

두 가지 이유 때문에 이런 일이 일어난다. 첫째, 사람들은 모의 거래 때는 감정에 좌우되는 경향이 줄어든다. 돈을 걸지 않았을 때 옳은 결정을 내리기 쉬운 법이다. 둘째, 훌륭한 거래는 진입 시점에서는 대개 불명확해 보이기 때문이다. 쉬워 보이는 거래는 사실 나중에 문제를 일으킬 가능성이 크다. 겁이 많은 초보자들은 주로 분명해 보이는 거래에 뛰어들지만 모의 거래에서는 유망해 보이는 대상을 거래한다. 말할 필요도 없겠지만, 실제 거래와 모의 거래 사이에서 왔다 갔다 하는 것은 완전히 쓸데없는 짓이다. 이것이냐 저것이냐 한 가지를 택해서 해야 한다.

　모의 거래를 하는 이유는 한 가지다. 자제심을 테스트하기 위해서다.

　날마다 장이 끝난 뒤 데이터를 다운로드하고 당신에게 주어진 과제를 수행한다면 가능하다. 하루 전날 시장에 낼 주문을 기록하고, 다음날의 시가를 확인하고, 진입 시점을 기록하고, 매일 시장을 추적하며 이익 목표점과 손실제한주문 가격을 조정한다면—몇 달 동안 쉬지 않고 이 모든 일을 할 수 있다면, 이렇게 하루도 빠짐없이 당신의 행동을 기록한다면—당신은 주식 거래에 요구되는 자제심을 기를 수 있을 것이다. 단순히 즐거움을 위한다면 이런 식으로 모의 거래를 할 수 있는 사람은 아무도 없을 것이다. 왜냐하면 이렇게 한다는 것은 그야말로 중노동이기 때문이다.

　자신의 시스템으로 모의 거래를 해보려면 날마다 장이 끝난 뒤 데이터를 다운로드하라. 당신이 선택한 도구와 기법을 적용하여 내일의 거래에 관해 결정하고, 손실제한주문 가격과 이익 목표점을 정하라. 중개인에게 진짜로 주문을 내지는 않지만 주문이 체결될지 여부와 주문 체결 사항을 기록해두라. 스프레드시트와 거래일지를 이용하여 모의 거래를 해보기 바란다(8장 '체계 잡힌 거래자'를 보라). 수개월 동안 이 과정을 날마다 반복할 의지가 있다면, 당신은 진짜 돈으로 성공적인 거래를 할 만한 자제심을 갖추었다고 하겠다.

하지만 진짜 돈으로 거래를 하는 것은 무엇으로도 모방할 수 없는 것이다. 실제 거래를 하면 모의 거래 때보다 훨씬 더 감정에 사로잡힐 것이다. 실제 거래 때는 모의 거래 때보다 훨씬 더 작은 규모의 거래를 하여 일단 배워보겠다는 자세를 갖는 것이 좋다.

● 삼중 스크린 거래 시스템 ●

해마다 몇 차례 있는 일인데, 회의장 같은 곳에서 사람들이 나를 보고 다가오곤 한다. 그들은 내 책을 읽거나 내 트레이더 캠프에 참가하고 나서 직업적으로 트레이딩을 하고 있다는 얘기를 나에게 들려주곤 한다. 그럴 때면 나는 물론 큰 기쁨을 느낀다. 그런 사람들 중에는 그 무렵 산꼭대기 경치 좋은 곳에서 살며 주식 거래를 하고 있는 경우도 많았고, 그 산이 그들의 소유인 경우도 종종 있었다. 그런데 대화를 나누다 보면 중간쯤부터 그들이 나에게 다소 미안해하는 마음을 품고 있다는 것을 알게 된다. 그들은 여전히 삼중 스크린 기법을 사용하지만, 내가 가르쳐준 방식과 정확히 같지는 않다고 말한다. 지표를 변경하거나, 또 다른 스크린을 추가하거나, 툴을 교체했다는 것이다. 나는 그런 말을 들을 때마다 내가 정말로 '진정한 승자'를 만났구나 하는 생각을 한다.

우선 나는 그들에게 그들의 성공은 그들 스스로의 노력 덕분이라고 말해준다. 나는 사실 그들을 똑같은 강의실에 있는 수십 명의 사람들과 다르게 가르치지는 않았다. 승자는 배운 것을 받아들이고 이를 발판으로 성공의 길로 나아갈 만한 자제심을 갖추고 있는 사람들이다. 나는 그들이 미안해하는 시스템의 일부 변경이 바로 그들의 성공을 알려주는 일종의 증거라고 생각한다. 유익한 시스템을 구축하려면 매개변수를 테스트하고 세밀하게 조정하여 비록 다른 사람이 개발한 것이라고 해도 시스템이 당신만의 것이 될 수 있게 해야 한다. 성공에는 자제심이 필요하고 자제심은 확신에서 비롯된다. 당신이 확신을 가질 수 있는 유일한 시스템은 당신의 자료로 직접 테스트를 하고 당신의 방식에 맞게 변경을 가한 시스템이다.

나는 1980년대 중반 삼중 스크린 거래 시스템을 개발하여 1986년《선물Futures》지에 기사를 써서 이를 대중에게 최초로 공개했다. 그후 책이나 여러 녹화 영상에서 삼중 스크린 시스템을 수정·보완했다. 여기서는 최근에 다시 보완된 측면을 중심으로 삼중 스크린 시스템을 살펴보겠다.

거래 시스템이란 무엇인가? 기법, 시스템, 테크닉은 어떤 점이 다른 것인가?

- 기법은 일반적인 거래 방침이다. 예컨대 추세를 좇아 거래하여, 추세가 상승세일 때 매수하고, 천정이 형성되었을 때 매도한다는 전략을 기법이라 하겠다. 혹은 저평가된 시장에서 매수하거나 중요한 지지선에서 롱 포지션을 취하고 가격이 저항선에 도달했을 때 매도하는 기법 같은 것도 있다.
- 시스템은 기법을 이행하는 원칙의 집합이다. 예컨대 우리가 추세를 좇는 기법을 따른다고 하면, 시스템에서는 몇 주 기간의 이동평균선이 상승 반전할 때 매수하고 일간 이동평균선이 하락 반전할 때 매도하라고 지시할 것이다. 아니면 주간 MACD 히스토그램이 상승할 때 매수하고 하락할 때 매도하라고 할 것이다.
- 테크닉은 거래에 들어가거나 나오는 하나의 특정한 규칙이다. 예컨대 시스템이 매수 신호를 보낼 때는 가격이 전날의 고가를 넘을 때 매수하는 테크닉 혹은 가격이 그날 새로운 저가를 기록하지만 종가가 고가 근처에서 형성될 때 매수하는 테크닉이 있을 수 있다.

삼중 스크린 기법은 몇 가지 시간 스케일로 시장을 분석하고 추세추종 지표와 오실레이터를 동시에 활용한다. 우리는 장기 차트에서 추세추종 지표를 이용하여 롱 포지션을 취할지 아니면 숏 포지션을 취할지 전략적 결정을 내린다. 단기 차트에서는 오실레이터를 이용하여 진입 혹은 청산에 관한 전술적 결정을 내린다. 원래의 기법은 변하지 않았지만 시스템—지표의 올바른 선택—은 테크닉과 마찬가지로 오랫동안 진화해왔다.

삼중 스크린 기법은 세 개의 스크린을 이용하여 각각의 가능한 거래를 조사하거나 테스트한다. 각 스크린은 서로 다른 시간 스케일과 지표들을 이용한다. 이런 스크린은 얼핏 매력적인 것처럼 보이는 많은 거래를 걸러낸다. 삼중 스크린은 당신에게 거래에 관한 신중하고 조심스러운 접근법을 제공할 것이다.

상충하는 지표들

기술적 지표들은 차트 패턴보다 추세나 반전을 좀더 객관적으로 확인시켜준다. 하지만 지표의 매개변수를 바꿀 경우 신호에 영향을 미친다는 사실을 기억해두라. 원하는 신호를 얻을 때까지 지표를 '조작'하는 잘못을 저지르지 않도록 조심해야 할 것이다.

모든 지표는 세 가지 주요 범주로 나뉜다.

추세추종 지표는 추세 확인에 도움을 준다. 이동평균선, MACD선, 방향성 시스템 등은 시장이 상승할 때 상승하고 시장이 하락할 때 하락하며, 시장이 일정한 등락폭의 거래 범위로 들어갈 때 평평해진다.

오실레이터는 과매수와 과매도 상태를 확인하여 전환점을 찾는 데 도움을 준다. 엔벨로프 또는 채널, 강도지수, 스토캐스틱, 엘더-레이 등은 상승 또는 하락이 동력을 상실하여 반전이 임박한 때를 알려준다.

기타 지표들은 시장 군중의 분위기를 가늠하는 데 도움을 준다. 강세합의지수, 거래자들의 매매에 관한 보고서, 신고점·신저점지수 등은 시장에서 매수세 또는 매도세의 일반적인 수준을 나타낸다.

서로 다른 범주의 지표들은 종종 상충하는 신호를 보낸다. 추세추종 지표는 상승하면서 우리에게 매수를 권하는 반면, 오실레이터는 과매수 상태를 가리키면서 우리에게 매도를 권할 수도 있다. 또 추세추종 지표는 하락 반전하여 매도 신호를 보내는데 오실레이터는 과매도 상태로 들어가 매수 신호를 보낼 수도 있다. 소망적 사고의 덫에 걸리면 자신이 원하는 메시지를 보내는 지표를 따르기가 쉽다. 거래자는 모든 범주의 지표를 고려하여 이들의 모순을 처리해주는 시스템을 고안해야 한다.

상충하는 시간 스케일

지표는 같은 날 같은 주식에서 상승 추세와 하락 추세를 동시에 가리킬 수 있다. 그것이 어떻게 가능하단 말인가? 이동평균선은 주간 차트에서 상승하면서 매수 신호를 보내지만, 일간 차트에서는 하락하면서 매도 신호를 보낼 수 있다. 일간 차트에서는 상승하면서 우리에게 롱 포지션을 취하라고 권하지만, 10분 차트에서는 하락하면서 우리에게 숏 포지션을 취하라고 권할 수 있다. 그렇다면 우리는 어떤 신호를 따라야 할까?

아마추어는 분명해 보이는 것을 찾는다. 그들은 하나의 시간 스케일만을, 대개는 일간 차트만을 손에 쥐고 지표를 적용하고 다른 시간 스케일의 차트는 무시한다. 처음에는 시장이 예상대로 흘러갈지 모르지만, 그것은 주간 차트상의 큰 움직임이 덮치거나 시간 차트상에서 갑자기 튀어나온 스파이크가 거래를 망쳐버리기 전까지의 이야기일 뿐이다. 모르는 게 약이라고 말하는 사람은 거래자가 될 자격이 없다.

일간 차트로 돈을 잃은 사람들은 종종 실시간 데이터를 이용하여 더 빨리 움직이면 훨씬 나은 성적을 얻지 않을까 생각한다. 하지만 일간 차트로 돈을 벌 수 없다면, 실시간 시황 화면은 당신이 돈을 잃는 속도를 더 빠르게 할 게 뻔하다. 시황 화면은 패자들을 최면에 빠뜨린다. 보다 단호한 사람은 오히려 시장에 더 가까이 가기 위해 거래소의 자리를 임대하여 객장에서 거래를 시작한다. 하지만 곧 정산소의 증거금 계원이 이 새로운 거래자의 자본이 한도 아래로 떨어진 것을 발견한다. 그러면 그의 심부름꾼이 다가가 그 새로운 거래자의 어깨를 두드린다. 그는 할 수 없이 일어선다. 패자는 그렇게 쫓겨나고 그 뒤로 다시는 시장에 나타나지 않는다.

패자들이 지닌 문제는 데이터가 너무 느리다는 것이 아니라 의사결정 과정이 엉망이라는 데 있다. 상충하는 시간 스케일의 문제를 해결하기 위해서는 시장에다 얼굴을 더 가까이 들여댈 게 아니라 좀더 멀리 떨어져서 무슨 일이 일어나고 있는지 넓은 시야로 살펴보아야 한다. 그래서 매수 세력이 되어야 할지 아니면 매도 세력이 되어야 할지 전략적인 결정을 내린 다음 시장에 가까이 다가가 진입 시점과 청산 시점을 찾아야 하는 것이다. 이게 바로 삼중 스크린이 얘기하는 전부다.

그렇다면 단기 스케일은 무엇이고 장기 스케일은 무엇인가? 삼중 스크린은 시간 스케일 간의 관계를 중시하며 융통성 없는 정의에 얽매이지 않는다. 우선 가장 마음에 드는 시간 스케일을 골라 이를 중간 스케일이라고 부른다. 만약 일간 차트로 주식 거래를 하고 싶다면 중간 스케일은 일간 차트가 된다. 만약 당신이 데이 트레이더고 5분 단위 차트를 좋아한다면 중간 스케일은 5분 단위 차트가 된다. 이런 식이다.

삼중 스크린은 중간 스케일에 5를 곱하여 장기 차트를 찾는다(152쪽 '시간: 5의 법칙'을 보라). 중간 스케일이 일간 차트라면 장기 스케일은 주간 차트가 된다. 중간 스케일이 5분 단위 차트라면 장기 스케일은 시간 차트다. 자신에게 가장 잘 맞는 시간 스케일을 골라 중간 스케일이라고 부르고 그보다 한 단계 높은 차트를 장기 스케일로 삼아라. 이 장기 차트를 보고 전략적 결정을 내리고 중간 스케일로 돌아가 진입과 청산 시점을 찾아라.

삼중 스크린의 핵심 원칙에 따르자면, 분석을 위해서는 먼저 시장에서 한발 물러나 큰 그림을 보며 전략적 결정을 내려야 한다. 장기 차트를 이용하여 매수세에 가담할지 아니면 매도세에 가담할지 결정하고 나서 시장에 가까이 다가가 진입과 청산에 관한 전술적 선택을 해야 하는 것이다.

삼중 스크린의 원칙

삼중 스크린은 지표와 시간 스케일 간의 모순을 해결해준다. 장기 차트에서는 추세추종 지표를 이용하여 전략적 결정을 내리는데 이것이 첫 번째 스크린이다. 그다음으로 중간 차트에서는 오실레이터를 이용하여 진입과 청산에 관한 전술적 결정을 내린다. 이것이 두 번째 스크린이다. 중간 차트나 단기 차트를 이용하여 매수 주문과 매도 주문을 위한 몇 가지 기법을 판단하여 실행에 옮기는데 이것이 세 번째 스크린이다.

우선 자신에게 가장 잘 맞는 시간 스케일을 고른다. 당신은 이 시간 스케일의 차트로 거래를 하며 이 차트를 중간 차트라고 부른다. 그리고 장기 차트에서 추세추종 지표를 롱 포지션을 취할지 숏 포지션을 취할지, 아니면 물러나 있을지 전략적 결정을 내린다. 물러나 있는 것도 적절한 선택이 될 수 있다. 장기 차트에서 추세를 확인한 후 중간 스케일의 차트로 돌아가 오실레이터를 이용하여 장기 추세의 방향에서 진입 및 청산 시점을 찾아본다. 손실제한주문 가격과 이익 목표점을 결정하고 단기 차트로 바꿔 가능하다면 진입과 청산 시점을 미세 조정한다.

스크린 1

자신에게 가장 잘 맞는 시간 스케일을 고르고 이를 중간 스케일이라고 부른다. 이 시간 스케일에 5를 곱하여 장기 스케일을 찾는다. 당신에게 일간 차트가 가장 잘 맞는다고 하자. 그렇다면 그보다 한 단계 더 높은 주간 차트를 펼쳐보라. 이때 일간 차트를 보아서는 안 된다. 일간 차트를 먼저 보면 주간 차트 분석에 영향을 미칠지 모르기 때문이다. 당신이 만약 데이 트레이더라고 하면, 가장 잘 맞는 시간 스케일로 10분 단위 차트를 고를지도 모른다. 그렇다면 이 중간 차트보다 시간 스케일이 대략 5배 큰 시간 차트를 먼저 보아야 한다. '대략'적으로 따진다는 것이 문제될 필요는 없다. 기술적 분석은 정교하기는 하지만 정밀과학은 아니기 때문이다. 당신이 장기 투자자라면, 주간 차트를 중간 차트로 삼고 월간 차트를 장기 차트로 활용할 수 있을 것이다.

추세추종 지표를 장기 차트에 적용하여 롱 포지션을 취할지 숏 포지션을 취할지, 아니면 그냥 물러나 있을지 전략적 결정을 내려라. 나는 원래 삼중 스크린에서는 주간 MACD 히스토그램의 기울기를 주간 추세추종 지표로 사용했는데, 너무 민감하여 매수 신호와 매도 신호가 너무 많이 발생했다. 그래서 요즘에는 주간 지수이동평균선의 기울기를 장기 차트의 주요 추세추종 지표로 사용하고 있다. 주간 지수이동평균이 상승하면 상승세가 확인되고, 우리는 롱 포지션을 취하거나 아니면 그냥 뒤로 물러나 있어야 한다. 주간 지수이동평균이 하락하면 하락세가 확인되고, 따라서 우리는 숏 포지션을 취하거나 아니면 뒤로 물러나 있어야 한다. 나는 반년 기간에 해당하는 26주 지수이동평균을 활용한다. 모든 지표가 마찬가지지만, 당신도 지수이동평균에서 몇 가지 기간을 시험해보고 당신이 선택한 시장에 가장 잘 맞는 기간을 택해야 한다.

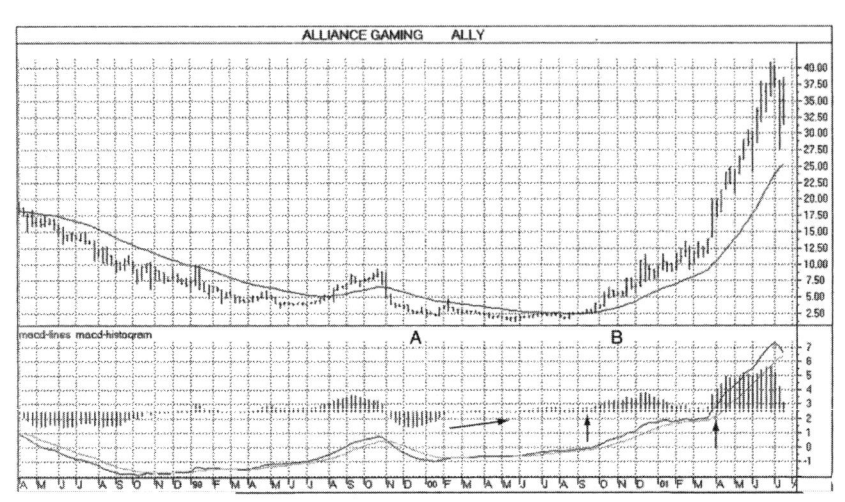

그림 6.1 삼중 스크린: 주간 차트

도박주는 경제 사정이 좋지 않을 때 잘나가는 경향을 보인다. 도박은 불운한 사람들을 끌어들이는 매력이 있다. 2000년과 2001년 주식시장 전반이 하락세에 있을 때 도박주는 놀랄 만한 성적을 거두었다. 예컨대 알리안스 게이밍 주식은 하향 후퇴도 거의 없이 2포인트 아래에서 40포인트 이상으로 급등했다. 삼중 스크린은 여기서 당신에게 어떤 도움을 줄 수 있을까?

A와 B 사이에 있는 패턴은 받침접시 바닥(saucer bottom)이라고 불린다. 느리게 움직이면서 최소한으로 하락했다가 다시 느리게 최소한으로 상승하며 거래량은 거의 없는 패턴이다. 하지만 이때 MACD 히스토그램은 상승 다이버전스를 형성했다. 주간 차트에서는 보기 드문 매우 강력한 신호다. MACD 히스토그램은 A 지점에서 저점을 형성하지만 받침접시의 바닥에서도 0 아래로 내려가지 않았다.

첫 번째 수직 화살표는 MACD 히스토그램이 상승 추세를 형성하는 곳을 나타낸다. 몇 주 뒤 주간 지수이동평균 역시 상승하기 시작하는데, 이때는 두 개의 주간 지표(MACD 히스토그램과 지수이동평균)가 동시에 상승세에 있으므로 매수 주문이 쏟아진다. 여기서 당신은 일간 차트로 바꾸어 보며 매수 기회를 노려야 한다.

두 번째 수직 화살표는 또 다시 지수이동평균과 MACD 히스토그램이 동시에 상승하

> 는 곳을 보여준다. 그로부터 몇 주가 지나자 주가는 두 배로 뛰어올랐다. 중단 없이 꾸준히 계속되는 주간 지수이동평균의 상승세는 우리에게 롱 포지션 쪽에서 거래해야 한다고 알려준다.
>
> 차트의 오른쪽 가장자리에서 주간 지수이동평균은 계속 상승세이지만 주가 움직임이 엄청난 변동성을 보이면서 상승 추세가 쉽게 이어지지 않을 것임을 보여준다. MACD 히스토그램은 지수이동평균과 반대 방향으로 움직이며 높은 변동성을 미리 경고하고 있다. 상대적으로 쉽게 벌 수 있었던 돈은 이제 테이블에서 사라졌다.

나는 그래도 계속하여 주간 MACD 히스토그램을 차트에 표시해놓는다. 지수이동평균과 MACD 히스토그램이 서로 들어맞으면 강력한 추세가 확인되는 것이므로 더 큰 규모의 포지션을 취하는 것이 좋다. 주간 MACD 히스토그램과 가격의 다이버전스는 기술적 분석에서 가장 강력한 신호가 되므로, 이때 지수이동평균의 메시지는 무시해도 된다.

스크린 2

중간 차트로 돌아가 오실레이터를 이용하여 장기 추세의 방향에서 거래 기회를 찾아라. 주간 추세가 상승세면, 일간 차트의 오실레이터가 하락하여 신호를 줄 때까지 기다려라. 가격의 일시적 하락 때 매수하는 것이 상승세의 정점에서 사는 것보다 안전하다. 주간 추세가 상승세일 때 일간 차트의 오실레이터가 매도 신호를 보내면, 롱 포지션을 취할 기회로 삼고 공매도 거래를 하지 말아야 한다.

주간 추세가 하락세면 일간 차트의 오실레이터가 상승할 때를 찾아라. 상승의 정점에서 공매도를 하는 것이 새로운 저점에서 공매도를 하는 것보다 안전하다. 일간 오실레이터가 매도 신호를 보내면 숏 포지션에서 이익을 취할 기회로 삼아야 하며 매수를 해서는 안 된다. 오실레이터의 선택은 당신의 거래 스타일에 달려 있다.

보수적인 거래자는 두 번째 스크린의 경우 일간 MACD 히스토그램이나 스토캐스틱 같은 상대적으로 느린 오실레이터를 선택한다. 주간 추세가 상승세면, 일간 MACD 히스토그램이 0 아래로 떨어졌다가 상승하거나 스토캐스틱이 하단 기준선으로 하락하면서 매수 신호를 보낼 때를 찾는다.

하락장에서 공매도를 할 때는 이 원칙을 반대로 적용한다. 주간 차트에서 추세추종 지표가 하락할 때, 일간 MACD 히스토그램이 0선 위에서 아래로 하락하거나 스토캐스틱이 상단 기준선으로 상승할 때는 매도 신호로 파악한다.

보수적인 접근법은 큰 움직임의 초기 단계에 가장 잘 들어맞는다. 이때는 시장이 천천히 속도를 끌어올릴 때다. 추세가 가속화되면 하향 후퇴의 폭은 점점 더 줄어든다. 빠르게 나아가는 추세에 올라타기 위해서는 그만큼 빠른 오실레이터가 필요하다.

적극적인 거래자는 강도지수의 2일 지수이동평균을 활용한다(당신이 선택한 시장을 조사한 결과에 따라서 기간은 2일을 넘을 수도 있다). 주간 추세가 상승세이고 일간 강도지수가 0 아래로 하락하면 매수 적기다.

하락장에서 공매도를 할 때는 이 원칙을 반대로 적용한다. 주간 추세가 하락세고 강도지수의 2일 지수이동평균이 0 위로 상승하면 공매도 기회다.

많은 다른 지표들 역시 삼중 스크린에서 유용하게 쓰일 수 있다. 첫 번째 스크린에서는 방향성 시스템이나 추세선을 활용할 수 있다. 두 번째 스크린에서는 모멘텀, 상대강도지수, 엘더-레이 등을 활용할 수 있다. 두 번째 스크린에서 이익 목표점과 손실제한주문 가격을 설정하고 리스크와 잠재적 이득을 비교한 뒤 매매를 할지 말지 결정한다.

손실제한주문 가격을 정한다. 손실제한주문은 일종의 안전망으로 거래의 손실을 제한해준다. 당신은 어떤 한 차례의 커다란 손실이나 연속된 손실로 인해 계좌가 타격을 입지 않도록 거래 방식을 짜야 한다. 손실제한주문은 성공에 필수적이다. 하지만 많은 거래자들이 이를 무시한다. 초보자들은 속임수 신호에 걸려 손실제한주문이 이행되는 것을 불평한다. 그것만 아니었다면 나중에 큰 수익을 올릴 상황이었다는 것이다. 어떤 사람들은 손실제한주문을 해두는 것은 사서 고생하는 것이라고 말한다. 손실제한주문은 어디에 해두든 꼭 걸리기 마련이라고 불평을 늘어놓는다.

무엇보다 손실제한주문은 쉽게 걸리지 않을 곳에 해둘 필요가 있다. 이곳은 시장 노이즈의 범위 바깥이 되어야 한다(285쪽의 '안전영역'에 관해 보라). 둘째, 때때로 일어나는 속임수 신호는 장기 안전의 대가로 생각해야 한다. 당신의 분석 기술이 아무리 뛰어나다고 해도 손실제한주문은 언제나 필요하다.

손실제한주문 가격은 한 방향으로, 즉 거래 방향으로만 움직여야 한다. 거래가 유리한 방향으로 움직이기 시작하면, 먼저 손실제한주문 가격을 손익분기점에 둔다. 유리한 움직임이 계속되면, 거래 방향으로 손실제한주문 가격을 함께 움직여주면서 이익을 보호한다. 프로들은 절대 이익이 손실로 변하도록 놔두지 않는다.

손실제한주문은 자본의 2퍼센트 이상을 손실의 위험에 노출시켜서는 안 된다는 원칙으로 설정해야 한다(7장 '자금관리 공식'을 보라). 삼중 스크린에서 거래 신호가 나타나더라도 논리적인 손실제한주문 가격이 자본의 2퍼센트 이상을 손실 위험에 빠뜨린다면 거래를 포기하라.

이익 목표점을 정한다. 이익 목표점은 고정적이지 않으며 당신의 목표나 자본에 따라 달라진다. 당신이 자본이 많고 장기 지향의 트레이더라면,

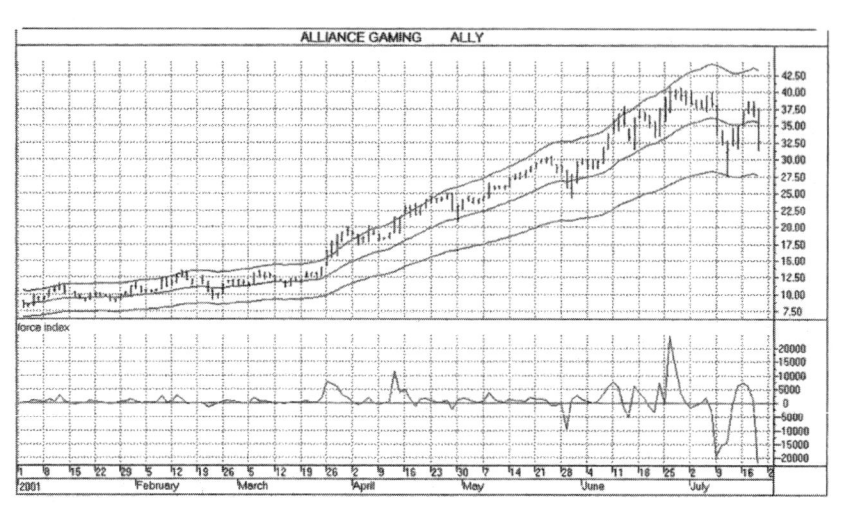

그림 6.2 삼중 스크린: 일간 차트

주간 차트의 상승 추세는 롱 포지션 쪽에서 ALLY 주식을 거래하거나 아니면 뒤로 물러나 있어야 한다고 우리에게 말해준다. 일간 지수이동평균 또한 상승하고 있다면, 우리에게는 몇 가지 선택이 주어진다. 상승 중인 일간 지수이동평균 수준으로 가격이 떨어졌을 때, 아니면 단기 강도지수가 0 아래로 떨어졌을 때 매수를 한다. 또 상단 채널선은 논리적인 이익 실현 목표점을 제공한다. 경험 많은 거래자라면 포지션을 피라미딩해도 된다. 즉, 상단 채널선에서 시장을 나가는 대신 새로운 매수 신호가 나타날 때마다 포지션을 늘리고 손실제한주문을 바짝 붙여두는 것이다. 가격이 올라가면서 채널은 폭이 계속 넓어진다. 4월에는 10포인트였다가 7월에는 16포인트가 된다.

차트의 오른쪽 가장자리에서 강도지수가 번갈아 스파이크를 형성하면서 거래자들에게 상대적으로 쉽게 돈을 벌어들이던 날들은 끝이 났다는 것을 알려주고 있다. 시장은 히스테리를 일으키고 있으며 추세가 계속될 가능성은 낮다. 이익을 취해 다른 그룹의 다른 주식을 찾아보는 게 나을 것이다. 시장 군중은 아직 모르지만 조용히 상승하고 있거나 하락하고 있는 주식을 찾아보라.

상승장의 초기에 대규모의 포지션을 구축하고 주간 추세가 상승세인 어떤 일간 차트에서 계속하여 매수 신호를 받아들일 수 있을 것이다. 그러다가 주간 지수이동평균이 평평해진 뒤 이익을 실현한다. 하락 추세에서는 그 반대가 적용된다. 또 다른 가능한 선택은 일간 차트에서 가격이 채널선에 도달할 때 이익을 취하는 것이다. 롱 포지션을 보유하고 있을 경우 가격이 상단 채널선에 도달할 때 매도를 하고 다음에 가격이 일간 이동평균선 수준으로 후퇴했을 때 다시 포지션을 취한다. 숏 포지션을 보유하고 있을 경우 가격이 하단 채널선에 도달했을 때 환매를 하고 다음에 가격이 지수이동평균에 도달했을 때 다시 숏 포지션을 취한다.

 단기 지향의 거래자는 거래를 청산하는 데 강도지수의 2일 지수이동평균을 활용할 수 있다. 상승 추세에서 강도지수의 2일 지수이동평균이 음수로 바뀔 때 매수를 했다면 이 지표가 양수로 바뀔 때 매도하라. 하락 추세에서 강도지수의 2일 지수이동평균이 양수로 바뀔 때 공매도했다면 이 지표가 음수로 바뀔 때 환매하라.

 초보자들은 종종 주식을 복권처럼 생각한다. 티켓을 사서 TV 앞에 앉아 당첨이 되었는지 안 되었는지 보려고 하는 것이다. 청산 시점을 찾을 때 진입 시점을 찾을 때만큼이나 많은 생각을 한다면 당신이 그만큼 전문가가 되었다는 것임을 알아두라.

스크린 3

 세 번째 스크린은 진입 시점을 정확히 파악하는 데 유용하다. 실시간 데이터는 현명한 거래자에게는 도움이 되지만, 데이 트레이딩에 빠질지 모를 초보자들에게는 독이 될 수 있다.

 실시간 데이터를 보지 않고도 장중 돌파나 후퇴 때 거래에 들어갈 수 있다. 처음의 두 스크린에서 매수 신호를 찾은 경우(주간 차트가 상승세지만, 일간 차트는 하락세인 경우) 전날의 고가나 그보다 한 틱 높은 수준에 역지정가 매수 주문을 낸다. 틱은 시장에서 허용되는 최소 가격 변동 단위다. 큰 상승 추세는 다시 흐름을 회복하기 마련이므로 상향 돌파가 일어난다. 하루 동안 유효한 매수 주문을 내라. 가격이 전날의 고가를 상향 돌파하면, 자동으로 시장에 들어가게 된다. 장중 가격을 계속 지켜볼 필요는 없다. 중개인에게 주문을 해두기만 하면 된다.

처음의 두 스크린에서 매도 신호를 찾은 경우(주간 차트가 하락세지만, 일간 차트는 상승세인 경우)에는 전날의 저가 또는 그보다 한 틱 아래에 공매도 주문을 낸다. 큰 하락 추세는 다시 흐름을 회복하여 하락 돌파가 일어나리라 예상할 수 있다. 가격이 전날의 저가 아래로 하락 돌파하면 자동적으로 거래가 이루어진다.

일일 가격 범위는 매우 넓을 수 있으므로 일일 가격 범위의 고가에서 매수 주문을 내면 가격이 너무 높을 수 있다. 그래서 또 다른 선택으로 시장가 아래에서 매수를 하는 방법이 있다. 가격이 지수이동평균으로 후퇴할 때 매수를 하려면, 지수이동평균이 내일은 어디쯤에 있을지 계산하여 그 수준으로 매수 주문을 내야 한다. 아니면 안전영역 지표(285쪽을 보라)를 활용하여 가격이 전날의 저가 아래로 얼마나 떨어질지 알아내 그 수준으로 주문을 내야 한다. 하락 추세에서 공매도를 할 때는 반대의 원칙이 적용된다.

상향 돌파 시 매수의 이점은 역동적인 움직임을 좇을 수 있다는 점이다. 단점은 높은 가격에 사게 되고 또 손실제한주문이 너무 멀리 있다는 점이다. 반면 바닥 매수의 이점은 싼 가격에 매수하고 손실제한주문을 가까이 붙여둘 수 있다는 것인데, 하락 반전에 갇힐 수 있다는 단점이 있다. 돌파 시 진입하는 것은 보다 신뢰할 만한 방법이지만 이익폭은 작다. 바닥에서 매수하여 진입하는 방법은 더 위험하지만 이익은 크다. 이 두 가지 방법을 모두 시장에 테스트해보기 바란다.

실시간 데이터를 이용하여 거래에 들어갈 수 있다. 처음의 두 스크린에서 매수 신호를 찾으면(주간 차트가 상승세지만 일간 차트는 하락세인 경우) 실시간 데이터를 이용하여 롱 포지션을 취한다. 가격이 개장 직후 최초 15~30분 구간의 고가를 넘어 상승할 때 그 범위의 돌파를 쫓거나 아니면 일중 차트에 기술적 분석을 적용하여 진입 시점을 정확히 파악한다. 공매도를 하려면, 개장 가격 범위에서 하락 돌파가 일어날 때 들어간다. 아니면 시장을 모니터하고 실시간 차트에 기술적 분석을 적용하여 공매도 거래 시점을 찾을 수도 있다.

실시간 차트에서 매수 및 매도 신호를 찾는 테크닉은 일간 차트에서와 동일하다. 단지 속도가 훨씬 빠를 뿐이다. 시장에 들어갈 때 주간 차트와 일간 차트를 이용한다면, 나올 때도 이 두 차트를 이용해야 한다. 실시간 장중 데이터를 보다가 시장에서 나오고 싶은 유혹을 극복하라. 당신이 주간 차트와 일간 차트에 근거하여 거래에 들어갔으며 며칠 동안 보유를 예상하고 있었다는 사실을 잊지 말라. 수일 동안의 주가 변동을 보고 거래를 한 것이므로 장중의 소폭 변동에 현혹되어서는 안 된다.

● 데이 트레이딩 ●

데이 트레이딩은 하루에 진입과 청산이 모두 이루어지는 거래의 한 방식이다. 돈이 스크린에서 계좌로 흘러들어가는 것을 보고 있으면 몹시 흥분된다. 게다가 현대 기술을 이용하기 때문에 신문으로 주가 흐름을 쫓는 느린 사람들을 가볍게 따돌릴 만큼 충분히 똑똑하다는 생각도 든다.

그러나 모든 부분적 진실에는 위험한 거짓이 숨어 있다. 데이 트레이딩은 전문가들에게는 이익을 가져다줄 수 있지만, 한편으로 패자들이 계좌에 남은 마지막 돈을 날려버리는 마지막 정거장이 되기도 한다. 데이 트레이딩에는 장점과 단점이 함께 있으며 데이 트레이더는 엄청난 요구 사항을 어깨에 짊어져야 한다.

데이 트레이딩은 시장에 존재하는 가장 위대한 도전 가운데 하나다. 따라서 데이 트레이딩에 관한 책이 시중에 거의 없다는 사실은 놀랍기만 하다. '얼간이들을 위한 데이 트레이딩'류의 책이나 대박을 선전하는 책들이 있지만, 데이 트레이딩에 관한 결정판이라고 할 만한 책은 한 권도 없다. 형편없는 데이 트레이더는 형편없는 책을 쓰고, 훌륭한 데이 트레이더는 가만히 앉아 책을 쓰기에는 너무나 활동적이다.

훌륭한 데이 트레이더는 실전적인 지식이 풍부하고 반사신경이 매우 빠른 사람이다. 그는 빠르고, 자신감 있고, 유연하다. 성공한 데이 트레이더는 즉각적인 결과에 관심을 두기 때문에 훌륭한 저자가 될 수 없다. 그중 누구 한 명이라도 어서 책을 쓰는 일에 도전하기를 바랄 뿐이다. 하지만 그동안이라도 나는 이 자리를 빌려 데이 트레이딩에 관한 두꺼운 책에서 각각 별개의 장으로 다루어져야 할 주제들에 관해 간략히 서술해볼 생각이다.

1990년대 말 데이 트레이딩에 관한 관심이 폭발적으로 증가했다. 가정주부나 학생들도 데이 트레이더의 대열에 합류했다. 상승장의 열기와 시장 접근을 용이하게 해준 인터넷 덕분이다. 중개인들은 더 많은 사람들이 데이 트레이딩에 참여하도록 선전했다. 대부분이 결국 빈 깡통을 차리라는 것을 알면서도 말이다.

데이 트레이딩의 이점은 다음과 같다.

- 거래 기회가 빈번하다. 일간 차트로 거래를 하고 있다면, 일중 차트를 보았을 때 비슷한 거래 기회가 훨씬 더 많은 것을 알게 될 것이다.
- 신속하게 손절매를 할 수 있다.
- 폐장 뒤 파급력이 큰 뉴스가 시장에 영향을 미친다고 해도 오버나잇 리스크를 염려할 필요가 없다.

데이 트레이딩의 단점은 다음과 같다.

- 장기 변동과 추세를 좇지 못한다.
- 장중 변동폭이 작기 때문에 이익이 적다.
- 수수료를 자주 내고 체결오차가 빈번히 발생하기 때문에 비용이 많이 든다. 데이 트레이딩은 매우 비싼 게임이다. 업체들이 데이 트레이딩을 좋아하는 것은 그 때문이다.

데이 트레이더들은 다음의 몇 가지 힘든 요구 사항을 극복해야 한다.

- 촌각을 다투어 행동해야 한다. 멈춰서 생각하면 이미 끝난 것이다. 일간 차트에서는 시간이라는 사치를 누릴 수 있지만, 일중 차트에서는 즉각적인 행동이 요구된다.
- 데이 트레이딩은 상당한 시간을 잡아먹는다. 시간당 보수로 볼 때 좀더 장기적으로 거래를 하는 것이 낫지 않은지 따져보아야 한다.
- 데이 트레이딩은 사람들의 도박 본능을 자극한다. 만약 자제심에 어떤 빈

틈이 있다면 데이 트레이딩이 그 빈틈을 재빨리 찾아낼 것이다.

데이 트레이더는 세 그룹으로 나뉜다. 플로어 트레이더, 기관 트레이더, 개인 트레이더이다. 이들은 논제도 다르고 툴도 다르다. 세 사람이 해변에 왔다고 상상해보라. 한 명은 수영을 하러 오고, 다른 한 명은 일광욕을 즐기러 오고, 마지막 한 명은 조깅을 하러 온다. 플로어 트레이더와 기관 트레이더는 개인 트레이더보다 대개 성적이 더 낫다. 그들로부터 무엇을 배울 수 있는지 보도록 하자.

플로어 트레이더들이 주는 교훈

플로어 트레이더들은 거래소에서 서로서로 거래를 하지만, 그보다는 무엇보다 대중을 상대로 거래한다. 그들은 시세차익 거래(스캘핑)나 스프레드 거래 또는 방향성 거래를 한다.

시세차익 거래는 주식이나 선물에서 두 개의 가격이 존재하기 때문에 발생한다. 하나는 매수 호가 혹은 프로들이 지불하겠다고 제시하는 가격이다. 다른 하나는 매도 호가 혹은 프로들이 팔고 싶어하는 가격이다. 당신은 시장가 아래로 매수 호가를 부를지 모르지만, 한 친구가 말했듯이 "미적지근한 매수 호가로는 시장을 달굴 수 없다." 급할 때는 매도 호가에 매수하여 매도자가 요구하는 금액을 지불해야 한다. 매도를 하고 싶다면, 시장가 위로 지정가주문을 내거나 매도 호가를 받아들여 매수자가 내고 싶어하는 금액을 그대로 받는 방법이 있다.

예를 들자면, 금의 마지막 거래 가격이 308.30이고, 현재 시세를 보면 매수 호가가 308.20, 매도 호가가 308.40이라고 하자. 이 얘기는 308.20에 금을 사려는 매수자가 존재하지만 매도자는 308.40을 요구하고 있다는 뜻이다. 시장가 매수 주문이 들어오면 플로어 트레이더는 308.40에 공매도한다. 외부자는 매도 호가로 돈을 지불했고, 플로어 트레이더는 이제 숏 포지션 상태이므로 매수를 해야 한다. 시장가 매도 주문이 객장에 접수되면 그는 308.20에 금을 사서 20센트의 차익을 주머니에 챙긴다. 플로어 트레이더는 중개인 수수료를 지불할 필요가 없으며 단지 청산 비용만을 지불한다. 따라서 1틱의 변동에도 수익 거래를 할 수가 있다. 그들은 시장가에서 1틱이 내린 주식을 사고 1틱이 오른 주식을 팔기 위해 종일 서서 고함을 친다. 그들은 보수가 가장 센 육체노동자라 할 수 있다.

하지만 이것은 간단한 예에 지나지 않는다. 현실은 훨씬 더 아수라장에 가깝고, 플로어 트레이더들은 가격차를 더 벌리고 한두 틱보다 더 많은 차액을 가져가기 위해 애를 쓴다. 그들은 경쟁적으로 소리치고 펄쩍펄쩍 뛰고 서로 얼굴을 들이댄다. 키가 크고 건장하고 목소리가 크면 유리하다. 연필로 찔리고 얼굴에 침이 튀기기도 할 것이다. 어떤 플로어 트레이더는 객장에서 심장마비로 죽고 나서도 사람들 틈에 끼여 한동안 그대로 선 채로 있었다고 한다.

플로어 트레이더라도 시장가보다 1틱 아래에서 매수했다가 시장가가 2틱 아래로 떨어지면 낭패를 당할 수 있다. 플로어 트레이더의 절반은 첫해에 사라진다. 시카고거래소 중 한 곳은 새로운 트레이더의 가슴에 빨간 원형 배지를 달아주는데, 이 배지는 그를 사격 목표처럼 보이게 한다. 당신이 플로어 트레이더들을 안쓰러워할까 봐 하는 얘기지만, 그래도 그중 많은 수는 대단한 부자고, 일부는 매 거래마다 당신에게서 차액을 거둬가 상당한 돈을 벌고 있는 사람임을 명심해야 한다. 전자거래가 심각한 위협이 되기 전에 일부 거래소의 회원석은 백만 달러에 팔리기도 했다.

플로어 트레이더들은 또한 스프레드 거래도 한다. 스프레드 거래는 서로 관련된 시장들의 관계가 어긋날 때 그 시장의 거래 대상들을 사고파는 방법이다. 스프레드 거래자는 시세차익 거래자보다 조심성 있고 자본이 더 많은 게 특징이다.

마지막으로 가장 부유한 일부 플로어 트레이더들은 방향성 거래를 한다. 그들은 일반 트레이더들의 시간 스케일과 비슷하게 며칠 혹은 몇 주 동안 지속되는 거래를 한다.

플로어 트레이더들을 보면서 우리는 어떤 교훈을 얻어야 할까? 만약 당신이 포지션 트레이더라면 가능한 한 지정가주문을 이용해야 한다. 지정된 가격에 사고팔며 객장에서 당신을 갉겨먹지 못하게 하라. 그들을 굶게 만들어라. 또 다른 교훈은 한두 푼의 시세차익은 잊어버리라는 것이다. 객장에서는 원기 왕성한 젊은이들 무리가 몇 틱의 차액을 다투며 펄쩍펄쩍 뛰고 침을 튀기며 소리를 지르고 있다. 당신이 몇 틱을 가져가겠다고 손을 뻗치면 그들 무리가 단번에 당신의 손을 쳐낼 게 뻔하다. 당신에게는 승산이 없다. 객장 바깥에서 데이 트레이딩을 한다면 사소한 차익은 잊어버려라. 경쟁이 덜 치열한 좀더 장기적인 데이 트레이딩을 찾아보라. 몇 틱의 가격 변동에서 이익을 좇는 시세차익 거래자와 당일 종가 차트로 거래를 하는 포지션 트레이더 사이의 중간 영역에 머물러야 한다. 시세차익 거래보다 길고 포지션 거래보다 짧게 하루에 한두 차례 거래를 하도록 하라.

기관 데이 트레이더들이 주는 교훈

기관 트레이더들은 은행이나 증권회사 아니면 이와 유사한 회사들을 위해 일한다. 어떤 회사는 백 명 이상의 트레이더들을 고용하여 값비싼 장비들 뒤에 죽 앉혀놓기도 한다. 봉급과 상여금은 생각하지 않더라도, 이 자리들을 유지하는 데만 한 달에 수천 달러가 소요될 것이다. 각 기관 트레이더들은 범위를 좁혀 단 하나의 시장에만 집중한다. 어떤 사람은 2년 만기 재무부 채권만, 또 다른 사람은 5년 만기 재무부 채권만 거래하는 식이다.

기관 트레이더들은 대규모 자본으로 종잇장처럼 좁은 수익폭을 보고 거래한다. 내 친구 중 한 명은 뉴욕의 일류 투자은행에서 채권을 거래하는데, 원칙적으로 하루 동안 무제한적인 자본을 움직일 수 있다. 하지만 그의 오버나잇 포지션은 최대 2억 5,000만 달러로 제한되어 있다. 자본의 표준편차, 즉 그가 보통 하루 거래일에 따거나 잃는 돈의 금액은 18만 달러다. 이 액수는 오버나잇 제한액의 0.072퍼센트이고, 장중 거래 규모로 따지면 대략 0.010퍼센트에 불과하다.

그의 이익은 대단해 보이지만, 액수를 퍼센트로 따져 그와 똑같은 식으로 거래를 하면 당신이 얼마나 이익을 거둘지 한번 생각해보라. 계좌에 25만 달러, 즉 내 친구가 가진 2억 5,000만 달러의 1,000분의 1이 있다고 해보라. 만약 내 친구의 수익률을 따라잡을 수 있다면 당신은 오버나잇 거래로 180달러를, 그리고 하루 동안의 데이 트레이딩으로 25달러를 벌 것이다. 이 정도 금액이면 비용을 감당하기도 힘들 것이다! 그렇다면 기관은 왜 이런 거래를 할까?

대형 회사들은 규모의 경제로 수익을 얻는다. 그러나 그들이 게임에 남아 있는 주된 이유는 잠재적 고객들에게 회사의 존재를 계속 노출시키기 위해서다. 그들의 주된 수입은 고객들의 주문 사이에서 발생하는 스프레드(매수 호가와 매도 호가의 차이)와 수수료다. 기관 트레이더들은 시장에 남아 있기 위해 좁은 폭의 마진을 받아들인다. 돈이 되는 고객 사업의 미끼를 위해서는 어쩔 수 없다. 그들은 회사를 노출시키기 위해 애를 쓰며, 돈을 잃지 않는 한 즐거워할 수 있다.

우리가 기관 트레이더들로부터 배울 수 있는 중요한 교훈은 규율을 엄격하게 부과하는 기제가 필요하다는 것이다. 기관 트레이더들은 매니저들로부터 손절매를 하도록 강요받는다. 개인 트레이더들에게는 매니저가 없는데, 스스로 엄격한 자금관리 원칙을 세우고 실천할 필요가 있는 것은 바로 이 때문이다. 기관 트레이더들은 오늘은 코코아 상품을 샀다가 내일은 IBM 주식을 사는 개인 트레이더들과 달리 하나의 시장에 집중한다. 얼마 안 되는 거래 대상을 선택하여 더 자세히 아는 것이 더 많은 돈을 벌 수 있는 방법이기 때문이다.

이렇듯 기관은 열심히 시세차익 거래를 한다. 하지만 개인 트레이더는 낭패를 당하지 않으려면 이를 피해야 한다. 몇 틱의 차익을 남길 수 있는 거래를 본다고 해도 그냥 포기하는 게 낫다. 기관이 언제든 뛰어 들어올 수 있기 때문이다. 대신 시간 스케일이 길면 거기서 비롯되는 경쟁은 적어진다.

개인 트레이더들은 기관에 대해 한 가지 큰 이점을 갖고 있지만 사람들 대부분은 이를 대수롭지 않게 생각한다. 기업의 트레이더들은 계속하여 시장에 회사의 존재를 노출시키기 위해 그들의 매도 호가와 매수 호가를 제공해야 한다. 예컨대 5백만 달러를 엔화로 교환하기 위해 "5엔당 1달러, 어떻습니까?"라고 고객에게 묻는 것이다. 은행의 트레이더들은 자신의 매수 호가와 매도 호가를 말해주고서 매도를 하든 매수를 하든 해야 한다. 그리고 그는 언제나 거래를 해야 한다. 반면 개인 트레이더는 가장 좋은 순간을 기다리는 여유를 누릴 수 있다.

당신에게는 매수를 하거나 매도를 해야 하는 의무가 없다. 가만있을 수 있는 자유가 있다. 하지만 대부분의 개인 트레이더들은 이 크나큰 이점을 내던져 버린다. 사람들은 게임의 흥분에 휩쓸려 들어간다. 그들은 최상의 거래를 기다리는 대신 무작정 거래에 뛰어든다. 중요한 것은 거래를 잘하는 것이지 자주 하는 것이 아님을 기억하라.

데이터 수집

실시간 데이터는 가격이 비싸다. 집에 갈 때 한 푼이라도 들고 가기 위해서는 우선 데이터 비용부터 벌어야 한다. 많은 거래소들은 실시간 데이터를 팔아 큰돈을 버는데, 이 때문에 업체들은 데이터를 대중에게 무료로 방송할 때 시간 차이를 둔다. 20분이 늦는 데이터는 재미있게 볼 만한 가치는 있겠지만, 이런 데이터로 데이 트레이딩을 하는 것은 앞 유리를 가리고 측면의 유리를 보며 자동차를 운전하는 것과 똑같다. 데이 트레이딩은 매우 영리한 사람들이 참여하는 속도가 매우 빠른 게임이다. 시간이 지연된 데이터를 보면서 그들과 경쟁한다는 것은 한마디로 허튼 짓이다.

대부분의 데이 트레이더는 소프트웨어를 사용하여 데이터를 표시하고 차트에 그리고 분석한다. 실시간 분석 소프트웨어는 오래전부터 있었지만, 대규모의 나스닥 상승장으로 인해 2급 시세표의 인기가 크게 치솟았다. 누가 어떤 주식을 얼마에 내놓고 얼마에 사려 하는지 보여주는 2급 시세표는 부자로 가는 새로운 길로 떠받들어졌다. 하지만 그 대부분의 부는 사실 거래자들의 과도한 거래에서 이익을 챙기는 업체들과 중개인들에게 돌아간다. 2급 시세표로 거래를 하는 거래자들의 실적은 전체적으로 보면 전보다 조금도 나아지지 않았다. 몇 년 전 2급 시세표가 새로운 개념의 정보였을 때는 나름대로 이점이 있었지만, 널리 쓰이게 되면서 그 이점은 곧 사라져버렸다. 이것은 새로운 테크놀로지가 등장할 때마다 반복되는 흔한 레퍼토리다. 초기에 사용하는 사람들은 이점을 누리지만, 툴이 유행이 되면서 그것은 사라져버리고 만다.

데이 트레이더는 쓸 만한 컴퓨터와 좋은 분석 소프트웨어, 빠른 인터넷 연결을 필요로 한다. 이 정도를 갖추려면 수천 달러가 들고, 이외에도 달마다 수백 달러의 실시간 데이터 비용과 교환 비용을 지불해야 한다. 데이터

비용은 하나의 시장만 추적할 경우 절감할 수 있다. 더군다나 집중력을 유지시켜주기 때문에 꽤 괜찮은 생각이다.

일부 전문 선물 거래자들은 컴퓨터 없이 거래한다. 그들은 본업을 그만두고 아예 객장에 나온다. 일부는 거래소가 있는 도시로 이사하여 거래소의 회원권을 구입하거나 임대하기도 한다. 유명한 거래 종목들을 대규모로 다루는 거대한 거래소들은 비용이 비싸고, 종목이 적은 작은 거래소들은 비용이 싸다. 가장 좋은 방법은 객장의 직원 자리를 구해 거기서 일하는 것이다. 하지만 이런 일자리는 젊은 사람들에게만 개방되어 있다. 객장은 보통 스물다섯 살이 넘는 사람들을 고용하지 않는다. 젊고, 말 잘 듣고, 선입견이 없는 사람들을 필요로 하기 때문이다.

심리의 문제

데이 트레이딩의 거대한 역설은 데이 트레이딩이 충동적이고 중독에 쉽게 빠지며 도박 성향이 강한 사람들을 끌어들이지만 한편으로 엄청난 자제심을 요구한다는 것이다. 트레이딩이 전율을 준다면, 데이 트레이딩은 가장 큰 전율을 선사할 것이다. 스크린에서 패턴을 인식하고 주문을 내고 시장이 폭발적으로 상승하여 주머니에 수천 달러를 챙긴다는 것은 크나큰 기쁨이 아닐 수 없다. 어떤 전직 공군 조종사는 데이 트레이딩이 섹스나 제트기를 조종하는 것보다 더 짜릿하다고 말했다.

기업의 트레이더는 그들의 회사가 그들에게 일자리를 주었기 때문에 시장에 있는 것이다. 개인 트레이더는 부분적으로는 합리적이고 부분적으로는 비합리적인 이유 때문에 시장에 들어간다. 합리적인 유일한 이유는 돈을 벌기 위해서라는 것이다. 그러나 데이 트레이딩의 이익은 흥분과 황홀감을 불러오고, 이렇게 돈을 번 사람들은 날아갈 듯한 기분에 휩싸인다. 그리하여 기쁨에 충만한 그들은 다시 한 번 쾌감을 찾아 베팅을 하다가 결국 돈을 모두 잃고 만다.

모든 사업의 목적은 돈이다. 사업을 잘 영위하면 많은 소유자와 직원들의 심리적 욕구도 충족시켜줄 수 있지만, 돈이야말로 사업의 기둥이 되어야 한다. 쾌감에 매료된 거래자들은 돈에서 시선을 떼고 충동적으로 거래에 뛰어든다. 업체들은 데이 트레이딩을 추천한다. 왜냐하면 패자들은 마치 술 취한 선원처럼 소프트웨어, 데이터, 시스템, 심지어 코치들에게 돈을 마구 뿌리기 때문이다. 그 코치란 사람들은 사실 거래를 해본 적조차 없거나 했다 하더라도 중간에 망한 경우가 대부분이다. 항구 지역에 가보면, 많은 술집, 매음굴, 문신 가게를 보게 된다. 데이 트레이딩에 들어가 보면, 업체들이 셀 수 없이 많다는 것을 알게 될 것이다. 유통 기한이 몇 달 혹은 몇 주에 불과한 형편없는 터키(약한 마약—옮긴이)로 많은 돈을 벌 수 있기 때문이다.

성공한 데이 트레이더는 패턴과 시스템을 테스트하고, 리스크와 대가를 가늠하고, 자본 구축에 신경을 쏟는다. 승자들은 대개 냉정하다. 당신이 데이 트레이딩에 끌린다면, 다음의 몇 가지 질문에 답해보라.

- 일일 차트로 성공적인 거래를 해왔는가? 대답이 '아니오'라면 데이 트레이딩에서 멀찌감치 물러나기 바란다. 데이 트레이딩을 시도하려면 그전에 적어도 일 년 이상의 성공적인 거래 경험이 필요하다.
- 중독 성향이 있는가? 과거에 술이나 약물, 폭식, 도박에 빠진 적이 있다면 가능한 한 데이 트레이딩에 손을 대지 말기 바란다. 중독 성향이 발동하여 계좌가 금세 바닥날 확률이 높기 때문이다.
- 거래 계획을 문서로 작성해두었는가? 얼마나 많은 돈으로 거래를 할 것인가, 어떤 시장을 택할 것인가, 진입과 청산 시점은 어떻게 선택할 것인가,

어떻게 리스크를 관리하고, 어떻게 손실제한주문을 활용하며, 어떻게 자본을 할당할 것인가 등을 문서로 작성한 계획이 없으면 데이 트레이딩은 생각도 하지 말라. 또한 데이 트레이딩과 포지션 트레이딩은 따로따로 기록을 관리하라. 어느 쪽이 더 수익이 많이 나는지 살펴보라.

시장의 선택에 관하여

데이 트레이딩과 포지션 트레이딩의 관계는 비행과 운전의 관계다. 운전대를 잡고 편히 앉아 있으면, 등을 기댈 수도 있고 음악을 듣거나 휴대폰 통화를 할 수 있고 빨간 신호등에 차가 정지해 있을 때는 잡지를 뒤적일 수도 있다. 하지만 제트기 안에서는 이런 일을 하지 못한다.

데이 트레이딩은 하나의 시장에 대한 완전한 집중을 요구한다. 일부일처제 사회에서 여러 번 결혼하는 것과 비슷하다. 여러 시장을 거래할 수 있지만, 어떤 주어진 순간에는 오로지 하나의 시장만 거래해야 한다. 당신은 어떤 시장을 택할 텐가? 좋은 데이 트레이딩 시장의 본질적인 두 가지 요건은 유동성과 변동성이다.

유동성은 거래 대상의 일일 평균 거래량을 말한다. 유동성은 클수록 좋다. 거대한 군중에 쉽게 동참했다가 이목을 끌지 않고 또 당신의 주문으로 가격을 왜곡하지 않고 빠져나올 수 있기 때문이다. 거래가 빈약한 주식이나 상품을 매수하거나 매도하기 위해 시장가주문을 내면, 그 체결오차로 해서 프로들에게 당신을 크게 갈겨먹을 권리를 주는 것이나 마찬가지다. 또 지정가주문을 내면 끝내 주문이 체결되지 않을 수도 있다. IBM이나 대두 같은 유동성이 큰 시장을 선택해야 적은 체결오차를 지불하며 쉽게 들어갔다가 쉽게 나올 수 있다.

변동성은 거래 대상의 평균적인 일일 거래 범위를 말한다. 하루의 고가와 저가 사이의 차이가 클수록 타깃이 커진다. 작은 타깃보다는 큰 타깃을 맞추는 게 쉽다. 채널에 관해 했던 얘기를 기억하는가? 거래하는 방법만 안다면, 능력의 수준에 상관없이 폭이 넓은 채널에서 더 많은 돈을 벌 수 있다. 채널폭의 10퍼센트를 수익으로 얻는 C급 거래자는 10포인트 채널에서는 1포인트 수익을 낼 것이다. 그러나 20포인트 채널에서는 2포인트 수익을 낼 수 있다. C급 거래자는 데이 트레이딩을 해서는 안 되며, A급 거래자라 하더라도 역시 가능한 한 더 큰 타깃을 원할 것이다. 시장을 주도하는 종목은 주식뿐 아니라 선물, 통화 역시 유동성과 변동성이 크다는 것을 알기 바란다.

데이 트레이딩 시장의 또 다른 중요한 특징은 시장마다의 개성이다. 일부 시장은 부드럽게 움직이지만 다른 시장은 갑자기 치솟아 오르는 경향을 보인다. 예컨대 채권은 매우 좁은 범위에서 하루이틀간 머무르다가 폭발적으로 상승하여, 반시간의 상승폭이 그전 며칠간의 상승폭을 넘는다. 하지만 그러다가 금세 다시 잠잠해진다. 채권 거래는 보병 전투와도 같다. 90퍼센트의 끝없는 지루함과 10퍼센트의 극단적인 공포로 이루어진다.

당신은 어떤 시장에서 데이 트레이딩을 해야 하는가? 주식이라면 그날 가장 활발히 거래된 종목 리스트의 맨 위에 있는 주식을 선택하라. 이런 주식은 유동성과 변동성이 매우 크다. 그날 가장 크게 상승한 주식과 가장 크게 하락한 주식을 조사해보라. 날마다 똑같은 이름이 등장한다면, 그 주식은 변동성이 가장 큰 종목에 속하여 데이 트레이딩에 적합한 대상으로 꼽을 수 있다.

선물의 경우, 옥수수, 설탕, 구리 같은 상대적으로 안정적인 시장에서 첫발을 디디기 바란다. 비결을 터득한 후에는, 주가지수 선물이나 독일 국채 선물의 거래를 고려해보라. 이 둘은 프로 데이 트레이더들이 즐겨 다루는 거래 대상이다.

분석과 의사결정

차트에서 가격과 시간을 없애면 그것이 주간 차트인지 일간 차트인지 일중 차트인지 분간하기가 힘들다. 시장은, 카오스 이론의 용어를 빌리자면 프랙탈이다. 이미 했던 얘기를 다시 한 번 해보면, 해안은 프랙탈이다. 어느 높이에서 보든 해안선은 똑같이 들쭉날쭉한 모양을 하고 있기 때문이다. 차트는 서로 다른 시간 스케일이라고 해도 매우 비슷하게 움직이기 때문에 우리는 비슷한 방법으로 이들 차트를 분석할 수 있다.

일 년 넘게 성공적인 포지션 트레이딩을 한 뒤 데이 트레이딩에 뛰어들면 굉장히 유리하다. 똑같은 방법을 활용하되 속도만 빠르게 하면 되기 때문이다. 삼중 스크린의 원칙을 활용하여 장기 차트에서 전략적 결정을 내리고 단기 차트에서 전술적 선택을 할 수 있다.

스크린 1

장기 차트로 시장을 분석하라. 추세추종 지표를 활용하여 롱 포지션을 취할지, 숏 포지션을 취할지, 아니면 가만있을지 전략적 결정을 내려라.

선호하는 시간 스케일의 차트를 골라 중간 스케일 차트라고 부른다. 중간 스케일 차트로 각각의 바^{bar}가 5분간의 거래를 나타내는 5분 차트를 선택했다고 하자. 원한다면 그보다 기간이 긴 차트를 선택할 수 있을 테지만, 그보다 기간이 짧은 차트는 당신을 기관 시세차익 거래자들의 공격 위험에 노출시킬 것이다. 시장 군중으로부터 완전히 떨어져 나오기 위해, 7분 차트나 9분 차트 같은 흔치 않은 기간의 차트를 사용할 수도 있다.

테크놀로지에 매료된 일부 데이 트레이더들은 1분 차트 아니면 심지어 틱 차트를 사용하기도 한다. 이런 차트는 당신에게 객장에 가 있는 듯한 환상을 심어준다. 하지만 실제로는 데이터가 입력 과정을 거쳐 인공위성에 전송되어 당신의 컴퓨터상에 나타나기까지는 30초 이상 걸리기 쉽다. 당신은 객장에 있는 것이 아니다. 당신은 뒤떨어져 있다. 시장이 달아나기 시작하면 시간 지체는 더욱 심해진다.

중간 시간 스케일에 5를 곱하여 장기 시간 스케일의 차트를 찾는다. 중간 시간 스케일이 5분이면, 25분 차트를 장기 차트로 활용하라. 소프트웨어에 25분 차트를 작성하는 옵션이 없으면 대략 비슷한 30분 차트를 이용하라. 성공한 트레이더가 되려면 군중과 거리를 두어야 한다. 이는 차트와 지표에 흔치 않은 매개변수를 적용하는 이유이기도 하다. 30분 차트를 이용하는 거래자는 수천 명일 테지만, 25분 차트를 이용하여 남들보다 조금 더 빠르게 신호를 얻는 거래자는 지극히 소수에 불과하다.

추세추종 지표를 장기 차트에 적용하고 추세 방향에 따라 롱 포지션을 취할지, 숏 포지션을 취할지 아니면 가만있을지 전략적 결정을 내려야 한다. 우선 20개 바 또는 30개 바의 지수이동평균을 적용하고, 당신이 추적하는 시장에서 속임수 신호가 가장 적게 나타날 때까지 그 기간을 조절한다. 25분 지수이동평균이 상승하면, 시장이 상승 추세고 롱 포지션을 취하거나 가만있어야 한다는 뜻이다. 25분 지수이동평균이 하락하면, 시장이 하락 추세고 숏 포지션을 취하거나 가만있어야 한다는 뜻이다. 중간 스케일의 차트로 돌아가기 전에 이 장기 차트에서 전략적 결정을 내려야 한다.

성공적인 데이 트레이더는 지표보다는 차트 패턴에 의존하는 경향이 있다. 거래일 간의 갭은 일중 지표를 왜곡시킬 수 있다. 하지만 이동평균선이나 엔벨로프, 즉 채널 같은 일부 지표들은 일중 차트에서도 유용하다.

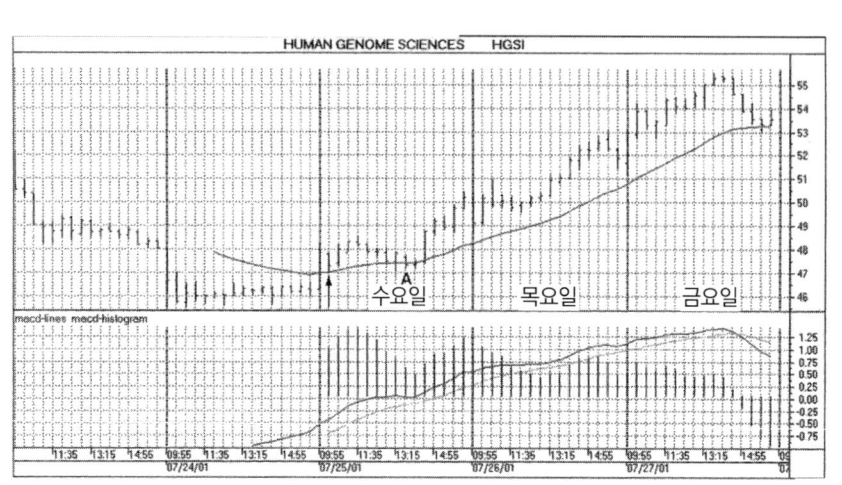

그림 6.3 데이 트레이딩: 25분 차트

데이 트레이딩을 할 때 5분 차트를 사용하고 싶다면, 먼저 시간 스케일이 그보다 5배 큰 25분 차트를 분석해보아야 한다. 데이 트레이더들 각각에게는 맞는 주식과 맞지 않는 주식이 있다. 휴먼지놈사이언스(HGSI) 주식은 며칠 전부터 인기를 얻고 있다. 추세는 강력하고 견고하며 갭은 보이지 않는다. 월요일은 하락세였지만 화요일에는 바닥이 형성되고 수요일에 추세가 반전되었다. 금요일까지 주가가 상승했고, 매수 세력들이 주말이 되기 전에 이익을 실현하면서 폐장 무렵에 후퇴가 일어났다.

수요일 개장 때 지수이동평균이 상승하면서 강력한 매수 신호가 나타났다. MACD 히스토그램도 상승하고 있다. 지수이동평균이 계속 상승한다는 것은 롱 포지션 쪽에서 거래해야 한다는 것을 의미한다. 삼중 스크린의 첫 번째 스크린은 상승세를 보여준다. 이런 신호는 MACD 히스토그램의 상승이나 하락보다 훨씬 더 중요하다. MACD가 지수이동평균과 함께 상승하면, 더 큰 규모로 트레이딩을 하라는 신호다. 하지만 MACD가 하락할 때는 하락 다이버전스가 발생하지 않은 한에서 정상적인 '숨 고르기'로 보아야 한다.

차트의 오른쪽 가장자리에서 시장은 주말과 함께 끝이 나고 있다. 지수이동평균은 소폭 상승했으므로 일단 이후로도 상승세가 이어지리라고 예상해볼 수 있겠다. 한편

> MACD 히스토그램은 보통 바닥으로 생각되는 수준으로까지 떨어졌다. 어쨌든 천정보다는 바닥에 가까이 있다. 우리는 매수 신호를 예상하여 월요일 개장을 기다리되, 지수이동평균이 하락하면 숏 포지션 쪽에서 거래할 준비를 하고 있어야 한다.

스크린 2

중간(5분) 차트로 돌아가 추세 방향에서 진입 시점을 찾아라.

5분 차트에 22개 바의 지수이동평균을 표시하고 주가 움직임의 약 95퍼센트를 싸안는 채널을 그려라. 이동평균선은 합의된 평균적인 가치를 나타내며, 채널은 매수세와 매도세의 통상적인 한계를 보여준다. 지금 우리는 5분 차트에 나타난 지수이동평균 아래에서 매수를 하여 상승 추세에서 롱 포지션을 취하고 싶어하고, 하락 추세에서는 지수이동평균 위에서 숏 포지션을 취하고 싶어한다. 상단 채널선 위에서는 롱 포지션을 취하지 말라. 상단 채널선 위는 시장이 과대평가된 영역이기 때문이다. 또 시장이 과소평가된 하단 채널선 아래에서는 공매도 거래를 하지 말아야 한다.

MACD 히스토그램이나 강도지수 같은 오실레이터를 이용하여 과매수 및 과매도 영역을 확인하라. 추세 방향으로 거래하되, 순간적인 흐름이 추세에 반대될 때 시장에 들어가라. 25분 차트가 상승 추세이면, 5분 차트상에서 일시적으로 가격이 하락하고 오실레이터는 상승하는 일시적인 불균형이 나타날 때가 매수 기회다. 25분 차트가 하락 추세이면, 5분 차트상에서 일시적으로 가격은 상승하고 오실레이터는 하락하는 불균형이 나타날 때가 공매도 기회다.

데이 트레이더는 때때로 주간 차트를 분석해야 할지 아니면 일간 차트를 분석해야 할지 묻는다. 주간 추세는 본질적으로 그들에게 아무런 의미도

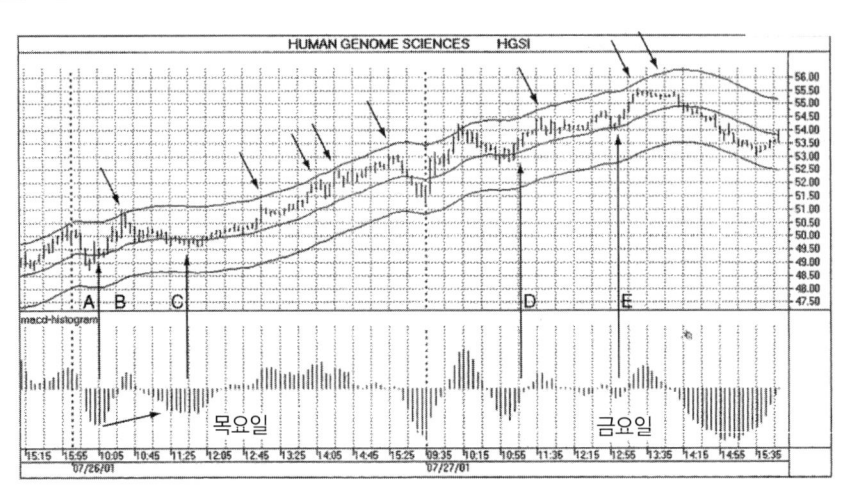

그림 6.4 데이 트레이딩: 5분 차트

장기 차트, 즉 25분 차트는 우리에게 HGSI를 롱 포지션 쪽에서 거래하라고 알려주었다. 그 전제하에 중간 차트상의 하락은 매수 기회를 제공한다. 목요일에 5분 차트는 개장가에서 하락하여 지수이동평균 아래로 내려왔다. MACD 히스토그램의 상승을 기다려 매수 신호를 확인하라(A). 이것은 하락이 끝났다는 것을 보여주며, 30분 내에 HGSI의 주가는 상단 채널선에 도달했다(B). 이때는 이익 실현을 위한 적기다. 첫 번째 매수 신호를 놓쳤다고 하더라도, 주가가 다시 지수이동평균으로 후퇴함으로써 롱 포지션을 취할 호기가 찾아왔다. 영역 C에 있는 MACD의 바닥은 전보다 얕아지면서 매도 세력이 약화되었음을 보여주며 매수 신호를 강화시켜주고 있다. 주가는 상단 채널선에 도달하기 위해 네 차례 더 시도를 한다. 그중 어느 때라도 주식을 매도할 수 있지만, 앞의 세 차례 순간에 팔지 않았다면 네 번째에는 반드시 처분해야 한다. 날이 끝나가고 있고 오늘의 주가가 이제 더 이상은 상단 채널선에 도달할 수 있을 것 같지 않다. 당신은 데이 트레이더로서 밤새 포지션을 보유하고 싶지는 않을 것이다. 당연한 일이지만, 폐장 전 30분 동안 상승 추세에 너무 오래 머물러 있던 데이 트레이더들이 시장에서 빠져나오기 위해 주식 투매를 하면서 주가가 하락했다.

금요일, 개장 때부터 매수 신호가 나타났고 가파른 상승이 이어져 주가는 금세 상단 채널선에 도달했다. 이곳이 이익을 실현할 지점이다. 그리고 나서 주가는 다시 지수이동평균으로 하락했다(D). 그 뒤의 반등은 주가를 상단 채널선으로 올려놓지 못했지만, E에서 다시 한 번 매수 기회가 발생했다. 주가가 지수이동평균으로 후퇴한 지점이다. 나중에 오후 늦게 미약한 반응이 두 차례 있었는데, 이때를 이익 실현 기회로 삼지 않은 구제불능의 데이 트레이더들에게는 지수이동평균이 하락 반전하면서 조종이 울렸다. 일중 차트에서는 종종 오후 늦게 역추세 움직임이 일어난다. 거래자들이 서류상의 이익을 실현하기 위해 포지션을 처분하기 때문이다.

차트의 오른쪽 가장자리에서 거래일과 거래주가 끝났다. 당신은 오버나잇 리스크가 없으므로 월요일 개장이 되기 전까지 마음 놓고 쉴 수 있다. 25분 MACD 히스토그램이 이 주식을 롱 포지션 쪽에서 거래할지 아니면 숏 포지션 쪽에서 거래할지 알려줄 것이다.

없다. 일간 차트조차 제한된 가치만 있을 뿐이다. 너무 많은 시간 스케일의 차트를 보고 있으면 오히려 분석 때문에 머리가 마비될 수도 있다.

안전영역SaveZone에 손실제한주문을 해두어라. 거래에 들어간 뒤, 안전영역 기법(285쪽을 보라)을 이용하여 손실제한주문을 해두기 바란다. "종가"에서만 주문이 유효하게 하는 것을 고려해보기 바란다. 스크린을 지켜보고 5분 바의 종가가 손실제한주문 가격을 넘을 경우에만 포지션이 청산되도록 주문을 내라. 이런 식으로 하면 시장 노이즈로 인해 잠시 손실제한주문 가격의 침범이 일어나도 손실제한주문이 발동되지 않는다. 조금이라도 손실을 만회할까 봐 기다리거나 스스로 타협하는 일이 없도록 해야 한다. 데이 트레이더가 되기 위해서는 강철 같은 자제심이 필요하다!

스크린 3

이 스크린은 진입과 청산을 다룬다.

5분 차트상의 이동평균선 근처에서 시장에 진입하라. 25분 차트가 상승 추세라면 5분 차트에서 하향 후퇴할 때 매수를 하라. 특히 오실레이터가 과매도 상태일 때가 좋다. 하락 추세일 때는 반대로 하라. 이것이 돌파를 좇아 고가에서 매수하거나 저가에서 공매도하는 방법보다 낫다.

채널선 근처에서 이익을 실현하라. 이동평균선 근처에서 매수를 할 경우 상단 채널선에서 매도를 한다는 목표를 세워라. MACD 히스토그램 같은 5분 차트의 오실레이터가 새로운 고점을 만들고 해당 시장이 상승세면, 가격이 채널에 도달하거나 침범하기를 기다릴 수 있다. 지표가 취약하면 가격이 채널에 도달하기를 기다리지 말고 즉시 이익을 취하라.

채널폭의 백분율로 자신의 성적을 평가하라. 데이 트레이딩을 할 정도가 되려면, A급 트레이더가 되어야 한다. 당신이 A급 트레이더라고 하더라도 포지션 트레이딩보다 데이 트레이딩으로 더 많은 돈을 벌 수 있는지는 알아봐야 한다. 거래를 하루 몇 차례로 제한하고 적어도 그날 거래 범위의 3분의 1을 수익으로 남길 수 있도록 노력하라. 거래량이 매우 적은 시간외시장에서는 거래하지 말라.

데이 트레이딩, 하루를 넘길 것인가 말 것인가?

당신이 거래에 들어갔는데 시장이 계속 유리한 방향으로 흘러간다면, 밤새 포지션을 보유하고 있어야 할까? 주말에 보유하고 있는 것은 어떨까? 물론 이런 질문은 수익이 나고 있는 거래의 경우로 한정된다. 손실을 보고 있는데 하루를 넘기는 것은 얼간이들이나 하는 짓이다.

초보자는 어떻게 해서든 그날이 끝날 때까지는 트레이딩을 마쳐야 한다. 하지만 경험 많은 전문가는 하루를 넘기면서 포지션을 보유하고 있을 수도 있다. 종가가 고가의 몇 틱 내에 있을 때는 보통 다음날 아침이면 가격이 전날의 고가를 쉽게 넘어선다. 물론 추세가 다음날에도 반드시 이어질 것이라고 장담하지는 못한다. 가격이 그날의 고가에 근접하여 종가를 기록했지만 밤새 생겨난 좋지 않은 소식이 시장에 충격을 주어 다음날 시가가 폭락할 수도 있다. 경험 많은 데이 트레이더만이 밤새 포지션을 보유하고 있을지 여부를 선택할 수 있다고 말하는 것은 이 때문이다.

연구, 지식, 규율은 거래를 보다 냉정하고 이성적인 기반하에 할 수 있도록 만들어줄 것이다. 과거를 연구하고, 확률을 계산하며, 충분한 정보를 토대로 미래에 대한 결정을 내려라. 데이 트레이딩을 할 때라도 시장이 멈추어 있는 시간은 많고 따라서 숫자를 계산할 여유도 충분하다. 컴퓨터 두 대를 사용하여 한 대는 거래에, 또 한 대는 연구에 쓰는 것도 좋은 방법이다.

자신이 거래하고 있는 시장의 일 년치 기록을 구해서 스프레드시트를 작성하고 다음과 같은 질문들을 해보라. 어떤 거래일의 종가가 고가의 5틱 이내에 머물렀을 때 그다음 날 새로운 고가가 기록된 것은 몇 차례인가? 그 다음 날에는 가격이 얼마까지 상승했나? 어떤 거래일의 종가가 저가의 5틱 이내에 머물렀을 때 그다음 날 새로운 저가가 기록된 것은 몇 차례인가? 그 다음 날에는 가격이 얼마까지 하락했나? 이런 질문에 답했다면, 이번에는 어떤 거래일의 종가가 고가의 10틱 이내에 머물렀을 경우 그리고 종가가 저가의 10틱 이내에 머물렀을 경우 등에 대해 답해보라.

프로들은 늘 똑같은 종목을 거래하는 경향이 있다. 반면 아마추어들은 자주 거래 대상을 바꾼다. 프로들은 어떤 특별한 방식으로 거래하는 것에 익숙해져 있다. 그들처럼 거래를 하려면 패턴을 찾고 이런 패턴을 숫자로 표현해야 한다. 거래는 사실과 확률에 기반해야 한다. 배짱이나 희망에 의존해서는 안 된다. 스스로 연구해야 한다. 돈을 주고 답을 살 수는 없다. 스스로 답을 찾아야지만 거래를 할 수 있는 확신이 생기기 때문이다.

개장 가격 범위 돌파

사람들은 파티나, 신문, 아니면 대중문화의 접착제라고 할 TV에서 정보를 얻는다. 보수적인 기관의 재정 책임자들은 주식의 매수 또는 매도를 허락받기 위해 온종일 회의장에 앉아 있어야 한다. 그들은 장이 시작되기 전에 주문을 내곤 한다. 대부분의 오버나잇 주문(전일 장 마감 후 주문을 내서 다음날 시가에 체결되도록 하는 예약 주문-옮긴이)은 태평한 투자자, 굉장한 정보를 들은 도박꾼, 골프를 치러 가거나 판촉 전화를 돌리기 위해 일찍 일을 끝내놓으려는 중개인들이 내는 것이다.

프로 트레이더들에게 가장 바쁜 시간은 개장과 폐장 때다. 장이 열리고 나서 30분 동안과 장이 끝나기 전 30분 동안은 특히 바쁘다. 개장 때 오버나잇 주문이 밀려들어 오면 그들은 시장에 참여하려는 사람들을 받아줌으로써 대중 서비스를 제공할 기회를 얻는다. 그들은 폐장이 가까이 왔을 때, 패자들이 한둘씩 수건을 던지는 시간이 되면 포지션을 청산한다. 대부분 프로들은 중간에 점심을 먹으러 간다. 이 때문에 많은 시장들이 12시에서 1시 30분까지 방향을 잃고 이리저리 움직이는 경향이 있다. 일중 거래량 곡선은 U자를 그리는 게 보통이다. 개장 때 치솟았다가 중간에는 줄어들고 폐장 때 다시 치솟는다.

노련한 트레이더는 시가를 주목한다. 시가가 그날의 시장 상황을 결정하기 때문이다. 매수 주문의 총량이 매도 주문의 총량을 넘기면, 객장의 프로들은 시가를 높인다. 따라서 군중은 더 많은 돈을 지불해야 한다. 이때 프로들은 높은 가격에서 숏 포지션을 취하고, 가격이 떨어지면서 곧 돈을 벌어들인다. 매도 주문량이 더 많으면 프로들은 시가를 낮추고 싼 가격에 매물을 흡수한다. 그러고는 가격이 오르면 이익을 내고 판다.

개장 뒤 15~30분 동안 대부분의 주식과 선물은 거래량이 많은 가운데

등락한다. 상당한 양의 오버나잇 주문이 체결되고 나면 거래량이 마르기 시작하고 변동은 둔화되고 개장 가격 범위의 고가와 저가에서 움츠러든다. 그 다음에 무슨 일이 일어나는가는 대개 개장 가격 범위의 폭에 달려 있다.

개장 가격 범위가 폭이 매우 넓을 때, 예컨대 지난 한 달간 형성된 일일 평균 거래 범위의 80퍼센트라 할 때, 그날의 고가와 저가는 이 개장 가격 범위에 의해 결정될 가능성이 크다. 플로어 트레이더들은 개장 가격 범위가 넓은 것을 좋아한다. 두 개의 극단적인 가격이 튼튼한 지지선과 저항선 역할을 해주기 때문이다. 프로들은 저가 근처에서 계속 매수하고, 고가 근처에서 공매도하며, 나머지 시간에는 포지션을 처분하면서 이익을 낸다. 개장 가격 범위 폭이 좁으면, 그날 돌파가 일어나 새로운 추세가 시작될 가능성이 크다.

개장 가격 범위의 고가와 저가는 권투선수의 발과 같다. 두 발이 넓게 떨어져 있으면 권투선수는 안정된 자세를 취할 수 있지만, 가까이 붙어 있으면 상대의 공격에 쉽게 균형이 흔들려 이쪽 혹은 저쪽으로 움직이게 된다.

외부자는 추세나 돌파를 좇는 것을 좋아하지만, 플로어 트레이더는 고가에서 매도하고 저가에서 매수하면서 가격 움직임을 되돌리는 작용을 한다. 플로어 트레이더는 일방적인 추세보다는 평평한 거래 범위를 더 좋아한다. 보통 플로어 트레이더가 승리를 거두지만 어쩌다가 외부자들이 그들을 제압하고 시장에서 추세를 형성하기도 한다. 이런 일이 일어나면 현명한 플로어 트레이더는 손절매를 하고 발을 빼지만 어리석거나 고집 센 사람들은 그 자리에 그대로 남아 사망선고를 받는다.

개장 가격 범위는 데이 트레이더들에게 몇 가지 의미가 있다.

- 자석의 두 극 같은 시가와 종가는 가격 바의 양쪽 끝이 될 가능성이 크다. 시장이 넓은 개장 가격 범위의 저가 근처에서 시작되었다면, 폐장 때는 가

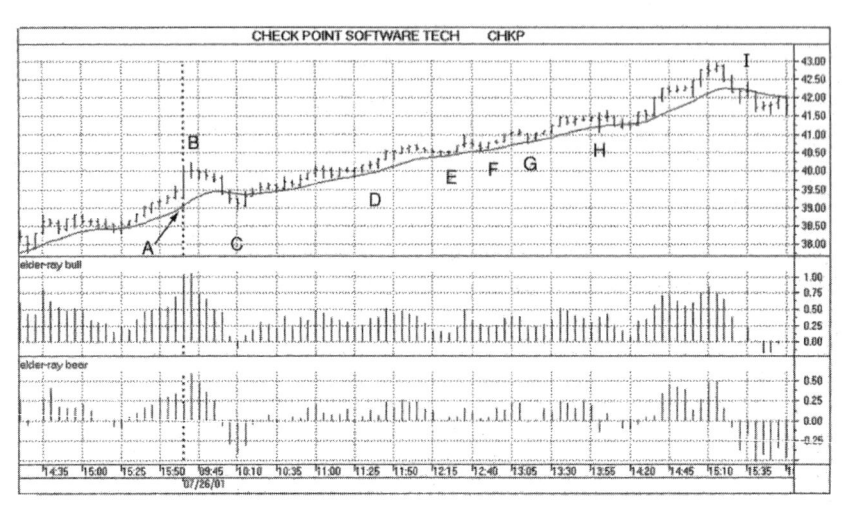

그림 6.5 데이 트레이딩: 개장 가격 범위 돌파(엘더-레이, 5분 차트)

데이 트레이딩을 하려는 주식은 거래량이 많아야 하고 변동성이 커야 하고 가격이 비싸야 한다. 그래야 적정한 일중 거래 범위가 형성되기 때문이다. 이 글을 쓰고 있을 무렵, 이런 자격을 갖추고 있는 주식으로 NVDA, TARO 등과 함께 CHKP 주식이 명단에 올라와 있다. 당신이 이 책을 읽을 무렵이면 아마 다른 주식들이 데이 트레이더들의 관심을 끌고 있을 것이다.

차트를 보면 CHKP는 상승하고 있다. 전일 폐장 때는 최근의 저점에서 벗어나 39.44를 기록했고, 오늘은 9시 30분 39.26에서 장을 시작하여(A) 10분도 안 되어 40.25로 상승하면서(B) 개장 가격 범위의 고가가 만들어졌다. 그다음에는 하락이 일어나 주가는 10시 10분 38.93의 저가를 기록했다. 이 지점이 개장 가격 범위의 저가다(C). 그 뒤 한 시간 반 동안 CHKP는 폭이 1.32에 불과한 개장 가격 범위를 오갔다. 그러다가 11시 35분 개장 가격 범위의 맨 위에 도달하고 3틱만큼 뚫고 나갔다(D). 그다음의 바는 7틱이 높다. 이는 가짜 돌파가 아니다. 진짜 개장 가격 범위 돌파가 일어난 것이다. 상승 추세가 형성된 것이므로 이때는 롱 포지션을 취해야 한다. 13개 바의 지수이동평균은 견조한 상승세를 유지하고 있다. 이런 상황에서 매도 세력의 강도가 0선으로 내려가 음수로 바뀔 때는 바닥을 짚었다는 뜻이며 롱 포지션을 늘릴 절호의 기회가 된다(E, F, G, H). 그러다가 15시 25분(I)에 지수이동평균이 하락하면서 매도 신호가 발생했다. 롱 포지션을 처분하여 이익을 실현할 시점이다.

차트의 오른쪽 가장자리에서 하루 거래일이 끝나고 집으로 돌아가기 전에 수익을 계산한다. 개장 가격 돌파에 따르는 최초의 매수 신호에서 매수를 하고 지수이동평균이 하락할 때 매도를 했다면, 수익은 42.15-40.40=1.75이다. 이 숫자를 당신이 거래한 주식의 수로 곱하여 이익이 얼마인지 구하라. 중간에 피라미딩을 했다면 그에 따른 이익을 구해 여기에 더하라.

격이 개장 가격 범위의 맨 위에서 형성될 것이라고 예상하고 매수 기회를 찾아야 한다. 시장이 넓은 개장 가격 범위의 고가 근처에서 시작되었다면, 폐장 때는 가격이 개장 가격 범위의 맨 아래에서 형성될 것이라고 예상하고 공매도 기회를 찾아야 한다.
- 넓은 개장 가격 범위에서 돌파가 일어나면 가짜 돌파일 가능성이 크다. 가격이 폭이 넓은 개장 가격 범위의 고가 또는 저가에서 벗어날 경우에는 이런 돌파가 흐지부지될 가능성에 주의하고 개장 가격 범위로 돌아오는 움직임을 보고 거래할 준비를 해야 한다.
- 개장 가격 범위의 폭이 좁으면, 돌파가 일어날 것을 예상하고 그 방향으로 거래할 준비를 해야 한다.

성공적인 트레이더는 모든 것을 테스트한다. 시장이 방향을 결정짓지 못하고 매수 시기도 매도 시기도 아닐 때가 거의 매일 수 시간씩 생겨난다. 이런 시간을 이용하여 개장 가격 범위를 조사하라. 개장 가격 범위가 형성되는 데 몇 분이나 걸리는가, 개장 가격 범위의 폭은 대개 어느 정도인가 등등. 큰 개장 가격 범위 폭과 돌파가 일어날 가능성을 연결하여 그래프를 그려보

라. 그러면 당신만의 개인적인 툴을 얻고 시장에서 진정한 우위를 차지할 수 있을 것이다.

통화: 24시간 거래 ● 미국은 대부분의 사람들이 통화에 관해 크게 신경 쓰지 않는 세계 유일의 국가다. 우리는 달러 세상에 산다. 하지만 외국에 발을 들여놓는 순간 미국인은 택시 운전사에서 회사 중역까지 모든 사람들이 환율에 신경을 쓰고 있음을 깨닫는다. 최근 미국 땅을 밟은 이민자들도 거래자본이 약간이나마 생기면 통화를 거래할 생각부터 한다. 통화 거래의 상당 부분은 은행간시장에서, 딜러들 사이에 직접적으로 이루어진다. 초보자들은 통화거래소에 의존한다. 하지만 통화거래소에서는 그들의 주문을 쓸어 담고(거래를 실행하지 않고 그들의 돈을 갖고 있다가) 수수료, 스프레드, 이자 청구액으로 바가지를 씌운다. 이렇게 된통 당하고 난 후 일부 사람들은 통화 선물을 발견한다. 통화 선물은 스프레드가 좀더 좁고, 수수료가 보다 공정하며, 포지션 보유권에 대해 이자를 청구하지 않는다.

통화거래소의 부당한 행태 외에 가장 큰 난제는 통화 거래는 24시간 꼬박 해야 한다는 것이다. 당신은 오후에 분석을 해서 거래에 들어가 다음날 이익을 취하리라고 결정할지 모른다. 하지만 자고 나면 취할 이익이 사라져 버릴 것이다. 당신이 예상한 추세 전환점은 이미 왔다가 가버렸다. 미국에서가 아니라 아시아나 유럽에서 말이다. 누군가 당신이 잠든 사이 당신의 주머니를 턴 것이다! 이처럼 통화시장은 24시간 주시하고 있지 않는 한 제대로 거래하기가 힘들다.

거대 금융기관들은 '장부 돌리기 passing the book'로 이 문제를 해결한다. 어떤 은행이 도쿄에서 포지션을 개설한다. 도쿄의 은행은 장중에 관리하다가, 밤 동안의 관리를 위해 폐장되기 전에 포지션을 런던 지사로 넘긴다. 런던 지사는 이 포지션의 거래를 지속하다가 오후에 장부를 뉴욕에 넘긴다. 뉴욕은 이를 관리하다가 마침내 도쿄로 다시 넘긴다. 통화는 태양을 따라간다. 따라서 소규모 거래자는 통화를 좇을 수가 없다. 나는 언젠가 부유한 타이의 신사를 방문한 적이 있는데, 그는 자신의 두 아들과 함께 지구상의 서로 다른 세 도시에 흩어져 통화 거래를 할 계획을 세우기까지 했다. 하지만 이 계획은 결국 두 아들의 반대로 무산되고 말았다.

통화를 거래하려면 장기적 시각을 갖고 하루하루의 변동은 무시하거나 아니면 오버나잇 포지션을 피하면서 데이 트레이딩을 해야 한다. 통화 선물을 거래할 경우는 두 종류의 데이터를 활용해야 한다. 주간 차트로 현물 또는 은행간시장 데이터를 보고, 일간 차트로 선물 데이터를 보면서 진입 및 청산 시점을 정확히 파악해야 한다. 통화 선물의 일간 차트는 오버나잇 갭이 매우 많이 발생하는데 이들 시장이 하루 중 겨우 몇 시간 동안 열리기 때문이다. 반면 현물 차트는 매끄러운 흐름을 보인다.

S&P500: 가짜 돌파 ● S&P500 선물은 거래하기가 무척 까다롭기로 이름 높다. 하지만 신참자들은 불길 속에 뛰어드는 불나방처럼 S&P로 몰려든다. "네가 S&P를 거래할 능력이 된다는 거야?" 사람들은 다른 사람들을 얕잡아보며 그렇게 소리친다. 대부분의 거래자들은 S&P를 거래하기에는 자본이 턱없이 부족하다. 계좌 총액이 25만 달러도 안 된다면 이런 변동성 높은 시장에서는 한 건의 계약도 제대로 하기 힘들다. S&P는 종종 몇 분도 안 되어 몇 포인트씩 뛰는데 1포인트는 250달러에 해당한다.

플로어 트레이더는 대부분의 도박꾼들이 오버나잇 포지션을 갖고 있을 만한 충분한 자금이 없다거나 분별력 있는 손실제한주문을 해두지 못한다거나 사소한 반대 움직임을 견디지 못한다는 것을 십분 활용한다. 플로어 트레이더는 일천한 경험의 데이 트레이더들을 털어버리는 데 능숙하다. 플로어 트레이더는 가짜 돌파를 이용하여 패자들을 파블로프의 개처럼 만들어버린다. 그래서 그들은 거듭하여 고가에서 매수하고 저가에서 매도하게 된다.

플로어 트레이더는 가격을 밀어붙여 몇 곳의 잘 알려진 수준을 돌파하면서 심지가 약한 지분 보유자들을 털어내 버린다. 개장 가격 범위의 저가나 당일 저가 아래에는 가격역지정 매도 주문이 늘 엄청나게 깔려 있다. 가격이 이런 저가를 뚫고 내려가면 심약한 지분 보유자들의 매도가 이어지고, 그러면 전문가들은 염가로 매물을 사들인다. 개장 가격 범위의 고가나 당일 고가, 전날의 고가 위에는 마음 약한 공매도 거래자들이 낸 가격역지정 매수 주문이 늘 엄청나게 깔려 있다. S&P가 이런 수준을 뚫고 올라가면 매수 주문이 쏟아진다. 이때 플로어 트레이더는 공매도를 하고 그 뒤에 일어날 주가 하락을 기다린다.

이 게임에 특별하다고 할 만한 것은 아무것도 없다. 그냥 S&P에서 게임의 규칙이 특히 잘 맞아들어가는 것뿐이다. 이 시장에는 아마추어들이 매우 많은데 게임비가 너무 비싸 오래 버티는 이들이 없기 때문이다.

S&P의 특별한 난제들을 인식한 데이 트레이더는 몇 가지 결론에 도달한다.

- S&P는 초보자들에게 썩 좋은 시장이 못 된다. 가격이 너무 비싸고 너무 빠르게 움직인다. 터보 엔진의 페라리를 몰려면 그전에 구형 시보레를 몰 줄 알아야 한다.
- S&P를 거래할 생각이라면 상당한 액수의 계좌가 있어야 한다. 각 계약에 25만 달러는 있어야 버틸 수 있는 힘이 생기고 합리적인 판단에 따라 손실 제한주문을 해둘 수 있다.

– 가짜 돌파를 피해 그 반대로 거래해야 한다. 오실레이터를 활용하여 가짜 돌파가 언제 동력을 소진하는지 알아낸 다음 가격이 당일 거래 범위의 중간 부분으로 돌아오는 움직임을 거래해야 한다.

일일 계획

실시간 시황 화면 앞에 하루 동안 앉아 있으면 아무 일도 일어나지 않는 죽은 시간들이 생겨난다. 그러면 정말로 지루하고 참기 힘들어진다. 그래서 대부분 오락 사이트를 찾아다닌다거나 이런저런 딴 짓을 하게 된다. 그에 반해 프로들은 자신의 원칙들을 반영한 시간표를 마련하고 이를 충실히 따른다.

당신의 거래일은 개장 이전에 시작되어야 한다. 오버나잇 데이터를 수집·분석하는 데 적어도 30분을 할애해야 한다. 그런 후 거래가 시작되면 처음 30분 동안은 아무런 방해 없이, 전화 통화조차 하지 말고 집중해서 거래를 지켜보아야 한다. 거래에 들어갔다면, 관리를 하라. 그렇지 않다면 스크린 앞에 앉아 있으면서 두 시간 정도 조사를 하거나 데이터베이스를 관리하거나 주식 관련 잡지 또는 책을 읽거나 아니면 웹서핑을 하며 신선한 아이디어들을 찾아보라. 시장에서 매수 신호 또는 매도 신호가 나타날 것 같다면, 모든 일을 중지하라. 거래를 관리하고 있는 중이라면, 책상 앞에서 점심을 해결하라. 인터넷에서 주식 관련 포스트를 살펴보고 조사에 더 많은 시간을 투자하라. 주식 거래를 하는 방에 런닝머신이나 스텝퍼 같은 운동기구를 갖다놓는 게 어떤지 한번 생각해보라. 건강한 육체에 건강한 정신이 깃드는 법이다. 폐장이 가까워오면 시장은 다시 한 번 당신의 집중력을 요구할 것이다. 거래를 청산해야 할 때는 특히 더 그렇다.

일일 계획이 필요한 것은 두 가지 이유에서다. 우선 모든 필요한 작업을 마쳤다는 것을, 거래를 찾아 주문을 내고, 처분을 하고, 기록을 하고, 조사를 수행했다는 것을 확인할 필요가 있기 때문이다. 또 다른 이유로는 스스로가 재미를 위해서가 아니라 직업으로 데이 트레이딩을 하고 있으며, 성공을 위해서는 진지하게 노력해야 한다는 것을 끊임없이 상기하기 위해서다.

욕망이나 불안, 감정도 게임의 일부라는 것을 기억하라. 감정이 안정되어 있지 않으면 거래에 문제가 생긴다. 1990년대 말 내 고객 중 한 명은 AOL 한 종목만을 데이 트레이딩하여 엄청난 성공을 거두었다. 그는 어제의 종가를 살펴보고 AOL이 유럽에서 거래되는 수준을 체크한 다음 간밤의 소식들을 조사했다. AOL이 개장 뒤 움직이기 시작하면 첫 번째로 큰 폭의 변동이 일어날 때 거래에 나섰고, 이따금 최초 30분 또는 1시간 동안 두세 차례 거래를 하기도 했다. 그는 거의 매일 빠른 속도로 1,000주를 매수, 매도하여 거래가 시작되고 나서 한 시간 동안 5,000달러씩을 벌어들였다. 하지만 그런 다음에는 나머지 시간 동안 그 돈을 여기저기 뿌리다가 결국 모조리 잃어버리고 말았다!

그가 나에게 상담을 하러 왔을 때는 그의 거래 시스템이 개장 후 한 시간 동안만 효과적이라는 것이 분명해졌다. 그의 거래 시스템은 간밤의 주문 물량을 추적하는데, 그 주문 물량이 해소된 뒤에는 시스템의 이점이 없어져 버리는 것이었다. 그 시스템은 엄청나게 강력했다. 그가 개장하고 나서 한 시간 뒤 거래를 그만둘 수만 있다면 말이다. 하지만 그는 그만둘 수 없었다!

그는 어린 시절부터 나이가 많은 아버지로부터 인정을 받기 위해 애썼는데, 그의 자존심은 이런 과정에 크게 기반하고 있는 것으로 밝혀졌다. 그의 아버지는 고된 노동으로 자수성가한 이민자였고, 그래서 오랜 시간 열심히 일하는 사람들만을 인정했다. 내 고객은 종일 계속하여 일해야 한다는 강박증에 사로잡혀 있었다. 컴퓨터를 끄고 골프를 치러 가거나 보트를 몰거나 정원을 산책하는 일을 어려워했다. 그는 심리치료를 원하지 않았다. 그래서 나는 10시 30분마다 그에게 전화를 걸어 거래를 중단해야 한다는 것을 알려주었다. 하지만 그는 결국 내 전화를 피하기 위해 발신자 번호 확인 서비스에 가입했다. 뛰어난 시스템이라도 거래라는 게임의 반쪽에 지나지 않는다. 다른 반쪽은 심리다. 성공한 거래자의 유일한 목표는 자본을 늘리는 것이다. 사랑, 존중 등 다른 모든 것은 시장 바깥에서 얻어야 할 가치다.

● 임펄스 시스템 ●

1990년대 변동성이 높은 상승장으로 인해 모멘텀 트레이딩이 큰 인기를 끌게 되었다. 기본적인 개념은 빠르게 움직이기 시작하는 주가 흐름에 올라탔다가 느려질 때 빠져나온다는 것이다. 모멘텀 트레이더는 회사의 펀더멘털은 상관하지 않는다. 그들은 그 회사가 무슨 일을 하는지도 모를 수 있으며 관심을 가지고 있는 것은 방향과 속도가 전부다. 그들은 주가가 상승할 때 매수하고(공매도를 하는 경우는 거의 없다) 동력이 소멸되기 전에 돈을 찾아가고 싶어한다.

모멘텀 트레이딩이라는 게임은 언뜻 보면 쉬울 것 같다. 하지만 트레이딩 룸의 소유자들은 수수료로 큰돈을 버는 반면 거래자 군단은 빠르게 움직이는 주가로부터 돈을 벌려다가 오히려 더 큰 돈을 잃고 만다. 임펄스 시스템 트레이딩은 충동적인 거래로 변질되는 경향이 있고, 그러면 게임은 끝나 버리고 만다.

모멘텀 트레이딩은 고유한 심리적 모순을 내재하고 있고, 이것은 대부분의 사람들에게 치명적인 결과를 낳는다. 이 속도감 있는 게임은 보병 전투나 비디오 게임처럼 강력한 사냥 본능을 갖고 있으며 게임에 자기 자신을 던질 수 있는 젊은이들에게 가장 잘 맞는다. 또 다른 한편으로 모멘텀 트레이딩은 카지노의 전문 도박사에게처럼 냉정한 자제심을 요구한다. 그러므로 정말로 프로답게 하고자 한다면 전문 도박처럼 지루한 노동이 된다. 지속적으로 소규모 이득을 취할 수 있는 가능성―모멘텀 트레이딩에 필수적인―은 매우 적어진다. 파티가 계속되는데 자리에서 일어나 냉정하게 그곳을 빠져나올 수 있는 사람은 별로 없다.

  내가 좋아하는 고객 한 명은 런던의 전문 거래자로 이따금 재미 삼아 밤에 카지노에 가곤 했다. 그는 최소 5파운드의 판돈을 걸고 블랙잭을 했는데, 200파운드를 따거나 400파운드를 잃으면 그만두었다. 그는 자금관리 기법과 함께 카드 카운팅 전략(카드를 세서 자신에게 유리한 때를 알아내는 확률 계산법―옮긴이)을 써서 14번 중 13번은 늘 200파운드를 집에 들고 갈 수 있었다. 그는 카지노에서 지속적으로 돈을 딸 수 있다는 사실을 스스로 입증했지만, 이제는 카지노에 거의 가지 않는다. 따든 잃든 자신이 설정한 한도에 도달하려면 카드 카운팅을 하고 베팅하는 데 6~7시간이 걸렸기 때문이다. 주위에 있는 아마추어들이 돈을 쓰며 즐거움을 누리는 동안 계속해서 카드를 세고 있는 것은 정말로 중노동이다. 그는 차라리 집에 남아 승률이 훨씬 더 높은 주식을 거래하기로 결정했다.

  성공적인 모멘텀 트레이딩을 위해서는 엄청난 자제력이 요구된다. 당신은 가격 움직임을 확인한 후 더 이상의 확인 과정을 기다리지 않고 흐름에 올라탔다가 움직임이 느려지는 순간 재빨리 뛰어나와야 한다. 모멘텀을 확인하기 위해 기다리는 시간이 길어질수록 당신에게 남아 있는 돈은 줄어든다. 또 이익을 취하는 것은 스트레스 쌓이는 일이다. 왜냐하면 조금 더 갖고 있고 싶어하고 너무 일찍 나왔을 때는 자책을 하는 것이 지극히 정상적인 인간의 성향이기 때문이다. 모멘텀 트레이딩에서 적당한 시기가 왔을 때 들어가고 이익 목표점이나 손실 한계점에 도달했을 때 후회 없이 나오기 위해서는 일련의 기술적 원칙들과 자금관리 시스템, 그리고 강철 같은 자제심을 필요로 한다.

진입

나는 추세가 가속화되거나 둔화되는 변곡점을 발견하기 위해 이 시스템을 고안했다. 임펄스 시스템은 어떤 시간 스케일에도 잘 맞는다. 일중 차트도 마찬가지다. 임펄스 시스템이 매수 신호와 매도 신호를 알려줄 터이지만, 알맞은 시장을 선택하고 매개변수를 조절하고 자제심을 잃지 않는 것은 당신의 몫이다.

폭이 넓은 채널에서 가격이 변동하는 활발한 시장을 선택하라. 당신이 C급 거래자이고 채널폭의 10퍼센트를 수익으로 올린다면 어떻게 되겠는가? 채널폭이 20포인트면 그런 결과도 나쁘지 않다. 그러나 채널폭이 5포인트라면 C급 거래자는 헛수고나 하게 된다. 살찐 토끼를 쫓아라. 삐쩍 마른 토끼를 쫓으면서 시간 낭비하지 말라.

임펄스 시스템은 간단하지만 강력한 두 가지 지표를 활용한다. 하나는 시장의 관성을 측정하고, 다른 하나는 모멘텀을 측정한다. 두 지표가 모두 같은 방향을 가리키면, 이런 시장의 추진력을 좇을 가치가 있다는 것이 확인된다. 이 두 지표가 함께 움직일 때는 진입 신호지만, 이 두 지표가 더 이상 상대 지표를 확인시켜주지 않으면 이를 청산 신호로 받아들여야 한다.

임펄스 시스템은 지수이동평균을 이용하여 상승 추세와 하락 추세를 찾는다. 지수이동평균이 상승하면 관성이 매수 세력에게 유리하다는 뜻이다. 지수이동평균이 하락하면 관성이 매도 세력에게 유리하다는 뜻이다. 두 번째 구성요소는 MACD 히스토그램이다. 이 지표의 기울기는 매수 세력 또는 매도 세력의 강도 변화를 나타낸다. MACD 히스토그램이 상승하면 매수 세력이 강해지고 있다는 뜻이다. 하락하면 매도 세력이 강해지고 있다는 뜻이다.

임펄스 시스템은 관성과 모멘텀이 같은 방향을 가리킬 때 작동한다. 지수이동평균과 MACD 히스토그램이 둘 다 상승하면, 매수 세력이 함성을 지르며 달려들고 있고 상승 추세가 가속화되고 있다는 뜻이다. 두 지표가 함께 하락할 때는 매도 세력이 시장을 압도하고 있다는 뜻이다. 이 두 지표는 몇 개의 바에서만 함께 움직일지 모르지만 이때가 바로 시장이 빠르게 움직일 때, 즉 추진력이 작용할 때다!

임펄스 시스템을 시장에 성급히 적용하기 전에 삼중 스크린 기법으로 두 개 이상의 시간 스케일에서 시장을 분석해야 한다는 것을 명심하라. 선호하는 시간 스케일을 선택한 다음 이를 중간 스케일이라고 부르자. 이를 5로 곱하면 장기 스케일이 나온다. 선호하는 차트가 일간 차트라면 주간 차트를 분석하여 매수 세력에 가담할지 혹은 매도 세력에 가담할지 전략적인 결정을 내린다. 주간 차트상에서 26주 지수이동평균이나 주간 MACD 히스토그램의 기울기 혹은 이 둘 모두를 활용하라.

장기 추세를 확정지었다면 일간 차트로 돌아가 주간 추세의 방향에서 거래 시점을 찾아보라. 임펄스 시스템에서는 13일 지수이동평균과 12-26-9 MACD 히스토그램을 이용한다. 시장의 관성을 추적하는 이 지수이동평균은 우리가 흔히 사용하는 22개 바의 지수이동평균보다 짧지만 대신 시스템을 보다 민감하게 만들어준다.

주가 추세가 상승세면, 일간 차트를 보며 13일 지수이동평균과 MACD가 상승하는 순간을 기다려라. 관성과 모멘텀 모두가 상승하면, 강력한 매수 신호가 발생한 것이므로 롱 포지션을 취하고 매수 신호가 사라질 때까지 롱 포지션을 보유하고 있어야 한다.

주가 차트가 하락세면, 일간 차트를 보며 13일 지수이동평균과 MACD가 하락하는 순간을 기다려라. 관성과 모멘텀 모두가 하락하면, 공매도하라는 신호이다. 그러나 이 신호가 사라질 때 환매할 준비를 하고 있어야 한다.

몇몇 기술적 프로그램을 활용하면 가격 바를 서로 다른 색깔로 표시할 수 있다. 지수이동평균과 MACD 히스토그램 둘 다 상승할 때는 가격 바를 녹색으로 표시하고, 두 지표가 모두 하락할 때는 붉은색으로 표시하라. 지표가 서로 다른 방향을 가리킬 때는 가격 바를 색칠하지 않아야 한다. 그러면 신호를 쉽게 알아볼 수 있다.

프로그래밍하는 법은 소프트웨어 패키지마다 다른데, 나는 다음과 같은 방법으로 Internet Trader Pro에 프로그래밍했다.

먼저 매수 신호 코드다.

AlertMarker(mov (c,13,e) > ref(mov (c,13,e), −1) and fml("MACD−Histogram") > ref(fml("MACD−Histogram"), −1), Below)

다음은 매도 신호 코드다.

AlertMarker(mov (c,13,e) < ref(mov (c,13,e), −1) and fml("MACD−Histogram") < ref(fml("MACD−Histogram"), −1), Above)

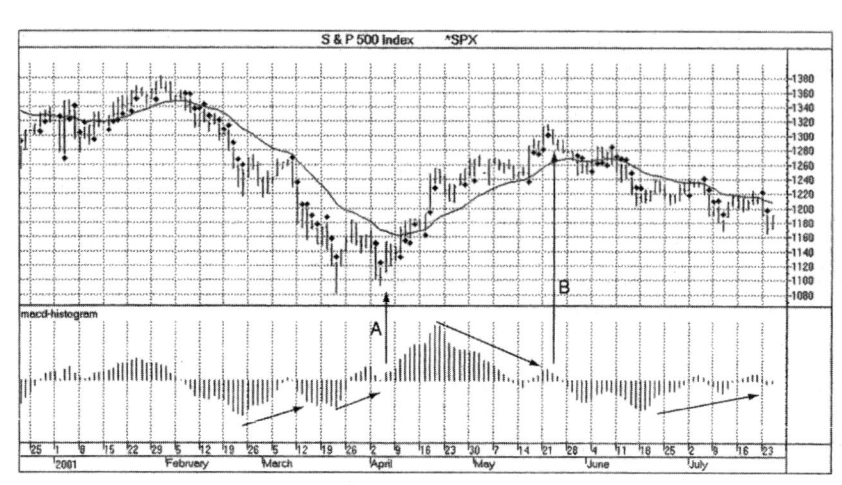

그림 6.6 임펄스 시스템

지수이동평균과 MACD 히스토그램이 동시에 같은 방향을 가리킬 경우 시장의 움직임이 가속되었다는 것을 확인할 수 있다. 임펄스 시스템의 신호를 찾는 가장 좋은 방법은 매수 신호와 매도 신호가 스크린상에 서로 다른 색으로 나타나도록 프로그래밍하는 것이다. 추진력 방향으로 거래하여 가장 급격하고 역동적인 움직임을 잡아라. 추진력과 반대되는 방향으로 거래해서는 결코 안 된다. 예컨대 3월과 4월에 형성된 상승 다이버전스, 이중 바닥, 캥거루 꼬리는 모두 이곳이 중요한 바닥임을 지시하고 있다. 그러나 추진력이 약화되면 매수를 해서는 안 된다. 매도 신호는 A에서 사라지는데 바로 이곳이 롱 포지션을 취해야 할 지점이다.

임펄스 시스템은 2~3월의 하락 추세와 4~5월의 상승 추세를 멋지게 추적하고 있다. 5월의 하락 다이버전스 B에 뒤이어 임펄스 시스템의 매수 신호가 사라지면서 공매도 거래가 가능해진다. 이에 따르는 하락 추세는 이전의 두 추세보다는 역동적이지 않고, 매수 신호와 매도 신호가 반복되어 나타난다. 이처럼 방향 없이 흘러가는 시장은 거래하기가 힘들다. 미심쩍으면, 물러나 있어야 한다.

차트의 오른쪽 가장자리에 형성된 MACD 히스토그램의 삼중 상승 다이버전스는 매수 신호를 보여주고 있다. 임펄스 시스템은 매도 신호를 막 벗어났고, 주식시장은 반

> 등을 준비하고 있는 것처럼 보인다. 최근의 저점에 손실제한주문을 해두고 매수하되, '손실을 막고 반대 포지션을 취하는' 전략을 염두에 두라. 이번의 상승 다이버전스가 무효화된다면 시장은 '바스커빌가의 개' 신호를 보내면서 급락할 것이다.

프로그래밍을 할 줄 알면 시스템에 더 많은 기능을 덧붙일 수 있다. 지수이동평균의 기간을 테스트하여 시장에 가장 잘 맞는 기간을 고를 수도 있다. 매수 신호와 매도 신호가 나타날 때마다 경보음이 울리도록 프로그램화할 수도 있다. 그러면 스크린 앞에 달라붙어 있지 않아도 많은 시장을 모니터할 수 있을 것이다. 내가 사는 곳 근처의 공터에서 낚시를 하는 한 남자는 여러 개의 낚싯대를 펼쳐 놓는데, 각각의 낚싯대에는 작은 종이 달려 있다. 물고기가 미끼를 물면 종이 울리고, 그 남자는 보고 있던 신문을 내려놓고 릴을 감기 시작한다.

청산

카우보이가 로데오 경기에서 야생마의 등 위에 올라탄다면 얼마나 버틸 수 있을까? 20초, 아니면 35초나 갈까? 기술이 좋고 운이 있다면 어쩌면 50초까지 갈지도 모르겠다. 사나운 기세의 모멘텀 트레이딩 역시 오래가지 못한다. 아직 돈이 있을 때 빠져나와야 한다.

모멘텀 트레이딩을 해야 할 시기는 오리들이 한 줄로 죽 늘어섰을 때다. 즉 주간 추세가 상승세이고, 일간 지수이동평균과 MACD 히스토그램이 상승하고 있을 때다. 하나의 지표라도 하락세로 바뀌면 빠져나와야 한다. 상승 모멘텀이 약화되기 시작하면 제일 먼저 반전하는 지표가 보통 일간

MACD 히스토그램이다. 매수 신호가 사라지면, 매도 신호가 나타나길 기다리지 말고 포지션을 팔아치워라.

하락 추세에서는 반대로 하라. 모멘텀 트레이딩에서는 주간 추세가 하락세로 바뀌고 일간 지수이동평균과 MACD 히스토그램 역시 하락할 때 숏 포지션을 취해야 한다. 하락 모멘텀이 가속화되고 있는 것이기 때문이다. 그중 하나의 지표라도 매도 신호가 사라지면 공매도한 주식을 환매해야 한다. 하락의 가장 역동적인 부분은 끝나버리고 당신의 모멘텀 트레이딩은 소기의 목적을 달성했기 때문이다.

임펄스 시스템에서는 신중하게 들어갔다가 신속하게 나와야 한다. 이것이 프로들의 거래 방식이다. 아마추어의 스타일과는 완전히 반대된다. 초보자들은 별로 생각도 해보지 않고 거래에 뛰어드는 반면 나올 때는 엄청나게 꾸물거린다. 시장이 다시 반전하기를 바라며 한없이 기다리고만 있기 때문이다.

임펄스 시스템은 삼중 스크린처럼 기계적 시스템이라기보다는 하나의 거래 기법이다. 이 시스템은 시장이라는 혼돈의 대양에서 질서의 섬을 확인하기 위해, 보통 아무 목표도 없고 조직화되지도 않은 군중이 언제 감정적으로 변해서 어디론가 우르르 달려갈지 알려준다. 패턴이 나타나면 들어가고 패턴이 다시 혼돈에 빠져 들어갈 때 나와야 한다.

임펄스 시스템을 직접 당신의 시장 데이터에 테스트해보고 나서 몇 가지 중요한 질문에 답해보라. 개장 때 들어갔다가 나와야 하는가, 아니면 오후에 신호를 보고 나서 거래를 해야 하는가, 아니면 이런 신호들을 예측할 수 있도록 노력해야 하는가? 폐장 전 15분에 철저한 분석을 하여 다음날까지 기다리지 말고 매수하거나 매도하는 건 어떨까? 지수이동평균과 MACD 히스토그램에 몇 가지 서로 다른 매개변수들을 실험해보기 바란다.

임펄스 시스템으로 거래를 하려면 자제심이 매우 강해야 한다. 시장이 이미 급하게 상승하고 있을 때 주문을 내는 것도 어려운 일이지만 수익을 내고 있을 때 반전을 기다리지 않고 거래를 마치는 것은 더욱 힘든 일이기 때문이다. 당신이 시장에서 나온 뒤 추세가 지속되더라도 후회를 해서는 안 된다. 자제심의 성벽에 조금이라도 틈이 생길 수 있는 사람은 임펄스 시스템에 손을 대서는 안 된다.

임펄스 시스템은 다른 시스템으로 거래를 하는 데도 도움이 된다. 삼중 스크린이 매수 신호를 보낼 때 임펄스 시스템을 체크해보라. 임펄스 시스템에서 매도 신호가 나타난다면 매수를 자제하라. 임펄스 시스템과 반대 방향으로 거래해서는 안 된다. 당신은 급락 때가 아니라 일시적인 하락 때에 매수를 해야 하는 것이다. 하락 추세에서는 반대로 하라. 임펄스 시스템이 매수 신호를 보낼 때는 공매도를 자제하라. 문제를 피하게 해줄 이런 '네거티브 원칙들'이 노련한 거래자들에게 가장 유용한 무기 가운데 하나라 할 것이다.

시장 온도계

초보자들은 일련의 기본적인 기술적 지표들에 대해 배우고 해당 매개변수들을 조절해야 한다. 어떤 거래자들은 군중 행동의 다른 측면들을 계측하고 시장의 움직임을 확인하기 위해 스스로 지표를 만들기도 한다. 새로운 기술적 지표를 만드는 과정을 상세히 살펴보고 당신 스스로 어떻게 지표를 만들 수 있을지 한번 생각해보자.

모든 좋은 지표는 시장 현실의 일부 측면을 보여준다. 시장 온도계는 수면기, 평온기, 시장 군중이 흥분하는 과열기를 판단하는 데 도움이 된다. 시장 온도계를 이용하면 현재의 환경에 맞게 거래를 할 수 있다.

평온한 시장은 보통 짧은 바들이 겹쳐져 나타나는 경향을 보인다. 들뜨고 과열된 시장의 바들은 매우 길어 고가와 저가가 전날의 거래 범위 바깥으로 튀어나와 있기 마련이다. 초보자들은 급등세를 놓치는 게 두려워 이렇게 긴 바들이 있는 구간에서 거래에 뛰어든다. 하지만 시장이 평온할 때 거래에 들어가면 체결오차가 낮다. 과열된 시장은 이익을 실현하기에 좋다. 이때는 체결오차가 당신에게 유리하게 작용하기 때문이다.

최근에 금이 한 주 만에 40달러로 올랐을 때, 한 기자가 유명한 투자자에게 금이 좋은 매수 대상인지 물었다. 그는 금이 좋은 매수 대상이기는 하나 이 버스에 올라탈 시기는 정거장 앞에 섰을 때지 시속 40마일로 고속도로를 달리고 있을 때가 아니라고 대답했다. 시장 온도계는 버스가 언제 속도를 늦춰 정거장 앞에 서고 언제 속도를 내며 언제 고속도로를 질주하는지 확인하는 데 도움을 준다.

시장 온도계는 오늘의 고가와 저가가 어제의 거래 범위 바깥으로 얼마나 튀어나왔는지 측정한다. 오늘의 바가 어제의 바 바깥으로 많이 튀어나와 있을수록 시장 온도는 높은 것이다. 시장 온도계의 공식은 다음과 같으며 둘 중 큰 쪽이다.

온도 =(오늘의 고가 - 어제의 고가)
온도 =(어제의 저가 - 오늘의 저가)

시장 온도계를 WallStreet 소프트웨어의 창에 프로그래밍하려면 다음과 같은 공식을 이용하라.

if(hi<ref(hi,-1) and lo>(ref(lo,-1), 0, if((hi - ref(hi,-1))

>(ref(lo,-1) - lo), hi - ref(hi,-1), ref(lo,-1) - lo)).

이 공식을 다른 소프트웨어 패키지에 적용하는 것도 어렵지 않다.

시장 온도는 언제나 양수이다. 전날의 거래 범위에서 위쪽으로 혹은 아래쪽으로 얼마나 벗어났는가를 측정하고 둘 중 더 큰 값의 절댓값을 취한다. 시장 온도를 0선 위에 히스토그램으로 표시하라. 또 시장 온도의 이동평균을 계산하여 같은 차트에 선으로 표시하라. 나는 22일 지수이동평균을 활용한다. 한 달에 거래일이 22일 있기 때문이다. 그러나 이 지표가 가격의 단기 움직임에 보다 민감하기를 원한다면 지수이동평균의 기간을 줄여서 시스템에 테스트해보기 바란다.

시장이 평온할 때는 인접한 바들이 겹쳐서 나타나곤 한다. 가치에 대한 합의가 잘 이루어져 있고, 군중은 전날의 거래 범위 바깥에서는 거의 매수하거나 매도하지 않는다. 고가와 저가가 전날의 거래 범위를 벗어나더라도 그 차이는 크지 않다. 시장 온도계가 하락하고 시장 온도의 이동평균선이 하락하면 시장이 수면기에 들어갔다는 뜻이다.

시장이 위나 아래로 움직이기 시작하면, 일간 차트의 가격 바들이 전날의 거래 범위 바깥으로 튀어나오기 시작한다. 시장 온도계의 히스토그램은 길어지면서 시장 온도의 이동평균선을 침범하고, 시장 온도의 이동평균선도 상승하면서 새로운 추세가 확인된다.

시장 온도계는 히스토그램과 이동평균선의 관계에 기초하는 네 가지 거래 신호를 제공한다.

새로운 포지션을 취할 적기는 시장 온도가 이동평균선 아래로 하락할 때다. 시장 온도가 그 아래로 내려가면 시장이 평온하다는 뜻이다. 당신의 거래 시스템에서 거래 신호가 나타나면, 시장이 평소보다 냉각되어 있을 때

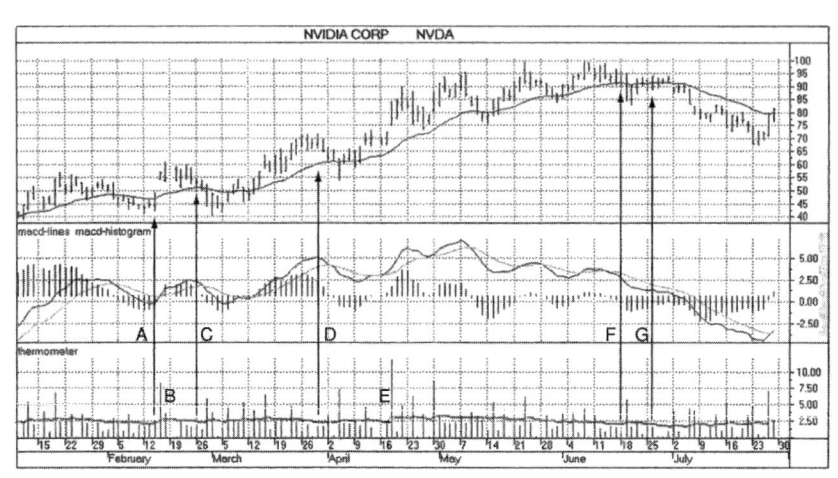

그림 6.7 시장 온도계

NVDA 사의 주식은 활발한 거래자들 사이에서 현재 큰 인기를 누리고 있다. 많은 거래 요소들을 눈여겨보기 바란다. 100에 이를 때까지의 강력한 상승세, 삼중 천정, MACD 하락 다이버전스, 그리고 그 뒤의 하락 등. 시장은 평온한 시기와 활발한 시기 사이를 오가고 있는데 시장 온도계가 이를 확인하는 데 도움을 준다.

A에서 주가는 상승세이고, 시장 온도는 이전 5일 동안 22일 지수이동평균 아래에 있었다. 때는 바야흐로 폭풍 전의 고요라고 할 만한 시기다. 추세 방향에서 일어난 폭발적 가격 움직임(B)으로 매수자들은 보상을 받는다. 하지만 동시에 시장 온도가 평균의 세 배에 이를 정도로 상승하면서 잔치가 끝났으며 동력이 꺼졌고 이익을 취할 때가 되었다는 것을 알려주고 있다.

C에서는 다시 시장 온도가 내려가 5일 동안 지수이동평균 아래에 머물러 있으면서 급격한 주가 움직임이 임박했다는 신호를 보내고 있다. 이때는 주가가 지수이동평균 위에 있으므로 하락을 예상해야 한다. D에서도 비슷한 메시지가 나타났다. 그다음의 주가 상승 뒤 시장 온도가 크게 치솟아 평균의 네 배 이상을 기록했다(E). 이익 실현의 적기라는 뜻이다.

주가는 100 근처에서 삼중 천정을 형성했고 MACD 히스토그램은 하락 다이버전스

> 를 만들었다. F와 G에서는 주가가 완만한 움직임을 보였다. 이때 역시 폭풍 전의 고요라고 할 만하다. 매도 세력이 당장 주가를 끌어내리려 하고 있기 때문이다.
> 시장 온도의 지수이동평균은 오늘의 고가 또는 저가가 어제의 거래 범위에서 얼마나 멀리 벗어날지 예측하게 해준다. 저가에 매수하고 고가에 매도하려는 사람들에게는 유용한 정보다. 당신은 예상되는 고가나 저가 근처에서 주문을 낼 수 있다.
> 차트의 오른쪽 가장자리에서 주가는 하락하고 있는 지수이동평균의 수준까지 상승했다. 100에서 70 밑으로 하락한 뒤이므로 반등을 당연시할 수도 있겠지만, 시장 온도를 보라. 평균의 세 배에 이른다. 따라서 열기가 사라졌고, 숨을 돌릴 시간이 찾아올 것이며, 하락 추세가 다시 시작되리라는 것을 확인할 수 있다.

시장에 진입하도록 해야 한다. 시장 온도가 이동평균선 위로 상승하면 시장이 과열되어 있고 체결오차가 발생할 가능성이 크다는 뜻이다.

시장 온도가 상승하여 이동평균의 세 배에 이르면 포지션을 청산하라. 시장 온도계에 나타난 스파이크는 급격한 움직임을 가리킨다. 군중이 어떤 갑작스러운 소식이나 사태에 동요하고 있을 때가 이익 실현을 위한 최적기다. 패닉은 보통 오래가지 못하며 돈을 벌 수 있는 짧은 기회를 제공한다. 시장 온도의 지수이동평균이 5센트에 있을 때 시장 온도가 14센트로 상승했다면 이익을 취하라. 당신이 거래하고 있는 시장에 이런 방법을 적용해보라.

시장 온도가 5~7일 동안 이동평균선 아래에 머물러 있었다면, 폭발적인 가격 움직임에 대비하라. 평온한 시장은 아마추어들을 잠에 빠뜨린다. 그들은 부주의해지고 더 이상 가격을 들여다보지도 않는다. 변동성과 거래량이 감소한다. 프로들은 바로 이때 시장에 들어갈 기회를 찾는다. 폭발적인 가격 움직임은 대개 평온한 시기에서 분출한다.

시장 온도는 다음 거래일의 이익 목표점을 정하는 데 도움을 줄 수 있다. 당신이 단기 거래자이고 롱 포지션을 취하고 있다면, 오늘의 시장 온도의 지수이동평균값을 어제의 고가에 더한 가격에 매도 주문을 내라. 공매도를 하고 있다면, 어제의 저가에서 오늘의 시장 온도의 지수이동평균값을 뺀 가격에 환매 주문을 내라.

시장 온도계를 소개하는 데는 두 가지 목적이 있다. 새로운 지표를 보여주고 싶기도 했지만, 그보다 나는 당신이 자신의 분석 도구를 설계하기 위해 시장에 대한 지식을 어떻게 활용해야 하는지 보여주고 싶었다. 일단 시장 분석의 원칙들을 이해하면 스스로 지표를 만들어낼 수 있다. 지식과 이해, 자제심을 바탕으로 시장에서 승자 편에 서기 바란다.

● 거래의 청산 ●

거래에 들어갈 때마다 당신은 머릿속에 세 가지를 분명히 해두어야 한다. 어디서 들어가고, 어디서 이익을 실현하며, 비상 시 어디서 탈출할 것인가 하는 것이다. 수익에 대한 환상이 돈을 벌어다주지는 않는다. 당신은 어디서 테이블 위의 돈을 쓸어 담고, 시장이 불리한 방향으로 갈 경우 어디서 손을 털어야 하는지 미리 결정해두어야 한다.

초보자들은 쉴 새 없이 유망한 거래를 찾고 그런 거래만 찾는다면 큰돈을 벌 수 있을 것이라고 생각한다. 그들은 눈에 불을 켜고 진입 시점을 찾는다. 반면 프로들은 청산 시점을 파악하는 데 많은 시간과 정력을 쏟는다. 그들은 늘 어디서 이익을 취해야 하는지, 어디서 손절매를 해야 하는지 스스로에게 묻는다. 생존자들은 극히 중요한 진실을 안다. 그 진실은 거래에 들어갈 때 돈을 받는 게 아니라 거래에서 나올 때 돈을 받는다는 것이다!

왜 거래에 들어가기 전부터 나올 때를 생각해야 하는가? 시장에 들어가서 거래를 모니터하다가 가격 움직임에 따라 나오는 게 더 낫지 않을까? 하지만 거래에 들어가기 전에 청산 시점을 결정해야 한다는 데는 두 가지 이유가 있다.

첫째, 이익 목표점과 손실제한주문 가격을 알면 보상과 리스크를 미리 가늠해볼 수 있게 된다. 명백한 매수 신호가 나타났는데, 가격 목표점이 2달러 위이고 손실제한주문 가격이 4달러 아래라면 이 거래는 할 만한 가치가 있는 것일까? 당신은 2달러를 얻기 위해 4달러의 리스크를 부담하겠는가? 가격 목표점과 손실제한주문 가격을 알면 잠재적 보상이 리스크보다 훨씬 큰 거래에만 집중할 수 있게 된다. 거래 기회로부터 물러설 수 있는 능력은 술잔을 받아들고 싶지만 거절할 수 있는 능력만큼 중요하다.

둘째, 거래에 들어가기 전에 이익 목표점과 손실제한주문 가격을 정해두면 치명적인 '소유 효과^{ownership effect}'에서 벗어날 수 있다. 우리는 소유하고 있는 물건에 애착을 갖고 객관성을 잃어버리는 경향이 있다. 사실 옷장에 걸려 있는 후줄근한 재킷은 이미 오래전에 구세군에 보내야 했을 것이다. 지난주에 뛰어든 거래는 실패처럼 보이기 시작한다. 그렇다면 왜 거래를 마치지 않는 것인가? 재킷이나 거래나 우리가 현재 소유하고 있는 것이기 때문이다. 편하고 익숙하기 때문이다. 거래에 들어가기 전에, 거래가 당신의 것이 되기 전에 청산 시점을 결정할 필요가 있는 것은 이 때문이다.

최고의 기술적 분석가로 손꼽히는 친구 한 명은 자신의 헤지펀드가 망하고 나서 어려움에 처하자 잠시 중개인으로 일했다. 자연스럽게 나는 계좌를 그에게로 옮겼다. 내가 주문을 하려고 전화를 할 때마다 그는 나에게서 손실제한주문을 받아내지 않으면 전화를 끊으려 하지 않았다. 이따금 나는 조금만 더 시간을 달라고 그에게 간청했다. 그러면 그는 내가 5분 안에 다시 전화를 걸어 손실제한주문을 해야 하며 그렇지 않으면 그가 다시 전화를 걸 것이라는 조건으로 주문을 받아주곤 했다. 6개월 뒤 그는 다른 회사에서 기술적 분석가로 일하게 되었고, 그 이후로는 그와 같은 중개인을 다시 보지 못했다. 그는 시장의 리스크를 짊어지기 전에 보호 범위를 알아야 하는 필요성을 엄청나게 강조했다.

거래에 들어가기 전에 당신은 두 가지 특정한 가격 수준을 정해두어야 한다. 가격 목표점과 손실제한주문 가격이다. 하나는 현재 가격보다 위에, 다른 하나는 그 아래에 있어야 한다. 이것이 당신이 단기 거래에서 알아야 할 전부다. 여기서는 분명하게 보이는 타깃을 쏘아 맞추어야 하는 것이다. OCO$_{\text{one cancels other}}$ 주문(조합식 주문으로 이익 실현 주문과 손절매 주문 중 하나가 체결되면 나머지는 자동 취소된다—옮긴이)을 받아주는 중개인을 찾을 수 있을 것이다. OCO 주문을 해두면 가격이 가격 목표점에 도달할 경우 손실제한주문은 자동적으로 취소되고 그 역의 경우도 마찬가지다. 중개인이 OCO 주문을 받아주지 않는 경우라면 손실제한주문을 내고 가격 목표점에서 눈을 떼지 말아야 한다.

며칠 혹은 몇 주간 지속되는 장기 거래를 계획하고 있다면 어떻게 해야 할까? 장기 거래에서는 이익 목표점이 시간과 함께 변하므로, 보호적 손실제한주문은 거래 가격에 바짝 붙여두어야 한다. 거래 청산 원칙을 적어두어야 하고, 고민하거나 꾸물거리거나 더 나은 가격을 바라지 말고 종이에 쓰인 그대로 따라야 한다. 예컨대 가격이 상단 채널선에 도달하거나, 시장이 이틀 연속으로 새로운 저가를 기록할 때 시장을 나간다고 결정할 수 있다. 어떤 원칙이든 종이에 적어두고, 시장이 이익 목표점이나 손실제한주문 가격에 도달하는 즉시 이를 실행에 옮겨라.

경험이 매우 풍부한 거래자들은 기이할 정도로 강력한 추세를 어떻게 분간하는지 알고 있다. 이런 때는 청산 전략을 바꾸어 부분적으로 이익을 취한 다음 변경된 청산 전략과 함께 추세가 계속되는 동안 나머지 포지션을 보유하고 있는 게 좋다. 당신도 경험이 풍부해지면 거래 계획에서 어느 정도 느슨해질 수 있다. 그러나 초보자나 중급 거래자는 거래 계획을 엄격하게 실천해야 한다. 진입은 쉽다. 어릿광대라도 복권을 살 수 있기 때문이다. 시장에서 승자와 패자를 가르는 것은 어떻게 청산을 하는가이다.

가격 목표점으로서의 채널

현재도 전 세계의 거래자들이 차트를 들여다보며 패턴을 인식하기 위해 애쓰고 있다. 그들의 상상력은 거침없이 하늘을 날아다닌다. 하지만 통계 연구는 일관되게 한 가지 패턴만을 확인시켜줄 뿐이다. 가격이 가치 위아래로 움직이는 경향을 보인다는 바로 그것이다. 시장은 대부분의 시간 동안 혼돈처럼 보일지 모르지만, 과매도 및 과매수 상태를 오감으로써 최상의 거래 기회를 제공하는 질서의 섬을 창조한다. 시장은 흥분과 절망 사이를 오가고 우리는 이런 감정에 편승해 돈을 번다.

채널은 시장의 변동성을 활용할 수 있게 도와주는 기술적 도구다. 우선 중간 시간 스케일의 차트(보통 일간 차트)에서 이동평균선을 기준으로 하여 상하 같은 폭의 채널을 그린다. 대략 최근 가격들의 95퍼센트를 싸안을 수 있도록 하면 잘 그려진 채널이라고 할 수 있다. 상단선은 시장의 열광 상태를, 하단선은 시장의 침체 상태를 나타낸다.

상승 중인 이동평균선 근처에서 매수를 하면 상단 채널선 근처의 열광 상태에서 매도를 할 수 있다. 하락 중인 이동평균선 근처에서 공매도를 하면 하단 채널선 근처의 침체 상태에서 환매를 할 수 있다. 채널은 이익 실현을 위한 매력적인 목표점이다.

흔히 말하길 신경증 환자는 구름 속에 성을 짓는 사람이고, 정신병 환자는 그 성 안에서 사는 사람이며, 정신과 의사는 그 성의 사용료를 받는 사람이라고 한다. 채널은 대부분의 투자자들을 미치게 만드는 것—시장의 무자비한 변동성—으로부터 사용료를 받을 수 있게 해준다. 정상 상태에서 매수하여 열광 상태에서 매도하고, 정상 상태에서 공매도하여 침체 상태에서 환매하는 것이 그 방법이다.

스트레이트 채널 혹은 엔벨로프는 표준편차 채널 혹은 볼린저 밴드보다 이익 실현에 더 적합하다. 볼린저 밴드는 변동성이 증가하면 폭이 넓어지고 변동성이 감소하면 폭이 좁아진다. 볼린저 밴드는 변동성에 크게 의존하는 옵션 거래자들에게 도움을 주지만 주식이나 선물을 거래하는 우리에게는 스트레이트 채널이 더 낫다.

채널은 투자자가 아니라 거래자를 위한 것이다. 10달러 주식에 투자하여 주가가 50달러가 될 때까지 기다리려고 한다면 채널은 맞지 않다. 투자나 장기 거래의 청산은 펀더멘털이나 26주 이동평균선의 반전 같은 장기 기술적 신호에 바탕을 둔다. 엔벨로프 또는 채널은 가격이 과대평가된 수준과 과소평가된 수준 사이를 오가는 단기 변동에서 가장 잘 들어맞는다.

상승 중인 지수이동평균 근처에서 매수했다면, 내일 상단 채널선을 형성하리라 예상되는 곳에 매도 주문을 내라. 상단 채널선이 지난 며칠 동안 하루에 0.5포인트 상승해왔고 오늘 종가가 88이었다면, 내일 88.50에 매도 주문을 낼 수 있다. 채널이 더 올라가거나 더 내려감에 따라 숫자를 매일 바꿔야 한다.

내가 사람들을 모아놓고 채널을 이용해 이익을 실현하는 법을 가르칠 때마다 누군가가 손을 들어 가격이 채널을 뚫고 나간 영역을 가리키곤 한다. 그곳 채널선에서 이익을 취하면 그 뒤 한동안 계속되는 상승세를 놓치게 된다는 지적이었다. 내가 뭐라고 말할 수 있을까? 이 시스템은 훌륭하지만 완벽하지는 않다. 모든 천정과 바닥을 정확히 예측할 수 있는 방법은 존재하지 않는다. 한때 유명한 시장 분석가였던 로버트 프레처Robert Prechter는 이렇게 적절히 지적했다. "트레이더는 좋은 시스템을 가져다가 완벽한 시스템을 만들려는 바람에 망하고 만다."

추세가 매우 강력하면, 추세를 조금 더 타고 싶은 마음이 생길 수 있다. 그렇다면 가격이 상단 채널선에 도달했을 때 포지션의 반을 처분하고 나머지 반은 자신의 판단에 따라 처분하라. 장중 가격을 모니터하다가 새로운 고가를 기록하지 못하는 첫날 팔아버려도 될 것이다. 자신의 판단력과 기술을 십분 활용하되 적당히 할 줄 알아야 한다. 천정을 정확히 짚겠다는 생각은 버려라. 탐욕은 매우 비싼 감정이다.

상승세가 약하면, 가격은 상단 채널선에 도달하지 못한 채 하락을 시작할지도 모른다. 시장이 가치 수준으로 회귀하기 전에 필히 열광 상태에 들어가야 한다는 법은 없다. 강도지수는 상승세의 강도를 측정하는 데 유용하다. 2일 강도지수가 새로운 고점으로 상승하면 매수 세력이 강하다는 것이므로 가격이 상단 채널선에 도달할 때까지 포지션을 보유하고 있어야 한다. 하지만 2일 강도지수에서 하락 다이버전스가 발생하면, 상승세가 약하다는 신호이므로 신속하게 이익을 취하는 것이 좋다.

A급 거래자는 채널폭의 30퍼센트 이상을 수익으로 남기는 사람이다. 그 거리를 보자면, 이동평균선에서 채널선까지 거리의 절반보다 약간 큰 정도다. 따라서 이동평균선보다 약간 높은 수준에서 매수하여 상단 채널선 아래에서 매도하더라도 A급 거래자가 되고 상당한 수익을 낼 수 있다. 채널은 통상적인 천정과 바닥을 포착하는 데 도움을 주고, 통상적인 이익을 꾸준히 거두어들이면 큰 부자가 될 수 있다. 채널은 현실적인 이익 목표점을 정하는

데 유용하다.

보호적 손실제한주문

아마추어는 환상과 현실 사이에서 오락가락하면서 결정은 대부분 환상의 영역에서 내린다. 그들은 이익을 꿈꾸고 손실 가능성에 대한 불편한 생각은 피한다. 손실제한주문은 손실에 관해 생각하도록 강요하기 때문에 대부분의 거래자들은 이를 이용하지 않으려 한다.

한 친구는 자신이 투자자이기 때문에 손실제한주문이 필요 없다고 나에게 말한 적이 있다. "그 주식을 얼마에 샀지?" 내가 물었다. 그녀는 80에 샀으며 이제 85가 되었다고 했다. "80으로 떨어지면 그래도 가지고 있을 생각이야?" 그렇게 묻자 그녀는 그렇다고 대답했다. "그럼 75로 떨어지면?" 그녀는 그럴 경우에는 아마도 추가 매수를 하게 될 거라고 얘기했다. "70으로 떨어지면?" 그녀가 주춤했다. "55로 떨어지면? 그래도 가지고 있을 거야?" "아니, 아니지." 그녀가 거세게 머리를 흔들었다. "음, 그렇다면 55 위의 어디쯤엔가 손실제한주문을 해두어야겠네!"

최근에 한 법률가와 식사를 했는데, 그는 예전에 어쩌다가 어떤 저가주 회사가 전기 통신 관련 대기업과 전략적 제휴 관계를 맺고 이에 관해 발표할 예정이라는 내부 정보를 알게 되었다. 법적 차원이나 도의적 문제는 제쳐놓고, 그는 어쨌든 그가 가진 거의 모든 돈을 쏟아부어 주당 평균 16.5센트에 사들였다. 전략적 제휴 관계에 대한 발표가 있자 주가는 8달러로 폭등했다. 그런데 그가 초밥을 앞에 두고 내게 이 비밀을 털어놓던 때는 주가가 1.50달러로 떨어져 있었고 그는 여전히 보유 상태였다. 손실제한주문을 해두지 않았던 것이다. 나는 그에게 주가가 8센트, 즉 그가 산 가격의 반으로 떨어져도 주식을 보유하고 있을 거냐고 물었다. 그는 내 질문에 충격을 받고 1달러 수준에 손실제한주문을 해두겠다고 약속했다. 그가 정말로 그렇게 했을까? 아마 그렇지 않을 것이다. 현실에 눈을 감고 환상을 믿는 것이 훨씬 편하기 때문이다.

거래에 들어간 뒤에는 곧바로 손실제한주문을 해두고 시장이 유리한 쪽으로 움직이기 시작하면 거래 방향으로 손실제한주문 가격을 이동시켜야 한다. 손실제한주문 가격은 일방통행이다. 롱 포지션일 때는 손실제한주문 가격을 높일 수 있지만 낮추어서는 절대 안 된다. 숏 포지션일 때는 손실제한주문 가격을 낮출 수 있지만 높여서는 절대 안 된다. 패자들만이 이런 말을 한다. "이번 거래는 좀 여유를 갖자구." 당신은 손실제한주문을 했을 때 이미 필요한 여유를 다 주었다. 주식이 당신에게 불리한 방향으로 움직인다고 하더라도 손실제한주문은 그대로 내버려두라! 시장에서 손실제한주문 가격이 위협받고 있는 지금보다 손실제한주문을 해두었을 당시가 당신이 훨씬 합리적이었던 상태였음을 잊지 말라.

투자자라면 몇 주 만에 한 번씩 손실제한주문 가격을 재평가해보아야 한다. 그러나 거래자는 더 고되다. 우리는 매일 손실제한주문 가격을 재평가하고 자주 옮겨야 한다.

치명적인 환상 ● 많은 거래자들은 뛰어난 시장 분석을 통해 손실제한주문을 하지 않고서도 곤경에 빠지지 않을 수 있다고 생각한다. 거래는 외줄타기와도 비슷하다. 허공 위의 외줄을 안전망 없이 수백 차례 건너다녔다 해도 한 번이라도 떨어지면 불구가 될 수 있다. 당신은 그런 위험을 감수할 수는 없다. 손실제한주문을 포기하는 한 어떤 명석한 두뇌들을 모아놓는다고 해도 당신을 도와줄 수 없다.

몇 년 전 세계적으로 유명한 거래 소프트웨어 개발자로부터 전화를 받은 적이 있다. 그는 나를 캠핑 여행에 초청했고, 지나가는 투로 나에게 획기적인 선물 거래 시스템을 개발했다고 말했다. 그 시스템은 전산화된 패턴 인식에 기반하고 있었고, 과거 20년치의 데이터를 테스트한 결과 놀랄 만한 결과를 얻어냈다. 하지만 그는 그 시스템으로 거래할 만한 돈이 없었다. 그 전의 투기사업에 자금을 몽땅 날려버렸기 때문이다. 그는 자신의 시스템을 일군의 투자 매니저들에게 보여주었다. 그들은 대단히 호의적인 반응을 보이며 그를 위해 헤지펀드를 만들었고, 그들 스스로 소액이라고 부르는 돈—십만 달러—을 제공했다.

나는 국토를 가로질러 날아갔고, 내 친구가 만든 시스템에 감탄하며 첫날 저녁을 보냈다. "현재 거래하고 있는 게 뭐지?" 시스템은 그에게 여섯 가지 신호를 제공했다. 대두, 스위스 프랑, 삼겹살, 그리고 그 외 세 개의 시장에 대해서였다. 그는 이 여섯 개 시장 모두 거래에 들어갔다. "각 거래에 얼마의 자금을 할당한 거지?" 그는 계좌의 금액을 6으로 나누어 각각의 시장에 균등하게 배정했고 예비금은 전혀 두지 않았다. 그리고 전액을 보증금으로 사용했다. "손실제한주문은 어디에 해두었어?" 그는 여러 가지 말로 '진정한 남자는 손실제한주문을 이용하지 않는다'고 대답했다.

그는 손실제한주문이 수익성을 감소시킨다는 것을 수학적으로 증명했다. 안전은 서로 관련이 없는 시장을 거래하는 데 있다고 말했다. 한두 시장이 불리한 방향으로 나아가더라도 다른 시장들이 그에게 유리한 쪽으로 움직일 것이라는 얘기다. "모든 시장이 불리한 쪽으로 움직이는 재앙과도 같은 사건이 벌어지면 어떻게 할 생각이야?" 그는 그것은 불가능하다고 힘주어 말했다. 그가 서로 관련 없는 시장을 거래하기 때문이었다. 스위스 프랑과 삼겹살 사이에는 상관관계가 있을 수 없었다. 게다가 그의 시스템은 20년치 데이터로 테스트했을 때 거래를 모두 망친 적이 단 한 차례도 없었다.

나는 그의 전 자본이 위험에 빠졌으므로 캠핑은 잊어버리고 스크린에 좀더 가까이 붙어 있자고 말했다. 내 친구는 자신의 시스템을 완전히 자신한다고 얘기했다. 그래서 우리는 결국 차를 몰고 시에라네바다로 갔고, 거기서 숨이 막힐 듯한 절경과 마주했다. 우리는 굉장한 시간을 보냈다. 그리고 마지막 날 당시 여덟 살이었던 내 아들이 금덩이가 가득 든 플라스틱 양동이를 들고 왔다. 물론 그것은 황철광(속칭 fool's gold)이었지만, 나는 오늘날까지 그중 하나를 버리지 않고 간직하며 서진書鎭으로 쓰고 있다. 여기에다 '반짝이는 모든 것이 금은 아니다'라는 말을 새겨두었다.

그런데 우리가 문명의 세계로 돌아왔을 때 불가능한 일이 벌어져 있었다. 여섯 개 시장 모두가 예상과는 반대로 움직이고 있었고, 내 친구의 자본은 이제 거의 바닥난 상태였다. 다음날 우리는 극도의 공포감 속에서 스크린을 지켜보았다. 시장은 하나하나 개장하면서 계속 그에게 불리한 방향으로 나아갔다. 나는 그에게 6개 포지션 중 2개를 처분하라고 말했다. 하지만 그때는 이미 공항으로 가야 할 시간이 되어 있었다.

며칠 뒤 나는 여행에 대한 고마움을 표시하기 위해 그 친구에게 전화를 걸었다. 그 통화에서 그의 계좌가 바닥나버렸다는 사실을 알게 되었다. 친구는 돈을 댔던 사람들이 신사가 아니라며 울분을 터뜨렸고 전화조차 받지 않는다고 신랄한 어조로 비난했다. 나는 그들의 입장이 되면 나라도 전화를 받지 않았을 거라고 말하고 싶었지만, 꾹 참았다.

손실제한주문을 활용하지 않는 거래자는 결국에는 큰 손실을 보고 만다. 엄청난 재앙은 명석한 두뇌와 뛰어난 거래 시스템이 손실제한주문을 필요 없게 만들 것이라고 믿은 사람들을 곤경에 빠뜨릴 것이다. 어떤 거래자라도 한동안은 손실제한주문 없이 버틸 수 있지만, 오랫동안 거래를 하다 보면 시장이 결국 그의 숨통을 끊어놓기 마련이다.

천하의 명석한 두뇌들이 모였다고 해도 손실제한주문을 이용하지 않는 거래자는 구해줄 수가 없다. 금융시장에 관한 연구로 노벨상을 받은 사람들도 구해주지 못한다. 롱텀 캐피털 매니지먼트 사의 경우를 보자. 이 회사는 살로몬의 전직 이사, 연준의 전 총재, 두 명의 노벨상 수상자를 포함하여 공인된 천재들의 손에 의해 소유·운영되었던 헤지펀드다. 이들은 손실제한주문을 하기에는 너무 머리가 좋았다. 그들은 1998년 실패의 벼랑 끝으로 몰렸다. 결국 파산을 하지는 않았지만, 그것은 오로지 미국 연방준비제도이사회에서 세계 시장의 파국을 막기 위해 자금을 지원해준 덕분이었다.

어떤 지식이나 재능, 지능, 컴퓨터 기술도 손실제한주문 없이 거래를 할 경우에는 당신을 재앙으로부터 구해줄 수가 없다. 손실제한주문은 당신의 생존과 번영에 필수적인 장치다.

그렇다면 마음속에 손실제한주문을 해둔다면, 즉 마음속으로 청산 시점을 결정하고 시장을 지켜보고 있는 방법은 어떨까? 가격이 마음속에 정해둔 지점에 도달하면 가장 좋은 가격으로 포지션을 청산하는 방법이다. 경험이 풍부하고 강철 같은 자제심을 갖고 있는 전문가들은 흔히 이런 전략을 택한다. 그러나 초보자들의 경우는 다르다. 그들은 토끼가 뱀을 보듯이 시장을 본다. 공포로 얼어붙어 한 발자국도 움직이지 못하는 것이다. 따라서 초보자들은 더더욱 실제로 손실제한주문을 해두어야 한다.

손실제한주문이 당신을 완벽하게 보호해주지는 못한다. 가격은 연속적으로 움직이지 않고 손실제한주문 수준을 뛰어넘을 수 있기 때문이다. 어떤 주식을 40달러에 사서 37달러에 보호적 손실제한주문을 해두었다고 하자. 이때 나쁜 실적 보고나 좋지 않은 소식이 발표되면 다음날 개장 때 주가가 34달러로 내려갈 수 있다. 그렇다면 당신의 주문은 예상보다 훨씬 더 나쁜 조건으로 체결될 것이다. 물론 이것이 손실제한주문의 필요성에 대한 반론이 되지는 못한다. 구멍이 뚫린 우산이 그래도 우산이 아예 없는 것보다는 낫기 때문이다. 또한 자금관리 원칙은 추가적인 보호장치가 되어줄 것이다.

두 차원의 손실제한주문 ● 트레이딩에서 가장 어려운 일 중 하나가 손실제한주문을 하는 것이다. 좋은 거래 기회를 찾는 것보다 더 어렵다. 손실제한주문 가격은 자본을 보호할 만큼 충분히 가까워야 하지만, 의미 없는 노이즈로 인해 시장에서 튕겨 나오지 않으려면 충분히 멀어야 한다. 따라서 미세한 조정이 필요하다.

대부분의 주식 관련 서적은 똑같은 충고를 반복한다. 롱 포지션일 때는 전저점 아래에, 숏 포지션일 때는 전고점 위에 손실제한주문을 해두라는 충고다. 이 방법은 너무 간단하고 흔해서 헤아릴 수 없이 많은 손실제한주문이 똑같은 수준에 걸려 있게 된다. 프로들은 장님이 아니다. 그들은 차트를 보고 이런 손실제한주문들이 어디 모여 있는지 안다. 그들은 손실제한주문들을 찾아내 가짜 돌파로 모두 터트려버리려고 한다.

주가가 지지선 바로 위에 있으면, 새로운 매수 주문의 흐름이 말라버리고 지지선 아래에 손실제한주문을 해둔 사람들은 깊은 숨을 들이마시며 때를 기다린다. 이때 프로들은 공매도를 하여 주가를 아래로 잡아끈다. 주가가 지지선 아래로 내려감에 따라 가격역지정 매도 주문이 순식간에 격발하기 시작한다. 그러면 보다 높은 수준에서 공매도를 했던 프로들은 환매를 시작하여 손실제한주문이 체결됨으로써 시장에서 쫓겨난 아마추어들의 값싼 매물들을 거두어간다. 주가 하락이 둔화되자마자 그들은 매수를 늘리면서 롱 포지션을 취한다. 시장은 반등하고, 지지선 아래에서 주식을 매수한 프로들은 반등 때 매도를 한다. 거래 범위에서 일어나는 대부분의 돌파는 가짜 돌파로, 프로들이 잘 알려진 수준에 걸려 있는 많은 손실제한주문을 격발시키기 위한 일종의 미끼다. 이런 손실제한주문들이 깨끗이 치워지고 나면 시장은 반전을 준비한다. 대부분의 거래자들은 몇 차례의 가짜 돌파로 시장에서 나온 뒤에는 진저리를 치고 더 이상 손실제한주문을 이용하려고 하지 않는다. 바로 이때 진짜 반전이 일어나 그들을 꼼짝없이 사로잡는다. 그들은 이렇게 돈을 잃는다. 손실제한주문을 해두든 해두지 않든 마찬가지고, 결국 빈 털터리로 시장에서 나온다.

분명해 보이는 지점에 손실제한주문을 해두는 것은 좋은 생각이 아니다. 자본의 보호를 위해 조금 가까이 해두거나 아니면 무의미하게 걸리는 것을 피하기 위해 조금 멀리 해두는 것이 좋다. 다른 모든 사람들이 하는 대로 하지 않도록 해야 한다. 시장이 도달하리라고 예상하지 않는 곳에 손실제한주문을 해야 한다는 점을 명심하라. 주가가 어떤 특정한 지점으로 떨어지리라고 예상한다면, 왜 거기다가 손실제한주문을 하겠는가? 그럴 때는 기다리지 말고 거래를 종료하는 게 낫다.

손실제한주문을 하려면 기술적 분석과 자금관리 원칙을 참조해야 한다. 이 둘을 이용하여 손실제한주문을 위한 적당한 수준뿐만 아니라 거래의 올바른 규모까지 찾을 수 있다. 첫째, 이번 거래에서 당신은 얼마만한 액수의 돈을 리스크로 삼을지 결정해야 한다. 나중에 자금관리를 다룬 내용에서 거래의 리스크를 계좌의 작은 일부로 제한시키는 방법을 배우게 될 것이다. 충분히 자신하지 못할 경우에는 계좌의 더 작은 부분으로 리스크를 제한하라.

최대 리스크로 삼을 금액을 정했다면, 기술적 분석으로 돌아가 어디에 손실제한주문을 할지 찾아보라. 기술적 분석에 근거한 손실제한주문 가격은 거의 언제나 자금관리 원칙에 따른 손실제한주문 가격보다 더 타이트하다. 거의 언제나 시장가에 더 가깝다는 뜻이다. 당신의 계좌는 이제 두 개의 껍질로—바깥은 부드러운 껍질로 그리고 안은 딱딱한 껍질로—보호받는 잠수함처럼 보이기 시작할 것이다.

　자금관리 원칙에 따른 손실제한주문 가격을 시장에 적용하라. 이 가격은 당신이 최대로 허용할 수 있는 리스크 수준을 나타낸다. 어떤 상황에서도 이 수준을 넘어서는 안 된다. 기술적 분석에 근거한 손실제한주문 가격이 시장가에 더 가까우면, 가격 움직임을 지켜보면서 염두에 두고 있다가 가격이 그 수준에 도달할 경우 포지션을 처분할 수도 있다.

　나는 여기서 손실제한주문을 해두는 좀더 발전된 두 가지 기법을 당신에게 소개하고자 한다. 이 두 기법을 당신의 소프트웨어에 프로그래밍하고 당신의 시장 데이터로 테스트해보라. 나는 트레이더 캠프의 몇몇 그룹을 빼놓고는 안전영역 기법에 대해 지금까지 어떤 거래자에게도 말해본 적이 없다. 사실 트레이더 캠프는 종종 내가 내 최신 연구에 관해 처음으로 밝히는 자리가 되기도 한다. 또한 내 책에서 어떤 지식이나 정보를 숨기는 것은 내 원칙이 아니다. 나는 거래를 하면서 글을 쓰고, 비밀을 고수함으로써가 아니라 항상 새로운 기법을 개발함으로써 남들보다 앞서가려 한다.

안전영역 기법

　일단 거래에 들어가면 어디에 손실제한주문을 해두어야 할까? 이 질문은 기술적 분석에서 가장 어려운 질문 가운데 하나다. 이 질문에 답하고 나면 더 어려운 질문에 봉착한다. 시간의 경과와 함께 언제 그리고 어디로 손실제한주문을 옮겨야 하는가 하는 질문이다. 손실제한주문을 너무 가까이 붙여두면 의미 없는 장중 움직임에도 시장에서 튕겨 나올 수 있다. 너무 멀리 해두면 보호 효과가 시원치 않을 것이다.

　나의 첫 책에서 설명했던 파라볼릭 시스템에서는 날마다 시장가에 좀더 가까운 곳으로 손실제한주문을 이동시킴으로써 이 문제를 해결하려 했다. 따라서 주식이나 상품이 새로운 고점이나 저점에 도달하면 이 과정은 가속화되었다. 파라볼릭 시스템의 문제는 시장이 평평한 상태를 유지하고 있을 때조차 손실제한주문이 계속 이동하고 종종 의미 없는 노이즈에 걸리는 일이 발생한다는 것이다.

신호와 노이즈의 개념을 보자면, 추세는 신호이고 추세에 속하지 않는 움직임은 노이즈다. 주식이나 선물은 상승 추세 혹은 하락 추세를 형성하는 데 갑작스럽고 변덕스러운 움직임이라 할 노이즈가 추세를 나타내는 신호를 모호하게 만들 수 있다. 노이즈 수준이 크기 때문에 차트의 오른쪽 가장자리에서 거래를 하는 것은 쉬운 일이 아니다. 나는 자본을 보호할 정도로 충분히 타이트하고 무작위적 변동에서 벗어나 있을 만큼 충분히 먼 지점으로 손실제한주문을 이동시키면서 가격을 추적하는 안전영역 손실제한주문 기법을 개발했다.

엔지니어들은 노이즈를 억제하고 신호가 잘 드러나는 필터를 개발하고 있다. 추세가 신호라면, 역추세의 움직임은 노이즈다. 상승 추세일 때는 오늘의 거래 범위에서 전날의 저가 아래로 침범한 부분을 노이즈로 정의할 수 있다. 또 하락 추세일 때는 노이즈를 오늘의 거래 범위에서 전날의 고가 위로 침범한 부분으로 정의할 수 있다. 안전영역 기법은 시장의 노이즈를 측정하고 시장가에서 이런 노이즈 수준의 배수만큼 벗어난 곳에 손실제한주문을 할 수 있게 해준다.

추세를 판단하는 데는 22일 지수이동평균의 기울기를 이용할 수 있다. 노이즈 수준을 측정하기 위해서는 조사 기간의 길이를 선택해야 한다. 길이는 최근의 양상을 추적할 수 있을 만큼 길고 현재의 거래와 관련되어 있을 만큼 짧아야 한다. 10~20일의 기간이면 괜찮다. 아니면 시장의 장기적인 평균 행보를 알고 싶을 경우 조사 기간을 100일 이상으로 할 수도 있다.

상승 추세라면, 조사 기간 내의 모든 하락 침범 부분을 표시하여 이들의 길이를 전부 더한 다음 침범 횟수로 나눈다. 이렇게 하여 얻은 값을 선택된 조사 기간의 평균 하락 침범이라고 하자. 이 값은 현 상승 추세의 평균 노이즈 수준을 나타낸다. 이보다 가깝게 손실제한주문을 하면 당신은 낭패를 당할 수 있다. 우리는 시장가에서 평균 노이즈 수준보다 더 멀리 떨어진 곳에 손실제한주문을 해두고 싶어한다. 그래서 평균 하락 침범값을 계수로 곱하는데, 계수는 2부터 시작하여 점차 높은 값으로 실험해보아야 한다. 어쨌든 평균 하락 침범값에 계수를 곱해 얻은 값을 어제의 저가에서 빼서, 이곳에 손실제한주문을 해둔다. 오늘의 저가가 전날의 저가보다 낮더라도 손실제한주문 가격을 낮추면 안 된다. 롱 포지션에서는 손실제한주문을 올리는 것만 허락되며 내려서는 절대 안 된다.

하락 추세에서는 이상의 방법을 반대로 적용한다. 22일 지수이동평균이 하락 추세를 확인시켜주었다면 조사 기간 동안의 상승 침범을 모두 찾아 평균 상승 침범값을 구한다. 이 값을 계수(2부터 시작하여)로 곱한다. 공매도를 할 경우 전날의 고가에서 평균 상승 침범값의 두 배 되는 곳에 손실제한주문을 해두어라. 시장의 고점이 낮아질 때마다 손실제한주문 가격을 낮추되 어떤 일이 있어도 높여서는 안 된다.

안전영역 기법이 곧 많은 소프트웨어 패키지에 프로그래밍될 것이라는 게 내 예상이다. 그렇게 된다면 거래자들은 쉽게 조사 기간과 계수를 조정할 수 있을 것이다. 하지만 그때까지는 스스로 프로그래밍을 하거나 아니면 손으로 안전영역 스프레드시트를 작성해야 한다(표 6.1을 보라). 이때 상승 추세와 하락 추세를 별개로 계산해야 한다는 것을 잊지 말라.

이제 엑셀 스프레드시트를 이용하여 안전영역을 계산하기 위한 원칙들을 설명해보겠다. 일단 어떤 식으로 하는지 알고 난 뒤에는 자신의 기술적

표 6.1 안전영역 손실제한주문 기법 스프레드시트

	A	B	C	D	E	F	G	H	I	J	K	L	M	N	O	P	Q	R
1			IBM					상승 추세				하락 추세						
2	일자	고가	저가	종가	하락 촛값	합	촛값 여부	촛값 횟수	촛값 평균	손실제한주문	보훗적 스탑	하락 촛값	합	촛값 여부	촛값 횟수	촛값 평균	손실제한주문	보훗적 스탑
3	04/19	115.90	110.30	114.47														
4	04/20	116.40	113.75	114.83	0		0					0.5		1				
5	04/23	114.05	111.68	112.00	2.07		1					0		0				
6	04/24	114.75	112.28	112.67	0		0					0.7		1				
7	04/25	114.85	111.99	114.85	0.29		1					0.1		1				
8	04/26	116.70	113.68	113.74	0		0					1.85		1				
9	04/27	116.90	114.55	116.20	0		0					0.2		1				
10	04/30	118.05	114.72	115.14	0		0					1.15		1				
11	05/01	118.65	114.90	118.51	0		0					0.6		1				
12	05/02	118.95	113.74	115.40	1.16		1					0.3		1				
13	05/03	115.10	112.35	113.70	1.39	4.91	1	4	1.23			0	5.4	0	8	0.68		
14	05/04	115.86	111.20	115.86	1.15	6.06	1	5	1.21	109.90		0.76	5.66	1	8	0.71	116.45	
15	05/07	117.25	115.00	115.90	0	3.99	0	4	1.00	108.78		1.39	7.05	1	9	0.78	117.28	
16	05/08	117.75	115.50	117.70	0	3.99	0	4	1.00	113.01	113.01	0.5	6.85	1	9	0.76	118.82	116.45
17	05/09	118.18	115.30	116.98	0.2	3.9	1	4	0.98	113.51	113.51	0.43	7.18	1	9	0.80	119.27	117.28
18	05/10	118.90	115.20	115.20	0.1	4	1	5	0.80	113.35	113.60	0.72	6.05	1	9	0.67	119.78	118.82
19	05/11	114.15	110.96	111.81	4.24	8.24	1	6	1.37	113.60	113.60	0	5.85	0	8	0.73	120.24	119.27
20	05/14	113.18	111.00	112.56	0	8.24	0	6	1.37	108.21	113.60	0	4.7	0	7	0.67	115.61	115.61
21	05/15	114.15	112.50	113.58	0	8.24	1	6	1.37	108.25	113.60	0.97	5.07	1	7	0.72	114.52	114.52
22	05/16	115.80	112.20	115.80	0.3	7.38	1	6	1.23	109.75	109.75	1.65	6.42	1	7	0.92	115.60	114.52
23	05/17	117.09	113.36	115.07	0	5.99	0	5	1.20	109.74	109.75	1.29	7.71	1	8	0.96	117.63	114.52
24	05/18	117.68	114.90	117.44	0	4.84	0	4	1.21	110.96	110.96	0.59	7.54	1	8	0.94	119.02	115.60
25	05/21	119.90	117.55	119.04	0	4.84	0	4	1.21	112.48	112.48	2.22	8.37	1	8	1.05	119.57	117.63
26	05/22	119.70	117.05	118.01	0.5	5.34	1	5	1.07	115.13	115.13	0	7.87	0	7	1.12	121.99	119.02
27	05/23	118.95	117.10	117.40	0	5.14	0	4	1.29	114.91	115.13	0	7.44	0	6	1.24	121.95	119.57

분석 소프트웨어에 안전영역 기법을 프로그래밍하고 차트에 해당하는 신호들을 표시하기 바란다. 스프레드시트의 숫자들과 거래 소프트웨어의 숫자들을 비교해보라. 이 둘은 일치해야 하는데, 그렇지 않다면 프로그래밍에 실수가 생긴 것이다. 두 개의 소프트웨어 패키지에서 결과를 얻어 비교해보면 프로그래밍에서 생긴 실수를 찾아 해결하기가 좀더 쉬울 것이다.

상승 추세 시 매수자를 위한 원칙 ● 상승 추세라면 저가에 근거하여 안전영역을 계산한다. 저가의 패턴이 손실제한주문을 어디에 해두어야 하는지 결정하기 때문이다.

1. 표 6.1에서 보듯, 주식이든 선물이든 고가, 저가, 종가 형식으로 적어도 1개월치의 데이터를 구하라(저가는 C열에 기록되어 있고, 3번 줄이 첫 번째 값이다).
2. 오늘의 저가가 전날의 저가보다 낮은지 알아본다.
   E4 셀에 '=IF(C3>C4,C3-C4,0)'라는 공식을 입력하고, 이를 그 열의 모든 셀에 복사하라. 전날의 거래 범위 아래로 가격이 얼마만큼 하락하는지 그 폭을 측정하는 것이다. 이런 하락 침범이 일어나지 않으면 0으로 표시된다.
3. 조사 기간을 선택하고 그 기간 동안 일어난 모든 하락 침범값을 합하라. 조사 기간은 일단 10일로 하고, 나중에 여러 값들을 시험해보라. F13 셀로 가서 '=SUM(E4:E13)'라는 공식을 입력하고 이 공식을 그 열의 나머지 셀에 복사하라. 셀은 지난 10일간 있었던 하락 침범값의 합을 나타낸다.
4. 전날의 바 밑으로 튀어내려 온 바들을 표시한다.
   G4 셀에 '=IF(C4<C3,1,0)'를 입력한 다음 이 공식을 그 열의 모든 셀에 복사한다. 하락 침범이 일어났을 때는 1로, 일어나지 않았을 때는 0으로

나타난다.

5. 조사 기간(이번 경우는 10일) 동안 일어난 하락 침범의 횟수를 계산한다. H13 셀에 '=SUM(G4:G13)'를 입력하고 나서 이 공식을 그 열의 모든 셀에 복사한다. 지난 10일 동안 저가가 몇 번이나 침범당했는지 보여준다.

6. 조사 기간 동안 일어났던 하락 침범값의 합을 하락 침범 횟수로 나누어 평균 하락 침범값을 구하라. I13 셀에 '=F13/H13'이라는 공식을 입력하고, 이 공식을 그 열의 모든 셀에 복사하라. 매일의 평균 하락 침범값, 즉 시장의 평균 하락 노이즈 수준을 보여준다.

7. 어제의 저가에서 어제의 평균 하락 침범값의 배수만큼 떨어진 곳에 손실제한주문을 해두라. 계수를 2로 선택하여(3까지 시험해본다) 어제의 평균 하락 침범값에 곱한 다음 어제의 저가에서 빼서 오늘의 손실제한주문 가격을 얻는다. J14 셀에 '=C13-2×I13'이라는 공식을 입력하고, 그 열의 모든 셀에 이 공식을 복사한다. 여기서 손실제한주문 가격은 최근의 저점에서 평균 하락 침범값의 두 배 떨어진 곳이다. 오늘의 저가가 평균 노이즈 범위의 두 배로 어제의 저가를 벗어나면 시장에서 튕겨져 나올 것이다.

8. 공식을 만들어 상승 추세에서 손실제한주문 가격을 낮추는 것을 피할 수 있도록 하라. 이 공식이 손실제한주문 가격을 낮추라고 한다면 그냥 전날의 가격 수준에서 시장을 나오면 될 것이다. K16 셀에 '=MAX(J14:J16)'를 입력하고 이 공식을 그 열의 모든 셀에 복사하라. 이 공식은 손실제한주문 가격이 3일 동안 하락하지 않도록 해준다. 이 정도 시간이면 상승 추세가 다시 시작되든가 아니면 결국 손실제한주문이 발동될 것이다.

하락 추세 시 매도자를 위한 원칙 ● 하락 추세라면 고가에 근거하여 안전영역을 계산한다. 고가의 패턴이 손실제한주문을 어디에 해두어야 하는지 결정하기 때문이다.

1. 표 6.1에서 보듯, 주식이든 선물이든 고가, 저가, 종가 형식으로 적어도 1개월치의 데이터를 구하라(고가는 B열에 기록되어 있고, 3번 줄이 첫 번째 값이다).
2. 오늘의 고가가 전날의 고가보다 낮은지 알아본다.
   L4 셀에 '=IF(B4>B3,B4-B3,0)'라는 공식을 입력하고, 이 공식을 그 열의 모든 셀에 복사하라. 전날의 거래 범위 위로 가격이 얼마만큼 상승하는지 그 폭을 측정한다. 이런 상승 침범이 일어나지 않으면 0으로 표시된다.
3. 조사 기간을 선택하고 그 기간 동안 일어난 모든 상승 침범값을 합하라. 조사 기간은 일단 10일로 하고, 나중에 여러 값들을 시험해보라. M13 셀로 가서 '=SUM(L4:L13)'라는 공식을 입력하고 이 공식을 그 열의 나머지 셀에 복사하라. 셀은 지난 10일간 있었던 상승 침범값의 합을 나타낸다.
4. 전날의 바 위를 뚫고 나간 바들을 표시한다. N4 셀에 '=IF(B4>B3,1,0)'를 입력한 다음 이 공식을 그 열의 모든 셀에 복사한다. 상승 침범이 일어났을 때는 1로, 일어나지 않았을 때는 0으로 나타난다.
5. 조사 기간(이번 경우는 10일) 동안 일어난 상승 침범의 횟수를 계산한다. O13 셀에 '=SUM(N4:N13)'를 입력하고 나서 이 공식을 그 열의 모든 셀에 복사한다. 지난 10일 동안 고가가 몇 번이나 침범당했는지 보여준다.
6. 조사 기간 동안 일어났던 상승 침범값의 합을 상승 침범 횟수로 나누어 평균 상승 침범값을 구하라. P13 셀에 '=M13/O13'이라는 공식을 입력하고, 이 공식을 그 열의 모든 셀에 복사하라. 매일의 평균 상승 침범값, 즉 시장의 평균 상승 노이즈 수준을 보여준다.
7. 어제의 고가에서 어제의 평균 상승 침범값의 배수만큼 떨어진 곳에 손실

제한주문을 해두라. 계수를 2로 선택하여(3까지 시험해본다) 어제의 평균 상승 침범값에 곱한 다음 그 값을 어제의 고가에 더해 오늘의 손실제한주문 가격을 얻는다. Q14 셀에 '=B13+2×P13'이라는 공식을 입력하고, 그 열의 모든 셀에 이 공식을 복사한다. 여기서 손실제한주문 가격은 최근의 고점에서 평균 상승 침범값의 두 배 떨어진 곳이다. 오늘의 고가가 평균 노이즈 범위의 두 배로 어제의 고가를 침범하면, 당신은 시장에서 튕겨져 나올 것이다.

8. 공식을 만들어 하락 추세에서 손실제한주문 가격을 높이는 것을 피할 수 있도록 하라. 이 공식이 손실제한주문 가격을 높이라고 한다면, 그냥 전날의 가격 수준에서 시장을 나오면 될 것이다. R16 셀에 '=MIN(Q14:Q16)'를 입력하고 이 공식을 그 열의 모든 셀에 복사하라. 이 공식은 손실제한주문 가격이 3일 동안 상승하지 않도록 해준다. 이 정도 시간이면 하락 추세가 다시 시작되든가 아니면 결국 손실제한주문이 발동될 것이다.

안전영역 기법은 독창적인 손실제한주문 가격 설정 방법이다. 이 방법은 가격의 오랜 변화를 모니터하면서 현재의 반응 수준에 따라 손실제한주문 가격을 정한다. 손실제한주문 가격은 명백해 보이는 지지선이나 저항선보다는 개별적인 상황에 맞는 지점으로 선택된다.

안전영역 기법은 상승 추세뿐만 아니라 하락 추세의 경우에도 잘 들어맞는다. 여기서 우리는 선택된 기한에서 가격이 전날의 거래 범위를 얼마만큼 상승 침범하는지 각각 계산하고 이 데이터를 평균하여 평균 상승 침범값을 구한다. 이 값에 우선 3으로 정한 계수를 곱하여 각 고가에 더한다.

이 책에 소개된 모든 시스템이나 지표들처럼, 안전영역 손실제한주문 기법은 개개인의 사고를 대체할 기계 장치가 아니다. 무엇보다 당신은 안전

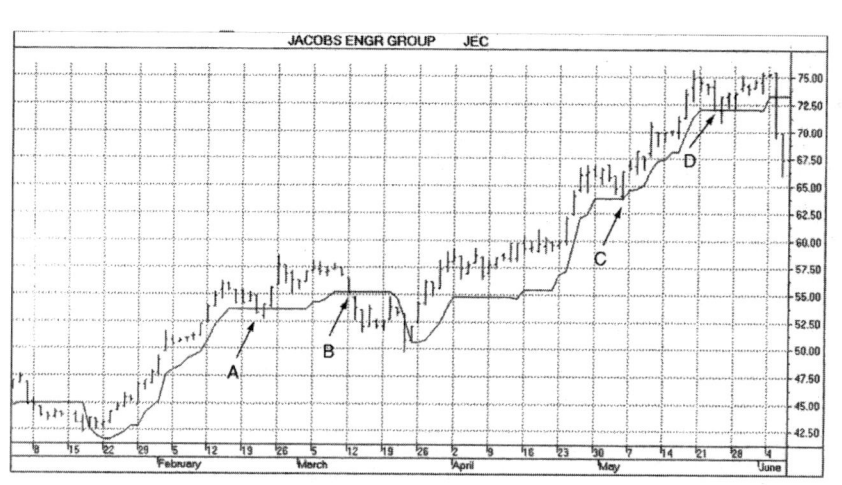

그림 6.8 안전영역 손실제한주문 기법: 상승 추세

상승 추세에서 주식이나 선물을 거래할 때 안전영역 기법을 활용하기 위해 우선 평균 하락 침범값을 3으로 곱한 다음, 이 값을 최근의 저가에서 뺀다. 노이즈의 평균 수준보다 가깝게 손실제한주문을 해두면 곤경을 자초하게 된다. 평균 노이즈 수준의 두 배도 보통 너무 가깝다. 거래 시스템에서 상승 추세가 확인되면, 안전영역 기법으로 가격을 추적한다. 그러면 추세 반전이 일어나기 전에 시장을 나올 수 있다. 차트를 보면 안전영역 기법을 활용할 때 A, B, C, D에서 손실제한주문이 이행되는 것을 볼 수 있을 것이다. 또한 대부분의 상승 추세를 타면서 급락세를 피할 수 있다는 것을 확인하기 바란다.

차트의 오른쪽 끝에서는 안전영역 수준 아래로 주식을 보유하고 있는 것이 왜 결코 좋은 생각이 아닌지 잘 볼 수 있다. JEC의 주가는 자유 낙하하며 이틀 만에 한 달간의 수익을 모조리 날려버리고 말았다. 안전영역 기법을 이용한 거래자라면 하락 초기에 이익을 챙기고 거래를 마쳤을 것이다.

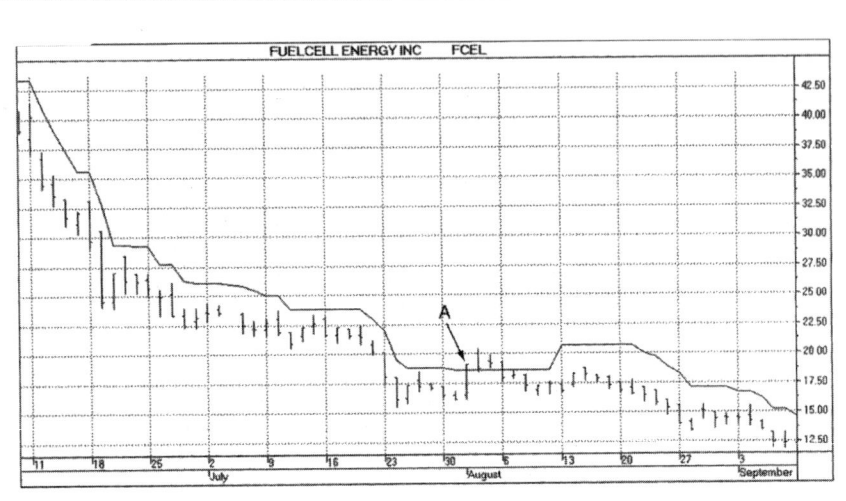

그림 6.9 안전영역 손실제한주문 기법: 하락 추세

거래 시스템에서 하락 추세가 확인되면, 안전영역 기법은 추세가 진행되는 동안 당신이 줄곧 숏 포지션을 취하고 있다가 반등이 시작되어 그간의 이익을 잠식하기 전에 환매를 할 수 있도록 도와줄 것이다. 차트에서 안전영역 기법으로 계속하여 손실제한주문 가격을 낮추면서 어떻게 이 주식의 하락세를 타고 내려올 수 있는지 눈여겨보기 바란다. 시장에서 나오는 것은 반등이 일어나는 A에서다.

차트의 오른쪽 끝에서 하락 추세가 계속되고 있고, 안전영역 기법으로 숏 포지션을 보호하고 있다. 손실제한주문을 바짝 붙여놓고 숏 포지션을 계속 보유하고 있는 것이 안전한 방법이다.

영역 기법을 적용할 조사 기간을 스스로 설정해야 한다. 기간이 마지막 중요한 전환점을 넘어가지 않도록 하라. 시장이 2주 전에 하락세에서 상승세로 반전했다면, 현재의 롱 포지션 거래를 위한 안전영역 기법은 10일이 넘어서는 안 될 것이다.

또 다른 중요한 결정은 안전영역 손실제한주문을 위한 계수에 관한 것이다. 보통 2에서 3까지의 계수가 안전영역의 경계가 되는데, 필히 자신의 시장 데이터로 조사를 해보아야 한다. 이런 숙제를 마치고 계수를 알맞게 조절했다면, 이제 안전영역 손실제한주문 기법은 시장에서 일어날 전투에서 생존과 번영을 담보해줄 당신만의 무기가 될 것이다. 이 기법은 삼중 스크린을 포함하여 거의 모든 거래 시스템과 함께 사용할 수 있다.

샹들리에 출구 전략

추세에 속도가 붙으면 당신은 기어를 바꿔 이제 단기 변동 거래 대신 추세를 타고 싶어할지도 모른다. 단기 변동 거래 때는 타이트한 손실제한주문이 필요하지만, 장기 포지션 거래는 보다 여유로운 공간을 필요로 한다. 샹들리에 출구 전략은 이런 장기 포지션을 보호하도록 고안되었다.

매수자들은 손실제한주문을 낼 때 보통 저가를 살펴보고 최근의 중요한 바닥 아래로 손실제한주문 가격을 정한다. 거래자들이 공매도 거래를 할 때는 보통 고가를 살펴보고 최근의 천정 위에 손실제한주문을 해둔다. 샹들리에 출구 전략은 다른 접근 방식을 택한다. 샹들리에 출구 전략에서는 롱 포지션을 취할 경우, 손실제한주문을 해당 추세에서 도달한 최고가에 걸어둔다. 샹들리에가 방 안의 제일 높은 곳에 매달려 있는 것과 비슷하다. 가격이 상승하면 해당 추세의 최고점 아래로 드리워져 있는 샹들리에 출구 역시 상승한다. 샹들리에 출구는 가격뿐만 아니라 변동성까지 추적한다. 변동성이 증가하면 샹들리에 출구에서 고점까지의 거리도 커진다. 우리는 상승 추세에서 샹들리에 출구에 관해 알아볼 테지만, 하락 추세에서는 이런 원칙을 거꾸로 적용하면 된다.

추세가 얼마나 높은 곳까지 갈지는 아무도 모른다. 샹들리에는 가격이 천정에서 떨어져 손실제한주문에 걸릴 때까지 계속 상승할 것이다. 샹들리에 출구 전략은, 다른 몇 가지 기법과 함께 척 르보Chuck LeBeau가 2000년에 카리브 해와 2001년 태평양의 트레이더 캠프에서 소개한 바 있다.

이 전략은 웰레스 와일더welles Wilder가 1966년에 소개한 실제 평균 변동 범위average true range 개념에 기초하고 있다. 실제 변동 범위true range는 오늘의 고가와 저가 사이의 거리, 오늘의 고가와 어제의 종가 사이의 거리, 오늘의 저가와 어제의 종가 사이의 거리 중에서 가장 큰 값을 말한다. 실제 변동 범위는 오늘과 어제의 가격을 비교함으로써 밤사이의 변동성을 반영한다.

실제 변동 범위는 많은 소프트웨어 패키지에 포함되어 있다. 실제 평균 변동 범위는 일정한 기간의 실제 변동 범위를 평균하여 얻은 값이다. 이 기간은 얼마나 되어야 할까? 우선 한 달을 잡을 수 있을 테지만, 컴퓨터를 사용하는 현대의 거래자들은 실제 평균 변동 범위에 대해 여러 다양한 기간들을 쉽게 테스트해볼 수 있을 것이다.

실제 평균 변동 범위에 계수를 곱한 다음 그 값을 추세가 도달한 최고점에서 빼면 샹들리에 출구의 값이 나온다. 공식은 다음과 같다.

샹들리에 = HP − coef × ATR
- 샹들리에 = 샹들리에 출구 값
- HP = 선택된 기간의 최고점
- coef = 거래자가 선택한 계수
- ATR = 선택된 기간의 실제 평균 변동 범위

상승 추세가 강력하고 일일 거래 범위가 넓으면, 손실제한주문을 다소 멀리 떨어뜨려 놓아야 한다. 상승 추세가 상대적으로 좁은 거래 범위를 유지하며 차분히 진행될 때는 손실제한주문을 다소 가깝게 붙여놓아야 한다.
WallStreet 소프트웨어의 창에서 샹들리에 출구 공식은 다음과 같다.

$$Hhv(hi, 22) - 3 \times ATR(22)$$

Hhv(hi, 22)는 지난 22일 동안 도달했던 최고가를 나타내고, ATR(22)는 지난 22일간의 실제 평균 변동 범위를 나타낸다. 거래하고 싶은 시장에 대해 다른 여러 매개변수들을 시험해보기 바란다.

이 공식에서는 지난 22일간의 최고가에서 ATM을 빼기 전에 ATM값에 3을 곱한다. 노련한 거래자는 늘 조사에 열심이다. 이런 사람들은 이 공식에 세 개의 변수가 있는 것을 금세 알아챌 것이다. 최고가를 구하기 위한 조사 기간의 길이, 실제 평균 변동 범위를 구하기 위한 조사 기간의 길이, 실제 평균 변동 범위에 곱하는 계수의 값이다. 이 첫 번째 변수를 주무르는 것은 별로 도움이 되지 않는다. 강력한 상승 추세의 최고가는 최근에 형성된 가격과 비슷할 것이고, 따라서 대부분의 조사 기간에 포함될 게 분명하기 때문이다. 실제 평균 변동 범위는 조사 기간의 길이에 그보다 약간 더 민감할 뿐이다. ATR 계수를 테스트해보는 것이 보다 생산적인 실험이 될 것이다. 모든 사람이 고점에서 아래쪽으로 ATR의 3배 되는 곳에 손실제한주문을 해두었다고 했을 때, 당신이 고점에서 아래쪽으로 ATR의 3.5나 2.5배 되는 곳에 손실제한주문을 해두면 어떻게 되는지 알고 싶지 않은가?

샹들리에 출구 전략은 강력한 하락 추세에서 숏 포지션을 취할 때도 이용할 수 있다. 공식은 다음과 같다.

$$Llv(lo, 22) + 3 \times ATR(22)$$

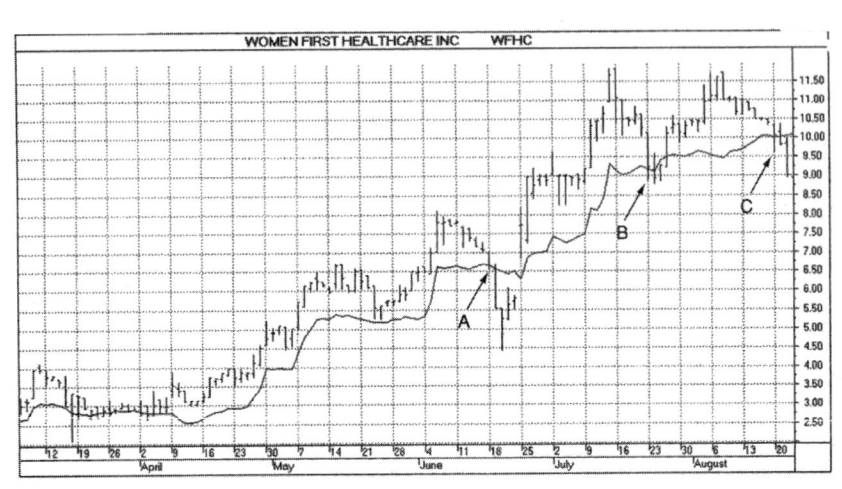

그림 6.10 샹들리에 출구 전략

상승 추세에서 샹들리에 출구 전략은 최고가로부터 '3×실제 평균 변동 범위'만큼 떨어져 있다. 상승 추세의 대부분을 타면서 A, B, C에서 거래자들을 시장 밖으로 내보내 이익을 보호해주는 것을 확인하라. 또한 변동성이 커지면서 샹들리에 출구의 손실제한주문이 가격으로부터 조금 멀어지는 것을 보라.

차트의 오른쪽 가장자리에서 샹들리에 출구 전략은 하락이 시작되자마자 이익을 실현한다. 시스템에서 새로운 매수 신호를 나타내기 전까지 기다려라. 매수 신호가 나타나면 새로운 추세에 다시 샹들리에를 걸어라.

Llv(lo, 22)는 지난 22일간 만들어진 최저가이고 ATR(22)는 지난 22일간의 실제 변동 범위다.

경험 많은 거래자들은 이따금 하락장은 지지선이 없고 상승장은 저항선이 없다고 농담을 한다. 강력한 상승세는 모든 합리적인 예상을 넘어설 수 있다. 샹들리에 전략은 손실제한주문을 최고가뿐만 아니라 변동성과 연계

시킴으로써 이 문제를 해결한다.

샹들리에 출구 전략의 단점은 상당 부분의 이익을 포기해야 한다는 것이다. 실제 평균 변동 범위의 세 배는 변동성이 큰 시장에서 엄청난 액수의 돈이 될 수도 있다. 초급 거래자들은 채널 벽에서 이익을 취하는 것이 더 낫다. 기술이 좀더 향상된 거래자들은 시장이 채널 벽에 도달했을 때 아직 상승 또는 하락 동력이 강력하다면 샹들리에 출구 전략으로 바꾸고 싶어할 것이다. 보유 포지션이 크다면, 채널 벽에서 부분적으로 이익을 취하고 나머지 포지션은 계속 보유하면서 샹들리에 출구 전략을 이용할 수 있다. 샹들리에 출구 전략은 경험 많은 거래자들에게는 청산 보조 전략이 될 수 있다.

도박꾼들은 천정과 바닥을 끝까지 좇으려다가 돈을 잃는다. 훌륭한 거래자는 추세의 주된 흐름에서 충분히 돈을 챙기고 천정 매도나 바닥 매수는 탐욕스러운 사람들에게 맡겨두려는 현실주의자다. 샹들리에 출구 전략은 훌륭한 거래자들이 돈을 충분히 챙기는 데 도움을 줄 것이다.

● 무엇을 거래해야 하나 ●

신문을 펼쳐보면 수천 개의 종목들이 당신 눈앞에 펼쳐질 것이다. 주식, 뮤추얼 펀드, 선물, 옵션, 채권, 통화 등. 데이터 공급업체는 거래 종목이 2만 개가 넘는 목록을 제공할지도 모른다. 이 모두를 다운로드받아 검토해보아야 할까? 각 항목을 2초 동안만 본다고 해도 총 11시간이 소요된다.

초보자들은 기회를 놓칠까 봐 노심초사하면서 가능한 한 많은 시장을 조사하려고 한다. 그들은 종종 거래 종목을 조사하기 위해 어떤 소프트웨어를 써야 하는지 조언을 구하기도 한다. 그들은 수천 개의 주식 종목을 정밀하게 조사하여 MACD 히스토그램의 상승 다이버전스 같은 것을 찾아내고 싶어한다. 하지만 맨눈으로는 너무 잘 보이는 다이버전스지만 프로그래밍하기는 어렵기로 소문나 있다. 내가 알고 있는 최고의 프로그래머 한 명은 가장 비싼 소프트웨어를 사용하여 그 일을 해냈다고 말한다. 아마 그게 그가 이룬 가장 큰 성취였을 것이다. 하지만 초보자들은 그의 프로그램을 손에 넣는다고 하더라도 돈만 날리는 꼴이 되고 말 것이다. 이렇게 찾은 주식으로 무엇을 해야 할지 모를 게 뻔하기 때문이다. 그들은 이런 주식들을 어떻게 제대로 거래하는지 모를 것이다. 따라서 초보자들은 소수의 시장에 집중하여 모든 것을 소상히 배운 다음 주의와 정성을 기울여 해당 종목만 거래하는 것이 훨씬 더 좋다.

거래를 할 시장은 현실적으로 매일 모니터할 수 있는 수로 한정하는 것이 좋다. 전문가들은 각자의 시장을 매일같이 공부하고, 시장이 수면기의 거래 범위에서 새로운 추세로 발전해가지는 않는지 줄곧 탐지한다. 추세로부터 이익을 얻기 위한 가장 좋은 시기는 가격이 지나치게 높아지면서 변동성이 커지기 전이다.

시장이 신문의 헤드라인을 장식한다면 이미 가격이 지나치게 높아졌고 변동성이 커져 있기 마련이다. 경제신문의 1면에서 생명공학주의 상승장에 관한 기사를 읽거나 저녁 뉴스에서 커피 가격의 폭등에 관한 보도를 본다면, 추세가 시작보다는 끝에 가까웠다고 생각해야 한다. 따라서 생명공학주나 커피 선물을 사는 것은 매우 위험한 일이 된다.

어떤 사람이나 그룹을 이해하려면 그들이 무엇을 원하고 무엇을 두려워하는지 아는 게 도움이 된다. 기자와 논설위원들이 가장 두려워하는 것은 멍청하게 보이는 실수를 저지르는 일이다. 그들은 누구든 추세를 볼 수 있는 상황이 된 뒤에야 그 추세에 관해 얘기한다. 그렇게 해야 실수가 없기 때문이다. 그들은 일찍 추세를 탈 수 있는 법을 안다고 해도 이에 관해 말하거나 인쇄 매체에 발표하려 하지 않는다. 혹시라도 자신들이 틀리거나 아니면 아무것도 모른다고 손가락질을 받을까 봐 두렵기 때문이다. 거래자는 자금관리 기법을 활용하는 한 실수를 두려워할 필요가 없다. 하지만 저널리스트들은 그런 리스크를 감당할 수 없다. 그들이 마침내 어떤 추세에 관해 글을 쓸 때는 그 추세가 한동안 진행된 뒤이며 변동성이 매우 크고 리스크관리가 어려우며 반전이 일어날 가능성이 매우 높다고 봐야 한다.

주식이나 선물을 거래해야 할까? 아니면 통화나 옵션을 거래해야 할까? 옵션은 초보자들에게는 매우 어렵다. 초보자들은 주식이든 선물이든 우선 기초자산을 거래하는 법을 배워야 한다. 미국 이외의 지역에 사는 사람들은 종종 통화에 흥미를 갖는데, 통화는 그야말로 시장이 세계적으로 형성되어 있기 때문에 통화 거래를 할 경우 모든 시간대에 트레이더들을 두고 있는 거대 은행을 상대해야 한다는 것을 잊지 말기 바란다. 또 주식 거래는 비교적 성실해 보이고 선물은 투기성이 높은 것으로 인식되고 있다. 엄청난 레버리지 때문에 무모하고 위험한 인상을 주는 것인데, 자금관리 원칙을 철저히 준수한다면 선물이야말로 훨씬 더 안전하며 신경도 덜 쓰이는 거래 대상이 될 수 있다.

주식

주식은 선물보다 느리게 움직이며 따라서 초보자들의 경우 리스크를 줄일 수 있다. 특히 증거금 거래를 피하는 사람들에게 좋다. 시장의 미스터리 가운데 하나는 현금 거래자들이 승률이 높으며 증거금 거래자들은 돈을 잃을 확률이 높다는 것이다. 왜 그런가? 증거금 대출의 이자율이 상당한 부담이 되기 때문이기도 한데, 또 다른 이유도 있다. 현금으로 주식을 산 사람들은 마음이 훨씬 더 편하다. 원하는 만큼 많이 혹은 적게 사기 때문이다. 증거금 거래자들은 훨씬 더 스트레스를 많이 받는다. 불안해하면 곤경에 빠지기 마련이다. 원하는 만큼 매수하고, 기술을 기른다면 돈은 자연히 따라올 것이다.

주식의 수가 많으면 주의가 산만해진다. 초보자들은 유망한 주식들의 목록을 애타게 찾지만, 훈련이 잘된 거래자들은 소수의 종목에 집중한다. 그들은 일단 산업 그룹을 택한 다음 거기서 개별 종목으로 관심을 좁혀간다.

초보 거래자들은 처음에는 한두 가지 산업만을 다루어야 한다. 중급 거래자라면 네다섯 가지 산업으로 관심을 확대해도 된다. 전문가는 보통 자신이 얼마나 많은 주식 종목을 다룰 수 있는지 잘 알고 있다. 자신이 잘 알고 있는 소수의 산업에 집중해야 승률이 높다. 우선 미래가 밝다고 생각되거나 개인적으로 관심을 갖고 있는 산업을 선택하라. 예컨대 전망이 밝기 때문에 생명공학에 관심을 갖는다거나 한때 몸담은 적이 있기 때문에 서비스업에 관심을 가질 수 있을 것이다.

산업의 범위를 좁히지 말고 넓혀서 보라. 예컨대 자동차 산업을 추적하기로 했다면, 자동차 제조업체뿐만 아니라 부품이나 타이어 등을 만드는 회사까지 조사하라. 하나의 산업에 집중하면 다른 산업에서 일어나는 거대한 움직임을 놓칠 수 있다는 단점이 있지만, 몇 가지 장점이 있다. 선도주가 움직이기 시작하면, 정체주를 거래하기 위한 신호를 앞서 포착할 수 있다. 상대강도를 이용할 수도 있다. 즉 산업의 상승 움직임이 시작되면 가장 강력한 주식을 매수하고, 산업이 하락을 시작하면 가장 약한 주식을 공매도하는 것이다. 당신이 추적하는 한 산업의 모든 주식을 포함하는 지표를 만들어 이 지표를 분석하는 방법도 있다. 이런 분석 도구는 당신 외에는 다른 어떤 거래자들도 이용할 수 없다. 만약 기본적 분석을 이용한다면, 그래서 소프트웨어 같은 어떤 산업 전체의 맥을 짚어보았다면 당신은 오늘 마이크로소프트 주식을 거래하고 내일 맥도날드 주식을 거래하는 경쟁자들보다 훨씬 앞서 나갈 수 있을 것이다.

폭넓게 정의된 산업 그룹에는 100가지 이상의 주식 종목이 포함될 수도 있다. 그러나 초보자들 가운데서도 현명한 사람이라면 십여 개가 넘는 종목을 좇아서는 안 된다. 모든 주식은 블루칩과 투기주로 나눌 수 있다. 블루칩은 안정적인 대기업의 주식으로 많은 기관들이 보유하고 있으며 많은 연구자들이 흐름을 추적한다. 블루칩은 가치에 대한 합의가 상당히 공고하게 이루어져 있고, 이를 중심으로 다소 완만하게 가격이 변동한다. 블루칩의 변동성을 기반으로 해마다 몇 차례 거래하는 시스템을 고안하면 괜찮은 수익을 올릴 수 있다. 덩치가 큰 다우^{Dow} 타입의 주식들을 무시해서는 안 된다. 이런 주식들은 규칙적으로 이동평균선과 채널 벽 사이를 오가면서 좋은 거래 기회를 만들어준다.

이른바 투기주는 수년은 아니라고 해도 수개월간 인기를 잃고 바닥에 머물러 있다. 그러다가 펀더멘털이 변화하면서, 아니면 이런 변화에 대한 소문의 바람이 불어오면서 돌파가 일어나고 새로운 상승 추세가 형성된다. 또 다른 투기주들은 결국 아무런 일도 없거나 시야에서 사라져버리기도 한다. 투기주는 블루칩보다 수익률이 훨씬 더 높지만, 대신 리스크가 높고 움직일 때까지 오랜 시간을 기다려야 한다. 따라서 계좌 금액의 대부분을 블루칩 거래에 쓰고, 소액만을 장기적인 투기 포지션 보유에 할애하는 것이 합리적인 자금 운용 방법일 것이다.

마침내 당신이 수업료를 지불하여 소수 산업 그룹의 몇몇 주식을 거래하는 법을 제대로 익히고 이제 보다 넓은 들판으로 나가고 싶다고 하자. 따지고 보면, 기술적 패턴과 신호는 많은 시장들에서 그다지 다르다고 할 수 없지 않은가? 더 많은 수의 주식을 조사하여 MACD 다이버전스나 돌파 아니면 그동안 배운 여러 다른 패턴들을 확인·거래하고 싶다면 어떻게 해야 할까?

인터넷에 들어가 나스닥의 100대 인기주를 보여주는 웹사이트를 찾아보라(이런 웹사이트를 어떻게 찾는지 모른다면 당신은 아직 이런 주식을 거래할 단계가 아닌 것이다). 한번 눈에 띈 주식은 관심을 갖고 계속 지켜보라. 신문 기사에서 언급되는 회사들이 있다면 그들 회사의 주식을 찾아보라. 파티에서 사람들이 주식에 관해 얘기하면, 그들이 하는 얘기를 받아 적고 그들이 하는 얘기를 당신의 거래 시스템에 적용해보고 스크린상에 어떻게 나타나는지 살펴보라.

많은 조언이나 귀띔들은 역발상을 해볼 필요가 있다. 2001년 여름 루슨트의 주식은 실망스러운 실적이 재차 발표되면서 뉴스의 초점이 되었고, 결국 80에서 6으로 떨어졌다. 저널리스트들은 아연실색했지만 이 주식은 곧 하락장을 마무리 지었고, 멋진 상승 다이버전스를 형성하면서 반등을 준비했다. 6에서 9로 상승하면 상승률이 50퍼센트다.

사람들이 파티에서 사라고 권유하는 주식들은 대개 공매도하기 좋은 대상들이다. 외부자들까지 관심을 가질 때가 되면 상승세는 곧 끝날 가능성이 크기 때문이다.

중요한 것은 호기심을 가지되 귀띔이나 조언을 액면 그대로 믿지 말고 그 주식에 관심을 가질 계기로 삼아야 한다는 것이다. 내 경험을 보자면 귀띔이나 조언을 듣고서 그대로 혹은 반대로 거래하여 얻은 수익률은 5퍼센트다. 뛰어난 거래자인 내 친구 한 명은 종종 내게 전화를 걸어 이런저런 주식을 조사해보라고 한다. 그녀의 말대로 해서 얻은 수익률은 10퍼센트다. 지금까지는 그녀의 조언이 최고였다.

거래량 회전율 ● 거래량 회전율은 일일 평균 거래량을 유통 가능 물량으로 나누어 주식의 변동성을 예측하는 것이다. 아래 공식은 「더 라잇라인 리포트」(www.rightline.net)의 로저 페리$^{Roger\ Perry}$ 덕분에 관심을 가지게 되었다.

거래량 회전율 = 월별 거래량을 유통 가능 물량으로 나눈 값

지난달의 거래량은 계산하기 쉽다. 유통 가능 물량은 총 발행 물량에서 기관이나 내부자의 소유분을 뺀 값이다. 개인 거래자는 가격만 맞으면 기꺼이 팔려고 하지만 이들 그룹은 개인 거래자보다 주식을 훨씬 더 단단히 움켜쥐고 있는 게 보통이다. 이 수치들은 금융 관련 데이터베이스에서 쉽게 찾을 수 있다.

월별 평균 거래량은 일일 거래량에 한 달의 거래일 수인 22를 곱해서도 구할 수 있다. 일일 거래량을 이용하면 거래량 회전율은 주가가 거래자들에게 유리하게 혹은 불리하게 움직임에 따라 일어나는 거래량 변화에 좀더 민감해진다.

거래량 회전율은 유통 주식이 한 달에 얼마나 거래되는지 보여준다. 예컨대 어떤 주식의 월별 거래량이 2억 주이고 유통 가능 물량이 1억 주라면, 거래량 회전율은 200퍼센트다. 또 다른 주식의 월별 거래량이 똑같이 2억 주이고 유통 가능 물량이 5,000만 주라면, 거래량 회전율은 400퍼센트다.

평균 거래량이 유통 물량보다 훨씬 적다면 그 주식은 거래량 회전율이 낮고, 격렬한 매수세로 인해 가격이 큰 폭으로 상승할 가능성은 낮다 할 것이다. 하지만 거래량이 유통 물량에 비해 상대적으로 많다면, 많은 사람들이 얼마 안 되는 유통 주식들을 경쟁적으로 매수하려 들 것이다. 그러면 갑작스

러운 매수세의 증가가 가격을 극적으로 끌어올릴 수 있다.

거래량 회전율이 높은 주식들은 보통 변동성이 높다. 이런 주식을 사려면 상대적으로 얼마 안 되는 보유자들의 손에서 물건을 빼내기 위해 프리미엄을 지불해야 한다. 또한 매도의 물결이 시장을 충격으로 몰아넣으면, 거래량 회전율이 높은 주식들은 더욱 깊은 나락으로 떨어진다. 가격이 싸져도 보유 지분을 늘리려는 기관 보유자들의 무리가 없기 때문이다. 다른 모든 조건이 같다면, 거래량 회전율이 높은 주식일수록 더 큰 비율의 움직임을 보인다.

예컨대 이 글을 쓰고 있을 무렵, GE의 월별 거래량은 3억 5,590만 주이고 유통 가능 물량은 98억 900만 주이다. 따라서 거래량 회전율은 4퍼센트이다. JNPR의 경우를 따져 보면, 월별 거래량이 3억 8,720만 주이고 유통 가능 물량이 1억 5,560만 주이므로 거래량 회전율은 249퍼센트다. 놀랄 일도 아니다. GE는 변동성이 적은 블루칩인 반면 JNPR은 고공행진주다. 한 달에 한 번씩 이런 수치를 체크하라. 수치가 끊임없이 변하기 때문이다. 주식분할은 유통 물량을 늘어나게 하므로 거래량 회전율이 감소된다. 델의 경우는 주식분할로 유통량이 너무 많아졌기 때문에 시장에서 과포화 상태가 되어 데이 트레이더들에게는 더 이상 관심의 대상이 되지 못하고 있다.

GE나 IBM 같은 블루칩은 기관이나 개인이 폭넓게 보유하고 있다. 이런 주식의 일일 거래량은 아무리 많다고 해도 유통 물량의 작은 일부에 지나지 않는다. 새로 발행된 주식은 대개 유통량이 매우 적다. 그러나 대중이 이런 주식에 관심을 가질 무렵이라면 일일 거래량이 이미 급증하고 거래량 회전율도 엄청나게 증가했을 것이다.

당신이 추적 중인 주식의 거래량 회전율은 계속 지켜보아야 한다. 시장이 활발한 움직임을 보이기 시작하면 거래량 회전율이 높은 주식들을 거래하라. 시장이 등락을 반복하는 단계로 들어가면 거래량 회전율이 낮은 주식들로 갈아타고 단기 변동을 거래하라. 공격적인 포지션과 방어적인 포지션 사이를 오가는 데 거래량 회전율이 상당한 도움을 줄 것이다.

스윙 거래 또는 추세 거래 ● 차트를 들여다볼 때마다 누구든 중요한 상승과 하락에 시선이 쏠릴 것이다. 큰 폭의 움직임은 사람들을 유혹한다. 하지만 그 유혹이 그들을 어디로 이끌지 생각해보는 사람은 거의 없다. 중요한 상승과 하락의 경우, 문제는 차트의 한가운데서는 너무도 분명하게 보이지만 오른쪽 끝으로 갈수록 한없이 모호해진다는 것이다.

큰 상승 추세는 하락에 의해 중단되고 하락 추세는 반등에 의해 방해를 받는다. 감정적으로 보자면 추세와 반대되는 포지션을 보유하고 있기는 매우 힘들다. 이익이 사라져가고 있으면 우리는 이것이 추세의 일시적인 중단인지 아니면 본격적인 반전인지 고민하기 시작한다. 얼마 안 되지만 남겨진 돈이라도 챙겨서 나가고 싶은 유혹이 강력해진다. 스윙(단기 변동)은 거래하기가 좀더 쉽다. 가격 목표점이 가깝고 손실제한주문도 타이트하기 때문이다.

장기 추세를 거래해야 할까 아니면 단기 변동을 거래해야 할까? 중요한 것은 거래에 들어가기 전에 이 문제를 결정해야 한다는 것이다. 돈이 걸리지 않은 상태에서는 객관적인 결정을 내리기가 쉽기 때문이다. 주식마다 개성이 있다. 추세 거래자와 스윙 거래자가 서로 다른 주식을 좇는 것은 이런 이유에서다.

거래자에게는 세 가지 선택이 있다. 추세 거래자는 수개월 동안 진행되는 주추세를 확인하고 스윙 거래자는 낙관과 비관 사이에서 형성되는 단기 변동을 포착한다. 이런 스윙은 며칠에서 몇 주까지 지속된다. 데이 트레이더는 동일한 거래일에 시장에 진입했다가 나오며, 거래는 단지 수분 또는 수시간 지속될 뿐이다.

성공적일 경우를 가정하면 큰 움직임을 좇는 추세 거래가 거래당 이익이 더 크다. 추세 거래의 또 다른 이점은 진입과 청산을 결정할 시간이 더 많고, 스크린 앞에 묶여 있지 않아도 되고, 중요한 추세를 맞혔다는 만족감도 생긴다는 것이다. 하지만 단점도 있다. 손실제한주문이 시장가에서 멀리 떨어져 있다는 것이다. 가격이 내려가 손실제한주문이 이행되면 큰 몫을 잃는다. 또 오랫동안 아무 일 없이 앉아 있어야 하는데, 많은 사람들은 이를 견디기 힘들어한다. 단기 거래 기회를 놓친다는 것도 단점이다.

스윙 거래자는 추세 거래자보다 더 많은 기회를 갖고, 빈번한 거래로 더 많은 경험을 쌓을 수 있다. 손실제한주문이 가까이 있기 때문에 리스크가 더 적고, 보상이 빠르기 때문에 만족감을 얻을 수 있다. 그런데 스윙 거래에도 단점이 있다. 빈번한 거래로 인해 수수료나 체결오차 같은 비용이 크고, 적극적으로 거래를 관리하면서 매일 일해야 하는 부담이 있다. 또 큰 움직임을 놓칠 가능성이 크다. 작은 낚싯바늘로 큰 고기를 낚을 수는 없는 것이다.

추세 거래―중요한 상승장에서 매수·보유하는 거래 방식―는 피터 린치가 말하는 '10루타10-bagger', 즉 10배의 수익률을 올리는 주식이 가장 적합한 대상이다. 이들 주식은 상대적으로 새롭고 값싸며 숙성되지 않은 주식일 경우가 많다. 새로운 발명이나 새로운 특허, 새로운 아이디어를 들고 나온 인터넷이나 생명공학 회사의 주식은 기존하는 오래된 회사들의 주식보다 급등할 가능성이 크다. 작은 회사는 단 하나의 아이디어나 제품에 사활을 걸지도 모른다. 그들의 베팅이 맞아떨어지면 주식은 급등할 테지만 그렇지 않다면 계속 찬밥 신세로 지내야 할 것이다. 한편 똑같은 아이디어나 제품을 거대 다국적기업이 내놓는다면, 이 기업의 주가는 거의 움직이지 않을 것이다. 대기업에서는 신제품이 하나 늘어난다고 해서 커다란 변화가 생기지는 않기 때문이다.

추세 거래자들은 주추세의 유혹 때문에 새로운 산업에서 각광받는 전도유망한 작은 회사의 주식에 매력을 느낀다. 하지만 스윙 트레이더라면 주요 거래소에서 가장 활발히 거래되는 주식 가운데서 거래 대상을 찾아야 한다. 안정되고 폭이 넓은 채널 사이를 오가는 대기업주를 찾아라.

일단 어떤 주식을 선택했다 해도 그 주식이 영원히 똑같은 방식으로 움직일 것이라고 생각하지 말라. 회사는 변하기 마련이고, 당신은 자신이 선택한 주식에 대해서는 뭐든 누구보다도 먼저 알아야 한다. 예컨대 마이클 델이 자신의 대학 기숙사 방에서 시작한 델은 작은 주식회사였지만, 세계에서 가장 큰 컴퓨터 회사 가운데 하나로 성장했다. 내 친구 한 명은 1990년대 초 5만 달러에 상당하는 델의 주식을 사들였다가 3년 뒤에 230만 달러를 받고 팔았다. 그러나 델의 주가가 천정을 뚫고 로켓처럼 날아가 일 년에 네 배씩 상승하는 날들은 지나갔다. 대신 많은 사람들이 보유하고 있는 이 주식은 이제 스윙 거래의 대상이 되었는데, 이 영역에서도 그다지 큰 인기를 누리지 못하고 있다.

초급 거래자들은 스윙 거래를 하는 것이 더 좋다. 이익 목표점과 손실제한주문 가격이 보다 분명하고, 피드백이 빠르게 이루어지며, 자금관리가 보다 쉽기 때문이다. 추세 거래를 할 것이냐 스윙 거래를 할 것이냐의 선택은 일부는 객관적이며 일부는 주관적이다. 당신은 추세 거래를 선택할 것인가 아니면 스윙 거래를 택할 것인가? 수천 명의 거래자들과 투자자들을 만나본 내 경험으로는, 엘리트층은 큰 움직임을 거래하고 주추세를 타는 것을 좋아하는 경향이 있다. 하지만 이런 추세 거래에 성공한 사람은 거의 없었다. 스윙 거래를 하여 돈을 번 사람들은 훨씬 더 많다. 상당히 큰돈을 번 사람들도 있다. 삼중 스크린의 원칙은 두 거래 방식에 모두 효과가 있다. 단 진입 시점과 (특히) 청산 시점이 다를 뿐이다.

추세 거래 ● 추세 거래는 오랫동안, 어떤 때는 몇 개월 동안 포지션을 보유하고 있어야 한다는 것을 뜻한다. 주식이 주된 추세에 반대되는 방향으로 움직일 때도 그냥 보유하고 있어야 한다. 상승장과 하락장은 펀더멘털의 변화가 요인이 된다. 예컨대 주식의 경우 신기술이 만들어지거나 새로운 발견이 이루어질 때, 농산물 시장에서는 날씨 패턴에 변화가 일어날 때, 통화 시장의 경우는 정치적 조건이 바뀔 때가 그런 경우에 해당된다. 기본적 요소는 상승장과 하락장 배후에 자리 잡고 있지만, 가격은 오로지 거래자와 투자자들의 행동에 반응하여 움직인다. 펀더멘털에 대한 정보가 큰 움직임을 예상하고 있다면, 당신은 차트를 보며 기술적 정보가 이런 기본적 정보를 확인시켜주는지 분석해볼 필요가 있다.

시장은 기동을 시작하기 전에 당신에게 초청장을 먼저 날리는 법이 없다. 추세가 최초로 바닥을 빠져나올 때는 거의 아무도 주목을 하지 않는다. 아마추어들은 금세 잠에 빠지는 반면 프로들은 시장을 모니터하면서 돌파와 다이버전스를 찾는다. 시장이 활발해지면 곧 뉴스거리가 된다. 저가, 그리고 특히 고가는 저널리스트의 관심을 끌기 때문이다. 프로와 외부자의 핵심적인 차이점 한 가지는 프로는 늘 시장을 추적하는 반면, 아마추어는 시장이 뉴스에 등장한 뒤에야 잠에서 깨어나 차트를 들여다본다는 것이다. 그때쯤이면 이미 열차는 정거장을 떠난 뒤다. 412쪽에서 설명하는 ABC 등급 시스템은 당신에게 시장의 침체기에는 어떻게 주식을 추적해야 하는지 알려줄 것이다.

새로운 돌파는 알아보기 쉽지만, 그 주식을 거래하기는 힘들고 보유하고 있기는 더 힘들다. 추세가 가속화되면서 더 많은 사람들이 하향 후퇴를 기도하게 된다. 그렇지만 추세가 강력할수록 염가에 주식을 사들이려는 매물 사냥꾼이 끼어들 수 있는 가능성은 적어진다. 추세가 진행되는 동안 포지션을 보유하고 있으려면 커다란 인내와 확신이 요구된다. 거래자들은 "거기 그냥 앉아 있지만 말고, 뭐라도 좀 해보는 게 어때?"라는 사고방식의 소유자들이 많다. 아무 일도 하지 않는 것을 배우는 것이 그들에게는 몹시 힘든 일이다. 여자들이 거래를 더 잘하는 한 가지 이유는 그들이 참을성이 더 강하기 때문이다.

당신은 자신에게 어떻게 추세 거래를 가르칠 텐가? 우선 과거의 차트를 공부할 수 있을 것이다. 그러나 경험을 대신해줄 만한 것은 아무것도 없다는 것을 명심해야 한다. 중요한 것은 거래를 하면서 거래를 배우는 것이다. 일단 걱정하지 않고 마음을 편히 먹을 수 있을 만큼 작은 규모로 포지션을 취해보라. 배우고 있는 동안에는 몇백 주의 주식 아니면 한 개의 선물 계약만 거래하라.

삼중 스크린을 추세 거래에 적용하기 위해서는 장기 차트를 조사하여 돌파를 찾거나 주간 지수이동평균으로 확인되는 가격의 확고한 움직임을 찾아야 한다. 주간 차트에서 상승세 또는 하락세가 결정 나면 일간 차트로 돌아가 오실레이터를 이용하여 진입 시점을 찾는다. 상승 추세에서는 가격이 상승 중인 일간 지수이동평균에 닿았을 때 롱 포지션을 취하고 하향 후퇴가 일어날 때 포지션을 늘린다. MACD 히스토그램이나 강도지수 같은 일간 오실레이터가 매수 신호를 보낼 때, 특히 이런 신호들이 하향 후퇴와 함께 동시에 발생할 때도 포지션을 늘릴 수 있다. 하락 추세에서는 과정을 반대로 한다. 주간 추세가 하락세고 일간 오실레이터가 상승하며 과매수 수준에 도달할 때는 공매도하라는 신호다. 특히 가격이 지수이동평균 수준으로 상승하면서 이런 신호들이 동시에 발생할 때가 좋은 기회다.

기본 개념은 시장 흐름의 방향으로 포지션을 취하고 이 흐름에 거스르는 잔물결이 일 때 포지션을 늘려간다는 것이다. 초보자로서 당신은 소규모의 단일한 포지션을 거래하는 법을 배워야 한다. 그러나 돈을 벌어들이기 시작하면, 포지션의 규모와 추가 포지션의 수는 이제 자금관리의 영역이 된다.

새로운 추세를 발견하면, 들어가라! 거래 범위에서 튀어나오는 새로운 추세는 놀랄 만큼 빠르며, 하향 후퇴도 거의 없다. 새로운 추세를 발견했다고 생각하면, 서둘러 뛰어들어라. 작은 규모를 거래하여 리스크를 줄일 수 있지만, 어쨌든 큰 폭의 하향 후퇴가 일어나기를 기다려서는 안 된다. 하향 후퇴가 나중에 발생하거든 포지션을 늘릴 수 있을 것이다. 새로운 추세에 올라타는 것은 직관에 반하는 행동처럼 느껴질지도 모른다. 그러나 시장에 있다 보면 당신도 시장의 반응에 대해 좀더 잘 알게 될 것이다. 위대한 조지 소로스는 반농담조로 이렇게 말했다. "먼저 매수하고, 조사는 나중에 하라."

처음에는 새로운 추세가 거래 범위를 벗어난 곳, 즉 돌파 지점에 손실제한주문을 해두어야 한다. 발사대에서 날아오른 로켓은 다시 지상으로 내려올 이유가 없다. 손실제한주문 가격을 처음의 수준에서 서둘러 올리지 말라. 반락이 일어났다가 다시 상승이 시작될 때를 기다린 후 반락의 바닥 지점으로 손실제한주문 가격을 올려라. 단기 변동에는 매우 잘 들어맞는 안전영역 손실제한주문 기법은 큰 추세에서는 너무 타이트한 경향이 있다. 큰 파도를 탈 때는 잔물결이 당신 쪽으로 향해 올 수 있다는 것을 염두에 두고 계속 포지션을 보유하고 있어야 한다.

추세 거래는 어떤 일이 있어도 꿋꿋하게 처음의 포지션을 그대로 유지해야 함을 의미한다. 당신은 매우 큰 고기를 낚으려는 것이다. 따라서 넓은 여유 공간이 필요하다. 큰 추세에서 큰돈을 버는 사람이 지극히 소수인 이유 한 가지는 사람들이 보통 너무 안달하고 초조해하여 포지션을 계속 갖고 있어야 한다는 사실을 잊어버린다는 것이다. 단기 변동 때는 신속하게 이익을 실현해야 하지만 추세는 단기 변동과 다르다. 주간 추세추종 지표가 평평해지거나 반전하기 전까지는 추세를 타야 한다.

아마추어는 대개 추세를 끝까지 좇으려다가 자멸한다. 사실 이것은 정말 힘든 일이다. 피터 린치가 적절히 지적했듯이, 바닥을 포착하려는 것은 떨어지는 칼을 붙잡으려는 것이나 다름없다. 당신은 보나마나 허공에 손을 뻗치게 될 것이다. 추세는 합리적 기대를 빗나가는 경향이 있다. 뉴스, 일간 차트 패턴, 그리고 또 다른 정신 사납게 하는 정보들이 당신을 안장에서 떨어뜨리려 할 것이다. 그래도 꼭 붙들고 있어라!

중요 포지션과 보완적인 포지션을 따로 운용하는 방법도 한번 고려해보라. 중요 포지션은 이익 목표점을 정해두지 않은 채 손실제한주문을 멀리 두고 거래를 하고, 추가적인 포지션으로 스윙 거래를 하는—가격이 지수이동평균으로 하락했을 때 매수하거나 가격이 상단 채널선으로 상승했을 때 매도하는—것이다. 그러면 좀더 편리한 기록관리를 위해 두 개의 계좌를 사용하는 법도 고려해보아야 할 것이다.

스윙 거래 ● 시장은 오랜 시간이 지나면 대개 제자리로 돌아온다. 며칠 상승했다가 멈추고 며칠 하락한 뒤 다시 상승한다. 소규모 변동—주간, 일간, 시간—은 추세보다 흔히 일어난다. 그날이 끝날 때쯤 시장은 더 높이 올라가 있거나 더 낮게 내려가 있을지 모르지만, 수차례 위아래를 오르내렸을 것이다. 신참자들은 떨어져나가는 반면 전문가들은 이런 단기 거래를 즐긴다.

시장이 가치의 위아래로 변동하는 경향은 몇몇 연구자들에 의해 통계적으로 확인되었다. 스윙 거래는 정상 상태에서 매수하여 열광 상태에서 매도(상승하는 이동 평균선 근처에서 매수하여 상단 채널선 근처에서 매도)하거나 정상 상태에서 공매도하여 침체 상태에서 환매(하락하는 이동 평균선 근처에서 공매도하여 하단 채널선에서 환매)하는 것을 뜻한다. 스윙 거래를 하기 가장 좋은 대상은 대략 규칙적으로 채널 사이를 오가는 인기주와 블루칩이다. 투기주는 스윙 거래보다는 추세 거래에 적합하다. 스윙 거래 대상의 목록을 작성하려면, 우선 20대 인기주와 소수의 블루칩을 고른 다음 채널폭이 가장 넓고 가장 규칙적으로 변동하는 종목을 찾아라.

일간 채널폭이 충분히 넓어 C급 거래자라도 한 차례의 거래로 적어도 1포인트의 수익을 낼 수 있는 주식을 선택해야 한다는 것을 잊지 말라. C급 거래자는 보통 채널폭의 10퍼센트를 수익으로 가져가는 사람이다. 만약 당신이 스스로가 B급 혹은 A급 거래자임을 증명하고 싶어한다면, 적어도 6개월 이상 꾸준히 거기에 해당하는 수준의 거래 실적을 올려야 한다. A급 거래자도 채널폭이 넓으면 거래 실적이 더 좋아진다. 수익폭이 커지기 때문이다. 초보자들은 'C급 거래자들의 1포인트' 원칙을 반드시 지켜야 한다. 이것은 '10포인트 채널' 원칙이라고 할 수도 있겠다. 기술적 신호가 근사해 보일지라도 채널폭이 10포인트가 안 되면 다음 주식으로 넘어가기 바란다.

어떤 주식은 다른 주식보다 더 명확한 기술적 신호를 보낸다. 이런 주식들을 찾아보라. 예닐곱 종이면 충분하고 열 종이 넘으면 절대 안 된다. 소수의 종목만을 추적해야 부담 없이 뒤처지지 않고 날마다 꾸준히 기록을 살펴볼 수 있다. 주식의 개성을 익히고 매 거래에 성적을 매겨라. 꾸준히 B급 거래자의 성적을 올리게끔 되면 거래 규모를 늘려라.

주간 추세가 상승세면, 일간 오실레이터가 과매도 상태가 되고 가격이 지수이동평균 수준으로 하락할 때를 기다려라. 주가 추세가 하락세면, 가격이 지수이동평균 수준으로 반등할 때 일간 오실레이터에서 매도 신호를 찾아라. 가격이 지수이동평균을 향해 가는 과정에서 오실레이터가 몇 달 만에 새로운 저점으로 하락하면 매도세가 엄청나게 강력하다는 신호다. 따라서 다음번 바닥이 나타날 때까지 매수를 하지 않는 것이 좋다. 공매도 거래에는 반대의 원칙이 적용된다.

주간 추세가 상승 추세라면, 일간 차트에서 바닥은 매우 분명하게 나타난다. 매수 적기는 시장이 일간 지수이동평균 아래로 내려갔을 때다. 공매도 적기는 시장이 일간 지수이동평균 위로 올라갔을 때다. 지수이동평균 근처에서 주문을 내려면, 내일의 지수이동평균 수준을 예측해야 한다. 계산은 간단하다. 당신은 어제 지수이동평균이 얼마였는지 그리고 오늘은 얼마로 마감되었는지 알고 있다. 예컨대 지수이동평균이 0.5포인트 상승했다면, 내일 역시 0.5포인트 상승한다고 예상하고 오늘의 지수이동평균에 그 값을 더해 준다.

최근의 추세가 시작된 이후 주식이 어떻게 움직여왔는지 한번 보라. 추세가 상승 추세면 그전의 하락 움직임들을 살펴보라. 주가가 세 차례 지수이동평균 수준으로 되돌아가 평균 1.5포인트만큼 지수이동평균을 침범했다면, 대략 이동평균선 1포인트 아래에 매수 주문을 내야 한다. 그전의 하락 움직임으로 형성되었던 가격들보다 약간 더 얕은 수준이다. 날마다 내일의 지수이동평균값을 예측하여 매수 주문을 조절해야 한다. 온라인 거래를 하면 매일 주문을 바꾼다고 해도 짜증 낼 사람이 없다.

스윙 거래는 낚시처럼 엄청난 집중력과 인내를 요구한다. 당신은 매일같이 숙제를 하고, 내일의 지수이동평균값을 계산하여 주문을 내야 한다. 또한 이익 목표점과 손실제한주문 가격을 계산해야 한다.

스윙 거래에 들어간 후에는 안전영역 손실제한주문 기법을 활용하여 보호적 손실제한주문을 해두라. 스윙 거래는 줄타기 곡예 같은 것으로 안전망이 필요하다. 손실제한주문과 자금관리는 당신의 생존과 성공에 필수적인 장치다.

채널선 근처에서 이익을 취하라. 정확한 지점은 스윙의 강도에 따라 다르다. MACD 히스토그램과 강도지수가 새로운 고점들을 형성하고 있고 시장이 강력하면 가격이 채널선에 도달할 때까지 기다려도 된다. MACD 히스토그램과 강도지수가 약화된 움직임을 보이면 거기서 바로 이익을 취하라. 주가가 강력하고 기세 좋게 채널선을 넘어서 버리면 어떻게 해야 하는가? 경험 많은 거래자들은 전술을 바꾸어 포지션을 좀더 오랫동안 가지고 있어도 된다. 하지만 그 기간은 시장이 새로운 고점이나 저점에 도달하지 못하는 날이 오기 전까지로 한정되어야 한다.

초보자들은 채널 벽 근처에서 이익을 취하는 훈련을 해야 한다. 그들은 공중에서 비행기를 갈아탈 수 있는 능력이 없기 때문이다. 그후로도 추세를 계속 탔으면 얻었을지 모를 이익에 연연하지 않고 원칙을 지키는 행동은 감정적으로 성숙했다는 징표다. 원한 것을 취하고 다른 것은 신경 쓰지 않는다면 마음이 편해질 것이다. 이익 목표점은 체계 없는 환경에서 체계를 창조해 줄 것이다. 거래 실적을 채널폭의 백분율로 나타내보라. 자신이 어떤 수준의 거래자인지 알려면 자신의 성적에 등급을 매겨보아야 한다.

거래 경력 초기에는 스윙 거래에 집중하는 것이 보다 안전하다. 경험과 지식의 수준이 상승하면 자본의 일부를 추세 거래로 돌려라. 큰 추세는 엄청난 이익의 기회를 제공한다. 큰 움직임에서 큰돈이 나오는 것이다. 거래 방법은 스스로 배워야 한다. 거래의 질에 집중하면 돈은 자연히 따를 것이다.

옵션

어떤 회사의 주식 수는 정해져 있지만, 옵션은 매수자의 요구에 따라 발행자에 의해 무無에서 창조된다. 옵션 매수자는 가격이 신속한 속도로 목표점에 도달하기를 희망하며, 발행자는 매수자에게 이런 희망을 판다. 대부분의 희망은 성취되지 못하지만 사람들은 계속 희망하며 옵션을 매수한다. 펀드 매니저, 플로어 트레이더, 거래소 회원들은 희망을 트럭째로 아마추어들에게 팔아치운다. 아마추어들은 상승장에서 콜옵션을, 하락장에서는 풋옵션을 산다.

콜옵션은 보유자에게 특정한 증권의 특정한 양을 특정한 시간에 특정한 가격으로 살 수 있는 권리를 주지만, 의무는 아니다. 가격 상승에 돈을 거는 내기다. 풋옵션은 특정한 증권의 특정한 양을 특정한 시간에 특정한 가격으로 팔 수 있는 권리이며 의무는 아니다. 가격 하락에 돈을 거는 내기다.

각 옵션에는 행사가격이 있다. 주가가 행사일 전에 그 가격에 도달하지 못하면 옵션은 휴지조각이 되어버리고 매수자는 지불했던 돈을 잃는다. 반면 발행자는 노획품, 좀더 고상한 말로 하자면 옵션 프리미엄을 챙긴다. 주식을 매수하거나 공매도하여 이익을 내려면 적절한 주식과 적절한 방향을 선택해야 한다. 이에 비해 옵션 매수자가 해야 할 일은 훨씬 더 힘들다. 주식 매수자가 해야 할 일 외에도 주가가 정해진 가격에 얼마나 빨리 도달할지를 맞춰야 하기 때문이다.

- 옵션은 기초자산의 현재가가 행사가격과 똑같을 때 등가격이다.
- 콜옵션은 기초자산의 현재가가 행사가격보다 낮을 때 외가격이다.
  풋옵션은 기초자산의 현재가가 행사가격보다 높을 때 외가격이다.
  외가격 정도가 클수록 옵션 가격은 싸진다.
- 콜옵션은 기초자산의 현재가가 행사가격보다 높을 때 내가격이다.
  풋옵션은 기초자산의 현재가가 행사가격보다 낮을 때 내가격이다.

옵션은 기초자산의 가격이 변하면서 만기일이 되기 전까지 서로 다른 시기에 등가격이나 외가격이나 내가격이 될 수 있다. 모든 옵션의 가격은 두 가지로 구성되어 있다. 내재가치와 시간가치다.

옵션의 내재가치는 내가격일 때만 0보다 크다. 콜옵션의 행사가격이 80달러이고 기초자산의 가격이 83달러로 상승하면, 내재가치는 3달러다. 기초자산의 가격이 80달러 혹은 그 아래면 콜옵션의 내재가치는 0이다.

옵션 가격의 또 다른 구성 요소는 시간가치다. 주식이 74달러에 거래되고 사람들이 80달러 콜옵션에 2달러를 지불한다면, 2달러가 바로 시간가치다. 주가가 83달러로 오르고 콜옵션의 가격이 4달러로 뛰면, 그중 3달러는 내재가치고(83달러 – 80달러) 1달러는 시간가치다(주가가 옵션 만기일 전까지 더 높아질 것이라는 희망을 반영하고 있다).

옵션 가격은 몇 가지 요소에 달려 있다.

- 외가격 정도가 클수록 옵션 가격은 싸진다. 옵션이 만기일 전까지 어떤 가치를 획득하기 위해서는 기초자산이 큰 폭으로 움직여야 하기 때문이다.
- 만기일이 가까워질수록 옵션 가격은 싸진다. 희망을 충족시킬 시간이 줄어들기 때문이다. 옵션이 가치를 잃어가는 것을 시간가치 잠식이라고 한다. 만기가 가까워오면 그 속도는 훨씬 더 빨라진다.
- 기초자산의 변동성이 적으면 옵션 가격은 싸진다. 그 기초자산이 큰 폭의 움직임을 보일 가능성이 적기 때문이다.
- 옵션 가격에 영향을 미치는 다른 요소들로는 이자율의 현재 수준과 기초 주식의 배당률이 있다.

주식이 100달러에 거래될 때는 110달러 콜옵션이 120달러 콜옵션보다 가치가 높다. 주가가 120보다는 110으로 상승할 가능성이 크기 때문이다. 또 주가가 2개월보다는 5개월 안에 110으로 상승할 가능성이 크기 때문에 기간이 더 긴 콜옵션이 가치가 더 높다. 마지막으로, 두 종의 주식이 지금 100달러에 매매되고 있는데 그중 한 종은 지금까지 50달러 상승했고 다른 한 종은 30달러 상승했다고 하면, 변동성이 더 큰 주식의 110달러 콜옵션이 더 높은 가격을 받을 가능성이 크다.

옵션 가격을 결정하는 요소들은 서로 충돌할 수도 있고 부분적으로 서로를 상쇄할 수도 있다. 예컨대 시장이 큰 폭으로 하락하여 콜옵션의 가치가 내려가면, 변동성의 증가가 옵션 가치를 높인다고 해도, 콜옵션은 예상했던 것보다 가치가 낮아질 것이다. 옵션 관련 서적에서는 옵션의 공정가치를 판단하기 위해 블랙–숄즈 공식 같은 몇 가지 수학적 모델들을 폭넓게 소개하고 있다.

가장 간단한 옵션 전략은 매수다. 이것이 초보자들이 하는 일이다. 그들은 특히 주식을 살 수 없을 때 자주 콜옵션을 매수한다. 그들은 옵션이 주식보다 복잡하고 주식으로 돈을 벌 수 없는 사람은 옵션으로도 돈을 벌 수 없다는 사실을 간과한다.

보다 세련된 전략은 옵션을 발행하거나 매도하는 것이다. 발행자는 방비와 무방비, 두 부류가 있다.

방비 발행자는 기초자산을 소유하고 있다. 예컨대 어떤 펀드는 IBM 주식을 보유하는 상태에서 이에 대한 콜옵션을 팔 수 있다. 주가가 행사가격에 도달하지 못하면 옵션이 휴지조각이 될 것이고 그러면 여분의 소득을 올릴 수 있을 것이라는 계산에서다. IBM 주식이 행사 가격에 도달하여 옵션이 행사되면, 그 펀드는 해당 주식을 팔아서 이익을 챙기고 그 돈으로 다시 다른 주식을 사서 콜옵션을 팔 수 있다. 방비 발행은 거래소 옵션 시절에는 수익률이 매우 높았다. 하지만 지금에 와서는 이 분야로 너나할 것 없이 몰려들면서 수익이 크게 줄어들었다. 무방비 발행은 나중에 살펴볼 테지만, 기초 자산을 소유하지 않은 상태에서 옵션을 파는 것이다. 발행자는 자신이 파는 것을 계좌에 들어 있는 현금으로 보장한다.

이상은 옵션의 개념에 관한 간단한 설명이었다. 보다 상세한 사항을 알고 싶다면, 이 장의 말미에 소개한 옵션에 관한 책들을 보기 바란다. '복잡한 수식 없이 하루 15분씩 공부하면 일 년에 돈을 세 배로 불릴 수 있는 간단한 전략' 따위를 선전하는 책들은 피하라. 옵션으로 돈을 버는 사람들은 수학에 통달하고 자본력이 굉장한 사람들인 경우가 많다. 5천 달러로 한몫 잡아보려는 도박꾼들과는 완전 딴판인 사람들이다. 이제 옵션 매수 및 발행 전략을 살펴보도록 하자.

옵션 매수: 주요 반전 전술 ● 주식 매수보다 옵션 매수로 돈을 버는 게 더 힘들다. 당신은 적절한 주식을 선택하고, 추세를 확인하고, 진입 및 청산 시점을 결정하는 등 모든 문제를 고려해야 하고, 그리고 나서도 주가가 당신이 정해놓은 가격에 얼마나 빨리 도달할지 예측해야 한다. 가격이 상승 중인 주식을 매수했을 때는 그 주식이 목표점에 도달하는 데 석 달이 아니라 다섯 달이 걸리더라도, 그 거래는 성공이다. 하지만 옵션에서 이런 일이 일어나면 실패한 거래가 된다. 옵션은 만기가 지나면 휴지조각이 되기 때문이다. 기간이 더 긴 옵션을 매수하여 시간을 벌 생각이라 해도 다른 식으로 돈을 잃게 된다. 그런 옵션은 더 비싸고 움직임이 느리기 때문이다. 모든 옵션은 시간이 지나면서 계속 시간가치를 잃는다. 주식 대신 옵션을 산 불쌍한 초보자들은 전문가들이 가기를 두려워하는 늪 속에 뛰어든 것이나 마찬가지다.

전문가들은 특별한 경우에만 옵션을 매수한다. 주요 반전, 특히 하락 반전을 예상할 때다. 주가가 미미한 하락 정도가 아니라 아예 폭락할 것으로 생각되면 풋옵션을 매수하는 것도 좋은 생각이다. 장기 추세가 반전을 하기 시작하면(특히 천정 근처에서) 격랑이 일어난다. 원양선이 진로를 바꿀 때와 비슷하다. 주가는 오늘 급락했다가 내일 치솟았다가 다시 폭락한다. 시장의 변동성이 커지면 부유한 거래자라도 손실제한주문을 어디다 해야 할지 몰라 고민을 하게 된다. 손실제한주문은 시장 노이즈의 영역 바깥에 있어야 하는데, 노이즈 수준이 크게 치솟으면 손실제한주문을 어디다 해야 하는 것인가? 옵션은 큰 움직임이 발생했을 때만 도달할 수 있는 손실제한주문 가격으로 이런 문제에서 벗어날 수 있게 해준다.

가격은 하락할 때는 보통 상승 속도의 두 배로 내리꽂히곤 한다. 상승 추세의 지배적 감정인 탐욕은 즐겁고 지속적인 감정이다. 하락 추세의 지배적 감정인 공포는 갑작스럽고 격렬한 감정이다. 전문가는 풋옵션 매수를 선호한다. 풋옵션이 시간가치 잠식 과정에 더 짧은 시간 동안 노출되기 때문이다. 중요한 하락 반전을 예상한다면 풋옵션을 매수하는 것이 현명한 거래가 될 수 있다. 콜옵션에도 같은 원칙이 적용된다. 그러나 상승 추세 때는 주식 거래를 하는 것이 낫다.

하락을 예상하는 거래자는 어떤 풋옵션을 매수할지 결정해야 한다. 가장 좋은 선택은 직관과는 상반되고 대부분의 사람들이 매수하는 대상과도 다른 것이다. 주가가 얼마나 떨어질지 예상하라. 풋옵션은 폭락을 예상할 때만 매수할 가치가 있다.

기간이 2개월이 넘는 풋옵션은 피하라. 풋옵션 매수는 갑작스러운 하락을 예상할 때만 적합한 거래로 이해될 수 있다. 길게 진행될 하락을 예상한다면, 기초자산을 공매도하는 것이 낫다.

가격이 아무런 희망도 반영하고 있지 않은 싼 풋옵션을 찾아보라. 풋옵션 행사가격을 아래쪽으로 쭉 훑어 내려가라. 아래쪽으로 내려갈수록 풋옵션 가격이 싸다. 처음에는 다음번 행사가격으로 내려갈 때마다 풋옵션의 가격이 25퍼센트 아니면 심지어 35퍼센트씩 하락한다. 그러다가 당신은 마침내 가격의 아주 작은 일부밖에 건지지 못할 행사가격 수준을 만나게 될 것이다. 이는 풋옵션에서 모든 희망이 사라져버렸다는 것을 의미한다. 요컨대 값싼 복권이 된 것이다. 이런 풋옵션이야말로 당신이 찾던 것이다!

매우 싼 가격의 외가격 옵션을 매수하는 것은 얼핏 직관과는 상반되는 것처럼 생각된다. 외가격 정도가 심하고 만기도 가까워 그냥 만기 무효로 끝나버릴 것처럼 보인다. 손실제한주문을 해둘 수도 없으므로 당신의 판단이 틀렸다면 프리미엄 전부가 허공 속에 사라지고 만다. 행사가격이 기초자산의 현재가에 가까운 풋옵션을 매수하는 게 낫지 않을까?

풋옵션을 매수할 만한 유일한 때는 큰 반전으로 엄청난 이익을 노릴 때다. 보통의 하락 추세에서는 주식을 공매도하는 것이 낫다. 싼 외가격 풋옵션은 대박을 얻을 수 있는 기회를 제공한다. 통상적인 2:1이나 3:1 수익률이 아니라 10배 이상의 수익을 목표로 잡는 게 좋다. 이 정도의 수익을 거둘 수 있다면, 몇 차례 연속적으로 거래에 실패하더라도 마지막에 가서는 웃을 수 있다. 중요한 반전을 한 차례 잡으면 연속되었던 손실을 단번에 만회할 뿐 아니라 상당한 몫을 챙길 수 있을 것이다.

내 생애 최고의 옵션 거래는 1989년 10월 주식시장 붕괴가 일어났을 때였다. 목요일 시장은 약세로 마감되었다. 일 년여 만에 처음으로 새로운 저가를 기록한 종목이 새로운 고가를 기록한 종목보다 많았다. 그것은 내가 오랫동안 기다려왔던 매도 신호였다. 금요일 아침 시카고의 어떤 전시회에 있을 때, OEX 풋옵션을 3/8에 매수했다. 금요일 오후 시장은 바닥이 무너졌다. 월요일이 되자 시장이 열리면서 주가가 급락했고, 거래 시간으로 따지면 겨우 몇 시간 전에 0.5포인트도 안 되는 가격에 내가 산 풋옵션은 호가가 17포인트가 되었다.

왜 더 많은 사람들이 이런 식으로 거래하지 않는 것일까? 거래 기회 자체가 매우 적고 엄청난 인내심이 요구되기 때문이다. 게다가 여기에는 즐거움도 찾기 어렵다. 대부분의 사람들은 마지막에 가서는 돈을 벌 가능성이 높다고 해도 세 번, 네 번, 다섯 번 연속으로 잃고 싶어하지 않는다. 옵션 시장에서 가장 큰 게임 중 하나에 뛰어드는 거래자가 거의 없는 것은 이런 이유들 때문이다.

옵션 발행 ● 옵션 매수자들은 대다수가 초보자, 도박꾼, 자본이 부족한 거래자들이다. 이런 불운한 사람들이 한몫 잡겠다는 일념 때문에 잃은 돈들을 생각해보라. 당신도 옵션 거래로 돈을 잃어본 적이 있는가? 누가 그 돈을 다 가져갔을까? 물론 중개인들이 있지만 그 대부분은 옵션 발행자들이다. 자본을 충분히 갖추고 있는 전문가들은 대개 옵션을 매수하기보다는 발행한다. 방비 발행자는 자신이 소유하고 있는 기초자산에 대한 옵션을 매도한다. 무방비 발행자는 기초자산을 소유하지 않은 상태에서 옵션을 매도한다.

주가나 선물 가격은 오르거나 내리거나 정체 상태에 있거나, 이 세 가지 상태에 있을 수밖에 없다. 그런데 콜옵션을 샀을 때는 시장이 상승할 때만 이익을 얻을 수 있다. 시장이 하락하거나 정체 상태에 있을 때, 혹은 때때로 시장이 상승하더라도 상승 속도가 충분히 빠르지 않을 때는 돈을 잃는다. 풋옵션을 샀을 경우에는 시장이 급락해야만 돈을 딴다. 옵션 매수자는 시장이 그가 선택한 방향으로 움직여야만 돈을 번다. 시장이 예상과 다른 방향으로 움직이거나 정체 상태로 남아 있으면 돈을 잃는다. 매수자가 돈을 벌 기회는 셋 중 하나의 확률이지만, 옵션 발행자는 그 기회가 셋 중 두 번의 확률이다. 전문가들이 옵션 발행을 선호하는 것은 놀랄 일이 아니다.

거대 펀드 회사는 전산화된 모델을 이용하여 주식을 매수하고서 이에 대한 방비 콜옵션을 발행하는 경우가 많다. 주가가 행사가격 아래에 머물러 있으면, 그들은 프리미엄을 챙기고 새로운 만기일로 새로운 콜옵션을 발행한다. 주가가 크게 상승해 옵션이 행사될 경우에는 주식을 인도하고 대금을 받아 또 다른 주식을 산 다음 이에 대한 콜옵션을 발행한다. 방비 발행은 수학적인 역량을 요구하며 자본 집약적인 사업이다. 대부분의 노련한 거래자들은 직원과 장비들을 포함하여 이 사업에 많은 비용을 들인다. 소규모 거래자들은 이런 비싼 사업에서 우위를 얻기 힘들다.

무방비 발행자는 기초자산을 소유하지 않은 상태에서 옵션을 매도한다. 공매도와도 비슷하다. 무방비 발행자는 거래 시작 때 프리미엄을 받는다. 하지만 포지션이 예상과 다른 방향으로 움직이고 시장에서 빠져나오지 못하면 그의 리스크는 무한해진다. 주식을 보유하고 있는 상태에서 콜옵션을 팔면 권리 행사가 이루어졌을 때 매수자에게 인도할 주식이 있다. 그런데 당신이 무방비 콜옵션을 매도했을 때 주가가 행사가격으로 상승하면, 당신이 그 주식을 보유하고 있든 않든 옵션 매수자는 주식의 인도를 요구할 수 있다. 어떤 주식의 콜옵션을 매도했는데 그 주식이 갑자기 매수 쟁탈전의 대상이 되어 다음날 아침 개장하자마자 50달러가 상승했다고 해보자. 당신은 그렇다고 해도 주식을 인도해야 한다. 이런 일이 일어나면 큰 손실을 입을 수 있다.

리스크는 무한하고 보상은 제한되어 있기 때문에 대부분의 거래자들은 무방비 옵션 발행을 기피한다. 그러나 현실과 지각은 보통 차이가 나기 마련이다. 무방비 옵션 발행은 매우 위험한 것처럼 보이지만, 대개 만기까지의 기간이 짧은 외가격 옵션은 만기 무효가 될 가능성이 매우 커서 발행자에게 유리하다. 옵션이 행사가격에 도달하여 발행자에게 손실을 입힐 가능성은 매우 낮다. 무방비 발행의 리스크/보상 비율은 보기보다 훨씬 낮고, 드물게 반대 움직임이 일어났을 때라도 손실을 줄일 수 있는 방어 방법이 있다.

똑똑한 무방비 발행자는 옵션 만기일까지 주식 또는 상품이 도달할 수 없는 가격 수준으로 외가격 콜옵션과 풋옵션을 발행한다. 그들은 먼 희망을 판다. 뛰어난 옵션 발행자는 시장의 유동성을 추적하여 최근의 기록에 따라 앞으로 주가가 얼마나 움직일지 예측하고, 그 범위 바깥에서 옵션을 매도한다. 주가가 60에서 130으로 상승하는 데 일 년이 걸렸다면, 전문가들은 몇 주 뒤가 만기인 170달러 콜옵션을 사려는 풋내기들을 찾아내려고 노력한다. 그 주식이 옵션 만기까지 40포인트 상승할 가능성은 지극히 낮다. 순진한 아마추어들은 희망을 사고 싶어하고, 프로들은 기꺼이 그들이 원하는 희망을 판다. 이 게임은 옵션 만기 한두 주 전에 최고조에 달한다. 이때 플로어 트레이더들은 행사가격에 도달할 가능성이 거의 없는 무방비 풋옵션과 콜옵션을 팔면서 무에서 돈을 만들어낸다.

조심스러운 옵션 발행자들은 만기일을 기다리지 않고 포지션을 종료할 수 있다. 콜옵션을 90센트에 발행했는데 옵션 가격이 10센트로 내려갔다면, 옵션을 되사서 포지션을 청산하는 것이 좋은 생각일 수 있다. 이미 상당한 이익을 보았다면 자신을 계속 위험에 노출시킬 필요가 어디 있는가? 수수료를 지불하고 이익을 챙긴 다음, 새로운 옵션 발행 기회를 찾는 것이 더 싸게 먹힌다.

무방비 발행자가 되기 위해서는 강철 같은 자제심이 필요하다. 발행 규모와 포지션의 수는 자금관리 원칙에 따라 엄격하게 판단해야 한다.

무방비 콜옵션을 팔았을 때 주가가 행사가격을 넘어버리면 막대한 손실 위험에 직면하게 된다. 따라서 어느 수준에서 상대적으로 적은 손실만 보고 손절매할지 미리 결정해놓아야 한다. 무방비 옵션 매도자는 주가가 예상과 다른 방향으로 움직이는 것을 가만히 보고만 있을 여유가 없다. 아마추어들은 기초자산이 다시 방향을 바꾸기를 기다린다. 그들은 잠식되어가는 시간가치가 그들을 곤경에서 구해주기를 소망한다. 하지만 기적을 기다리면 기다릴수록 수렁은 더욱 깊어져간다. 자제심이 조금이라도 흔들릴 수 있는 사람이라면 무방비 옵션 발행에 손을 대서는 절대 안 된다.

발행자의 선택 ● 모든 옵션 매수자는 제대로 된 시장 방향을 택하고 제대로 된 주식을 선택했음에도 불구하고 옵션 거래에서 돈을 잃는 일들에 대해 잘 알고 있다. 시간은 옵션 매수자들의 적이다. 매수자들은 기초자산이 그들이 선택한 가격에 도달하는 데 예상보다 오랜 시간이 걸리면 돈을 잃는다. 만기일이 다가올수록 옵션은 가치가 계속 감소한다.

그렇다면 상황을 반대로 하여 옵션을 매수하지 않고 발행하면 어떻게 될까? 이제 시간은 우리 편이다. 하루하루 날이 갈수록 옵션이 만기일 전에 어떤 가치를 가질 가능성이 줄어들기 때문이다.

처음으로 옵션을 발행하면, 제대로 하기만 했다면, 시간이 자신에게 유리한 작용을 한다는 것에 짜릿한 쾌감을 느낄 것이다. 옵션은 날마다 시간가치의 일부를 잃어가고 당신이 받은 프리미엄은 점점 더 안전해진다. 시장에 아무런 움직임이 없어도 돈을 번다. 시간가치는 하루하루 날이 가면서 사라지기 때문이다.

우리는 옵션이 희망이며 따라서 성취될 수 없는 공허한 희망을 파는 것이 더 낫다는 사실을 잊어서는 안 된다. 콜옵션이나 풋옵션을 발행하기 위해서는 세 가지 단계를 거쳐야 한다. 첫째, 기초자산을 분석하고, 기초자산이 어느 방향으로 움직일지 판단하고, 이익 목표점을 결정한다. 둘째, 콜옵션을 발행할지 아니면 풋옵션을 발행할지 결정한다. 셋째, 당신이 발행할 옵션의 행사가격과 만기일을 결정한다. 이 세 가지 단계 중 어느 하나라도 명확한 판단이 서지 않을 때는 억지로 결정을 내리지 말고, 발을 빼고 다른 기회를 찾아보기 바란다.

옵션 가격 결정에서 핵심적인 요소 한 가지는 기초자산의 변동성이다. 대부분의 거래 소프트웨어에 포함되어 있는 볼린저 밴드는 변동성을 평가하는 데 특히 유용하다. 이런 표준편차 밴드는 역시 이동평균선을 중앙에 두고 있지만, 위아래의 벽이 평행하게 움직이는 엔벨로프와 달리 변동성이 변함에 따라 벽이 확대되거나 축소된다. 볼린저 밴드는 시장이 수면기에 있을 때는 좁고 열기를 띨 때는 넓어진다. 좁고 평평한 밴드는 시장이 수면기이며 옵션 가격이 싸다는 것을 알려준다. 따라서 이때는 옵션을 매도하는 것보다는 매수하는 것이 낫다. 볼린저 밴드가 넓어지면, 시장이 과열되고 있으며 옵션 가격이 비싸지고 있다는 뜻이므로 옵션 발행의 기회가 된다. 다음과 같은 단계를 따라라.

옵션을 발행하고 싶은 기초자산을 분석하라. 삼중 스크린을 이용하여 주식 또는 선물, 지수가 추세를 형성했는지 아니면 추세 없이 움직이고 있는지 판단한다. 주간 차트와 일간 차트, 추세추종 지표와 오실레이터를 이용하여 추세를 확인하고, 반전을 탐색하고, 가격 목표점을 정한다.

발행할 옵션의 종류를 선택하라. 분석 결과 추세가 하락세라면 콜옵션을 발행하라. 상승세라면 풋옵션을 발행하라. 추세가 상승세면 하락세로 바뀌리라는 희망을 팔아야 하고, 하락세라면 상승세로 바뀌리라는 희망을 팔아야 한다. 시장이 평평하고 볼린저 밴드폭이 좁을 때는 옵션을 발행하지 말라. 프리미엄이 적고, 거래 범위의 돌파가 일어나면 큰 손해를 입을 수 있기 때문이다.

추세 변화가 일어나려면 시장이 얼마만큼 움직여야 하는지 판단한 다음 안전영역을 감안하여 그 수준을 넘는 가격으로 옵션을 발행하라. 시장이 만기일 전까지 도달할 가능성이 없는 행사가격으로 옵션을 발행하라. 주가가 지난해 50에서 상승하여 80이 되었으며, 현재 한 주마다 0.5포인트씩 오르고 있고, 옵션 만기까지는 8주가 남았다고 하자. 추세는 상승 추세이다. 이런 상황에서 70 풋옵션을 매도한다는 것은 만기 무효가 될 가능성이 높은 옵션을 매도한다는 뜻이다.

행사가격이 기초자산의 현재가와 가까운 무방비 옵션을 매도하여 비싼 프리미엄을 받고 싶다는 유혹을 받을 수 있지만 이는 매우 위험하다. 가격이 약간만 반대로 움직여도 포지션이 진창 속에 빠져버리기 때문이다. 만기일까지 몇 주나 남았는지 보고, 최근의 움직임에 대한 평가에 따라 시장이 얼마나 멀리 갈지 계산하여, 그 범위 바깥에서 옵션을 발행하라.

만기가 2개월이 넘지 않는 옵션을 발행하라. 기간이 짧을수록 예상외의 사건이 벌어질 확률이 줄어든다. 시간가치의 잠식은 만기 몇 주 전부터 가속화된다. 만기에 가까운 옵션을 발행하면 시간가치 잠식이 빨라지는 이점이 있다. 만기가 멀면 더 많은 돈을 벌 수 있지만 탐욕을 부리지 말라. 옵션 발행자의 목표는 한 방으로 끝내는 게 아니라 꾸준한 수입을 올리는 것이다.

리스크 제한 ● 어떤 거래자든 계속 무방비 콜옵션이나 풋옵션을 발행할 수 있지만, 오랫동안 하다 보면 언젠가는 예상외의 강력한 움직임을 만나게 된다. 그러면 몇 년간의 이익이 단 하루 만에 날아가 버릴 수 있다.

예컨대 큰 상승장이 형성될 때마다 프로들은 수익을 보장받는 풋옵션 매도 기회를 찾는다. 역발상 투자가, 야단스러운 선동가, '끝이 얼마 남지 않았다'고 생각하는 군중들은 수 년 동안 끊임없이 풋옵션을 매수하면서 돈을 잃는다. 하지만 갑자기 주가 붕괴가 일어나면서 그들이 환히 웃을 날이 찾아온다. 수 년 동안 그들의 돈을 뜯어왔던 프로들은 이제 그들에게 정산을 해주어야 할 순간을 맞는다. 재빠른 사람은 살아남겠지만, 행동이 굼뜨면 실족하여 절벽 아래로 굴러 떨어질 것이다.

무방비 옵션을 발행하고 무에서 만들어낸 아무 쓸모도 없는 이런 계약을 매도하면서 수익을 챙기는 동안 거래자는 점점 더 탐욕스럽게 변할 수도 있다. 자기 잘난 맛에 깊이 빠지면 현실을 제대로 보지 못하는 법이다. 따라서 무방비 옵션 포지션은 손실제한주문과 자금관리 원칙을 통해 보호해야 한다.

마음속으로 기초자산에 대한 손실제한주문 가격을 정해두라. 옵션 가격이 아니라 기초자산이 되는 주식이나 선물, 지수에 대해 손실제한주문 가격을 정해두라. 기초자산이 손실제한주문 가격에 도달하면 해당 옵션을 되사라. 예컨대 70에 거래되는 주식에 대해 80 무방비 콜옵션을 매도한다면, 77을 손실제한주문 가격으로 삼아라. 기초자산의 현재가가 행사가격에 도달하기 전에 무방비 옵션 포지션을 털어버려라.

손실제한주문은 비행기의 탈출 좌석 같은 것이다. 외가격 옵션을 발행했을 때 시장이 옵션 행사가격 쪽으로 움직인다면, 앞으로 무슨 일이 일어날지 앉아서 기다리고만 있어서는 답이 없다. 당신의 판단은 틀렸고 당신은 돈을 잃고 있다. 손실이 치명적으로 확대되기 전에 탈출 버튼을 눌러야 한다. 당신이 어떤 옵션을 1.50에 매도했다면, 기초자산의 가격이 손실제한주문에 걸릴 때 옵션은 이미 두 배로 뛰어 3달러가 되었을지도 모른다. 하지만 어쨌든 손실제한주문을 이용하면, 옵션 발행을 두렵게 만드는 '무제한적 손실'에는 결코 이르지 않을 것이다.

이익 실현 영역을 정하라. 어디서 무방비 옵션을 되살지 생각해두어야 한다. 콜옵션이나 풋옵션을 발행하는 것은 고갈 자산을 파는 것이다. 기초자산이 행사가격에서 멀리 벗어났다고 해도 만기까지 여전히 시간이 있다. 옵션 가격이 완전한 바닥에 도달할 여지는 있지만 옵션은 아주 조금씩 조금씩 가치를 잃는다. 게다가 그 옵션을 매수한 사람은 시장이 자신에게 유리한 방향으로 반전을 일으킬지 모른다는 실낱같은 희망을 여전히 품고 있다. 그는 그 콜옵션 또는 풋옵션을 복권처럼 계속 쥐고 있고, 정말로 드물지만 그의 복권이 대박을 터뜨리는 경우도 없지 않다.

따라서 어떤 옵션에서 대부분의 가치를 이미 취했다면 포지션을 그대로 놔둘 필요가 어디 있겠는가? 얻을 것은 거의 없는 반면 여전히 반대 움직임의 위험에 노출되어 있는 상태다. 해당 옵션을 되사서 거래를 종료하고 이익을 남기는 것이 낫지 않겠는가?

보험용 계좌를 개설하라. 무방비 옵션 매도자는 재앙이 일어날 경우에 대비하여 보험을 들어둘 필요가 있다. 풋옵션을 발행했는데 다음날 시장 붕괴가 일어나거나 콜옵션을 발행했는데 갑자기 인수 합병 건이 터질 수도 있다. 당신은 이런 일이 일어나기를 결코 바라지 않겠지만, 오랫동안 거래를 하다 보면 결국 모든 일이 한 번쯤 일어나기 마련이다. 보험이 필요한 것은 이 때문이다. 아무도 당신을 위해 보험에 들어주지 않으므로 당신은 스스로 보험에 들어야 한다.

시장 금리부 수시입출금식 예금 상품에 가입하여 무방비 발행 옵션 포지션을 청산할 때마다 수익의 일정 부분, 예컨대 10퍼센트나 그 이상의 돈을 이 계좌에 넣어라. 계좌의 돈은 거래에 사용하지 말라. 옵션 발행을 계속하는 한 계좌의 돈을 움직이지 말고 이자를 불려나가라. 이런 보험용 계좌는 수익을 낼 때마다 계속 늘어나 앞으로 필요한 때에 재앙과도 같은 손실을 감당해줄 것이다. 아니면 옵션 발행을 그만둘 때 현금으로 찾아갈 수 있다.

옵션 발행자는 셋 중 하나의 방식으로 피해를 본다. 초보자들은 과도한 거래를 하고 너무 많은 옵션을 발행하여 자금관리 원칙을 어긴다. 중급 거래자들은 옵션이 그들에게 불리한 방향으로 움직일 때 신속하게 대응하지 않음으로 해서 피해를 입는다. 경험 많은 거래자들은 커다란 반대 움직임에 대비한 예비금이 충분하지 않을 경우 나가떨어질 수 있다. 거래 기간이 길어지면 재앙과도 같은 사건을 만날 위험은 커진다. 하지만 보험용 계좌가 전문 옵션 발행자로서 당신의 지위를 보장해줄 것이다.

읽을 만한 책 ● 모든 옵션 거래자는 로렌스 맥밀런의 『전략적 투자 대상으로서의 옵션』을 사서 교과서처럼 애독해야 한다. 대부분의 전문 거래자들은 셸던 네이턴버그Sheldon Natenberg의 『옵션 변동성과 가격 전략Option Volatility and Pricing Strategies』을 읽는다. 하비 프리덴타그Harvey Friedentag의 『옵션: 두려움 없이 투자하기Option: Investing without Fear』는 방비 발행에 관한 놀라운 시각을 제공할 것이다.

선물

선물은 평판이 너무나 좋지 않기 때문에 한 세기 전에는 몇 개 주에서 법으로 거래를 금지하려고까지 했다. 목사들은 일요일 설교에서 선물 거래를 비난했다. 특히 농업 지대에서 이런 분위기가 강했다. 하지만 아무것도 선물이 강력한 경제적 요소로 발전해가는 것을 막지는 못했다. 선물시장은 엄청난 돈을 가진 두 개의 그룹 덕분에 번창했다.

선물은 중요한 상업적 생산자와 소비자가 가격 리스크를 헤징하고 경쟁우위를 점할 수 있게 해준다. 다른 한편으로는 투기자들에게 네바다의 모든 카지노보다 더 많은 선택을 제공하는 환상적인 도박 장소를 마련해준다.

헤저와 투기자 사이에는 전문 선물 거래자가 돈과 피로 얼룩진 땅 위에 서 있다. 이들은 경제의 수레바퀴가 잘 돌아가도록 돕고 그 대가로 수수료를 받아간다. 그들의 수익이 꽤나 괜찮다는 증거는 이런 사회의 공복公僕들이 그 기술을 아들에게 그리고 이제는 심지어 딸들에게도 물려주고 있다는 사실에서 찾을 수 있다.

헤징은 현물 포지션과 반대되는 선물 포지션을 취하는 것을 의미한다. 헤징은 현물을 매수·보유하거나 미래에 그런 상품을 매수하려고 할 때 생기는 가격 리스크를 없애준다. 헤저들은 가격 리스크를 상품 투기자들에게 전가한다. 이로써 그들은 주된 사업에 몰두하고, 더 나은 소비자 가격을 제공하고, 헤징을 하지 않은 경쟁자들에 대해 장기적 경쟁 우위를 점할 수 있다.

예컨대 내 친구 두 명은 현재 모스크바에서 중개인으로 일하면서 설탕 수입업자들에게 헤징하는 법을 가르치고 있다(러시아는 소련의 해체 이후 세계 최대의 설탕 수입국이 되었다). 그들의 고객은 식품 산업의 큰손들로 러시아에 설탕이 얼마나 필요한지 최대 일 년까지 미리 알고 있다. 이제 그들은 가격이 충분히 낮으면 런던이나 뉴욕에서 설탕 선물을 매수할 수 있다. 그들은 지금으로부터 몇 개월 뒤에 기차 화물칸에 가득 담긴 설탕을 필요로 할 테지만, 그동안에는 설탕 선물만을 보유하고 있다. 그들은 현물 포지션을 취할 때 선물을 팔 계획이다. 사실상 그들은 현물에 대해서는 숏 포지션을, 선물에 대해서는 롱 포지션을 취하고 있는 셈이다. 설탕 가격이 올라 예상보다 더 많은 돈을 지불해야 한다면, 그들은 선물 포지션으로 거의 비슷한 이익을 올려 손실을 메울 것이다. 헤징을 하지 않은 그들의 경쟁자들은 사실상 동전 던지기를 하고 있다고 봐야 한다. 그들은 설탕 가격이 하락하면 싼 가격에 매수를 하여 횡재를 볼 테지만, 설탕 가격이 상승하면 거덜이 날 수도 있다. 헤징을 한 수입업자들은 시세 표시기만 쳐다보고 있는 대신 그들의 주된 사업에 전념할 수 있다.

　상품 생산업자들 또한 헤징으로 이득을 본다. 농업 관련 사업자는 이익을 보장해줄 만큼 가격이 충분히 높을 때 밀, 커피, 면화를 미리 팔 수 있다. 그들은 앞으로 거두어들일 곡물만큼 많은 선물 계약을 공매도한다. 그러면 그때부터 가격 리스크는 없어진다. 곡물 가격이 하락하면 선물에서 얻은 이익으로 현물의 손실을 벌충할 수 있고, 곡물 가격이 상승하면 선물 숏 포지션에서 손실을 보지만 현물을 팔아 손실을 보상할 수 있다. 생산자는 횡재를 얻을 기회를 포기하지만, 가격이 낮아져 생기는 리스크로부터 보호를 받을 수 있다. 생존자들은 안정 속에서 번영하는 법이다. 엑손, 코카콜라, 나비스코가 상품시장의 주요 거래자가 된 것은 이 때문이다. 헤저는 궁극적인 내부자이며, 유능한 헤징 담당 부서는 가격에 대한 일종의 보험을 제공해줄 뿐 아니라 이익 책임 단위로서 기능한다.

　투기자들은 수익의 유혹에 이끌려 시장에 들어와 리스크를 떠안는다. 내부 정보가 있음에도 불구하고 헤저들이 선물 가격을 완전히 확신하지 못하는 반면, 들뜬 외부자 무리들은 가격이 어떤 방향으로 움직일지 지레 판단하고 돈을 건다. 몇 년 전 내가 한 과학자 친구와 만찬 때 마실 포도주를 사러 주류 판매점에 들어갔을 때의 일이 생각난다. 당시는 뉴저지 주에서 교육비 조달을 위해 복권 사업을 도입하고 나서 얼마 지나지 않았던 때였다. 그때는 주류 판매점에서만 복권을 판매했는데, 카운터에 긴 줄이 서 있었다. 뉴저지에 집을 소유하고 있던 내 친구는 무슨 일인가 보더니 배를 잡고 웃었다. "이 사람들이 내 세금을 낮춰주려고 이렇게 길게 줄을 서 있는 거라구!" 선물에서 대부분의 투기자가 하는 일도 이와 별반 다르지 않다.

　투기자 중 가장 큰 두 그룹은 농부와 엔지니어다. 농부들은 상품을 생산하고, 엔지니어는 과학적 방법을 시장의 게임에 적용하고 싶어한다. 많은 소농들은 헤징을 위해 선물시장에 들어오지만 거래에 빠져들어 투기를 하기 시작한다. 자신이 어떤 일을 하고 있는지 잘 알고만 있다면 이것을 나쁘다고 할 수 없다. 하지만 얼마나 많은 농부들이 종국에 주가지수 선물을 거래하게 되는지 알고 나면 입이 다물어지지 않는다. 그들은 옥수수, 소, 대두를 거래하는 한, 펀더멘털에 대해 누구보다 잘 알고 있기 때문에 약아빠진 도시인들보다 우위에 설 수 있다. 하지만 S&P500에서 그들이 내세울 만한 점이 뭐가 있단 말인가? 나머지 사람들인 우리보다 반사신경이 빠르기라도 한 걸까? 물론 말도 안 되는 소리다!

선물과 주식 사이에는 한 가지 중대한 차이점이 있다. 이 때문에 선물은 훨씬 더 빠르고 격렬하고 자극적이며 치명적인 게임이 된다. 선물시장은 증거금 요구액이 낮다는 간단하지만 강력한 장치 덕분에 터보엔진을 단 것이다.

미국 증권법에 따르면 주식시장에서는 적어도 포지션의 절반에 해당하는 금액을 현금으로 지불해야 한다. 그래야 중개인은 나머지 절반에 대해 증거금 대출을 해줄 수 있다. 만약 계좌에 3만 달러가 있으면 6만 달러 상당의 주식을 살 수 있지만 그 이상은 불가능하다. 이 법은 1929년의 대붕괴 이후 통과되었다. 이때 사람들은 적은 증거금이 과도한 투기를 야기했고 끔찍한 주가 폭락에 적지 않은 영향을 미쳤다는 것을 깨달았다. 1929년 이전에는 투기자들은 10퍼센트 증거금으로 주식을 살 수 있었다. 따라서 상승장에서는 쾌재를 불렀지만 하락장에서는 나가떨어질 수밖에 없었다.

선물시장에서는 3~5퍼센트의 증거금이 흔하다. 여기서는 적은 돈을 갖고 크게 베팅을 할 수 있는 것이다. 3만 달러가 있다면 삼겹살이든 금이든 100만 달러 상당의 상품을 움직일 수 있다. 시장에서 1퍼센트 변동을 포착한다면 1만 달러를 벌 수 있다. 30퍼센트 이상의 수익률이다. 시장에서는 종종 이런 거래들을 볼 수 있다. 소규모 거래자들은 이런 숫자를 보고 벼락부자가 되는 비결을 알았다고 환호한다. 하지만 여기에는 한 가지 문제가 있다. 선물시장이 1퍼센트 상승하기 전에 2퍼센트 하락할 수도 있다는 것이다. 이런 움직임은 의미 없는 노이즈일지도 모르지만, 바닥에서 소규모 거래자의 자본은 거의 몽땅 날아가 버리고 중개인은 그에게 추가 증거금 납부를 요구하다가 반대 매매로 거래를 청산해버릴 것이다. 이럴 경우 장기적으로 그의 가격 예측이 정확하다고 해도 그 순간이 오기 전에 빈털터리가 되고 만다.

증권회사에서는 정확한 기록을 숨기려 하지만 선물 거래자들이 나가떨어질 확률은 90퍼센트가 넘는다. 낮은 증거금 수준이 많은 도박꾼들과 아드레날린 중독자들을 선물로 끌어들이지만 그들은 시장에 들어갔다가 금세 시체가 된다. 선물 거래를 한다고 해서 잘못된 일은 전혀 없다. 선물은 자금관리 원칙을 지키고 낮은 증거금 수준에 과도한 거래를 하지 않는 한 더없이 좋은 거래 대상이다. 하지만 그전에 무엇보다 자제심이 있어야 한다. 당신은 냉동고보다 더 차가워야 한다. 자금관리 원칙을 준수하지 못한다면 차라리 라스베이거스에 가라. 도박은 선물 거래만큼 재미있고 결과는 비슷하지만 음료가 공짜고 플로어 쇼가 훨씬 근사하기 때문이다.

엄청난 자제심과 뛰어난 자금관리 기술을 필요로 하기 때문에 선물시장은 초보자들에게는 무리다. 신참 거래자들은 느리게 움직이는 주식을 거래하면서 배우는 게 낫다. 하지만 나중에 선물로 눈을 돌릴 만한 가치가 있다는 것은 분명하다.

거래하는 법을 알고 빠르게 돈을 벌고 싶다면 당신이 가야 할 곳은 선물시장이다. 처음에는 작은 포지션을 취해 엄격한 자금관리 원칙에 따라 보호해야 한다. 하지만 시장이 유리한 방향으로 움직이고 있는 동안은 피라미딩을 할 수도 있다. 손실제한주문 가격은 손익분기점 위에서 계속 조절하고 새로운 계약을 더해가라.

  선물은 수십 종목밖에 없다. 따라서 수천 종목의 주식보다 선택하기가 더 쉽다. 단, 시간대가 맞는 시장을 선택해야 한다는 점을 명심하라. 얼마나 터무니없이 많은 사람들이, 특히 미국 이외의 지역에서 통화를 거래하고 싶어하는지 알면 누구라도 놀랄 것이다. 그들 중 통화가 온종일 돌아가는 24시간 시장이며 따라서 개인 투자자들은 수많은 불리한 점을 떠안을 수밖에 없다는 사실을 잠시라도 생각해보는 사람은 거의 없다. 당신이 통화 분석에 뛰어나 그 움직임을 정확히 예측했다 하더라도 그 움직임이 당신이 자는 동안 다른 시간대에서 발생할 가능성도 못지않게 크다. 자신의 시간대에서 거래되는, 즉 당신이 깨어 있을 때 열려 있고 자고 있을 때 닫혀 있는 시장을 선택하기 바란다.

  펀더멘털에 대해 뭔가를 알고 있는 시장에서 첫발을 떼는 것도 좋은 생각이다. 목장주나 주택 건축업자, 대출 담당자라면 소나 목재, 이자율 선물이 마땅한 출발점이 될 것이다. 이런 종목들을 거래할 여건이 된다면 말이다. 특별한 관심 대상이 없다면 당신의 선택은 오로지 당신의 거래 규모에 의해 제한된다. 상대적으로 값싼 시장에서 첫발을 떼는 것이 중요하다. 모든 시장에는 예측하기 힘든 노이즈나 갑작스러운 역추세 움직임이 상당하게 발생한다. 비싼 시장에서 마구잡이식 움직임이 일어나면 초보자들에게는 치명적인 타격이 될 수 있다.

  간단한 연습을 해보자. 우선 컴퓨터에 스프레드시트를 만들고 A열에다 관심을 갖고 있는 몇 가지 선물시장의 이름을 적어라. B열에는 각각 해당하는 가격 단위의 가치를 기록하라. 옥수수는 센트로 거래되고 1센트의 가치는 50달러다. S&P는 포인트로 거래되고 1포인트의 가치는 250달러다. 따라서 이런 가치를 B열에 써넣어야 한다. C열에는 최근의 종가를 기록하

라. 이제 D열에다 B와 C를 곱한 값을 써넣어 연습을 마치기로 한다. D열은 각각의 거래가 얼마만한 가치가 있는지 보여준다. 가장 값비싼 계약은 가장 값싼 계약보다 얼마만큼 비싼가? 5배? 10배? 20배? 30배? 계산을 해서 알아보라.

초보자들은 S&P500 선물에 끌린다. 하지만 이 비싼 시장에서 적절한 자금관리 기법을 이용할 수 있을 만큼 충분한 자금을 보유한 사람은 거의 없다. 북아메리카에서는 옥수수, 설탕, (불경기 때는) 구리가 초보자들에게 적당한 거래 대상이다. 이들을 자신이 사는 지역의 시간대에서 거래하면 많은 것을 배울 수 있을 것이다. 이들은 유동성이 크고 적당히 변동성이 있고 그다지 비싸지 않다.

347쪽에 소개한 선물 관련 책들은 매우 좋은 책들이다. 대부분의 기술적 분석 도구는 원래 선물시장용으로 개발되었고 나중에서야 주식시장에 쓰이게 되었다. 이제 주식과는 다른 선물의 몇몇 측면들을 살펴보도록 하자.

콘탱고와 역전 현상 ● 모든 선물시장의 계약은 인도월이 다양하다. 예컨대 당신은 인도월이 올해 9월이나 12월, 아니면 내년 3월인 밀을 사거나 팔 수 있다. 보통 인도월이 가까울 때보다 멀 때 가격이 더 비싸다. 이런 현상을 콘탱고contango라고 부른다.

장기 계약의 가격이 높은 것은 상품을 구입하고 보관하고 보험료를 지불하는 데 드는 유지비용 때문이다. 선물 매수자는 3퍼센트의 증거금을 내고 잔금을 지불할 필요 없이 결제일까지 계약을 마음대로 할 수 있다. 그동안 매도자는 상품을 보관하고 자금을 대고 보험료를 지불해야 한다.

인도월 간의 차이에서 생기는 가격차를 프리미엄이라고 한다. 헤저와 플로어 트레이더들은 프리미엄을 눈여겨본다. 프리미엄이 시장의 긴장도를 반영하기 때문이다. 공급이 줄어들거나 수요가 상승하면, 사람들은 인접한 달의 선물 계약을 몽땅 사들이기 시작한다. 이 때문에 먼 달의 선물 계약 프리미엄이 줄어들기 시작한다. 수요가 증가하면, 가까운 달의 선물 계약이 먼 달의 선물 계약보다 더 비싸진다. 시장에 역전 현상이 일어난 것이다! 이는 상승장을 의미하는 가장 강력한 펀더멘털 신호다. 정말로 상품 부족 현상이 있으며, 사람들이 나중에가 아니라 조금이라도 빨리 물건을 구하기 위해 추가로 돈을 지불하고 있다는 뜻이다.

경제신문의 상품 페이지를 볼 때마다 종가 열을 쭉 훑으면서 역전 현상을 찾아보라. 역전은 상승장을 나타내는 신호이다. 당신은 이제 기술적 분석을 이용하여 매수 기회를 찾아보아야 한다.

노련한 헤저는 역전 현상을 기다리지 않는다. 그들은 꾸준히 프리미엄을 모니터하고, 프리미엄이 커지느냐 작아지느냐에 따라 신호를 얻는다. 투기자들은 최근의 종가에 대해 떠들어대는 일을 하지 않지만 헤저는 당신에게 먼 달에 대한 가까운 달의 최근 프리미엄에 대해 쉽게 얘기해줄 것이다.

선물시장에서 역전 현상을 찾을 때 역전 현상이 일반적인 곳이 한 곳 있다는 사실을 염두에 두기 바란다. 이자율 선물 가격은 늘 역전되어 있다. 현물 포지션을 보유하고 있는 사람은 금융비용이나 보관비용을 지불하지 않으며 오히려 이자를 거두어들이기 때문이다.

스프레드 ● 헤저는 대개 시장의 숏 포지션 쪽을 지배하고 있으며, 대부분의 투기자는 언제나 매수 세력으로 기능한다. 플로어 트레이더는 스프레드 거래를 즐긴다. 스프레드 거래는 같은 시장에서 어떤 인도월의 계약을 사고 다른 인도월의 계약을 팔거나 한 시장에서는 롱 포지션을 취하고 관련된 다른 시장에서는 숏 포지션을 취하는 거래다.

선물은 경제의 기본 구성단위다. 사회의 일상적 기능에 필수적인 것이다. 이 경제적 필요는 상품시장과 인도월의 관계를 긴밀하게 만들어준다. 중요한 가축 사료로 쓰이는 옥수수 가격이 밀보다 빠르게 상승하기 시작하면, 목장주들은 옥수수 대신 밀을 사료로 쓰기 시작할 것이다. 그들은 더 많은 밀을 사고 옥수수의 구입을 줄일 것이다. 그러면 이 때문에 스프레드는 정상적인 수준으로 되돌아간다. 똑똑한 상품 거래자는 정상적인 스프레드 수준을 잘 알고 있다. 스프레드 거래자는 가격 이탈에 반대로, 즉 정상적인 수준으로 되돌아가는 방향으로 거래를 한다. 지금 말한 옥수수 가격이 상승하는 상황에서 스프레드 거래자들은 방향성 거래를 하지 않고 대신 옥수수를 공매도하는 동시에 밀을 매수할 것이다.

증거금 요구 수준이 낮다고 할지라도 스프레드 거래는 방향성 거래보다 훨씬 안전하다. 아마추어는 스프레드를 제대로 이해하지 못하고, 느리게 움직이지만 이런 안정적인 거래에 별 관심을 보이지 않는다. 스프레드에 관해서는 여러 책이 나와 있지만, 내가 이 글을 쓰고 있을 무렵에는 쓸 만한 책이라고는 한 권도 찾을 수 없는 형편이다. 이런 사정은 프로들이 이 영역을 독차지하고 아마추어들을 따돌리고 있다는 것을 보여준다. 단 한 권의 좋은 안내서도 없이 프로들이 큰돈을 버는 시장이 얼마간 있는 것은 사실이다. 이런 곳은 내부자들이 외부자 출입금지라는 푯말을 꽂아놓은 것과 비슷하다.

거래자들의 매매에 관한 보고서 ● 상품 선물거래위원회는 중개인들로부터 거래자의 포지션에 관한 보고서를 수집하여 대중에게 개괄적인 보고서를 발표한다. 이런 '거래자들의 매매에 관한 보고서'는 스마트 머니가 선물시장에서 어떻게 움직이고 있는지 보여주는 최상의 정보 가운데 하나다.

이 보고서는 세 그룹의 포지션을 보여준다. 헤저, 큰손(대규모 거래자),

소규모 거래자가 그들이다. 그런데 그들이 누가 누구인지 어떻게 아는가? 헤저는 스스로 자신이 어느 부류에 속하는지 중개인에게 말해준다. 낮은 증거금 비율 등의 혜택을 받을 수 있기 때문이다. 큰손들은 정부에서 규정한 '보고 의무 조건'을 초과하여 보유하고 있는 계약의 수에 따라 확인할 수밖에 없다. 헤저도 아니고 큰손도 아닌 사람은 소규모 거래자들이다.

예전에는 큰손들이 바로 스마트 머니였지만 최근 들어 시장이 더 커지고 보고 의무 조건의 계약 건수도 커지자, 대개 상품 펀드가 큰손 역할을 하게 되었다. 그런데 그들의 포지션을 이해하는 것은 보기만큼 쉽지 않다. 예컨대 거래자들의 매매에 관한 보고서는 어떤 특정한 시장에서 헤저들이 70퍼센트의 숏 포지션을 보유하고 있다는 것을 보여준다. 초보자들은 이것이 시장의 약세를 보여주는 것이라고 생각하고 그 시장을 아예 머릿속에서 지워버린다. 하지만 그들이 몰랐던 사실은 보통 헤저들이 그 시장에서 숏 포지션의 90퍼센트를 보유하고 있으며, 따라서 70퍼센트라는 숫자는 시장의 엄청난 강세를 의미한다는 사실이다.

거래자들의 매매에 관한 보고서를 받아든 현명한 분석가들은 현재의 포지션을 과거의 정상적인 수준과 비교하여 대규모 거래자들과 소규모 거래자들(많은 수가 도박꾼이거나 패배자들인)이 서로 강하게 맞서고 있는 곳을 찾는다. 한쪽이 강력한 매도세로 시장을 압박하고, 다른 한쪽 역시 강력한 매수세로 시장을 떠받치고 있다면, 당신은 어느 쪽에 가담해야 하는가? 어떤 특정한 시장에서 스마트 머니가 압도적으로 한쪽에 치우쳐 있고 다른 한쪽에는 자잘한 투기꾼들이 몰려 있다면, 이때는 기술적 분석을 활용하여 스마트 머니(헤저) 편에서 시장에 진입할 지점을 찾아야 할 순간이라 하겠다.

공급과 수요 시장 ● 선물은 상승장이든 하락장이든 공급 주도 시장과 수요 주도 시장의 두 종류로 구분된다. 공급 주도 시장은 빠르고 격렬한 특징이 있고 수요 주도 시장은 차분하고 느린 경향이 있다. 왜 그런가? 상품, 예컨대 아프리카와 남미에서 재배하는 커피의 경우를 생각해보자.

수요의 변화는 인간 본성의 보수성 때문에 천천히 찾아온다. 커피에 대한 수요는 커피가 더욱 더 인기를 끌 때만, 커피숍마다 두 번째 에스프레소 기계를 들여놓을 때만 상승할 수 있다. 수요는 커피의 인기가 시들 때만 하락할 수 있다. 경기가 나빠지거나 건강에 대한 열풍이 불 때 이런 일이 일어날 것이다. 어쨌든 수요 주도 시장은 천천히 움직인다.

이제 방대한 커피 재배 지역이 허리케인이나 서리로 큰 피해를 입었다고 하자. 그러면 갑자기 세계 커피 공급량이 10퍼센트 줄어들 것이라는 소문이 퍼지며, 가격이 천정부지로 치솟고 별로 중요치 않은 소비자들은 떨어져 나간다. 결국 가격은 수요와 공급이 균형을 이루는 지점까지 상승할 것이다. 공급 주도 시장은 변동성이 매우 크다. 아프리카의 코코아 생산 지역에 폭우가 내리거나 새로운 OPEC 정책으로 석유 생산량이 크게 줄어들거나 구리 광산 지역에서 총파업이 일어나는 상황을 한번 상상해보라. 상품 공급량이 줄어들고 더 큰 피해가 있다는 소문이 떠돌면 가격은 급등하고, 이에 따라 부족한 공급량은 자본의 여유가 있는 자들에게 한정돼 재분배된다.

모든 선물 거래자는 시장의 핵심적인 공급 요인을 계속 주시해야 한다. 예컨대 농산물 생산에 더없이 중요한 재배기와 수확기의 날씨 같은 것이다. 선물시장에서는 추세 거래자들이 공급 주도 시장을 찾는 경향이 있는 반면, 스윙 거래자들은 수요 주도 시장에서 더 나은 성적을 올리기 마련이다.

미국 곡물시장에서는 봄과 여름의 파종 및 재배기에 가격 스파이크가 만들어지곤 한다. 가뭄, 홍수, 해충들이 생산량을 위협하기 때문이다. 거래자들은 농부들이 수확 전에 세 차례 농작물 손실을 입는다고 말한다. 그러다 일단 수확기에 접어들고 공급량이 알려지면 수요가 시장을 움직인다. 수요 주도 시장은 채널폭이 좁고 이익 목표점이 멀지 않다. 따라서 계절이 변하면 채널은 다시 그려야 하고 전술도 다시 짜야 한다. 게으른 거래자들은 왜 자신의 툴이 더 이상 제대로 작동하지 않는지 의아해할 것이다. 영리한 거래자들은 계절에 맞게 새로운 툴을 꺼내들고 그때까지 썼던 도구를 내년이 오기 전까지 보관함에 넣어놓는다.

바닥과 천정 ● 선물에 대한 기본적 분석은 주식의 경우보다 훨씬 단순하다. 대부분의 분석가들은 수요 변화가 매우 느리기 때문에 공급을 모니터한다. 재배 지역은 얼마나 큰가? 비축량은 얼마나 되는가? 재배 지역의 날씨 정보는 어떤가? 펀더멘털은 모두는 아니라고 해도 대부분 상품의 바닥을 설정해준다. 또한 거의 도저히 오를 수 없는 수준으로 자연적인 천정을 잡아준다.

바닥은 생산비에 달려 있다. 금이든 설탕이든 상품의 시장가가 생산비용 수준 아래로 떨어지면 광산업자들은 채굴을 그만두고 농부는 재배를 그만둔다. 달러가 절실히 필요한 상황에 있으면서 사회적 불안을 잠재워야 하는 어떤 제3세계 국가의 정부는 자국민들에게 쓸모없는 자국 화폐로 임금을 지불하면서 세계 시장에 상품을 투매할 수도 있다. 하지만 많은 생산업자가 파산하고 사업을 접으면, 공급량은 줄어들고 가격은 새로운 생산업자를 끌어들일 때까지 계속 오를 것이다. 많은 상품들의 20년 차트를 보면 해마다 똑같은 가격 영역에서 바닥이 형성되어왔다는 것을 확인할 수 있을 것이다. 상당히 흥미롭지만, 이런 가격 수준은 인플레이션에도 변하지 않고 그대로 유지되어왔다.

천정은 대체 비용에 달려 있다. 상품의 가격이 상승하면, 주요 산업 소비자들은 상품을 대체하기 시작한다. 주된 가축 사료인 대두박大豆粕의 가격이 크게 상승하면 수요는 생선가루로 옮겨간다. 마찬가지로 설탕이 너무 비싸면 수요는 또 다른 감미료로 옮겨간다.

왜 더 많은 사람들이 이런 사실들을 바탕으로 거래하지 않는 걸까? 왜 사람들은 바닥 근처에서 사서 천정 근처에서 팔면서 이익을 내지 않는 걸까? 왜 어항 속의 물고기를 잡는 것처럼 쉬운 일을 하지 않는 걸까? 첫째, 천정과 바닥은 돌에 새겨진 것처럼 고정되어 있는 게 아니기 때문이다. 시장은 잠시 동안 이 수준을 침범하기도 한다. 또 더욱 중요한 것으로 인간의 심리는 이런 식의 거래를 꺼림칙하게 여기는 경향이 있다. 대부분의 투기자들은 고점 근처에서 시장이 들떠 있을 때 공매도를 하거나 시장이 붕괴된 뒤에 매수를 하는 것이 얼마나 어려운 일인지 곧 깨닫게 된다.

계절적 거래 ● 대부분의 상품 가격은 계절에 따라 오르락내리락한다. 예컨대 곡물은 수확기가 지나면 값이 싸진다. 공급량이 많아진 반면 수요량은 이미 정해져 있기 때문이다. 봄의 파종기는 날씨가 불확실하기 때문에 가격 스파이크가 일어날 가능성이 무척 크다. 미국 북부의 추위는 난방유 선물 시장의 상승세를 불러온다. 오렌지주스 선물은 플로리다에 서리가 내리고 있는 동안 급등하곤 했지만 남반구의 브라질에서 오렌지 생산이 증가하면서 훨씬 안정화되었다.

어떤 사람들은 계절적 거래를 하다가 달력별 거래에 빠져들기도 한다. 예컨대 데이터를 이리저리 꿰맞추어 어떤 특정한 시장에서는 3월 첫 주에 매수했다가 8월 마지막 주에 매도해야 한다고 결론 내리는 것은 기술적 분석의 오용이라 하겠다. 과거 자료에서 잘 들어맞는 신호를 찾는 것은 쉬운 일이다. 그러나 펀더멘털이나 대중 심리에서 정당한 이유를 찾을 수 없는 패턴은 시장 노이즈가 그 원인일 가능성이 크다. 계절적 거래는 해마다 되풀이되어온 가격 변동을 보고 거래를 하는 것이지만 해마다 달라지기 때문에 조심해야 한다. 그리고 계절적 거래는 반드시 기술적 분석의 필터를 통해 이루어져야 한다.

미결제 약정 ● 모든 거래소는 거래량을 보고하지만, 선물거래소는 미결제 약정open interest도 보고한다. 미결제 약정은 어떤 주어진 날 미결인 채로 남아 있는 계약의 수를 말하며 해당일의 하루 뒤에 보고된다. 주식시장에서는 해당 회사가 추가로 주식을 발행하거나 기존의 주식을 사들이지 않는 한 발행되어 있는 주식의 수가 변하지 않는다. 하지만 선물시장에서는 새로운 매수자와 새로운 매도자가 등장할 때마다 새로운 계약이 만들어진다. 이 둘 모두가 포지션을 청산하면 계약은 사라진다. 미결제 약정은 날마다 증가했다가 감소하고, 그 변화는 매수 세력과 매도 세력의 참여에 대한 중요한 단서를 제공한다.

모든 선물 계약에는 매수자와 매도자가 있고, 승자와 패자가 있다. 미결제 약정의 증가는 시장에 더 많은 승자가 생겨나고 있음을 보여준다. 그만큼 중요한 정보로, 이것은 더 많은 패자가 들어오고 있다는 뜻이기도 하다. 왜냐하면 그들이 잃은 돈이 없다면 당연히 승자도 없기 때문이다. 미결제 약정의 상승 추세는 매수 세력과 매도 세력 양쪽의 참여도가 증가하고 있다는 증거며, 추세가 계속될 가능성이 높다는 것을 가리킨다. 미결제 약정의 하락 추세는 승자들이 테이블에서 칩을 거두어가고 있으며, 패자는 손실을 받아들이고 게임에서 손을 떼고 있다는 뜻이다. 미결제 약정이 줄어드는 것은 추세가 약화되고 있다는 것을 보여주는 증거로, 당신이 그냥 있어야 할지 아니면 이익을 취해야 할지 결정하는 데 중요한 정보가 된다.

공매도 ● 현재 활발히 거래를 하고 있는 사람 가운데 1929년 주식을 거래했던 사람은 거의 없다. 그러나 그해의 주식시장 붕괴는 여전히 우리에게 영향을 미치고 있다. 정부는 상처받고 분노한 대중의 외침에 응답했다. 정부의 많은 조치 가운데는 사악한 공매도 거래자들을 뿌리 뽑으려는 시도도 있었는데 공매도 거래자들은 당시 주가 하락을 부추겼다는 비난을 받았다. 정부는 업틱룰 uptick rule을 공표했다. 업틱룰에 따르면, 주식은 직전 거래가보다 상승한 호가에서만 공매도할 수 있었다. 이제 나쁜 매도 세력은 죄 없는 주가를 수렁에 빠뜨릴 수 없게 되었다. 그들은 이제 상승 중인 주식만을 공매도할 수 있는 것이다. 그렇다면 이와 비슷하게 상승 중인 주식의 매수를 금지하고 주가가 다운틱을 기록한 때에만 매수를 허용하여 시장의 과도한 열기를 막는 것은 어떤가?

업틱룰은 대중 히스테리에 떠밀려 악법을 통과시킨 사례 가운데 하나라고 할 것이다. 이 법은 근시안적이다. 왜냐하면 하락세에서 이익 실현을 함으로써 추가적인 하락을 중단시켜줄 자들이 바로 공매도 거래자들이기 때문이다. 선물시장에는 업틱룰이 없다. 선물 거래자는 주식 거래자들보다 훨씬 더 마음 편하게 공매도 거래를 할 수 있다.

주식시장에서는 대부분의 사람들이 롱 포지션을 취하고 소수만이 숏 포지션을 취한다. 거래소는 매달 공매 총액을 발표하는데, 선물에서는 공매도 비율이 언제나 100퍼센트다. 모든 롱 포지션 계약에는 그에 해당하는 숏 포지션이 있기 때문이다. 누군가 선물 인도 계약을 매수한다면, 다른 누군가는 그에게 선물 인도 계약을 팔아야 한다. 즉 공매도를 해야 하는 것이다. 선물 거래를 한다면 편한 마음으로 공매도를 할 수 있을 것이다.

가격변동제한 ● 주식시장에는 나름대로의 회로 차단기, 즉 서킷 브레이커가 있기 때문에 선물시장에 더 이상 가격이 오르거나 내릴 수 없게 하는 가격변동제한limit move이 있다는 사실에 놀랄 사람은 별로 없을 것이다. 가격변동제한은 히스테리적 가격 급등락을 막고 사람들에게 자신의 포지션에 관해 재고할 수 있는 시간을 주기 위해 만들어졌다. 하지만 여기에는 단점도 있다. 행인을 보호하기 위한 차량 바리케이드에 행인이 부딪힐 수 있는 것처럼 거래자도 이 제한 때문에 피해를 입을 수 있다. 제한폭에 걸린 날들이 연속되면 특히 끔찍하다. 계좌가 거덜나고 있는 동안 갇혀서 나가지도 못하는 경우도 생긴다.

그런데 이에 대한 두려움은 사실 크게 과장되어 있다. 인플레이션이 일어났던 1970년대는 그런 두려움이 극에 달했지만 시장은 그 이후로 훨씬 안정되었다. 추세에 따라 거래하면 가격변동제한은 당신에게 유리하게 작용할 가능성이 훨씬 크다. 선물시장의 세계화와 함께 긴급 출구가 훨씬 더 많이 등장하게 되었다. 유능한 거래자는 필요해지기 전에 이런 출구를 미리 찾는 법을 배운다. 마지막으로, 선물 거래자는 지나치게 작은 규모로 거래하는 것이 아니라면 '보험용 계좌'를 개설하는 것을 한번 생각해보기 바란다. 무방비 옵션 발행자에게 했던 충고이기도 하다.

소액계약 ● 소액의 계좌를 갖고 있는 선물 거래자는 때때로 정규계약을 거래해야 하는지 아니면 소액계약minicontract을 거래해야 하는지 묻곤 한다. 예컨대 S&P 정규계약 한 건은 250달러에다 지수를 곱한 가격인 반면, 소액계약 한 건은 그 5분의 1 규모로, 50달러에다 지수를 곱한 가격이다. 영국 파운드화에서는 정규계약 한 건이 6만 2,500파운드이지만, 소액계약 한 건은 규모가 그 5분의 1인 1만 2,500파운드에 불과하다. 소액계약은 정규계약과 동일한 시간 동안 거래되고, 비슷한 가격 추이를 보인다.

소액계약의 유일한 장점은 리스크를 줄일 수 있다는 점이다. 그러나 수수료의 비율이 높은 것이 단점이다. 초보자들은 연습 삼아 소액계약 거래를 할 수 있지만, 정규계약이 훨씬 더 나은 거래 대상임을 알아두라.

읽을 만한 책 ● 트웰레스와 존스의 『선물 게임』은 여러 세대의 선물 거래자들에게 훌륭한 가르침을 제공했다. 최신판을 구입해서 읽어보기 바란다. 이 책은 한 12년마다 개정판이 나오는 것 같다. 토머스 A. 히에로니머스의 『선물 거래의 경제학』은 선물에 관한 가장 정통한 책일 것이다. 절판된 지 오래되었는데, 도서관에서 구해 읽어보기 바란다. L. 디 벨빌L. Dee Belveal의 『상품시장 가격 움직임의 차트 이해Charting Commodity Market Price Behavior』에서는 거래량과 미결제 약정에 관한 날카로운 분석을 볼 수 있다. 스티브 브리즈Steve Briese의 「성공을 위한 내부의 길The Inside Track to Winning」은 우리 회사에서 만든 비디오로, 거래자들의 매매에 관한 보고서를 다루고 있다.

CHAPTER 07
자금관리 원칙

당신은 돈을 벌기 위해 거래하는가 아니면 짜릿한 스릴을 맛보기 위해 거래하는가? 대답을 말로 할 필요는 없다. 그냥 당신의 거래 기록만 나에게 보여주면 된다. 기록을 제대로 해두지 않았다고? 음, 그 사실 자체가 당신의 대답이라고 할 수 있을 것이다. 만약 기록을 꾸준히 작성했다면 자본곡선의 기울기를 보고서 당신이 얼마나 진지한 거래를 했는지 알 수 있었을 것이다.

대부분의 사람들은 돈을 벌기 위해 시장에 들어오지만 곧 원래의 목적을 잊어버리고 재미를 좇기 시작한다. 거래라는 게임은 혼자서 체스를 두는 것보다 훨씬 재미있고 부와 권력에 대한 꿈을 부풀려준다. 사람들은 권태와 지루함을 피하거나 자신이 똑똑하다는 것을 과시하기 위해 거래를 한다. 여기에는 거래자들만큼이나 많은 수의 신경증적 이유가 있다. 하지만 현실적인 이유는 단 한 가지다. 재무부 채권 같은 위험 없는 투자의 수익보다 더 많은 돈을 벌기 위해서다.

성공적인 거래는 세 가지 M에 기초한다. 정신^{Mind}, 기법^{Method}, 돈^{Money}

이다. 정신은 거래 심리고, 기법은 시장 분석이며, 돈은 리스크관리를 말한다. 이 마지막 M은 성공으로 가는 궁극적인 열쇠다. 자금관리 과정의 일부로 꼭 그려야 하는 자본곡선의 기울기는 기법의 우수성 여부뿐만 아니라 정신의 상태도 반영한다.

누구든 한 차례 거래에서 아니면 심지어 여러 차례 거래에서라도 돈을 벌 수 있다. 라스베이거스의 카지노에서도 잭팟이 터지는 소리를 계속해서 들을 수 있다. 슬롯머신에서는 신나는 소음과 함께 동전이 쏟아져 나온다. 그러나 카지노에서 호텔방으로 돌아갈 때, 들고 왔던 돈보다 더 많은 돈을 들고 가는 사람은 과연 얼마나 될까? 시장에서도 마찬가지다. 거의 누구나 거래를 잘할 수 있지만 자본을 불릴 수 있는 사람은 매우 적다.

자금관리는 거래자본을 관리하는 기술이다. 어떤 사람은 예술이라고도 하고 어떤 사람은 과학이라고도 한다. 하지만 실제로는 이 둘의 조합이되 과학 쪽에 가깝다 할 것이다. 자금관리의 목적은 손실을 보는 거래에서 손실을 줄이고 이익을 보는 거래에서 이익을 최대화하여 자본을 축적하는 것이다. 파란불이 들어와 길을 건널 때에도 우리는 좌우를 둘러본다. 혹시라도 어떤 미친 운전자가 신호등을 무시하고 횡단보도를 향해 차를 돌진해올지 모르기 때문이다. 자금관리는 이렇게 좌우를 둘러보는 것과 똑같은 것이다. 가장 정교한 거래 시스템이라고 할지라도 일관된 수익을 보장하기 위해서는 자금관리가 필요하다.

나는 일전에 부자로 이루어진 성공적인 투자 매니저 팀을 만난 적이 있다. 얘기를 들어보니, 아들이 십대일 때부터 아버지가 아들에게 투자 교육을 시켰다고 했다. 주말이면 아버지는 아들을 경마장으로 데리고 가서 10달러를 주었다. 10달러는 그날의 점심값이자 베팅 머니였다. 아버지는 그날 하루를 친구들과 어울리며 보냈고, 아들은 아버지에게 와서 여러 가지를 물어볼 수는 있었지만 1달러도 돈을 더 받을 수는 없었다. 그는 어떤 말에 베팅을 할지 스스로 결정해야 했고 점심을 굶지 않기 위해서는 돈을 관리해야 했다. 이렇게 우승마를 예측하고(기술적 분석) 베팅액을 관리하고(자금관리) 최상의 확률을 기다리는(심리) 법을 배우고 난 아들이 아버지와 힘을 합쳐 헤지펀드를 관리하자 그 보상은 백만 배가 되어 돌아왔다.

뛰어난 거래 시스템은 시장에서 당신이 우위를 점할 수 있게 해줄 것이다. 기술적 조건들을 활용한다면 장기적으로 거래에 대한 긍정적인 기대를 할 수 있게 해줄 것이다. 뛰어난 거래 시스템은 장기적으로 거래에서 승리할 확률이 실패할 확률보다 더 크도록 보장해준다. 당신의 거래 시스템이 그런 일을 할 수 있다면, 당신에게는 자금관리법이 필요하다. 하지만 이런 긍정적인 기대를 가질 수 없을 때는 어떤 자금관리법도 당신을 실패로부터 구원해줄 수 없다.

예컨대 룰렛 게임에서는 부정적인 기대를 할 수밖에 없다. 룰렛 원반은 눈금이 미국의 경우 38개, 유럽의 경우 37개다. 게임에는 36개의 눈금만 쓰인다. 나머지 한 개 또는 두 개의 눈금은 도박장에서 '소유'하고 있다. 어쨌든 이렇게 되면 눈금 하나하나가 대략 룰렛 원반의 2.7퍼센트이고, 각 게임 참가자들이 게임에서 이길 확률은 그 정도에 불과하다. 시간이 가면서 게임 참가자들의 주머니는 천천히 비워진다. 마팅게일 martingale, 즉 '두 배 걸기'라는 원시적인 자금관리법이 있다. 게임 참가자들은 최소 베팅액, 보통 1달러로 게임을 시작하여 돈을 잃을 때마다 그 두 배의 돈을 건다. 따라서 이론적으로 따지면 마침내 그들이 게임에서 승리했을 때는 잃었던 모든 돈을 되찾고 1달러의 수익을 얻을 수 있다. 그러면 다시 1달러로 게임을 시작한다. 하지만 마팅게일은 실제에서는 별 효과가 없다. 카지노가 베팅 최대액을 제한하기 때문이다. 반면 블랙잭은 자제심이 강한 사람이 검증된 전략을 따르며 카드 카운팅을 할 경우 카지노보다 1~2퍼센트 혹은 그 이상의 확률로 앞설 수 있다. 여기서 유능한 카드 카운터는 애매한 경우 소액을 베팅하고 확실한 경우 베팅액을 늘릴 수 있도록 자금관리 기법을 필요로 한다.

긍정적인 기대를 할 수 있는 거래 시스템이 있다면, 이제는 자금관리 원칙을 만들어야 한다. 자금관리 원칙은 목숨처럼 지켜야 한다. 정말로 그것이 목숨이기 때문이다. 돈을 잃으면 우리는 거래자로서는 죽은 것이다.

자본의 몇 퍼센트를 잃었다면 당신은 다음번에 그보다 더 높은 비율로 돈을 따야 한다. 나는 이 점을 지적하기 위해 한때 자동차 대여점으로부터 받은 영수증을 가지고 다니곤 했다. 영수증은 70달러의 비용에 대해 10퍼센트 할인이 적용되고 10퍼센트 세금이 붙었다. 그러면 결국 얼마일까? 그대로 70달러 아니냐고 하는 사람이 있다면 그 사람은 수학 공부를 다시 해야 할 사람이다. 70달러에서 10퍼센트를 빼면 63달러이고, 이 63달러에서 10퍼센트를 더하면 69.30달러가 된다. 10퍼센트를 뺐다가 다시 10퍼센트를 더하면, 원래의 값보다 작은 값이 된다. 자본을 잃는 것은 얼음 동굴 속에 빠지는 것과 비슷하다. 들어가기는 쉽지만 빠져나오기는 힘들다. 표면이 너무 미끄럽기 때문이다. 거래자가 1만 달러 계좌에서 돈을 잃어 6,600달러가 되었다면 어떻게 될까? 그는 34퍼센트 손실을 본 것이지만, 계좌를 원금 수준으로 되돌려놓기 위해서는 50퍼센트의 수익을 올려야 한다. 자본의 3분의 1을 잃은 사람이 어떻게 50퍼센트의 수익을 올릴 수 있다는 말인가? 그는 얼음 동굴의 바닥에 쓰러져 있다. 그는 죽거나 아니면 외부의 도움으로 새 생명을 얻어야 한다. 문제의 핵심은 그가 경험으로부터 뭔가를 배울 수 있느냐 하는 것이다.

시장은 검투사의 시합장처럼 냉혹하다. 여기서 목숨은 돈으로 측정된다. 모든 사람들이 싸워서 당신으로부터 목숨을 빼앗아가려 한다. 그들은 경쟁자들, 업자들, 중개인들이다. 돈을 잃는 것은 쉽지만 버는 것은 힘들다.

자금관리에는 두 가지 목적이 있다. 생존과 번영이다. 최우선은 살아남는 것이다. 그다음에 꾸준하게 수익을 올리고, 마침내 엄청난 수익을 노려야 하는 것이다. 초보자들에게는 이런 우선순위들이 뒤집혀지는 경향이 있다. 그들은 엄청난 수익을 바라지만 장기적인 생존에 관해서는 전혀 생각하지 않는다. 생존을 최우선순위로 두면 자금관리에 관심을 집중하게 된다. 노련한 거래자들은 늘 손실을 최소화하고 자본을 축적하는 데 몰두한다.

내가 아는 가장 성공적인 투자 매니저는 결국 택시 운전사나 하게 될까 봐 두렵다고 끊임없이 말한다. 그의 공학 학위는 쓸모없는 것이 되었고, 그는 금융시장 말고는 일해본 경험이 없다. 그래서 거래자로서 실패하면 할 수 있는 일이라고는 택시 운전밖에 없다는 것이다. 사실 그는 수백만 달러를 벌어들인 부자다. 그러나 그가 여전히 온 힘을 기울여 하는 일은 손실을 피하는 일이다. 그는 내가 아는 가장 자제심 강한 사람 가운데 한 명이다.

● 계산에 능해야 한다 ●

현대 사회는 숫자 계산을 하지 않고서도 잘살 수 있게 되어 있다. 우리 대부분은 거의 계산을 하지 않고 계산기나 가전제품의 디지털 스크린을 사용하는 데 익숙해져 있다. 저녁식사에 올 손님 수를 셀 수 있거나 여섯 병들이 맥주 세트에서 두 병을 마시고 나면 몇 병이 남는지 계산할 수만 있다면 그것으로 충분하다. 특별한 계산 능력 없이도 쉽게 생활할 수 있다. 하지만 시장에서는 그렇지 않다.

거래는 숫자 놀음이다. 계산을 할 수 없다면 거래를 할 수 없다. 미적분이나 대수학을 할 필요는 없지만 기본적인 계산, 즉 덧셈, 뺄셈, 곱셈, 나눗셈에는 능해야 한다. 이외에도 확률과 분수, 신속한 계산을 위한 반올림에 익숙해야 하고, 확률의 개념에도 친숙해야 한다. 간단한 얘기처럼 들릴지 모르지만 대부분의 초보자들이 계산이 얼마나 느리고 형편없는지 알면 놀랄 것이다. 뛰어난 거래자들은 예외 없이 계산에 능하다. 그들은 리스크와 결과, 승률을 재빨리 계산할 줄 아는 실전적이고 예리한 사람들이다.

당신이 현대 교육의 소산으로 183.5에서 26.75를 빼거나 320의 15퍼센트를 계산하기 위해 계산기를 필요로 한다면 어떻게 될까? 그렇다면 훈련을 해야 한다. 스스로를 교육시켜야 하는 것이다. 한 가지 쉬운 방법은 물건을 살 때마다 잔돈을 계산하는 것이다. 일단 총액을 계산하라. 계산원에게 돈을 준 다음 잔돈으로 얼마를 받아야 하는지 계산하라. 머릿속으로 판매세를 계산하라. 계산이 필요 없는 현대 소비자 사회의 안락한 껍질을 깨고 나올 때까지 계속 연습하라. 그리고 확률 이론에 관한 유명한 책을 두세 권 읽어보기 바란다.

어렵다고? 그럴 것이다. 시간을 많이 빼앗긴다고? 물론이다. 스스로 계산하는 법을 배우는 것은 즐거운 일이 아니다. 하지만 거래의 성공을 위해서는 도움이 된다.

채널폭은 얼마인가? 손실제한주문 가격 그리고 이익 목표점과의 거리는 비율이 몇 대 몇인가? 리스크를 계좌 금액의 1퍼센트 이하로 잡고 손실제한주문을 1.25포인트 넘는 곳에 두려 할 때, 주식을 몇 주 사야 할까? 이와 비슷한 질문들이 성공적인 거래의 핵심에 자리 잡고 있다. 이런 질문에 금세 대답할 수 있는 능력은 당신에게 수많은 아마추어들에 대한 우위를 가져다줄 것이다.

● 사업상의 리스크와 손실 ●

앞서 얘기한 과일과 야채를 팔던 소상인을 기억하는가? 도매상이 새로운 외국산 과일 한 상자를 그에게 공급했다고 하자. 그는 이 과일을 팔아 돈을 벌 수 있지만, 동네 사람들이 그 과일을 좋아하지 않아 썩어 내버려야 했을 때도 기껏 한 상자이기 때문에 장사에 큰 피해를 입지는 않는다. 이것은 정상적인 사업상의 리스크다.

그런데 이제 이 과일을 아주 싼 가격으로 한 트럭분 샀다고 하자. 과일이 잘 팔린다면 금세 큰돈을 벌 수 있다. 하지만 한 트럭분의 과일이 그대로 썩어 나간다면, 사업이 큰 타격을 입고 그 자신의 생존마저 위협을 받을 것이다. 한 상자는 받아들일 만한 리스크이지만 한 트럭분은 끔찍한 리스크다. 사업상의 리스크와 손실은 계좌 금액과 비교했을 때 상대적 규모에서 차이가 난다.

사업상의 리스크는 당신을 정상적인 자본 변동에 노출시키지만, 손실은 생존과 번영을 위협한다. 당신은 이 둘 사이에 선을 긋고 절대 넘지 말아야 한다. 이런 선을 긋는 것이 자금관리의 핵심적인 작업이다.

주식을 사고 그 아래에 손실제한주문을 해둘 때마다 당신은 주당 리스크를 제한하는 것이다. 자금관리 원칙은 어떤 한 거래의 총 리스크를 제한하며, 계좌 금액의 일부만을 리스크로 허용한다. 주당 혹은 계약 건당 리스크뿐만 아니라 거래당 최대 허용 리스크를 알고 있으면, 얼마나 많은 주식이나 선물 계약을 거래할지 계산하는 것은 단순히 산수 문제에 지나지 않는다.

자금관리 원칙은 생존과 성공에 필요 불가결하다. 이를 준수할 만큼 자제심이 강한 사람은 사실 지극히 적다. 책을 읽을 때 그렇게 하겠다고 마음먹는 것은 쉽다. 하지만 일단 스크린 앞에 서면 달라진다. "이번은 다르다구. 이 돈은 그냥 여윳돈이니까 이번 거래에는 좀더 숨 쉴 여유를 가져볼까?" 시장은 거래자들을 유혹하여 원칙을 깨뜨리게 만든다. 당신은 당신이 정한 원칙을 지킬 자신이 있는가?

나는 최근에 투자 시장 심리에 관한 매니저들의 토론회에서 사회자 역할을 맡은 적이 있다. 토론 참가자 중 한 명은 거의 10억 달러를 관리하고 있었다. 중년의 그는 대학을 졸업하고 나서 해군 컨설팅 회사에 다니면서 20대 때 처음으로 거래에 뛰어들었다. 나날의 일이 지겨워진 그는 본격적으로 주식 거래를 해볼 요량으로 거래 시스템을 만들었다. 하지만 돈이 충분치 않았다. 거래를 시작하려면 자본이 최소 20만 달러는 필요했다. 그는 이렇게 말했다. "나는 다른 사람들에게 가서 돈을 빌려달라고 했습니다. 사람들에게 내가 무슨 일을 하려는지 설명하자 돈을 주었고, 나는 내가 설계한 거래 시스템을 철저히 따랐습니다. 거래 시스템을 지키지 않는 것은 돈을 빌려온 나로서는 비양심적인 행동처럼 생각되었기 때문이죠. 내가 돈이 없었던 게 나에게는 어느 정도 이로웠던 셈입니다." 가난과 성실에 관한 얘기다.

거래를 하고 싶다면 리스크를 받아들여야 한다. 푼돈에 너무 집착하면 주문을 내기 힘들어진다. 하지만 리스크는 받아들이더라도 손실은 받아들여서는 안 된다. 그렇다면 손실은 어떻게 정의되는가?

손실은 일정한 비율을 넘는 피해다: 2퍼센트 원칙과 6퍼센트 원칙

시장은 거래자들을 이런저런 방식으로 죽일 수 있다. 만약 자본이 목숨과 같다면 시장은 마치 상어처럼 한 차례 물어뜯는 것만으로도 거래자의 목숨을 빼앗아갈 수 있다. 재앙과도 같은 손실을 입으면 거래자는 사실상 게임에서 물러날 수밖에 없다. 피라니아떼처럼 여기저기를 물어뜯어 죽일 수도 있다. 치명적인 한 방은 없다고 해도 손실이 거듭되면서 결국 뼛속까지 피해를 입고 나가떨어지는 것이다. 앞으로 설명할 두 가지 자금관리 원칙은 상어와 피라니아떼로부터 당신의 목숨을 보호하기 위해 고안된 것이다.

● 치명적 손실을 피하기 위한 2퍼센트 원칙 ●

끔찍한 손실들은 눈엣가시처럼 보기 싫지만 머릿속에서 없애버리기가 쉽지 않다. 기록을 검토하는 거래자는 대개 단 한 차례의 커다란 손실이나 몇 차례의 연속된 미숙한 손실들이 피해의 큰 부분을 차지한다는 것을 발견할 것이다. 좀더 일찍 손절매를 할 수 있었다면 계좌 잔액은 훨씬 더 컸을 것이다. 거래자들은 이익을 꿈꾸지만, 거래에서 손실이 나면 헤드라이트 앞에 멈춰 선 사슴처럼 그 자리에 얼어붙어 꼼짝도 하지 않는다. 그들에게는 시장이 방향을 바꾸기를 기다리며 기도하는 대신 그 자리에서 당장 뛰쳐나와야 할 때를 알려줄 일련의 원칙이 필요하다.

아무리 뛰어나다고 하더라도 시장 분석만으로는 승자가 될 수 없다. 좋은 거래 기회를 찾는 능력이나 깊이 있는 조사와 연구도 성공을 보장하지 못한다. 치명적 손실로부터 스스로를 보호하지 않는 한 모두 마찬가지다. 나는 20차례, 30차례, 심지어 50차례 연속적인 거래에서 수익을 냈지만 결국 모든 돈을 잃고 만 거래자들을 많이 보았다. 거래에서 계속 돈을 따고 있을 때는 게임의 법칙을 완벽하게 터득했다고 생각하기 쉽다. 하지만 그다음 재앙과도 같은 치명적 손실이 발생하면 수익을 모두 까먹고 자본까지 피해를 입는다. 당신에게는 이처럼 상어의 한입과도 같은 큰 손실을 막아줄 뛰어난 자금관리 원칙이 필요하다.

뛰어난 거래 시스템은 당신에게 우위를 가져다주겠지만 시장은 무작위성에 크게 지배된다. 매번의 거래는 동전 던지기와도 비슷하다. 유능한 거래자는 연말에 가면 수익이 날 것이라고 스스로 예상하겠지만, 다음번 거래에서 수익을 낼 것 같으냐는 질문을 받으면 솔직히 모른다고 대답할 것이다. 이런 사람은 손실제한주문을 이용하여 손실이 난 거래로 인해 자본에 큰 피해가 가지 않도록 한다.

 기술적 분석은 어디에다 손실제한주문을 해두어야 하는지, 즉 주당 손실을 얼마까지로 제한해야 하는지 결정하는 데 도움을 준다. 그리고 자금관리 원칙은 계좌의 자본 전체를 보호하는 데 도움을 준다. 그중 가장 중요한 원칙은 어떤 거래든 손실을 계좌 총액의 일부로 한정해야 한다는 것이다.

어떤 거래든 손실을 거래 계좌에 있는 자본의 2퍼센트로 제한하라

 2퍼센트 원칙은 거래 계좌의 총액만을 두고 하는 말이다. 저축해놓은 돈이나 집에 투자한 돈, 퇴직계좌나 크리스마스용 정기적금에 들어 있는 돈은 포함되지 않는다. 거래자본은 거래를 위해서만 쓰기로 한 돈이다. 이 돈은 진정한 리스크 자본이며, 거래를 위한 자본이다. 여기에는 계좌의 현금과 현금 등가물 외에 모든 보유 포지션의 시장가 총액이 포함되어 있다. 당신의 거래 시스템이 돈을 벌어다주는 동안, 2퍼센트 원칙은 불가피한 피해에서 당신의 생존을 보장해줄 것이다.

 당신이 5만 달러 계좌로 거래를 한다고 하자. 당신은 현재 20달러에 거래되는 XYZ라는 주식을 매수하고 싶어한다. 이익 목표점은 26달러이고, 손실제한주문은 18달러에 해둔다고 하자. 그렇다면 XYZ 주식은 몇 주 사야 할까? 5만 달러의 2퍼센트, 즉 1,000달러가 당신이 감수할 수 있는 최대 리스크다. 20달러에 주식을 매수하고 18달러에 손실제한주문을 한다는 것은 주당 2달러의 리스크를 감수한다는 뜻이다. 따라서 최대 허용 리스크를 주당 리스크로 나누면 얼마나 많은 주식을 살 수 있는지 답을 얻을 수 있다. 1,000달러를 2달러로 나누면 답은 500주다. 이론적으로 이것이 최대치다. 하지만 실제적으로는 이보다 적어야 한다. 왜냐하면 수수료를 지불하고 체결오차가 생길 때를 대비해야 하기 때문이다. 이 모든 것이 자본의 2퍼센트 손실 제한 아래 묶여 있어야 한다. 따라서 이번 경우는 500주가 아니라 400주가 상한선이 되어야 한다.

사람들마다 이 2퍼센트 원칙에 대해 각기 다른 반응을 보인다. 초보자들은 이 숫자가 너무 작다고 생각한다. 최근의 어떤 컨퍼런스에서 누군가가 소액 계좌에서는 이 2퍼센트 제한이 상향될 수 있는 것 아니냐고 내게 물었다. 나는 번지 점프를 처음 한다고 해서 끈을 늘릴 거냐고 반문해주었다. 생존이라는 문제의 절박함에 대해 뜨끔하게 말해주고 싶어서다.

반면 전문가들은 대개 2퍼센트 손실은 너무 크며 자신은 리스크를 그보다 줄이려고 노력한다고 말한다. 큰 성공을 거둔 한 헤지펀드 매니저는 최근 나한테 '앞으로 6개월 동안 거래 규모를 늘릴 계획'이라고 말했다. 그는 거래 건당 자본의 0.5퍼센트 이상 리스크를 부담한 적이 없었다. 그런데 앞으로는 무려 자본의 1퍼센트를 리스크로 삼겠다고 한 것이다! 뛰어난 거래자는 대개 2퍼센트보다 적은 손실 제한을 둔다. 아마추어와 프로들의 이 논쟁에서 어느 쪽을 선택해야 하는지는 당신도 잘 알 것이다. 리스크를 2퍼센트 아래로 하도록 노력하라. 2퍼센트는 정말로 최대 손실 수준을 말하는 것이다.

잠재적 거래를 조사할 때마다 최소 거래 단위나 어떤 한 건의 계약에 대한 논리적인 손실제한주문 가격이 2퍼센트 원칙에 부합되는지 체크하라. 그보다 더 많은 돈을 리스크로 부담해야 하는 경우라면 그 거래는 포기하라.

각 달의 첫째 날 계좌의 총액을 확인하라. 계좌에 원래 10만 달러가 있었다면, 2퍼센트 원칙을 적용할 경우 거래의 최대 허용 리스크는 2,000달러가 될 것이다. 만약 성적이 괜찮은 한 달을 보내고서 자본이 10만 5,000달러로 상승했다면, 2퍼센트 원칙에 따른 다음 달의 거래당 최대 허용 리스크는 얼마가 될까? 빨리 대답해보라! 뛰어난 거래자는 계산을 빨리 할 줄 알아야 한다! 계좌에 10만 5,000달러가 있다면 2퍼센트 원칙에 따를 경우 리스크는 최대 2,100달러이다. 따라서 좀더 큰 규모로 거래를 할 수 있을 것이다. 반면 한 달 동안 성적이 시원치 않아 자본이 9만 5,000달러로 감소했다면, 다음 달에 거래당 최대 허용 리스크는 1,900달러가 된다. 2퍼센트 원칙은 성적이 괜찮을 때는 거래를 확대하게 하고 성적이 나쁠 때는 거래를 줄이게 한다. 거래 규모와 당신의 성적을 연결시켜주는 고리 역할을 하는 것이다. 예컨대 주식을 거래하는 계좌가 따로 있고 선물을 거래하는 계좌가 따로 있는 것처럼, 거래 계좌가 여럿인 경우는 어떻게 할까? 그런 경우는 각 거래 계좌에 따로따로 2퍼센트 원칙을 적용하라.

선물: 거래에 적합한 시장들

토끼와 거북이가 각각 5만 달러 계좌를 갖고 두 개의 선물시장, 즉 S&P500과 옥수수시장에서 거래를 한다고 하자. 민첩한 토끼는 S&P500의 일별 평균 거래 범위가 대략 5포인트라는 것을 알아냈다. S&P500은 1포인트가 250달러다. 옥수수의 일별 거래 범위는 약 5센트다. 여기서 1센트는 50달러다. 토끼는 S&P500의 경우 일별 거래 범위의 절반만 수익으로 잡아도 금세 계약 건당 500달러 이상을 버는 데 반해 거래를 똑같이 잘해도 옥수수 선물에서는 100달러 조금 넘는 돈을 벌 수 있을 뿐이라는 것을 깨달았다. 그래서 토끼는 중개인에게 전화를 걸어 S&P500 계약 두 건을 매수했다.

반면 조심스러운 거북이는 계산법이 달랐다. 그는 우선 계좌 금액에서 최대 허용 리스크를 2퍼센트, 즉 1,000달러로 정해두었다. 하루에 1,000달러 이상 움직이는 S&P를 소액 계좌로 거래하는 것은 짧은 꼬리를 붙잡고 호랑이를 제압하려는 것처럼 무모한 일이었다. 반면 옥수수를 거래하면, 훨씬 더 오랫동안 버틸 수 있는 힘을 얻을 수 있었다. 여기서 그가 잡을 호랑이는 덩치가 훨씬 작고 꼬리도 팔목에 감을 수 있을 정도로 길었다. 거북이는 옥수수 선물 계약을 매수했다. 그렇다면 토끼와 거북이 중 누가 이길 확률이 높을까?

어떤 선물시장을 거래하고 또 거래하지 말아야 하는지 알려면, 최근의 시장 노이즈 수준과 자신의 자본을 비교해보아야 한다. 우선 계좌 총액의 2퍼센트를 계산해보자. 그리고 나서 시장 노이즈를 안전영역 지표로 측정한 다음, 그 22일 이동평균을 구하고, 이를 금액으로 환산하라. 평균 시장 노이즈 수준이 자본의 1퍼센트를 넘는 시장은 거래해서는 안 된다. 이 원칙을 따르면 안심하고 손실제한주문을 할 수 있는 상대적으로 안정된 시장에서 거래를 할 수 있을 것이다. 왜 2퍼센트가 아니고 1퍼센트인가? 2퍼센트 손실제한주문을 낼 때 평균 시장 노이즈 수준을 충분히 벗어날 수 있어야 하기 때문이다.

표 7.1의 스프레드시트에 있는 첫 번째 열은 선물시장의 이름이다. 두 번째 열은 계약 단위의 가치이고, 세 번째 열은 현재의 안전영역 값이며, 네 번째 열은 안전영역 값에 계수 2를 적용한 값이다. 다섯 번째 열은 계좌 총액의 2퍼센트 가격인데, 이번 경우 계좌 총액은 3만 달러다. 마지막 열은 안전영역에 2를 곱한 값과 계좌 총액의 2퍼센트를 비교한 것이다. 만약 계좌 총액×2퍼센트가 2×안전영역 값보다 크면, 이 시장은 거래에 적합한 시장이다.

표 7.1의 값들은 이 글을 쓰고 있을 무렵을 기준으로 했다. 이 값들은 달마다 갱신해야 한다. 변동성이 변하고 그에 따라 안전영역도 바뀌기 때문

표 7.1 거래에 적합한 시장들

Table 7.1 OK to Trade Spreadsheet

선물	단위의 가치	안전영역	안전영역에 계수 2 적용	3만 달러의 2퍼센트	거래의 적합 여부
채권	$1,000	0.33	$660	$600	No
유로 달러	$2,500	0.09	$450	$600	Yes
S&P	$250	10.00	$5,000	$600	No
스위스 프랑	$1,250	0.40	$1,000	$600	No
일본 엔	$1,250	0.38	$950	$600	No
독일 마르크	$1,250	0.26	$650	$600	No
캐나다 달러	$1,000	0.21	$420	$600	Yes
설탕	$1,120	0.11	$246	$600	Yes
면화	$500	0.63	$630	$600	No
커피	$375	1.70	$1,275	$600	No
코코아	$10	24.00	$480	$600	Yes
무연 가솔린	$420	1.84	$1,546	$600	No
난방유	$420	2.11	$1,772	$600	No
원유	$420	0.76	$638	$600	No
은	$5,000	0.09	$900	$600	No
금	$100	1.80	$360	$600	Yes
구리	$250	1.05	$525	$600	Yes
밀	$50	2.60	$260	$600	Yes
옥수수	$50	2.50	$250	$600	Yes
콩	$50	6.50	$650	$600	No
콩기름	$600	0.30	$360	$600	Yes
콩가루	$100	2.60	$520	$600	Yes

이다. 거래소는 때때로 계약을 고치고 단위 가격을 바꾼다. 이 표는 하나의 예에 불과하다. 당신 스스로 표를 작성하여 현재 값을 기록하고 어떤 시장이 거래에 적합하며 어떤 시장이 적합하지 않은지 알아보기 바란다.

어떤 시장들은 거래하기가 아직 벅찰 수 있지만 그렇더라도 시장 기록을 다운로드하여 조사·분석하고 진짜 돈으로 하는 것처럼 모의 거래를 해보는 것도 좋은 방법이다. 그러면 언젠가 당신의 계좌에 충분한 자금이 모이거나 당신이 뛰어들 수 있을 만큼 시장이 가라앉을 때를 미리 준비할 수 있을 것이다.

● 연속적인 손실을 피하기 위한 6퍼센트 원칙 ●

나는 한때 기관 거래자들이 그룹으로서 개인 거래자들보다 훨씬 더 뛰어난 성적을 올리는 것을 놀라워했다. 평균적인 개인 거래자는 쉰 살의 기혼남이다. 그들은 대학 교육을 받았고, 대개 사업체를 소유하거나 전문직에 종사한다. 당신은 이처럼 신중하고 컴퓨터에도 능하며 늘 책을 읽는 개인들이 대학 때 실컷 놀고 사회에 진출한 이후로 책은 한 권도 읽지 않은, 트레이딩 훈련조차 제대로 되어 있지 않은 스물다섯 살의 시끄러운 젊은이들보다 주식 거래를 훨씬 더 잘 할 것이라고 생각할지 모르겠다. 하지만 사실은 그렇지 않다. 대부분의 개인 거래자들의 수명이 몇 달에 불과한 반면, 기관 거래자들은 해를 거듭하여 계속 회사에 돈을 벌어다준다. 그들의 빠른 반사신경 덕분일까? 그렇지 않다. 왜냐하면 젊은 개인 거래자도 나이 든 개인 거래자만큼이나 금세 시장에서 털리고 말기 때문이다. 훈련 덕분에 기관 거래자들이 나은 것도 아니다. 대부분의 회사들은 훈련을 제대로 시키지도 않는다.

많은 수익을 내는 기관 거래자들은 때때로 자기 회사를 차리기로 결심한다. 그래서 회사를 그만두고, 똑같은 장비를 임대하고, 똑같은 거래 시스템으로 거래를 한다. 그리고 결국 망한다. 몇 개월 뒤면 대부분의 사람들은 헤드헌터의 사무실을 기웃거리며 다시 일자리를 찾는 신세가 된다. 그들이 회사를 위해 일할 때는 수익을 내면서 자기 자신을 위해 일할 때는 손실을 보는 이유는 무엇인가?

기관 거래자가 회사를 그만두면 그는 그의 규율과 리스크관리를 담당하는 매니저와도 헤어져야 한다. 매니저는 각 거래자의 거래당 최대 리스크를 지정한다. 2퍼센트의 손실 원칙이 개인 투자자들의 거래에서 하는 것과 비슷한 역할을 한다. 회사는 거대한 자금을 운용하고, 리스크 제한액은 금액상으로는 훨씬 크지만 비율로 따지면 무척 낮다. 이 제한을 어긴 거래자는 어쨌든 해고를 당한다. 개인 거래자는 2퍼센트 원칙을 어겨도 숨길 수 있지만 매니저는 거래자들을 매처럼 감시한다. 개인 거래자는 주문 확인서를 빈 구두 상자에 집어넣을 수 있지만 트레이딩 매니저는 충동적인 성향의 직원들을 즉시 잘라버린다. 매니저는 많은 개인 계좌들을 빈 깡통으로 만들어버릴 재앙과도 같은 손실에서 기관 거래자들을 구해내는 역할을 한다.

이외에도 트레이딩 매니저는 각 거래자에게 허용되는 월별 손실 한도액을 설정한다. 어떤 직원이 그 수준에까지 이르렀다면, 그달의 나머지 날들은 거래 권한이 정지된다. 우리 모두에게는 주기가 있다. 어떤 때는 시장 흐름을 잘 타서 그가 만지는 모든 것이 금으로 바뀌지만, 또 어떤 때는 시장 흐름과 맞지 않아 그가 만지는 모든 것이 돌로 변해버리고 만다. 당신은 스스로 컨디션이 최고라고 생각할지 모르지만 계속 돈을 잃는다면 당신의 컨디션이 좋지 않다는 것을 말해주는 것이다.

대부분의 개인 거래자들은 연속적으로 돈을 잃으면 똑같은 방식으로 계속 거래를 하여 난관을 헤쳐나가려 한다. 패자들은 성공적인 거래가 눈앞에 다가왔으며 곧 운이 되살아날 것이라고 생각한다. 그는 더 많은 거래에 돈을 쏟아붓고 거래 규모를 늘린다. 그러면서 스스로를 점점 더 깊은 얼음 구멍 속으로 빠뜨리는 것이다. 이때는 거래 규모를 줄여야 하며, 그다음에는 아예 거래를 그만두고 나서 거래 시스템을 재검토하는 게 현명한 일이다. 트레이딩 매니저는 월별 손실 한도액에 도달한 거래자들에게는 거래 중지를 강요하여 억지로 연속된 손실을 중단시킨다. 한번 상상해보라. 당신은 주위의 동료들이 열심히 트레이딩을 하고 있는 사무실에 앉아 있다. 그런데 당신은 연필이나 깎고 샌드위치나 사러 나가면서 빈둥거린다. 얼마나 괴로운 일인가? 거래자들은 이런 상황을 피하기 위해 전력을 쏟는다. 이런 사회적 압력이 거래 손실을 피하기 위한 강력한 동인이 되는 것이다.

예전에 런던의 어떤 거래 부서에서 매니저로 일했던 내 친구 한 명은 자신의 팀원으로 매우 유능한 여성 트레이더 한 명을 두고 있었다. 그런데 그녀가 거래에서 연속적으로 손실을 입어 그달 중순에 이미 손실 한도액에 매우 가깝게 다가가 있었다. 내 친구는 그녀의 거래 권한을 정지시켜야 한다는 것을 알았지만 몹시 예민한 그녀에게 상처를 주고 싶지 않았다. 그래서 워싱턴 시에서 재무관리 코스를 찾아내 그달의 나머지 기간 동안 그녀를 그곳에 보냈다. 대부분의 매니저들은 이 정도로 관대하지 않다. 어쨌거나 매니저가 관대하든 엄격하든 상관없이 월별 손실 한도액은 거래자들을 피라니아 떼의 공격으로부터 구해준다. 작은 손실이라도 계속적으로 이어지면 재앙이 될 수 있다.

피라니아는 열대지방의 강에 사는 물고기다. 몸집이 사람 손보다 크지 않지만 날카로운 이빨을 가졌다. 겉보기로는 위험할 것 같지 않지만 개나 사람이나 원숭이가 열대지방의 강에 빠지면 피라니아떼가 달려들어 정신없이 물어뜯어, 몇 분 뒤면 뼈만 남긴다. 거래자는 2퍼센트 원칙으로 상어의 한 방으로부터 자신을 보호해야 하지만, 피라니아떼의 공격도 피해야 한다. 6퍼센트 원칙은 연속된 작은 피해로 인해 죽음을 맞는 일을 피하도록 해줄 것이다.

계좌 총액이 지난달 말보다 6퍼센트 이상 감소하면 그달의 나머지 기간 동안 거래를 중단하라

계좌의 현금, 현금 등가물, 모든 보유 포지션의 현재 시장가를 비롯하여 모든 자본을 날마다 확인하라. 자본이 지난달의 마지막 날 기록했던 지점에서 6퍼센트 이상 감소했다면 거래를 중단하라. 보유 중인 모든 포지션을 처분하고 그달의 나머지 기간은 시장 바깥으로 나와 있으라. 하지만 시장을 계속 모니터하고, 관심이 있는 주식과 지표를 추적하고, 원한다면 모의 거래를 계속해야 한다. 당신의 거래 시스템을 재검토하라. 연속된 손실은 어쩌다 생긴 일인가, 아니면 당신의 거래 시스템에 내재하던 결함이 노출된 것인가?

기관을 떠난 사람들은 거래하는 법을 알고 있지만, 문제는 그들의 자제심이 내부에서 온 것이 아니라 외부에서 온 것이라는 데 있다. 그들은 그들의 매니저가 없으면 쉽게 돈을 잃는다. 개인 거래자에게는 매니저가 없다. 당신에게 어떤 규율을 부과할 원칙이 필요한 것은 이런 이유에서다. 2퍼센트 원칙이 치명적인 한 방의 손실에서 당신을 구해주는 장치라면, 6퍼센트 원칙은 연속된 손실에서 당신을 구해줄 것이다. 6퍼센트 원칙은 당신에게 대부분의 사람들이 스스로 할 수 없는 일을 하도록 강요할 것이다. 바로 연속된 손실을 끊는 일이다.

2퍼센트 원칙과 함께 6퍼센트 원칙을 이용하는 것은 자신만의 트레이딩 매니저를 두는 것과 똑같다. 이 두 가지 원칙을 이용한 거래를 예로 들어보자. 우선 어떤 거래든 리스크를 자본의 2퍼센트로 한다고 하자(사실 여기서는 단순화를 위해 리스크를 2퍼센트로 잡은 것이다. 현실에서는 좀더 줄이도록 노력해야 한다).

– 어떤 달 말, 한 거래자가 자신의 자본을 확인하여 현금 10만 달러 외에 보

유 포지션이 아무것도 없는 것을 알았다. 그는 한 달의 최대 허용 리스크 수준을 거래당 2퍼센트, 즉 2,000달러로 정했고, 계좌 총액에 대해서는 6퍼센트, 즉 6,000달러로 정했다.

- 며칠 뒤 매우 매력적인 주식 A가 눈에 띄었다. 그는 어디에 손실제한주문을 해둘지 생각한 다음 리스크를 자본의 2퍼센트, 즉 2,000달러로 정해 주식을 매수했다.
- 다시 며칠 뒤 그는 주식 B를 보고 비슷한 거래를 했다. 리스크는 역시 2,000달러로 제한했다.
- 그 주말 그는 주식 C를 매수했다. 최대 리스크는 역시 2,000달러였다.
- 다음 주 그는 주식 D를 보았다. 주식 D는 그가 매수한 다른 주식들보다 더 매력적이었다. 그는 주식 D를 매수해야 할까?

  : 아니다. 계좌 총액이 이미 6퍼센트 리스크에 노출되어 있기 때문에 안 된다. 그는 세 개의 계약을 보유 중이고, 각각의 리스크는 자본의 2퍼센트다. 만약 시장 흐름이 그의 예상을 빗나간다면 자본의 6퍼센트를 잃을 수도 있다. 6퍼센트 원칙에 따르면 그는 이때 더 이상의 리스크를 부담해서는 안 된다.

- 며칠 뒤 주식 A가 상승했고 그는 손실제한주문 가격을 손익분기점 위로 조정했다. 며칠 전에 거래가 허용되지 않았던 주식 D는 여전히 매력적으로 보였다. 그는 이제 주식 D를 매수해도 될까?

  : 그렇다. 그렇게 해도 된다. 현재의 리스크가 계좌 총액의 4퍼센트에 불과하기 때문이다. 주식 B에서 2퍼센트, 주식 C에서 2퍼센트, 그러나 주식 A에서는 리스크가 없다. 주식 A의 손실제한주문 가격이 손익분기점을 넘어섰기 때문이다. 그는 주식 D를 매수하고, 자본의 2퍼센트, 즉 2,000달러의 리스크를 떠안았다.

- 그 주 후반에 그는 주식 E를 보았다. 주식 E는 강력한 상승세에 있는 것 같았다. 그는 주식 E를 매수해도 될까?

  : 6퍼센트 원칙에 따르면 그래서는 안 된다. 주식 B, C, D로 인해 계좌 총액이 이미 6퍼센트 리스크에 노출되어 있기 때문이다(주식 A에서는 자본이 침식당할 위험이 사라진 상태다). 주식 E는 포기해야 한다.

- 며칠 뒤 주식 B가 하락하여 손실제한주문에 걸렸다. 주식 E는 여전히 매력적으로 보였다. 그는 주식 E를 매수해도 될까?

  : 안 된다. 그는 이미 주식 B로 인해 2퍼센트 손실을 입었고, 주식 C와 D로 인해 4퍼센트가 리스크에 노출되어 있기 때문이다. 이때 또 다른 포지션을 추가하면 리스크가 한 달의 6퍼센트를 넘어설 수 있다.

6퍼센트 원칙은 피라니아떼로부터 당신을 보호해줄 것이다. 피라니아떼들이 물어뜯기 시작하면 물 밖으로 나오라. 그 역겨운 물고기들이 당신을 죽음으로 몰고 가도록 놔두지 말라. 리스크가 거래당 2퍼센트 아래라면 보유하고 있는 포지션이 셋이 넘을 수도 있다. 리스크가 계좌 총액의 1퍼센트밖에 안 된다면, 6퍼센트 리스크 한도를 넘지 않는 선에서 여섯 개의 포지션을 보유할 수도 있다. 6퍼센트 원칙은 당신의 자본을 보호해줄 것이다. 리스크 비율은 전달의 마지막 날 총액에 근거하여 계산하고, 이번 달 얻은 수익은 고려 대상으로 삼지 않는다.

한 달간 큰 수익이 났다면 손실제한주문 가격과 거래 규모를 다시 정해, 어떤 거래든 늘어난 계좌 총액의 2퍼센트가 넘게 리스크에 노출되는 일이 없도록 하고 모든 거래를 합하여 계좌 총액의 6퍼센트가 넘게 리스크에 노출되지 않도록 하라. 당신이 잘해나간다면 매달 말에는 계좌 총액이 증가할 것이고, 그러면 그다음 달에는 더 큰 규모로 거래를 할 수 있을 것이다.

만약 잘해나가지 못한다면 계좌 총액은 줄어들고 다음 달의 거래 규모도 줄어들 것이다.

6퍼센트 원칙은 거래에서 계속 수익을 내고 있을 때는 거래 규모를 늘리게 하고, 연속적으로 손실을 볼 때는 조기에 거래를 그만두게 한다. 시장이 당신에게 유리한 방향으로 움직이면, 손실제한주문 가격을 손익분기점 위로 올리고 더 많은 포지션을 취하라. 주식이든 선물이든 예상을 빗나가 손실제한주문 가격에 걸리면 그달의 최대 허용 한도를 잃을 테지만, 계좌에는 다음 달에 거래를 계속할 만한 충분한 돈이 남아 있을 것이다.

2퍼센트 원칙과 6퍼센트 원칙은 피라미딩에 대한 지침을 제공한다. 어떤 주식을 매수하여 그 주식의 가격이 오르면 당신은 손실제한주문 가격을 손익분기점 위로 조정하고 그 주식을 추가로 매수할 수 있다. 단, 새로운 포지션에 대한 리스크는 계좌 총액의 2퍼센트를 넘지 않아야 하고 계좌 총액의 리스크는 6퍼센트 이하가 되어야 한다. 각각의 추가 매수는 개별적인 거래로 간주해야 한다.

대부분의 거래자들은 감정적 변동을 겪는다. 주가가 올라가면 환희에 차고 주가가 내려가면 침울해진다. 당신이 자제심이 강한 거래자가 되기를 바란다면 2퍼센트 원칙과 6퍼센트 원칙을 고수하라. 당신의 바람을 보다 안전한 거래라는 현실로 바꾸어줄 것이다.

● 포지션 규모 ●

몇 년 전 어떤 지역 증권 거래 회사의 소유주가 나에게 거래자들을 위한 심리 훈련 그룹을 운영해달라고 부탁해왔다. 그들은 정신과 의사가 온다는 애기를 듣고 충격을 받아 자신들이 '미치지 않았다'고 항변했다. 매니저가 실적이 가장 나쁜 거래자들에게 참가를 지시한 후에야 그룹이 꾸려질 수 있었다. 일단 우리가 모임을 갖고 심리와 자금관리 문제를 집중적으로 다루기 시작하자 6주 뒤에는 대기자 명단까지 만들어야 하는 사정에 이르렀다.

그 회사는 독점적인 데이 트레이딩 시스템을 사용하고 있었다. 시스템은 성능이 매우 뛰어나 두 명의 최상위 거래자는 달마다 백만 달러 이상을 벌어들이고 있었다. 하지만 다른 사람들이 똑같은 시스템을 사용하여 올리는 수익은 그보다 작았고 상당수는 돈을 잃기도 했다.

초기 모임 때 한 거래자가 지난 13일 동안 날마다 돈을 잃었다고 푸념을 했다. 그 자리에 함께 있던 그의 매니저는 그 친구가 회사의 시스템을 사용하면서도 전혀 돈을 벌 수 없었다는 사실을 확인시켜주었다. 나는 우선 연속으로 13일간 손실을 입고서도 다음날 아침 회사에 나타날 만큼 불굴의 의지를 지닌 그에게 모자를 벗어 경의를 표하고 싶다고 말하고 나서 그에게 몇 주를 거래하느냐고 물었다. 회사에서 각 거래자에게 최대 거래 한도를 정해주었다는 것을 알고 있었기 때문이다. 그는 한 번에 700주를 매수 또는 매도할 수 있도록 허용되어 있었다. 그러나 그는 연속적으로 손실을 입을 때는 자발적으로 거래 규모를 500주로 줄인다고 했다.

나는 그에게 연속하는 2주 동안 이익을 낸 날이 손실을 입은 날보다 많고 그 기간이 전체적으로 이익을 기록하기 전까지는 거래 한도를 100주로 줄이라고 말했다. 이 장애물을 넘으면 그다음에는 200주로 거래 한도를 올린다. 똑같은 이익 조건이 붙은 2주를 다시 보내면 거래 한도를 300주로 올린다. 이런 식으로 계속한다. 2주 동안 거래에서 이익을 낸 뒤에야 100주씩의 거래 한도 증가가 허용된다. 그러다가 한 주가 손실로 마감되면 이전의 수준으로 강등되고, 새로이 2주 동안의 거래에서 이익을 내야 거래 한도를 다시 높일 수 있다. 요컨대 그는 소규모로 시작하고, 천천히 규모를 불려나가야 하며, 손실을 볼 때는 신속하게 규모를 줄여야 한다. 나는 그렇게 설명을 해주었다.

그는 100주는 너무 적으며 그 정도로는 돈을 벌 수 없다고 큰 소리로 반대했다. 나는 그에게 스스로를 속이지 말라고 얘기했다. 왜냐하면 더 큰 규모로 거래한다고 해서 돈이 벌리는 것은 아니기 때문이다. 그는 어쩔 수 없이 내 계획에 따르기로 했다. 다음 주 우리가 다시 만났을 때, 그는 5일 중 이익을 낸 날이 4일이며 전체적으로 이익을 낸 한 주였다고 보고했다. 거래 규모가 매우 작았기 때문에 이익 역시 매우 적었지만 그는 이제 감을 잡은 듯했다. 그는 다음 주에도 계속하여 이익을 냈기 때문에 거래 규모를 200주로 올릴 수 있었다. 그다음 모임 때 그가 물었다. "이게 심리적인 건가요?" 그 말에 사람들이 웅성거리기 시작했다. 왜 500주를 거래할 때는 돈을 잃으면서 100주나 200주를 거래할 때는 돈을 따는 것일까?

나는 주머니에서 10달러 지폐를 꺼내 누구든 거기 있는 길고 좁은 회의 탁자에 올라 한쪽 끝에서 다른 쪽 끝까지 떨어지지 않고 걸어가면 그 사람에게 그 돈을 주겠다고 했다. 몇 사람이 손을 들었다. "잠깐," 내가 말했다. "더 나은 제안이 있습니다. 누구든 나와 같이 이 10층 건물의 지붕으로 올라가서 이 회의 탁자만한 넓이의 판자를 대고 길 건너의 10층 빌딩으로 건너가면 1,000달러를 드리겠습니다." 아무도 지원자가 없었다.

나는 사람들을 구슬렸다. "이 회의 탁자만한 넓이에 똑같이 단단한 판자를 쓸 거예요. 바람 한 점 없는 날에 하면 돼요. 그 자리에서 1,000달러를 드리겠습니다. 기술적으로 보자면, 이 회의 탁자 위를 걷는 것 이상으로 어려울 게 전혀 없어요. 그렇지만 보상은 훨씬 더 큽니다." 그래도 나서는 사람이 없었다. 왜 그럴까? 왜냐하면 회의 탁자 위에서 균형을 잃으면 1~2피트 아래의 양탄자 위로 뛰어내리면 되지만, 지붕 위에서 균형을 잃으면 아스팔트 바닥 위로 떨어져야 하기 때문이다.

리스크 수준이 상승하면, 우리의 실행 능력은 떨어진다.

초보자들은 종종 소규모 거래에서 돈을 딴다. 그들은 어느 정도 경험을 쌓은 뒤 확신에 차서 거래 규모를 늘리지만 바로 이때부터 손실을 보기 시작한다. 그들의 거래 시스템은 전혀 바뀐 게 없으나 거래 규모가 커지면서 그들 스스로 경직되고 민첩성이 떨어진 것이다. 대부분의 초보자들은 서둘러 대박을 터뜨리고 싶어한다. 하지만 그들은 남의 잔치에서 희생양이 될 뿐이다.

과도거래는 무엇보다 자신에게 벅찬 규모로 거래를 하는 것을 의미한다. 불쌍한 선물 거래자들은 증거금 요구 조건이 낮은 중개인들을 찾는다. 금 거래에서 최소 증거금이 2,000달러라고 하면, 1만 달러를 갖고 있는, 혈기 넘치는 어떤 초보자는 5개의 계약을 매수할지 모른다. 각 계약은 금이 100온스이므로, 온스당 금 가격이 1달러 움직일 때마다 그의 계좌 총액은 500달러 움직인다. 하지만 만약 금 가격이 그의 예상과는 반대로 가버리면 그는 낭패를 볼 것이다. 금 가격이 그의 예상대로 움직이면 이 초보자는 돈 버는 법을 찾았다고 확신하고서 계속 무모한 거래를 할 것이고, 결국 다음번 거래에서 빈털터리가 되고 말 것이다.

비양심적인 중개인들은 과도거래를 부추긴다. 그래야 수수료가 커지기 때문이다. 미국 외 지역의 어떤 주식 중개인들은 10대 1의 '뻥튀기' 조건을 제공한다. 요컨대 회사에 1달러를 예치하면 10달러 상당의 주식을 살 수 있도록 해주는 것이다. 어떤 통화거래소는 100대 1의 뻥튀기를 제공하기도 한다.

스쿠버 다이버가 배에서 물속으로 뛰어내릴 때, 그가 짊어지고 있는 공기탱크에는 옥토퍼스라는 장치가 부착되어 있다. 옥토퍼스는 몇 개의 튜브로 구성되어 있다. 하나는 마우스피스에 연결되어 있고, 다른 하나는 부력조끼에, 그리고 또 다른 하나는 공기탱크에 공기가 얼마나 남았나 보여주는 장치에 연결되어 있다. 너무 물속 깊이 들어가면 수면 위로 되돌아오는 데 필요한 공기가 모자라게 된다. 스쿠버 다이빙이 멍청한 사람과 경솔한 사람에게 치명적인 스포츠인 것은 이 때문이다.

거래에 뛰어드는 것은 보물을 찾기 위해 다이빙하는 것과 비슷하다. 해저의 바위 밑에는 금이 널려 있다. 하지만 당신은 금을 주워 모으는 동안 공기 게이지를 계속 들여다보아야 함을 잊지 말아야 한다. 생존의 위협 없이 가져갈 수 있는 금은 얼마나 될까? 해저는 기회를 놓치지 않으려는 다이버들로 넘쳐난다.

전문 다이버는 공기탱크에 들어 있는 공기의 양을 먼저 생각한다. 오늘 금을 가져가지 못한다고 하더라도 내일 오면 그만이다. 그의 바람은 살아남아서 다시 잠수를 할 수 있는 것이 전부다. 하지만 초보자들은 공기가 없어져 바다 속에서 죽고 만다. 공짜 금의 유혹은 강력한 것이다. 공짜 금이라! 러시아 속담이 하나 생각난다. '이 세상에서 유일한 공짜는 쥐덫의 치즈다.'

아프리카에는 음식을 넣어놓은 단지로 원숭이를 잡는 부족들이 있다. 단지는 목이 좁으며 땅속에 박아놓은 막대기에 묶여져 있다. 원숭이는 단지 속에 손을 집어넣어 음식을 빼내려 한다. 하지만 단지의 목이 좁기 때문에 음식을 빼낼 수 없다. 단지는 아무것도 쥐지 않았을 때만 손이 빠져나갈 수 있다. 원숭이는 사람이 잡으러 왔을 때까지도 여전히 음식을 꺼내려 애쓰고 있다. 원숭이는 결국 탐욕 때문에, 움켜쥐려 하고 놓지 않기 때문에 목숨을 잃는다. 손실제한주문 없이 규모가 큰 거래를 하고 싶은 마음이 들 때 이 원숭이 얘기를 생각해보라.

전문 거래자는 강력한 자금관리 기법을 필요로 한다. 모든 성공한 거래자들은 규율과 자제심 덕분에 생존하고 번영을 누릴 수 있었다. 2퍼센트 원칙은 당신을 상어로부터 보호해주고, 6퍼센트 원칙은 피라니아떼로부터 보호해줄 것이다. 따라서 여기에다 어느 정도 괜찮은 거래 시스템만 갖춘다면 당신은 시장의 게임에서 월등한 우위를 차지할 수 있을 것이다.

● 자금관리 기법의 단계 ●

과도거래—계좌 금액에 비해 너무 큰 규모로 거래를 하는 것—는 치명적인 실수다. 초보자들은 서둘러 돈을 벌려 하는 반면 노련한 거래자들은 우선 리스크를 판단한다. 소액으로 시작하여 거래의 질을 높이는 데 집중하면 당신은 더 나은 거래자가 될 수 있다. 일단 거래하는 법—거래 기회를 찾고, 시장에 들어가고, 손실제한주문 가격과 이익 목표점을 정하고, 시장에서 나오는 법—을 배우고 나서 거래 규모를 키워야 한다.

최근 어떤 신참 거래자가 나를 찾아왔다. 그는 치열한 사회의 경쟁에 지친 마흔두 살의 사업가였다. 부인이 여전히 그들의 사업을 운영하고 있었지만, 그는 모든 시간과 에너지를 주식시장에 쏟고 있었다. 그는 손익분기점에서 계속 왔다갔다했는데, 한 번에 100~1,000주를 거래했다. 그는 때때로 소액을 거래하여 몇 차례 거래에서 연속으로 수익을 내지만, 그다음에는 한 차례 거래에서 큰 손실을 입어 벌어두었던 수익을 다 까먹는다고 했다.

나는 그에게 그가 다른 초보 거래자들과 달리 돈을 잃지 않았기 때문에 이미 게임에서 앞서 있는 것이라고 얘기해주었다. 그러고 나서 다음과 같은 표준적인 처방을 제시했다. 어떤 단위 기간에 이익 거래가 손실 거래보다 많고 이 기간 전체적으로 이익을 기록하기 전까지, 우선 최소 거래 단위인 100주를 거래한다. 이 단위 기간은 데이 트레이더에게는 2주, 장기 스윙 트레이더에게는 2개월이 되어야 한다.

일단 이처럼 이익을 낸 단위 기간이 생겨나면 거래 규모를 100주 늘려 200주로 거래를 한다. 그러다가 다시 이익을 내는 단위 기간이 생겨나면 100주를 추가하여 300주로 거래한다. 단위 기간의 절반에 해당하는 기간(데이 트레이더의 경우 1주, 스윙 트레이더의 경우 1개월)에 손실이 발생하면 이전의 거래 규모로 돌아가 다시 과정을 되풀이한다. 선물을 거래할 경우 한 개의 계약이 100주를 대신한다. 천천히 전진하고, 재빨리 후퇴해야 한다.

놀랄 만한 저서 『포트폴리오 관리 공식 Portfolio Management Formulas』에서, 랠프 빈스 Ralph Vince는 '최적 수준 f optimal f'의 개념을 소개하고 있다. 최적 수준 f는 장기 최대 이익을 위해 어떤 주어진 거래에서 리스크로 삼아야 할 계좌 총액의 최적화된 일부분을 말한다. 그의 책은 수학적으로 되어 있어 까다롭지만 결국 몇 가지 개념으로 요약될 수 있다. 우선적으로, 모든 거래에는 최적 수준 f가 있다. 이보다 적게 베팅을 하면 리스크는 산술급수적으로 감소하는 반면 이익은 기하급수적으로 감소한다. 그러나 최적 수준 f보다 더 많은 돈을 계속해서 베팅하면, 틀림없이 빈털터리 신세가 된다.

최적 수준 f는 거래마다 달라지며 계산하기 힘들다. 최적 수준 f는 결국에는 최대 이익을 가져다주지만 계좌 총액의 90퍼센트가 넘는 끔찍한 손실이 발생할 수도 있다. 계좌가 10만 달러에서 9,000달러가 되었는데도 계속 같은 거래 시스템으로 거래를 할 만한 인내심을 가진 사람이 과연 있을까? 최적 수준 f의 가장 중요한 가치는 너무 큰 규모로 거래를 하면 망하고 만다는 것을 우리에게 일깨워주며, 지뢰 지역을 들어갈 때 넘어서면 안 되는 선을 알려준다. 그 선 안에 머물라. 당신은 최적 수준 f 아래에서 거래를 해야 한다.

초보자들이 이익을 계산한다는 것은 본말이 전도된 것이다. 접근 방법을 뒤집어 리스크부터 계산하라. 2퍼센트 원칙과 6퍼센트 원칙을 따른다면 최대 허용 리스크가 어떻게 되는지 자신에게 물어보라.

다음은 올바른 자금관리 기법의 단계들이다.

1. 한 달의 첫날에 계좌의 총액을 계산한다. 현금, 현금 등가물, 보유 포지션을 합한다.
2. 자본의 2퍼센트가 얼마인지 구한다. 이 값이 어떤 주어진 거래에서 리스크로 삼을 수 있는 최대 허용 금액이다.
3. 자본의 6퍼센트가 얼마인지 구한다. 이 값이 어떤 주어진 달에 잃을 수 있는 최대 허용 금액이다. 이만한 액수의 돈을 잃은 뒤에는 모든 거래를 종료하고 그달의 나머지 기간 동안 거래를 중단해야 한다.
4. 모든 거래에서 진입 시점과 손실제한주문 가격을 결정한다. 주당 리스크와 계약당 리스크를 돈으로 환산한다.
5. 자본의 2퍼센트를 주당 리스크나 계약당 리스크로 나누어 얼마나 많은 주식 수 혹은 계약을 거래해야 하는지 알아본다. 소수점 이하는 버린다.
6. 모든 보유 포지션의 리스크를 계산한다. 이를 위해 진입 지점과 현재 손실제한주문 가격 사이의 거리를 주식의 수나 계약의 수로 곱한다. 총 리스크가 계좌 총액의 4퍼센트 이하면 또 다른 포지션을 추가해도 된다. 현재의 리스크에 2퍼센트 리스크를 더하면, 모두 6퍼센트 리스크가 될 것이기 때문이다. 각 거래에서 꼭 2퍼센트의 리스크를 부담할 필요는 없다. 원한다면 리스크를 2퍼센트 아래로 낮추어도 된다.

7. 이상의 모든 조건을 충족시켰을 때에만 거래를 한다.

얼마만한 돈을 벌고 싶은가가 아니라 얼마만한 리스크를 부담할 수 있는가에 따라 거래 규모를 정하라. 2퍼센트 원칙과 6퍼센트 원칙을 따르라. 대부분의 거래가 예상대로 흘러가 성적이 괜찮은 달을 보냈다면, 손실제한 주문 가격을 손익분기점 위로 올리고 더 많은 포지션을 취해도 된다. 증거금 거래를 해도 괜찮다. 이 자금관리 시스템의 장점은 성적이 저조할 때는 일찍 손실을 차단해주는 반면 잘나갈 때는 판을 크게 키워준다는 것이다.

한 달의 첫날에 보유 포지션이 없다면, 자본의 2퍼센트 수준과 6퍼센트 수준을 계산하는 것은 식은 죽 먹기다. 만약 보유 포지션이 있는 상황에서 한 달의 첫날이 되었다면, 최근 시장가로 매긴 모든 보유 포지션의 가격에다 모든 현금 또는 단기금융펀드의 자금을 모두 합쳐 계산한다. 이 숫자를 근거로 2퍼센트 수준과 6퍼센트 수준을 계산한다. 보유 중인 포지션에서 손실제한주문 가격을 손익분기점 위로 조정했다면, 자본에 더 이상 리스크가 없는 것이므로 새로운 거래 대상을 찾아도 된다. 손실제한주문 가격이 아직 손익분기점으로 오지 않았다면, 리스크에 노출시킨 자본의 비율을 구하라. 6퍼센트에서 그 값을 뺀 결과가 당신이 새로 거래를 해도 되는지 여부를 가르쳐줄 것이다.

주식, 선물, 옵션을 동시에 거래하면 2퍼센트 원칙과 6퍼센트 원칙은 어떻게 적용해야 할까? 우선 말하고 싶은 것은 초보자는 하나의 시장에 집중해야 한다는 것이다. 분산 거래는 성공한 뒤에 하기 바란다. 두 개 이상의 시장에서 거래를 하면 별개의 계좌를 개설하고 각각을 별개의 거래 분야로 취급해야 한다. 예컨대 주식에 6만 달러, 선물에 4만 달러가 있다면, 6만 달러에 대한 2퍼센트 원칙과 6퍼센트 원칙을 계산한 다음 주식에 적용하고,

다시 4만 달러에 대한 2퍼센트 원칙과 6퍼센트 원칙을 계산한 다음 선물에 적용한다. 계좌가 두 개 이상이면 거래 관련 비용은 규모에 맞게 할당한다.

거래 시스템과 자금관리 시스템 모두가 좋아야만 시장에서 승리할 수 있음을 명심하라.

PART 03

나의 트레이딩 룸으로 오라

COME INTO MY TRADING ROOM

거래자는 여러 발전 단계를 거친다. 많은 초보자들은 거래를 기계적인 과정으로 본다. 그들은 스토캐스틱에 딱 맞는 매개변수나 이동평균선의 적절한 기간만 찾는다면, 성공이 그들 몫이 될 거라고 믿는다. 그 때문에 기계적 거래 시스템을 파는 도사들의 쉬운 먹잇감이 된다.

생존자들은 낙관이나 회의, 탐욕이나 공포 같은 심리적 기폭제들이 기술적 지표보다 훨씬 더 중요하다는 것을 깨닫는다. 그들은 리스크관리의 중요성을 이해하기 시작한다. 컨퍼런스에 가면 기술적 분석에 대해 잘 알고 있고 심리에 대한 이해도 상당한 사람들을 만나곤 한다. 그런데 그들은 일관되게 승리를 거둘 수 없고, 그래서 아직 본업을 유지할 수밖에 없기 때문에 무엇인가가 부족하다는 것을 스스로 잘 알고 있다. 그들은 앞으로 어떻게 해야 할까?

기술적 분석에 대해 꽤 잘 알고 있고, 자금관리 원칙을 준수하고, 거래 심리의 가치에 대해서도 이해하고 있다면 당신은 노련한 아마추어라고 할 수 있다. 당신은 이미 성공의 구성 요소들을 갖춘 것이다. 이제는 성공적인 거래라는 체계를 갖추어야 할 시간이다.

노련한 아마추어를 프로로 바꾸는 마법의 트릭 같은 것은 존재하지 않는다. 내가 여기서 당신에게 제공하려는 것은 당신을 프로페셔널 트레이딩의 궁극적인 단계로 올라서게 해줄 집중적이고 강력한 노력의 방법이다.

CHAPTER 08
체계 잡힌 **거래자**

성공적인 거래자에게서 가장 중요한 특징 하나를 꼽으라면 무엇일까? 뛰어난 지적 능력일까? 꼭 그렇지만은 않다. 물론 기본적인 수준 이상의 지능이 요구되는 것은 사실이다. 훌륭한 교육은? 절대적으로 필요하다고 할 수는 없다. 많은 최고의 거래자들이 고등학교도 제대로 졸업하지 못했기 때문이다. 모든 승자들에게서 공통적으로 볼 수 있는 특징은 엄청나게 강한 자제심이다. 자제심은 어떻게 측정하고 어떻게 강화시킬 수 있는가? 거래 기록들을 관리하고 그로부터 배우는 방법이 있다.

　기록관리는 거래의 성공에서 가장 중요한 요소다. 꼼꼼하게 기록을 작성하고 이를 검토하며, 이로부터 배우면 성적이 금세 나아질 것이다. 여기에다 자금관리 시스템으로 학습 기간 동안 생존을 보장받는다면 당신은 틀림없이 성공할 것이다.

　너무나 대담한 말로 들리겠지만 이 말들은 내 경험이 뒷받침하고 있다. 트레이더 캠프에서 학생들을 가르칠 때면 늘 기록을 잘하는 사람들을 만나게 된다. 이들은 예외 없이 성공적인 거래자이거나 아니면 곧 그렇게 될 사람들이다. 내가 발견한 사실은 여자가 남자보다 기록을 더 잘한다는 것이며, 이것이 여자가 남자보다 승률이 높은 이유 중 하나다.

기록은 당신의 성공에 있어 다른 어떤 지표나 시스템이나 기술적 도구보다 중요하다. 최상의 시스템이라고 해도 어딘가에 구멍이 있지만, 제대로 작성된 기록은 이런 구멍들을 찾아 메울 수 있게 해준다. 꼼꼼하게 기록을 작성하는 사람은 거래자로서의 발전 단계에서 큰 도약을 이룰 수 있다.

기록을 잘 작성하는 사람은 언제든 뛰어난 거래자가 되기 마련이다.

성적이 나쁜 거래자는 기록을 제대로 작성하지 않는 사람이다. 과거로부터 배울 수 없는 사람은 과거의 실수를 반복할 수밖에 없다. "나는 맞고 모욕당하고 얼굴에 침을 맞고 학대받았다. 그럼에도 아직 여기 있는 이유는 다음에 무슨 일이 일어나는지 보기 위해서다." 당신은 이런 사람이 되려는가? 제대로 작성해놓은 기록이 있으면 날마다 고심고심하는 대신 과거로부터 배울 수 있다. 시장이 당신에게 충격을 준다면 당신이 작성한 기록은 그 충격이 어디서 왔는지 보여줄 것이다. 그러면 다음에 당신은 다른 길을 갈 것이고 문제를 피할 수 있을 것이다. 또 다른 종류의 문제를 만날지 모르지만 충분히 오랫동안 견뎌내어 실수에서 벗어날 수 있을 것이다.

당신이 이렇게 여러 가지를 배우는 동안 자금관리 시스템이 제대로 돌아가도록 하여 돈이 바닥나는 일이 없도록 하라. 이익을 내기 시작하면 기록은 그 이익이 어디에서 비롯되었는지 알려줄 것이고, 당신이 앞으로도 계속하여 그런 이익을 낼 수 있도록 도와줄 것이다. 제대로 된 기록의 도움을 받으면 추측을 줄이고 거래를 훨씬 더 전문적인 과정으로 만들 수 있다.

대학에서 교수님의 강의를 받아 적었던 일들을 기억하는가? 교육자들은 기록이 학습 과정의 필수적인 부분이라는 데 동의한다. 거래에서 헤매고 있다는 생각이 들면 꼼꼼하게 기록을 작성해보라. 성공적인 거래자가 된 이후에도 기록 작성을 계속해야 한다. 그때쯤이면 기록 작성이 당신의 거래 과정에서 핵심적인 부분이 되어 있을 것이다. 기록하는 일은 시간이 드는 일이다. 그렇지만 귀찮거나 힘들어서 기록 작성을 그만둔다면, 그것은 당신이 거래를 하고 있는 게 아니라 도박을 하고 있다는 명백한 증거다. 기록은 거래자로서의 진지함을 가늠하는 리트머스 테스트 같은 것이다.

거래자는 네 종류의 기록을 필요로 한다. 그중 셋은 과거를 돌아보고, 나머지 하나는 미래를 내다본다. 거래 스프레드시트, 자본곡선, 거래일지는 과거의 성적을 검토하는 데 유용하다. 거래 스프레드시트는 각각의 개별적인 거래를 평가하고, 자본곡선은 계좌를 전체적으로 추적하며, 거래일지는 의사결정 과정을 보여준다. 네 번째 기록은 다음날을 위한 행동 계획이다. 이 네 가지 기록이 늘 신뢰할 수 있는 성공적인 전문 트레이더의 길로 당신을 이끌 것이다.

● 거래 스프레드시트 ●

올바른 기록 작성의 첫 번째 단계는 모든 거래를 목록화한 스프레드시트를 만드는 것이다. 각각의 가로줄은 개별 거래를 나타내고, 세로줄은 각 거래의 특정한 사항을 보여주거나 당신이 취한 행동의 여러 측면을 평가한다. 거래 스프레드시트의 세로줄은 다음과 같은 항목들로 이루어져 있다.

1. 거래 번호(진입 순서대로 모든 거래를 기입한다)
2. 진입 일자

3. 롱 포지션 혹은 숏 포지션

4. 주식 기호

5. 규모(몇 주)

6. 진입 가격

7. 수수료

8. 기타 비용

9. 총액(진입 가격 × 규모 + 수수료 + 기타 비용)

10. 채널폭(일간 차트나 당신이 중간 스케일로 쓰는 차트상의 채널폭을 기록하라. 청산 후 거래를 평가할 때 평가 기준으로 활용한다)

11. 청산 일자

12. 청산 가격

13. 수수료

14. 기타 비용

15. 총액(청산 가격 × 규모 - 수수료 - 기타 비용)

16. 이익/손실(이익인가 손실인가. 롱 포지션의 경우 15열에서 9열을 빼고, 숏 포지션의 경우 반대로 한다)

17. 진입 점수(다음을 참조)

18. 청산 점수(다음을 참조)

19. 거래 점수(다음을 참조)

위와 같은 세로줄에 몇 가지 항목을 추가할 수도 있다. 예컨대 거래를 지시한 시스템의 이름이나 최초의 손실제한주문 가격, 체결오차 등이다. 복수의 청산 가능 시점을 기록할 뿐 아니라 시장이 이익 목표점이나 손실제한주문 가격에 도달했다든가 아니면 조바심 때문이라든가 이런저런 청산의 이유를 기록하도록 스프레드시트를 구성할 수도 있다. 스프레드시트에는 이익과 손실에 대한 개괄적인 설명이나 시장별·시스템별 이익 거래와 손실 거래의 수를 기록할 수도 있고, 각 시장과 각 시스템의 거래당 평균·최대·최소 이익 또는 손실을 기록할 수도 있다.

진입 점수(17)는 진입 시점을 일일 거래 범위에 대한 백분율로 표시하여 진입 행위를 평가하는 항목이다. 예컨대 해당 거래일의 고가가 80이고 저가가 76일 때 주식을 77에 매수했다면, 진입 점수는 25다. 일일 거래 범위의 하위 25퍼센트 내에서 매수했다는 뜻이다. 만약 78에 매수했다면 진입 점수는 50이 되었을 것이다. 진입 점수는 낮을수록 좋다. 계속하여 높은 진입 점수로 매수를 하다가는 낭패를 당할 수 있다. 진입 점수를 50 아래로 낮추도록 노력하라. 이것이 별것 아닌 것처럼 보일지 모르지만 해보면 대단히 어려운 일임을 알게 될 것이다.

청산 점수(18)는 청산 시점을 일일 거래 범위에 대한 백분율로 표시하여 청산 행위를 평가하는 항목이다. 예컨대 해당 거래일의 고가가 88이고 저가가 84일 때 87에 매도했다면 청산 점수는 75이다. 이것은 일일 거래 범위의 75퍼센트를 이익으로 취했다는 뜻이다. 만약 86에 매도했다면 청산 점수는 50이 되었을 것이다. 청산 점수는 높을수록 좋다. 높은 가격에 파는 것은 좋은 일이지만 낮은 가격에 파는 것은 남 좋은 일을 하는 것이다. 청산 점수가 50점이 넘을 수 있도록 노력하라.

이런 점수는 포지션 트레이더에게도 중요하지만 데이 트레이더에게는 더욱 중요하다. 공매도를 할 때는 매도로 거래를 시작하고 매수로 거래를 종료한다. 공매도도 지금까지 설명한 식으로 점수를 매기면 된다. 단, 매수와 매도의 순서가 바뀌었다는 점을 염두에 두어야 한다.

거래 점수(19)는 당신이 거둔 이익을 채널폭에 대한 백분율로 평가한다. 종료된 거래에서 가장 중요한 평가 항목이다. 이익 액수 그 자체보다 훨씬 더 중요하다고 하겠다. 12열(청산 가격)에서 6열(진입 가격)을 뺀 다음 그 값을 10열(채널폭)로 나누어 백분율로 표시하라. 공매도를 할 때는 공식을 거꾸로 적용하라. 즉, 6열에서 12열을 뺀 다음 10열로 나눈다.

    이익을 채널폭의 백분율로 표시하면 거래 성적을 객관적으로 평가해볼 수 있다. 시장의 움직임이 별로 없지만 대규모 거래로 많은 돈을 벌기도 하고, 어려운 시장에서 절묘한 타이밍으로 거래했지만 실상 돈은 별로 벌지 못하는 경우도 있다. 각 거래를 채널폭의 백분율로 평가하면 거래자로서 당신의 능력을 정확하게 알 수 있다. 채널폭의 10~20퍼센트를 수익으로 올리면, C급 거래자다. 수익이 채널폭의 20퍼센트를 넘으면 B급 거래자며, 수익이 채널폭의 30퍼센트를 넘으면 A급 거래자다.

    이런 평가 항목 외에 세로줄을 추가하여 진입, 청산, 거래 점수의 평균을 기입하라. 또 그 값을 그래프로 그리고, 그래프의 추세가 상승 추세가 되도록 끊임없이 온 힘을 기울여라. 꼼꼼하게 작성하고 관리한 거래 스프레드시트는 강력한 학습 도구가 된다. 이런 학습 도구 덕분에 당신은 성공과 실패를 끊임없이 되돌아보며, 시장이라는 혼돈의 바다에서 안정과 신뢰의 섬을 창조할 수 있을 것이다.

● 자본곡선 ●

당신은 거래에서 성공할 수 있을 만큼 충분히 자제심을 갖추고 있는가? 이 질문에 그렇다 혹은 그렇지 않다로 명확하게 대답할 수 있는 사람은 별로 없다. 많은 거래자들은 이 두 대답 사이의 어디쯤인가에 위치해 있다. 당신이 거래자로서 위를 향하고 있는지 혹은 아래를 향하고 있는지 보여줄 계측기가 있다. 바로 자본곡선이다. 당신이 추세에 맞게 행동할 때면 자본곡선은 위로 올라가지만 거의 한 차례라도 판단 착오를 일으키면 금세 아래로 내려온다.

대부분의 거래자들은 차트는 구석구석 들여다보지만 자기 자신을 구석구석 들여다보는 거래자는 거의 없다. 이것은 상당히 큰 실수다. 개성은 거래에서 무척 중요한 요소이기 때문이다. 자본곡선은 당신의 행위를 들여다보는 거울이다. 프로들은 자기 자신과 고객들을 위해 자본 차트를 작성·관리한다. 자본곡선을 작성하기 시작하면 당신은 프로의 대열을 향해 큰 걸음을 뗀 셈이다.

스프레드시트를 이용하여 자본곡선을 추적해야 한다. 각각의 가로줄은 시간 단위-이 경우에는 한 달-를 나타내며, 세로줄은 다음과 같은 항목을 포함시킨다.

1. 날짜
2. 계좌 총액
3. 2퍼센트
4. 6퍼센트

각 달의 마지막 날을 기준으로 계좌 총액을 확인하고 그 값을 기입하라. 자본 총액은 계좌의 현금 및 현금 등가물 외에 모든 보유 포지션의 가치를 말한다. 계좌를 시가로 표현하라. 계좌 총액은 계좌의 청산 가격이다. 매월 이런 과정을 반복하라. 몇 개월간 이런 데이터를 축적한 뒤 자본을 차트에 그려보라. 모든 전문 거래자의 목표는 자본곡선을 매끄러운 흐름으로 상승시키는 것이다. 자본곡선은 왼쪽 아래에서 오른쪽 위로 올라가야 하고, 하락은 일시적이고 그 깊이 또한 얕아야 한다.

일 년치의 자본 데이터를 축적했다면 자본곡선의 이동평균선을 차트에 그려라. 6개월간의 단순이동평균선을 그려 넣으면 자본의 추세를 쉽게 확인할 수 있을 것이다. 또한 한 가지 중요한 문제에 대한 답도 얻을 수 있다. 바로 언제 계좌에 추가 자금을 투입하느냐 하는 문제다.

대부분의 사람들은 손실을 입었을 때 아니면 연속적인 이익 거래로 매우 자신감에 차 있을 때 자금을 추가한다. 자본이 새로운 고점에 도달한 후 자금을 추가하는 것은 감정적으로 이해할 만한 행동이지만, 사실 이때는 올바른 추가 투입 시기가 아니다. 우리 모두에게는 주기가 있다. 막 새로운 자본 고점에 도달한 거래자는 휴지기나 침체기를 겪기 마련이다. 자본의 이동평균선이 상승 중일 경우, 최상의 추가 자금 투입 시기는 자본곡선이 상승 중인 이동평균선으로 일시적으로 후퇴했을 때다. 주가가 지수이동평균으로 일시적으로 후퇴했을 때 주식과 선물을 매수해야 한다면, 더 많은 거래자본을 확보하려고 할 때 똑같은 방법을 쓰지 못할 이유가 어디 있는가?

스프레드시트를 프로그래밍하여 월별 자본을 기입하면 자동적으로 두 가지 중요한 값—자본의 2퍼센트와 6퍼센트—이 계산되어 나타나도록 하라. 이 두 값은 다음 한 달 동안 계좌를 보호해줄 안전망 역할을 할 것이다. 2퍼센트 원칙은 거래당 리스크를 제한한다. 만약 거래 기회를 찾아 어디에 손실제한주문을 해둘지 결정했다면, 2퍼센트 원칙으로 매매할 주식이나 계약의 최대량을 구할 수 있을 것이다(가능하다면 리스크를 더 낮게 잡아야 한다). 또 6퍼센트 원칙에 따르면, 당신은 계좌 총액이 전달 말 수준의 94퍼센트 아래로 떨어질 경우 그달의 나머지 기간 동안 거래를 중단해야 한다.

알고 싶은 것이 무엇인가에 따라, 그리고 얼마나 프로그래밍을 잘하는

가에 따라 스프레드시트의 내용을 한층 더 강화할 수도 있다. 스프레드시트에서 무이자로 혹은 이자를 감안하여 월별 곡선을 계산할 수도 있고, 거래비용을 빼기 전과 뺀 후로 나누어 자본을 계산할 수도 있다. 거래자본을 추가하거나 제할 때는 자본곡선을 다시 계산해야 한다. 원래의 수치들과 혼동을 일으켜서는 안 된다. 어쨌든 핵심적인 메시지는 지금 당장 자본곡선을 그려보라는 것이다!

자본곡선은 당신의 거래 성적을 평가하는 기준이다. 꾸준히 상승세를 이어나가는 것이 큰 폭의 하락과 함께 가파른 상승이 나타나는 것보다 낫다. 자본곡선은 계속해서 상승해야 한다. 자본곡선이 하락하고 있다면 거래에 훨씬 더 방어적이 될 필요가 있다.

● 거래일지 ●

문명인은 과거와 교류한다. 이전에 무슨 일이 있었는지 이해하면, 현재를 다루고 미래와 대면하는 데 도움이 된다. 일지를 쓰는 거래자는 과거로부터 배우기 때문에 생각 없이 실수를 반복하지 않는다. 거래일지는 귀중한 피드백 고리를 제공하는 개개인의 거울이며, 거래자가 이용할 수 있는 최고의 학습 도구다.

거래일지는 글과 시각 자료로 이루어진 거래에 관한 기록이다. 종이에 작성할 수도 있고 컴퓨터 파일로 작성할 수도 있다. 나는 오래전부터 이런 거래일지를 작성해왔는데, 아직까지도 종이로 된 앨범을 이용한다. 가위와 양면테이프를 써서 차트를 앨범에 붙이곤 한다. 당신은 이런 방식을 따를 수도 있고 컴퓨터 파일로 거래일지를 작성할 수도 있다.

거래일지는 크기가 28×35센티미터나 그 이상인 앨범을 사용한다. 두 페이지를 하나의 거래에 할애하여, 거래에 들어갈 때마다 거래를 지시한 차트들을 출력한 다음 왼쪽 페이지에 붙인다. 차트는 크기가 대략 7.5×12.5 센티미터다. 주간 차트를 맨 위에 붙이고, 한두 개의 일간 차트를 그 밑에, 그리고 간혹 일중 차트까지 붙여둔다. 주식의 이름, 날짜, 매수 혹은 공매도한 주식의 수를 기입한다. 해당 거래와 관련이 있다면 무엇이든 펀더멘털에 관해 기록해둔다. 그 주식을 처음에 어떻게 알게 되었는지—데이터베이스를 검색했는지, 친구로부터 귀띔을 받았는지, 아니면 잡지나 정보지에서 기사를 보았는지—적는다. 이렇게 기록해두면 정보의 출처를 추적할 수 있다. 펜으로 거래를 지시한 지표 신호와 차트 패턴을 표시하라. 거래에 들어갔을 때의 느낌에 대해 간단히 적고(불안했다든가 기뻤다든가 확신했다든가 반신반의했다든가) 이상한 요소나 상황에 대해서도 기록해두라.

나는 집에서 일지를 작성한다. 사무실에서 거래를 하고 저녁에 출력한 차트를 집으로 가져간다. 차트를 오려 앨범에 붙이고 나서는 표시를 하고, 필요한 기록들을 해둔다. 이런 일을 하면서 나는 이것이 내 직업이고 주식 거래가 다른 거의 모든 활동에 우선한다는 것을 스스로에게 일깨운다.

거래를 종료한 뒤에도 이 과정을 반복한다. 차트를 출력하여 이번에는 앨범의 오른쪽 페이지에 붙인다. 오른쪽 페이지는 대체로 차트가 좀 적다. 청산 시는 주간 차트가 필요 없을 때도 있기 때문이다. 거래 신호를 표시하고 청산 시점의 상황에 대한 설명과 감정 상태를 기록한다.

거래일지가 점점 더 두꺼워지면 거래에 관한 이런 시각적 기록은 훨씬 더 큰 가치를 지니게 된다. 일지를 훑어보며 과거의 기록들을 음미해보는 습관을 들이기 바란다. 그런 신호들은 지금 어떻게 보이는가? 만족스러운 것은 무엇인가? 지금이라면 어떻게 다르게 행동했을까? 거기서 무엇을 깨달았는가? 대부분의 거래자들은 스스로에게 이런 질문들을 하지 않는다. 그들은 돈을 벌면 자부심에 가슴이 한껏 부풀고 돈을 잃으면 분노나 수치를 느낀다. 이렇게 감정의 늪에서 허우적거려서는 결코 더 나은 거래자가 될 수 없다. 손실은 이득보다 우리에게 더 많은 것을 가르친다. 거래일지는 우리가 자학이나 자만으로부터 벗어나 사실에 관심을 가질 수 있도록 도와줄 것이다. 당신이 배우고 성공할 수 있도록, 자유로워질 수 있도록 도와줄 것이다.

아무도 당신을 위해 거래일지를 작성해주지 않는다. 따라서 당신 스스로가 거래일지를 작성해야 한다. 거래일지 작성은 당신에게 일종의 규율을 부과할 것이다. 이익을 낼 때마다, 일지를 훑어보라. 과거의 기록을 조사하면서 이번의 이익 거래에서 배운 사실에 비추어 다른 식으로 거래를 할 수 있었던 경우는 없었는지 살펴보라. 손실을 입으면, 자학하지 말고 거래에 관해 정성껏 기록한 다음 과거의 거래들을 조사해보라. 앞으로 어떻게 해야 이런 손실을 피할 수 있을지 생각해보라. 이익과 손실로부터 하나하나 배워나가라.

더 많은 것을 알고자 한다면 청산 후 대략 3개월이 지난 과거의 거래를 찾아보라. 그 종목의 현재 차트를 출력한 다음, 종이에 붙여 거래 신호나 패턴들을 표시하고 해당 청산 페이지의 여백에다 붙여라. 그렇게 하면 현재 시점에서 과거의 기록들을 재평가하여 거래에 관해 더 많은 것을 배울 수 있다.

매우 활발한 거래자이거나 데이 트레이더여서 너무 많은 거래를 하기 때문에 실제적으로 각 거래를 일일이 기록할 수 없다면 어떻게 해야 할까? 그런 경우는 거래 스프레드시트에 기록되어 있는 매 다섯 번째 혹은 매 열 번째 거래만을 일지에 기록하라. 특별히 중요한 거래인 경우는 일지에 추가로 기록하되, 어쨌든 매 다섯 번째 혹은 매 열 번째 거래를 기록하는 원칙은 지켜야 한다.

거래일지를 작성하고 과거의 거래로부터 배우면 성공의 문턱에 최대한 가깝게 다가갈 수 있다. 자금관리 원칙을 철저히 지켜 거래를 익히는 동안 연속된 손실로 게임에서 밀려나는 일이 없도록 해야 한다. 자금관리 원칙을 따르고, 스프레드시트·자본 차트·거래일지를 작성하고, 이들을 검토하고 익히면 당신은 성공적인 거래자가 되기 위한 모든 것을 가졌다고 해야 할 것이다.

● 행동 계획 ●

무엇을 어떻게 거래할지 알고서 하루하루를 맞는 것은 중요하다. 포지션 트레이더는 특히 더 그렇다. 반면 데이 트레이더는 스크린에 나타나는 시세에 즉각즉각 반응해야 한다.

프로는 눈을 가늘게 뜨고서 차트를 들여다보지 않는다. 좋은 거래 기회는 차트에서 나와 큰소리로 외치는 법이다. "나 여기 있어요! 날 가져가라구요!" 차트를 뚫어지게 들여다보고 있어야 한다면 거래 기회는 없는 것이므로, 다음 주식으로 넘어가야 한다. 뛰어난 포지션 트레이더나 이 문제에 있어 경험이 많은 트레이더는 도전 대상이 아니라 돈을 찾는다.

조사를 위한 가장 좋은 시간은 시장이 문을 닫은 저녁 시간이다. 이때는 차분한 분위기 가운데 시장을 검토하며 생각해보고 다른 주식들과 지표들을 체크한 다음 롱 포지션을 취할지, 숏 포지션을 취할지, 아니면 그냥 물러나 있을지 결정을 내릴 수 있다. 결정 사항을 적어두고, 다음날 아침 시장이 열리기 전에 전날의 결정 사항을 검토해보라.

주문을 낼 때는, 특히 전화로 중개인에게 주문을 낼 때는, 기억해둔 결정 사항을 말하는 것보다는 종이에 적어둔 결정 사항을 읽는 게 좋다. 왜 그런가? 내가 아는 거의 모든 거래자들이 보통 한 번 넘게 주문을 거꾸로 말하는 실수를 저질렀기 때문이다. 원래는 공매도 주문을 내려 했는데 중개인에게 매수를 하라고 잘못 말하여, 몇 초 뒤 자신이 폭락하는 주식의 주주가 되어 있는 것을 발견하게 될 수도 있다. 그런데 더 나쁜 것은 마지막 순간에 주문을 바꾸고 싶은 유혹이 생기는 경우다. 계획보다 더 많이 혹은 더 적게 매수를 하거나 지정가주문을 시장가주문으로 바꾸고 싶은 마음이 불쑥 드는 것이다. 결정 사항을 종이에 적어두면 그 종이가 당신과 중개인 사이에서 보호막이 되어줄 것이다.

각 거래의 배경을 적어두는 것도 좋은 생각이다. 나는 일간 차트, 주간 차트, 계획 항목에 따라 세 줄로 간략하게 이런 배경 정보를 기록하는 것을 좋아한다. 예를 보자.

- 주간 차트: 지수이동평균 상승, MACD 히스토그램 하락, 악화
- 일간 차트: MACD 히스토그램 하락 다이버전스, 지수이동평균으로의 후퇴 진행
- 계획: 71.30에서 공매도, 손실제한주문 가격 73, 이익 목표점 60 중반

또는

- 주간 차트: 지수이동평균 평평해짐, MACD 히스토그램은 상승 다이버전스에서 상승
- 일간 차트: 지수이동평균 상승, MACD 히스토그램 상승, 모두 상승 신호
- 계획: 지수이동평균으로의 후퇴 때 23.25에 매수, 손실제한주문 가격 22, 이익 목표점 20대 후반

나는 엑셀의 스프레드시트에 이런 기록들을 작성한다. 각각의 가로줄에는 내가 추적하는 모든 주식이 기입되어 있고, 세로줄에는 날짜가 있다. 거래를 볼 때면 나는 해당하는 날짜와 주식에 맞는 셀을 클릭하고, 삽입 메뉴로 가서 설명을 선택한다. 앞의 예처럼 세 줄의 배경 정보를 기록하고 나면, 셀의 왼쪽 맨 위 모서리에 빨간색의 작은 삼각형이 나타난다. 커서를 그 위로 가져가기만 하면 팝업창이 떠 설명이 표시된다. 이런 기록관리 시스템 덕분에 가로로 쭉 훑으면서 해당 주식의 과거 기록들을 전체적으로 분석·검토하거나 세로로 쭉 훑으면서 그날 당신이 적어놓은 모든 설명을 살펴볼 수도 있다. 나중에 설명할 테지만, 나는 ABC 등급 시스템에 관한 기록도 동일한 스프레드시트에 작성한다.

기록은 구체적이어야 한다. '주간 차트에 매수 신호가 나타남' 같은 설명은 해당 주식에 관해 어떤 명확한 정보도 주지 못하며, 며칠 지나서 보면 아무 의미도 없는 글이 되고 만다. 우선 주간 차트에서 무엇을 보았는지 구체적으로 기록하고, 일간 차트로 옮겨 비슷한 식으로 설명을 한 다음, 계획 항목에다 거래에 관한 당신의 생각을 적어야 한다.

행동 계획을 기록하다 보면 문서 작업이 많아진다. 그러면 주식 거래가 카지노를 어슬렁거리는 것과는 전혀 다른 것이고, 정말 일 같다는 느낌이 들 것이다. 예전에 모의 거래 실습을 위해 대부분이 미국인 거래자들로 이루어진 그룹을 이끌고 모스크바의 러시아거래소 객장에 간 적이 있었다. 거기서 모든 사람에게 통역이 배정되고 가짜 지폐 다발이 주어졌다. 거래를 하거나 사진을 찍고 웃고 떠들면서 우리 그룹은 모두 즐거운 시간을 보냈다. 단 한 사람, 어떤 네덜란드인만 빼고는. 이 투자 전문가는 눈에 불을 켜고 객장 위의 패널에 표시되는 가격들을 보면서 봉투 겉면에다 뭔가를 마구 끼적이고 있었다.

실습이 끝나고 우리는 모두 만찬장으로 이동했다. 우리의 거래 결과가 출력물로 나왔다. 우리 그룹은 전체적으로 백만 루블을 잃었다. 하지만 그 네덜란드인은 혼자 90만 루블이 넘는 이익을 올렸다. 나머지 사람들은 수수료와 체결오차로 낭패를 당했던 것인데, 흔히 일어나는 일이다. 기록을 제대로 작성하면 뛰어난 거래자가 되는 데 큰 도움이 된다. 시간과 에너지를 투자하여 행동 계획을 작성하고 그대로 따르라고 이렇게 계속 권하는 것은 모두 그런 이유에서다.

CHAPTER 09
직업으로서의 거래

주식 거래는 자유에 대한 약속으로 우리 마음을 사로잡는다. 주식 거래를 할 줄 알면 세계 어디든 가서 일할 수 있다. 늘 똑같은 일에서 벗어날 수 있고, 아무에게도 지시를 받거나 대답을 하지 않아도 된다. 인터넷 연결만 된다면 해변의 방갈로나 산정의 오두막에서 거래를 할 수도 있다. 상사도 없고, 고객도 없고, 자명종도 없다. 당신은 당신 자신의 삶을 살 수 있다.

사람들은 자유라는 꿈에 대해 열정적인 목소리로 떠들어댄다. 하지만 실제로는 많은 사람들이 오히려 자유를 두려워한다. 만약 어떤 이유 때문에 더 이상 돈을 벌지 않는다면, 누구도 무엇도 나를 돌봐주지 않을 것이다. 대부분의 사람들은 이런 두려운 생각을 갖고 있다. 우리 가운데 많은 사람이 사회적 안전이라는 우리 속에 익숙해져 있다는 것은 놀라운 일이 아니다.

우리에 갇힌 동물은 갖가지 신경증적 행동을 보인다. 흔한 신경증 중 하나는 벌고 쓰는 반복 과정에 대한 중독이다. 우리는 어린 시절 이후로 우리의 사회적 위치가 우리가 무엇을 소비하느냐에 따라 결정된다는 생각을 하게 되었다. 5만 달러짜리 차를 굴리면 1만 5,000달러짜리 차를 굴리는 사람보다 더 나은, 더 훌륭한 사람이 된다. 만약 이웃이 12만 달러짜리 차를 타고 다닌다면 그는 정말로 특별한 사람이 된다. 아르마니 상점에서 옷을 사는 사람은 모퉁이 상점에서 바지와 셔츠를 사는 사람보다 훨씬 세련된 사람이 된다. 사회는 우리의 눈앞에서 셀 수 없이 많은 당근을 흔들어댄다. 광고는 음식이나 집, 차를 파는 것이 아니라 자긍심을 파는 것이다. 중독자들은 그 주사를 한 방 맞고 금세 생기가 돌지만, 그것은 잠시뿐이다. 사람들은 잘난 이웃사람들에게 지지 않기 위해 허세를 부리며 온 인생을 소비한다. 그 잘난 이웃들은 점잖게 앉아 있을 만한 품위도 없는 것 같지만, 어쨌거나 그들이 사다리를 기어 올라가면 우리도 똑같이 기어 올라가야 한다.

하지만 자유는 우리의 은행 계좌가 아니라 우리의 마음에서 비롯된다. 자기 자신을 해방하기 위해서는 먼저 자신의 소비에 대해 의식해야 한다. 그러면 우리가 생각보다 훨씬 적은 것만을 필요로 한다는 것을 알게 될 것이다. 그 사실을 알면 자유가 그만큼 더 가까워진다.

조 도밍게즈Joe Dominguez라는 이름의 월스트리트 애널리스트가 있다. 그는 서른한 살 때 충분한 돈을 벌어 벌써 은퇴를 하고서 나머지 인생을 즐기고 있다. 때로는 자원봉사도 하고, 『당신의 돈 혹은 당신의 인생Your Money or Your Life』이라는 책을 쓰기도 했다.

우리는 돈을 벌며 살아가고 있는 것이 아니다. 돈을 벌며 죽어가고 있는 것이다. 보통의 미국 노동자를 생각해보라. 6시 45분에 자명종이 울린다. 우리의 근로 남성 혹은 여성은 벌떡 일어나 서두른다. 샤워를 하고 규정된 유니폼을 입는다. 어떤 사람은 정장 아니면 드레스, 또 다른 누군가는 작업복, 의료 전문직 종사자는 흰 가운, 건설 노동자는 청바지와 플란넬 셔

츠다. 시간이 있다면 아침을 먹는다. 보온병과 서류 가방(혹은 도시락 가방)을 집어 들고 러시아워라는 일상적인 벌을 받기 위해 차에 올라탄다. 9시에서 5시까지 일하러. 상사와 대면한다. 악마가 비위를 거스르게 만들려고 보낸 동료들과 대화를 나눈다. 납품업자와 만나고, 고객 · 의뢰인 · 환자를 구슬린다. 바쁘게 움직인다. 실수를 숨긴다. 불가능한 데드라인이 주어져도 미소 짓는다. '구조 조정'이나 '인원 삭감'이라 불리는—아니면 노골적으로 '해고'라고 하는—도끼가 다른 사람들의 목에 떨어지면 안도의 한숨을 쉰다. 늘어난 업무를 어깨에 짊어진다. 시계를 본다. 양심과 싸우지만, 결국 상사의 견해에 동의한다. 다시 미소 짓는다. 5시다. 다시 차에 올라 고속도로를 타고 저녁 퇴근길에 든다. 집이다. 배우자, 아이들 혹은 룸메이트와 함께 있을 때는 인간답게 행동한다. 먹는다. TV를 본다. 잔다. 축복받은 여덟 시간의 망각에 빠진다.

이런 것을 살아간다고 불러야 할까? 생각해보라. 당신이 하루 일과를 시작하기 전보다 하루 일과를 끝낸 후에 더 활기찼던 적은 얼마나 있었던가? …… 우리는 우리의 직업을 위해 우리 자신을—우리의 건강과 우리의 관계, 기쁨과 경이에 대한 우리의 감각을—죽이고 있지 않은가? 우리는 돈을 위해 우리의 삶을 희생하고 있다. 그 과정이 너무 천천히 진행되기 때문에 거의 깨닫지 못하고 있는 것뿐이다.

오래된 납세 신고서나 소득 장부를 찾아다가 첫 직장에 다닌 뒤로 지금까지 얼마나 많은 돈을 벌었는지 계산해보라. 어느 정도 성공적인 경력을 쌓아온 사람이라면 지금까지 100만 달러 혹은 그 이상을 벌었을 것이다. 그리고 그 돈을 거의 다 써버린 것이다! 햄스터가 쳇바퀴를 열심히 돌리는 모습을 본 적이 있는가? 거기서 뛰어내려와 산책을 하고 잠깐 멈춰 서서 꽃향기를 들이마시면 근사할 것 같지 않은가? 대부분의 사람들은 느긋해질 수 없다. 소비에 중독되어 있기 때문이다. 거래를 시작할 때 그들은 불가능한 목표를 정한다. 페라리 구입 계약금을 바라는 사람들에게는 첫 해에 50퍼센트의 수익도 충분하지 못한 것이다.

페라리나 다른 어떤 사치품을 소유하는 것이 문제가 되는 것은 아니다. 미리 많은 생각을 해보고, 광고와 선전에 혹해서가 아니라 정말로 스스로 필요해서 사는 것이라면 뭐든 전혀 문제될 게 없다. 하지만 사람들은 공허감과 불만을 감추기 위해 끊임없이 물건을 산다. 공허감을 채우기 위해 돈을 쓰는 사람은 최상의 거래 기회를 찾는 데 집중할 수가 없다.

자신에게 편안하게 느껴지는 최소 소비 수준을 찾아보라. 다시 한 번 도밍게즈를 인용한다.

> 불필요하게 부담이 될 만한 것이 없더라도 당신은 이미 생존을 위해 충분한 것을 가지고 있다. 안락을 위해 이미 충분한 것이 있고, 심지어 몇 가지 특별한 사치품도 있다. 만족하면, 강력하고 자유로우며, 자신감에 넘치고 유연해진다.

자신의 지출에 대해 의식하고, 가능하다면 카드보다는 현금을 사용하라. 자신이 가진 것으로 사람들에게 어떤 인상을 심어주려 하지 말라. 그들은 당신이 가진 것에는 관심이 없다. 그들 역시 당신에게 어떤 인상을 심어주기 위해 열심이기 때문이다. 담보 대출금을 비롯하여 모든 빚을 갚아라. 지출을 줄이면 그리 어려운 일도 아니다. 6~12개월 동안 살 수 있는 돈을 모으고, 일과 소득 사이의 연결 관계를 느슨하게 만들어라. 트레이딩은 고수익이지만 높은 수준의 성실을 요구하는 자유업이다. 생활비가 충당된다면, 나머지 수익은 면세 채권에 투자하여 궁극적으로 정상적인 생활을 뒷받침할 만한 수입원이 되게 하라. 면세 지방채의 수익률이 5퍼센트라면, 백만 달러 상당의 면세 지방채는 매년 5만 달러의 수입을 가져다줄 것이다. 그 정도면 충분하지 않은가? 아니면 그 두 배는 되어야 하나? 아니면 세 배? 네 배? 비용을 빨리 줄이는 만큼 자유의 순간에 빨리 도달할 수 있다는 점을 명심하라. 자신의 재정을 합리적으로 관리하면서 거래 계좌를 합리적으로 관리해야 할 때를 대비하라.

아마도 당신은 주식 관련 책에서 개인 소비에 관한 논의를 보게 되리라고 예상하지 못했을 것이다. 관심이 생겼다면 도밍게즈의 책을 찾아 읽어보기 바란다. 거래자가 알아두어야 할 핵심 사항은 냉철하고 합리적인 방법으로 시장에 접근해야 한다는 점이다. 당신은 시장에서 이득을 최대화하고 손실을 최소화해야 하며, 시장에서 취하는 모든 행동들은 납득할 만한 이유가 있어야 한다.

● 자제와 겸손 ●

내 어떤 친구는 원래 객장 직원으로 시작하여 8년간의 노력 뒤에 거래자로서 성공의 길에 접어들었다. 지금 그는 세계적으로 유명한 투자 매니저가 되어 있다. 초짜였을 때부터 그를 알고 있던 많은 사람들은 그가 뉴욕의 조그만 거래소에서 직원으로 일하고, 사람들에게 강의를 하고, 주식 거래에서 수지를 맞추려고 꽤나 노력하던 당시의 이야기들을 즐겨 화제에 올린다. 어떤 나이 든 거래자는 내게 이렇게 말했다. "나는 그를 잘 알고 있었소. 그가 성공할 줄 알았다오. 매우 조심스러웠던 반면 또 무척 낙관적이었거든. 그게 아주 잘 어우러져 있는 사람이었지. '거래를 하여 틀림없이 돈을 벌 것이니까 아침에 일찍 일어나야 해' 라고 생각했지."

주식 거래에서 성공하려면 자신감과 조심성이 필요하다. 둘 중 하나만 있는 것은 위험하다. 자신감에 차 있지만 조심성이 없다면 거만해진다. 거만은 거래자들에게는 치명적인 약점이다. 반면 조심성만 있고 자신감이 없다면 방아쇠를 당길 능력이 없다.

당신은 자신감 있게 이렇게 말할 필요가 있다. "이 주식은 올라갈 거야. 지표가 계속 올라갈 거라고 신호를 보내잖아. 매수해서 추세를 타야 해." 동시에 당신은 충분히 겸손한 태도를 갖추어 거래 계좌에 위협이 되지 않을 만한 규모로 거래를 해야 한다. 시장의 불확실성을 인정하고 소규모의 손실을 주저 없이 받아들일 마음의 준비가 되어 있어야 한다.

새로운 거래에 강한 확신이 들 때는 리스크를 생각하기가 쉽지 않다. 하지만 리스크를 생각하지 않으면 자기 자신을 보호할 수 없다. 시장이 예상과 다른 방향으로 진행되어 미리 정해놓은 청산 수준에 도달하면 당신은 겸손한 태도로 시장을 빠져나와야 한다. 아무리 그 거래에 자신이 있더라도 마찬가지다. 당신에게는 자신감과 겸손 모두가 필요하다. 상충하는 두 가지 감정을 동시에 품고 있는 능력은 감정적으로 성숙했다는 보증서 같은 것이다.

뉴욕에 있는 내 고객 한 명은 몇 차례 세미나에 참석했으며 우리 회사에서 책과 비디오들을 사가기도 했지만 몇 년 동안 계속 제자리걸음을 하고 있었다. 이제 되었다 싶으면 손실이 나고 다시 감을 잡았다 싶으면 돈을 잃었다. 그래서 적자를 메우기 위해 직장을 얻어야 했다. 그는 종종 성공의 문턱에까지 간 것 같았다. 하지만 결국에는 손익분기점 근처에서 맴도는 신세를 면치 못했다. 그러다가 어느 날 어떤 컨퍼런스에서 그와 우연히 만났다. 한눈에 그가 달라졌다는 것을 알 수 있었다. 그는 대단히 뛰어난 거래 실적을 올리고 있었고 운용 자금이 무려 8,000만 달러에 달했다. 평가 기관에서도 그에게 엄청나게 후한 점수를 주고 있었다. 몇 주 뒤 나는 그의 사무실을 찾아가보았다.

그는 예전과 똑같은 거래 시스템을 사용하고 있었다. 삼중 스크린에 기반한 그 시스템은 오래전에 개발된 것이었다. 그에게서 바뀐 것은 단 한 가지였다. 그는 더 이상 거래 시스템의 진의를 넘겨짚으려 하지 않고, 대신 자기 자신을 그저 시스템을 따르는 한 명의 직원으로 생각하려고 했다. 그는 상사가 타히티로 휴가를 떠나며 시스템으로 거래를 하도록 지시했다고 상상했다. 상사는 돌아와 그에게 보너스를 줄 것이다. 다만 그가 얼마나 많은 이익을 냈느냐가 아니라 얼마나 충실하게 시스템을 따랐느냐에 따라 보너스를 줄 것이다. 이런 생각 덕분에 그는 뛰어난 거래자가 되려는 노력을 그만두고 자제와 겸손의 자세를 받아들일 수 있게 되었다.

시스템의 속마음이 무엇일까 하고 어림짐작하는 것은 엄청난 불확실성을 낳는 끔찍한 실수다. 저명한 투자 매니저 톰 바소$^{Tom Basso}$는 시장이 앞으로 무엇을 할지 파악하는 것은 엄청나게 힘든 일이라고 말했다. 더욱이 당신 자신이 앞으로 무엇을 할지도 모른다면, 게임은 벌써 끝난 것이나 다름없다.

시스템을 선택하고 자금관리 원칙을 정하고 모든 것을 테스트해보라. 밤마다 시스템을 돌리고, 신호를 받아 적고, 아침이 되면 시스템의 메시지를 중개인에게 읽어주라. 증권 시세가 눈앞에서 정신없이 번쩍거리고 있을 때는 매매 결정을 하지 말라. 증권 시세에 현혹되어 충동적인 거래에 뛰어들기 쉽기 때문이다.

시장이 변해 시스템이 움직임을 놓치고 자본을 잠식하면 어떻게 해야 하는가? 사실 당신은 충분한 기간의 과거 데이터에 대해 시스템을 테스트한 뒤 장기 실적에 대해 확신하고 있어야 한다. 어쨌든 이때는 자금관리 시스템이 당신이 힘든 시기를 넘어갈 수 있도록 도와줄 것이다. 기존 시스템에 대해 매우 보수적으로 접근해야 한다. 계속 마음이 편치 못하다면 새로운 시스템을 설계하고 이 시스템에 따라 다른 계좌로 거래를 해보라. 문제가 없는 부분은 그대로 놔두라.

거래는 자제심을 요구하지만, 역설적이게도 충동적인 사람들을 매혹시킨다. 거래는 훈련, 겸손, 인내를 필요로 한다. 성공적인 거래자는 강하지만 겸손한 사람이며 새로운 아이디어에 개방적이다. 초보자들은 허풍을 떨기를 좋아하고 전문가들은 경청하기를 좋아한다.

자제심을 갖춘 거래자의 10가지 특징

초보자들이 자신의 계좌로는 감당하기 어려운 규모로 거래를 할 때, 시장이 움직이기 시작하면 그들의 몸속에는 아드레날린이 뿜어져 나온다. 주가 상승으로 굴러들어온 돈을 보며 그들은 금세 부자가 되는 꿈을 꾼다. 신이 난 그들은 천정 신호를 놓치고 하락 반전에 갇힌다. 주가 하락이 공포를 불러와 그들은 바닥 신호를 놓치고 바로 저가 근처에서 주식을 팔아치운다. 초보자들은 시장의 현실보다는 자신의 감정에 더 주의를 기울인다.

일단 자제심을 기르면, 계좌 안의 작은 세계에서 시선을 돌려 바깥의 거대한 시장에서 무슨 일이 일어나고 있는지 훨씬 더 분명하게 볼 수 있다. 시장이 평평한 거래 범위 안에서 얼어붙거나 혹은 폭발적으로 수직 상승할 때, 거래자 군중들이 무엇을 느끼는지 알 수 있다. 당신 자신이 한때 그들 가운데 있었기 때문이다. 당신은 시장이 평평한 움직임을 보이고 아마추어들이 관심을 잃으면 돌파가 일어나리라는 것을 안다. 예전에 아마추어였을 때 당신도 돌파가 일어나는지 모르고 지나갔다. 너무 지루해서 시장 흐름을 더 이상 보고 있지 않았기 때문이다. 이제 시장이 평평한 움직임으로 들어가면 당신은 과거에 자신이 어떻게 했는지 깨닫고서 행동에 나설 준비를 한다.

시장은 새로운 고점을 찍고 하루 동안 지지부진했다가 다시 수직 상승한다. 신문, 라디오, TV는 새로운 상승장에 대해 열띤 목소리로 떠들어댄다. 당신이 자제심을 갖춘 거래자라면, 몇 년 전에 천정 근처에서 매수를 했던 사실을 기억할 것이다. 이번에는 달라야 한다. 당신은 전화기를 집어 들고, 시장이 평평하고 지루한 움직임을 보일 때 매수했던 주식을 처분하고 이익을 취하라고 지시한다. 자기 자신에 대해 그리고 자신이 가고 있는 길에 대해 이해하면 시장을 읽고 경쟁자들을 물리칠 수 있다.

자기 자신이 자제심을 갖춘 거래자가 되었다는 것을 어떻게 아는가? 아래에서 자제심을 갖춘 거래자의 특징을 확인하라.

1. 정확한 기록을 작성한다. ● 최소 네 가지의 기록을 작성·관리해야 한다. 거래 스프레드시트, 자본곡선, 거래일지, 행동 계획이다. 즉각즉각 빠짐없이 기록하고, 기록을 자세히 연구하여 과거의 경험으로부터 배워야 한다.

2. 자본곡선이 꾸준한 상승세를 형성하고 하락은 미미하다. ● 전문 투자 매니저의 표준 실적은 연간 25퍼센트 수익이고, 자본의 10퍼센트가 넘는 하락은 허용되지 않는다. 이 정도 수준에 도달하거나 이를 넘어섰다면, 당신은 이 게임에서 이미 훨씬 앞서가고 있다고 하겠다.

3. 스스로 거래 계획을 세운다. ● 친구로부터 대단한 정보를 들어도 동요하지 않는다. 그냥 무시하거나 자신의 의사결정 스크린으로 그 정보를 테스트해본다.

4. 거래에 관해 얘기하지 않는다. ● 신뢰하는 친구와 기술적 사항이나 종료된 거래에 관해서 토론하는 것은 괜찮지만 보유 중인 포지션에 대해서는 절대 조언을 구하지 않는다. 자신의 포지션에 대해 얘기하지 않아야만 원치 않는 쓸데없는 얘기를 듣게 되거나 그 과정에서 하고 싶은 얘기를 참아야 하는 일을 피할 수 있다.

5. 자신이 거래하는 시장에 관해 배울 수 있는 모든 것을 배운다. ● 당신은 모니터하고 있는 주식이나 선물에 영향을 미칠 만한 중요한 기술적·기본적·시장 간·정치적 요소를 잘 이해하고 있다.

6. 정해진 계획을 제대로 따르냐에 따라 스스로를 평가한다. ● 자신을 한 명의 직원으로 상상해보라. 당신의 상사는 장기 휴가를 떠나면서 당신에게 그가 세운 계획에 따라 자금을 관리하라고 지시했다. 그가 돌아오면 얼마나 충실히 자신의 계획에 따랐느냐에 따라 당신에게 보상을 주거나 처벌을 내릴 것이다. 그러므로 당신은 정해진 계획에 따라 거래해야 한다.

7. 날마다 정해진 양의 시간을 거래에 쏟는다. ● 날마다 데이터를 다운로드하여 일련의 테스트와 스크린을 진행한 뒤, 그 결과와 다음날의 계획을 적는다. 하루 중 일정 시간을 거래에 배정하여 거래를 규칙적인 활동으로 만들라. 거래가 생각나는 대로 하는 일이 되어서는 안 된다.

8. 선택한 시장을 움직임 여부에 상관없이 날마다 모니터한다. ● 움직임이 활발하고 관심을 불러일으킬 때만 시장을 모니터하는 초보자들의 전형적인 실수를 피한다. 강력한 움직임은 상대적으로 활발하지 않은 시기에

서 시작됨을 잊지 않는다.

9. 열심히 배우고 새로운 생각에 개방적이지만, 갖가지 주장을 무턱대고 받아들이지는 않는다. ● 주식 관련 서적과 잡지를 읽고, 컨퍼런스에 참석하고, 온라인 포럼에 참가하지만, 어떤 생각이든 자신의 데이터로 직접 테스트를 해보기 전까지는 받아들이지 않는다.

10. 생사가 달려 있는 것처럼 자금관리 원칙을 절대적으로 따른다.
● 재정적인 생명은 정말로 그 원칙에 달려 있다. 자금관리 시스템이 훌륭하면, 웬만한 거래 시스템으로도 충분히 돈을 벌 수 있다.

● 시간관리 ●

모든 거래자는 돈에 관심을 쏟지만, 시간의 중요성에 대해서는 거의 아무런 생각도 하지 않는다. 시간은 돈만큼 중요하다. 시간이 많을수록 시장에서 승리할 가능성은 커진다.

대부분의 사람들은 너무 적은 돈으로 거래를 시작하고, 대부분의 거래자는 자기 자신에게 충분한 학습 시간을 할애하지 않는다. 주식 거래는 물리학이나 수학과는 매우 다른 분야다. 과학에서는 일찍부터 천재들이 두각을 나타낸다. 스물다섯 살 이전에 명성을 얻지 못한 과학자는 평생 그렇게 될 수 없다. 하지만 주식 거래는 나이 든 남자들의 게임이다. 물론 현재는 여자들도 많아지고 있지만, 어쨌든 이 분야에서는 인내가 미덕이고 기억이 커다란 자산이다. 매년 조금씩 발전한다면 당신은 뛰어난 거래자가 될 수 있다.

내가 첫 책을 헌정한 루 테일러라는 친구는 이렇게 말했다. "내가 매년 0.5퍼센트씩 똑똑해진다면 말이야, 죽을 때가 돼서는 정말 천재가 되어 있을 거야." 늘 그렇듯 그의 이런 농담 속에는 엄청난 지혜가 숨겨져 있다.

스크린에서 시선을 돌려 두 가지 목적에 관해 생각해보라. 거래를 배우는 것과 돈을 버는 것 말이다. 어느 게 먼저고, 어느 게 나중인가? 서둘러 큰돈을 벌겠다고 자기 자신을 죽이는 짓은 하지 말라. 거래를 배우면 돈은 뒤따라오는 법이다. 현명한 조련사는 망아지에게 너무 무거운 짐을 지우지 않는다. 훈련이 먼저고 무거운 짐을 운반하는 것은 나중 일이기 때문이다.

소규모 거래를 많이 하여 실적을 분석하는 것이 가장 좋은 학습 방법이다. 거래를 많이 할수록 많이 배울 것이다. 소액으로 거래를 하여 압박감을 덜고 거래의 질에 집중하라. 거래 규모는 나중에 언제든 늘릴 수 있다. 목적은 충분한 경험을 축적하여 대부분의 행위가 거의 자동적으로 이루어지게 하는 것이다. 경험을 통해 많은 실제적인 기술을 익힌 거래자는 다음 단계에 대해 고심하는 대신 전략에 집중할 수 있다. 그것이 바로 당신이 원하는 일 아니던가.

당신이 거래에 관해 진지하게 생각하고 있다면 그것에 시간을 투자해야 한다. 시장을 연구하고, 거래 기법을 해부·평가하고, 시스템을 설계·적용하여 결정을 내리고 이를 기록하라. 상당한 수준의 거래자가 되기 위해서는 이 모든 과정이 요구된다. 상당한 수준의 거래자라면 어떤 거래자를 말하는가? 머릿속에 두 가지 이야기가 떠오른다. 두 이야기의 주인공은 실상 스펙트럼의 양 극단에 서 있다.

한쪽은 부지런히 일하는 부류에 속하는 일류 선물 투자 매니저인데, 한때 나는 그와 같은 아파트에 산 적이 있다. 같은 지붕 아래 살고 있었지만 나는 좀처럼 그의 얼굴을 볼 수가 없었다. 그는 아침 7시에 집을 나섰다가 저녘 10시 이후에 돌아와 옷을 입은 채로 응접실에 쓰러져 잤다. 일주일 중 6일을 이런 식으로 근무했고, 일요일은 휴무였다. 하지만 일요일이 되어도 아침에 클럽에서 스쿼시 게임을 한 다음에는 사무실로 돌아가 다음날 개장에 대비했다. 아내도 없고, 여자 친구도 없고, 취미도 없고, 친구도 없었다. 하지만 그는 수백만 달러를 긁어모으고 있었다!

다른 한쪽은 느긋하지만, 그래도 대단히 절도 있는 생활을 하는 부류에 속하는 중년의 중국인 거래자다. 나는 아시아에서 주식시장이 휘청거리고 있을 때 그의 저택을 방문한 적이 있다. 그는 과거 10년 동안 두 차례의 상승장에서 엄청난 재산을 모았는데, 자신이 원하는 만큼 돈을 벌기 위해 마지막으로 한 번 아시아에서 상승장이 만들어지기를 기다리고 있다고 했다. 그는 다음의 상승장을 위해 몇 년이라도 기다릴 마음을 먹고 있었다. 그동안에는 가족을 돌보고, 예술품을 수집하고, 골프를 즐겼다. 그는 일주일에 몇 시간을 할애하여 데이터를 다운로드하고 지표를 관찰하는 데 쓰고 있었다.

시장을 분석하고 자기 몫의 연구를 하는 데 몇 시간을 투자해야 할까? 초보자들은 깨어 있는 매분 매초의 시간을 기본적 지식을 습득하는 데 쏟아 부어야 한다. 그렇다면 다음 단계에서는, 요컨대 전문가에 가까운 유능한 거래자가 된 뒤에는 얼마만한 시간을 투자해야 할까? 우리는 지금 온종일 스크린 앞에 앉아 있어야 하는 데이 트레이딩이 아니라 포지션 트레이딩에 대해 얘기하고 있는 것이다. 따라서 그 답은 얼마나 신속하게 일하고 얼마나 많은 시장을 거래하느냐에 따라 달라진다.

당신은 날마다 일정한 양의 시간을 시장에 투자해야 한다. 아마추어와 도박꾼은 전형적인 실수를 한다. 시장이 활발하게 움직이지 않으면, 스크린에서 눈을 떼고 그만 관심을 잃어버리는 것이다. 주가가 상승한다는 소식이 들린 뒤에야 그들은 정신을 차린다. 하지만 그 무렵이면 시장은 거침없이 상승하고 있다. 아마추어들은 또 다시 기차를 놓치고, 혹시나 급등하는 추세에 올라탈 수 있지 않을까 하는 바람으로 그제야 다시 기차 뒤를 쫓는다.

체계 잡힌 거래자는 현재 거래를 하든 않든 자신의 시장을 추적한다. 그는 주가가 변동 범위 안에서 좀처럼 움직이지 않다가 저항선을 돌파하면 일찍 매수에 나서고, 아마추어들이 랠리에 몰려들기 시작할 때 주식을 팔아치우고 이익을 챙긴다. 노련한 거래자는 날마다 자기 몫의 연구를 하기 때문에 게임에 앞서나갈 수 있는 것이다.

당신에게는 얼마나 많은 시간이 필요할까? 우선 주식 종목 하나하나에 대해, 해당 산업군까지 포함하여 핵심적인 펀더멘털을 파악해야 한다. 선물의 경우는 공급과 수요, 계절, 인도월 간의 스프레드 같은 추가적 요인이 있다. 연준의 발표나 기업의 실적 발표 같은 시장에 영향을 미칠 수 있는 사건들이 언제 일어나는지 일정표를 만들어두어야 한다. 과거 수 년 동안의 주간 차트와 적어도 지난 일 년간의 일간 차트를 연구해야 한다. 지표를 적용하고, 해당 시장에 어떤 지표가 가장 잘 맞는지 조사하고, 매개변수를 시험해 보아야 한다.

천재가 아닌 한 이런 일을 단 두 시간도 안 들이고 해내기는 어렵다. 이같은 일은 거래 대상을 무엇으로 선택하든 당신이 내야 할 입장료다. 그 뒤 날마다 공부가 시작된다. 노련한 거래자는 매일 주간 차트와 일간 차트를 들여다본다. 모니터하는 시장을 다른 관련 시장들과 비교한다. 당신도 매일 기록을 하고 다음날을 위한 계획을 작성해야 한다. 이런 일을 제대로 하려면 주식이나 선물 한 종목에 적어도 15분이 필요하다.

그렇다면 뒤집어서 질문을 해보자. 분석을 위해 하루에 한 시간 정도를 낼 수 있다면, 얼마나 많은 시장을 추적할 수 있을까? 세 개 혹은 네 개일 것이다. 만약 두 시간이 있다면, 여섯 개, 여덟 개, 심지어 열 개까지 추적할 수 있을 것이다. 이런 작업을 조직화해주는 ABC 등급 시스템(곧 다룰 것이다)을 활용하면, 시장의 수를 두 배로 늘릴 수 있다. 하지만 무엇을 어떻게 하든 양보다 질이 중요하다는 점을 명심하라.

어떤 주식을 목록에 올리기 전에, 날마다 그 주식을 추적할 만한 시간이 충분한지부터 판단하라. 어쩌다 하루 정도 빠뜨릴 수는 있겠지만, 그럴 때라도 적어도 시장을 한번 훑어보기는 해야 한다. 날마다 하는 숙제는 정말 중요하다. 때문에 당신이 모니터하는 시장의 수는 하루에 얼마나 시간을 낼 수 있는가에 달려 있다. 접촉을 잃으면 감을 잃는다. 전문가들도 휴가에서 돌아와서는 시장의 감을 잡는 데 며칠 정도를 잡는다. 다음은 발전의 단계들이다.

초보자: 처음에는 대략 여섯 종목을 추적한다. 어찌되었든 거래 대상이 열 종목을 넘어서는 안 된다. 종목의 수는 나중에 언제든 늘릴 수 있다. 적은 시장을 제대로 추적하는 것이 많은 시장을 좇다가 뒤처지는 것보다 낫다.

매일의 숙제는 시장에 대한 감을 기르는 데 필수적인 과정이다. 매일 시간을 정해 시장을 연구하라. 직장에서 혹은 파티에서 밤늦게 집에 돌아오더라도 10분이면 데이터를 다운로드하고 대여섯 종의 주식을 살펴볼 수 있을 것이다. 내일 당장 거래를 하지 않는다 하더라도 모니터하고 있는 주식들의 그림을 머릿속에서 새롭게 그려주어야 한다. 너무 많은 주식을 추적하면, 소화할 수 있는 것보다 더 많은 것을 삼켜 소화불량에 걸린다. 그러면 뒤처지고 결국 흥미를 잃고 만다. 적은 수의 주식을 추적하여 잘 파악하는 것이 우선이며, 주식의 수를 늘리는 것은 나중에 하도록 한다.

중급 거래자: 이 단계에서 당신은 몇십 종의 주식이나 선물을 추적하고

있을지도 모른다. 각 종목을 분석하는 데는 초보자였을 때만큼 시간이 들더라도, 보다 깊이 있는 분석이 가능할 것이다. 노련한 아마추어 또는 프로에 가까운 실력의 거래자는 ABC 등급 시스템의 도움으로 시간을 보다 효율적으로 사용할 수 있다.

몇몇 뛰어난 거래자는 거래 주식이나 선물의 수를 늘리려 하지 않는다. 어떤 사람은 대두와 대두 제품만, 또는 통화만, 아니면 대여섯 종의 기술주만 집중적으로 거래한다. 시장 분석 외에도 최소 일주일에 대여섯 시간을 내서 책과 기사를 읽고 인터넷에서 다른 거래자들과 교류한다.

이 단계에서 일 년이 넘으면 거래에 대한 관점에서 중요한 선택에 직면한다. 돈 따는 재미가 쏠쏠한 특별한 취미로 여길 것인가 아니면 전문가 수준에 도달하기 위해 노력해야 할 것인가 기로에 서는 것이다. 전문가 수준에 도달하고 싶다면 거래에 더 많은 시간을 쏟아부어야 한다. 인생의 다른 부분은 희생하고 시장에 대한 연구로 적어도 하루 네 시간에서 여섯 시간을 보내야 한다.

전문가: 직업으로 거래를 하는 사람들은 대개 다른 전문적 관심들은 모두 버린다. 시장은 시간과 관심을 요구하고 계좌 총액이 훨씬 크기 때문에 자금관리도 더욱 어려워진다.

소수의 시장을 거래하는 경우를 예외로 하면, 전문 거래자는 약간의 수정을 하더라도 거의 언제나 ABC 등급 시스템을 활용한다. 시장을 연구하는 데 더 많은 시간을 할애하는데, 전문지식 수준이 높기 때문에 조사도 훨씬 더 빨리 할 수 있다. 책이나 기사를 읽고, 분석을 심화하고, 자금관리 시스템을 개선하고, 인터넷의 새로운 발전을 추적하며 매주 몇 시간을 보낸다.

이 단계에서는 보상이 매우 크다. 그러나 여기까지 오는 데 오랜 세월을 투자한 전문가는 결과에 도취되지 않는다. 그는 매우 잘살지만, 대부분의 초보자들보다 더 열심히 일한다. 이 수준의 거래자는 시장을 매우 좋아하고 시장에서 큰 만족을 얻는다. 스키어들이 높은 산을 좋아하는 것과 마찬가지다.

ABC 등급 시스템으로 시간관리 하기

시장에서는 엄청난 양의 정보가 쏟아져 나온다. 누구도 이런 정보를 모두 처리할 수는 없다. 누구도 거래 결정을 내리는 동안 기본적 가치, 경기 동향, 기술적 지표, 장중 변동, 내부자와 투자 전문가의 매수 및 매도를 모두 염두에 둘 수는 없다. 우리는 완벽한 조사와 연구를 원하지만, 애초부터 그것은 결코 완벽할 수 없다. 그러므로 우리는 쏟아져 들어오는 정보를 처리 가능한 수준의 데이터 흐름으로 바꾸어놓기 위해 상대적으로 적은 수의 시장을 선택하여 거래 계획을 설계할 필요가 있다.

거래에서 중요한 것은 똑똑해지는 것도 아니고 예측을 잘하는 것도 아니고 방대한 양의 거래 대상들을 검색하는 것도 아니다. 관리다. 자본, 시간, 분석 그리고 우리 자신을 관리하는 것이다. 관리만 제대로 하면, 이익을 낼 수 있다.

시간관리는 성공의 중요한 측면이다. 개인적인 스타일에 따라 다를 텐데, 당신 자신의 경우 새로운 시장을 조사하고 그 시장을 날마다 추적하는 데 얼마만한 시간이 필요한지 알아보라. ABC 등급 시스템은 시간을 크게 절약하여 당신이 더 많은 시장을 동시에 추적하고 거래할 수 있도록 고안되었다. 초보자들을 위한 것은 아니지만, 중급 거래자나 전문가들에게는 틀림없이 유용하게 쓰일 것이다.

ABC 등급 시스템은 시간관리 시스템으로, 원래 구피[D. Guppy]가 나에게 소개해준 것이다. 이 시스템을 활용하면 거래 기회를 기대하기 힘든 시장에 소비하는 시간을 줄이는 대신 거래가 임박한 시장에 집중할 수 있다. ABC 시스템에서는 당신이 추적하고 있는 모든 주식과 선물의 주간 기록을 검토하고 이들을 세 그룹으로 나눈다. 내일 거래해야 한다고 판단되는 종목은 A, 이번 주 후반에 거래할 수도 있다고 판단되는 종목은 B, 이번 주에는 거래 기회가 없을 것이라고 판단되는 종목은 C로 분류한다.

 ABC 시스템을 가동시키기에 가장 좋은 시간은 주말이다. 가장 먼저 모든 데이터를 다운로드한 후 스프레드시트를 작성한다. 스프레드시트의 맨 왼쪽 세로줄에 당신이 추적하는 모든 주식이나 선물의 종목을 적는다. 그리고 하루에 하나의 세로줄을 할당하여 A, B, C의 등급을 매긴다. 거래 소프트웨어의 주간용 템플릿과 일간용 템플릿을 열어라. 주간용 템플릿에 첫 번째 종목을 드롭하라.

 첫 번째 종목이 주식이라고 치자. 이것을 다음 주에 거래하고 싶은 생각이 드는가? 예컨대 당신이 롱 포지션 거래만 하는데 주간 차트가 견조한 하락세를 보인다면, 다음 주에 그 주식을 거래하지는 않을 것이다. 이런 경우는 등급을 C로 매기고 다음으로 넘어가라. 다음 종목을 주간용 템플릿에 끌어와라. 할 만한 거래 같으면, 일간용 템플릿으로 다시 옮겨가라. 다음 주 월요일에 거래하고 싶다면 스프레드시트에 A로 기입하고, 월요일 당장 거래를 해야 할 것 같지는 않지만 주 후반에는 거래 기회가 있을 것 같으면 스프레드시트에 B라고 적어라. 이제 다음 종목을 주간용 템플릿에 드롭하라. 이런 식의 과정을 반복하여 전체 리스트를 훑어라.

 속도를 유지하라. 중간에 느려져서는 안 된다. 각 시장에 대해 1분 안에 작업을 끝내라. 좋은 거래 기회는 스크린에서 저절로 튀어나와 눈길을 사로잡아야 한다는 사실을 잊지 말라. "나예요! 나를 거래하라구요!" 차트를 뚫어지게 쳐다보아야 한다면 그것은 이미 좋은 거래 대상이 아니다.

진짜 작업은 ABC 스프레드시트 작성을 끝내고 난 뒤 시작된다. 이제 당신은 A로 표시한 모든 주식이나 선물을 조사해야 한다. 거래 시스템을 적용하여 진입 시점과 손실제한주문 가격, 이익 목표점을 정한 뒤 월요일에 낼 주문을 종이에 기록해둔다. A로 표시된 모든 종목에 대해 이런 과정을 거치되, 나머지는 그대로 놔둔다. 월요일 폐장 뒤에는 모든 A 등급의 종목을 훑어본다. 시장에 들어갔다면, 거래일지에 기록하고 계획에 따라 포지션을 관리한다. 진입 주문이 이행되지 않았다면, 그 종목을 다시 조사한다. 당신은 화요일에 그 시장에 다시 들어가고 싶은가?

이런 방식으로 거래하고 싶은 시장 중에서 B와 C 그룹을 일단 제쳐놓으면 시간을 절약하고 가장 유망한 거래 기회를 집중적으로 검토할 수 있다.

화요일 폐장 뒤 이런 과정을 다시 반복한다. 하지만 이번에는 B 등급의 시장도 검토해야 한다. 이때는 B 등급의 시장을 A 등급으로 올려놓고 하루하루 모니터링을 할지 아니면 C 등급으로 내리고 주말까지 신경 쓰지 말 것인지를 결정한다.

앞에서 우리는 행동 계획에 대해 알아보았다. 알다시피, 행동 계획은 다음날의 주문을 기록해두는 스프레드시트다. 행동 계획과 ABC 등급 시스템은 하나의 스프레드시트로 통합하기에 적합하다. 그렇게 하면 각 가로줄은 하나하나의 거래 대상을 표시하며, 각 세로줄은 하나의 거래일을 나타낸다. 셀에는 해당하는 주식 또는 선물의 등급을 나타내는 A, B, C가 기입된다. 그리고 모서리의 빨간색 삼각형은 거래 방법에 관한 설명이 기록되어 있다는 것을 알려준다.

지루함은 거래자의 적이다. 아무 일도 없는데 날마다 시장을 봐야 한다는 것은 고역이 아닐 수 없다. 전문가로서 시장을 추적해야 하는 건 마땅하지만 페인트가 마르길 지켜보는 것을 좋아할 사람은 아무도 없다. ABC 시스템은 이런 상황에서 우아한 해결책이 될 것이다. 시장을 신속하고 효율적인 방법으로 모니터하면서 대부분의 시간과 관심을 가장 유망한 거래 대상에 쏟을 수 있기 때문이다. ABC 시스템을 적용하는 데 익숙해지면, 추적하는 시장의 수를 쉽게 두 배로 늘리고 거래 기회를 확대할 수 있을 것이다.

● 의사결정나무 ●

전문 거래자는 시장을 진지하게 생각하고 합당한 시간과 관심을 쏟는다. 이 책을 여기까지 읽었다면 당신은 아마도 보통 사람들보다는 좀더 열심인 사람들일 것이다. 이제는 당신의 행동 계획을 보다 자세히 들여다보아야 할 시간이 되었다.

당신은 매일 일정한 시간을 시장의 연구에 쏟아야 한다. 시장을 늘 가까이하는 습관은 성공의 필수 요소다. 성공을 위해서는 어떤 시장을 거래할지 결정하고 그중 선별한 소수에 집중해야 한다. 학습 계획도 필요하다. 마지막으로 한마디 하자면, 거래 계획을 짜라. 문서로 작성된 거래 계획은 노련한 거래자의 신분증이다.

거래 계획의 설계

거래자는 세 가지 발전 단계를 거친다. 우리 모두는 초보자로 시작한다. 그중 일부는 오랜 기간을 살아남아 노련한 아마추어에 이르거나 프로에 가까운 실력의 거래자가 된다. 그리고 소수는 전문가의 수준에까지 오른다. 거래 계획을 문서로 작성하는 것은 발전 단계의 상승을 보여주는 일이다.

초보자는 계획을 작성하지 않는다. 쓸 게 없기 때문이다. 대신 초보자는 굉장한 정보를 좇거나 대박을 노리면서 너무나 신나는 시간을 보낸다. 뭔가 쓰고 싶다 하더라도 어디서부터 시작해야 하는지 모른다. 노련한 아마추어 또는 프로에 버금가는 실력의 거래자는 자금관리 원칙을 비롯하여 계획을 문서로 작성하면서 전문가의 수준을 향해 나아간다.

거래 계획과 기계적 시스템은 거래자에게 허용되는 사유의 정도에서 차이가 난다. 기계적 시스템은 경직된 반면, 계획은 중요한 원칙을 정해놓되 거래자에게 판단을 맡긴다.

일부 초보자들은 엄청난 양의 정보를 기계적 시스템에 쏟아붓고 과거의 기록에 잘 들어맞는 일련의 규칙들을 찾음으로써 거짓된 안도감을 얻는다. 하지만 시장은 발전하고 성장하고 변화하는, 살아 있는 사회적 유기체다. 과거의 데이터에 잘 들어맞는 경직된 규칙은 미래에는 별 효과가 없을 가능성이 크다. 기계적 시스템이 잘 들어맞는다면 지금쯤은 최고의 프로그래머가 시장을 석권하고 있을 것이다. 모든 기계적 거래 시스템은 그대로 놔두면 시간과 함께 자멸하고 만다. 판매업자들이 이런 시스템을 계속 팔 수 있는 것은 대중이 마케팅 술책에 쉽게 빠져들기 때문이다.

거래 계획은 반드시 따라야 할 몇 가지 주요 원칙과 함께 거래자의 판단을 요구하는 선택 조건들로 이루어진다. 거래 계획은 또한 시장을 선택하는 원칙을 포함하고 있고, 거래 형태를 지정하며, 매수 및 매도 신호를 찾고, 거래자본을 할당하는 기능을 한다. 계획을 작성할 때는 모든 것을 다 포괄하겠다는 생각을 버려야 한다. 그만둘 때를 알아. 원칙을 정하더라도 결정의 순간 어디서 판단이 필요한지 밝혀두라.

스스로 어떤 형태의 거래를 선호하는지 먼저 알아두어야 한다. 매수한 뒤 매도하여 돈을 번다는 따위의 일반적인 얘기는 너무 피상적이다. 승자들은 서로 다른 방식으로 돈을 버는 반면, 패자들은 한결같이 똑같은 충동의 늪에 빠짐으로써 돈을 잃는다. '10루타'—10배 상승하는 주식—를 찾는 피터 린치 같은 장기 투자자는 성공적인 단기 거래자들과는 다르게 행동한다. 사실 이런 단기 거래자들이 바로 그가 산 주식을 공매도한 사람들이다. 결국에는 이 두 부류 모두 성공할지 모르지만, 어쨌든 30분 단위로 생각하는 플로어 트레이더들은 거래일이 끝나기 전에 일시적인 주가 하락에서 작은 이익을 내고 숏 포지션을 처분할 것이다. 반면 장기 투자자는 끝까지 롱 포지션을 보유하고 있을 것이다.

거래 계획은 특정한 시장에 대한 관심과 거래 기법, 개인의 경험, 계좌의 규모를 반영한다. 또한 거래자 각자의 개성과 시장의 반응 방식을 반영한다. 두 명의 친구가 비슷한 경험과 동등한 자본을 기반으로 동일한 시장에서 거래한다 하더라도 거래 계획은 다르게 세울 것이다. 마음에 드는 거래 형태가 여러 가지라면 둘 이상의 거래 계획을 작성할 수도 있다.

거래 계획이 없다면 지금 당장 만들어보기 바란다. 뛰어난 거래 계획을 작성하려면 많은 수고를 기울여야 한다. 내가 최초로 거래 계획을 만들어본 것은 뉴욕에서 로스앤젤레스로 가는 비행기 안에서였다. 나는 비행기를 타고 있는 5시간이면 충분할 것이라고 생각했다. 하지만 나는 5개월 뒤에도 여전히 거래 계획을 만들고 있었다.

여기에 거래 계획의 기본적인 개요 두 가지를 소개하고자 한다. 거래 계획의 기본적인 구조를 설명하고, 또 당신이 스스로 만들어야 할 거래 계획의 출발점으로 삼으라는 뜻에서다. 다른 사람의 거래 계획을 보는 것은 섹스 가이드북을 읽는 것과 비슷하다. 그런 책을 읽다 보면 몇 가지 새로운 체위들에 눈이 번쩍 뜨일지 모르지만, 섹스가 정말로 즐거운 경험이 되기 위해서는 당신의 기질과 환경에 맞아야 한다. 거래 계획 역시 마찬가지다.

거래 계획 A ● A라는 거래자는 계좌에 5만 달러가 있으며 주식시장에 관심을 가지고 있다. 한동안 주식시장을 조사하다가 자본총액이 큰 주식들(다우 타입의 주식들)이 추세에 따라 꾸준히 움직이는 경향이 있지만, 일 년에 몇 차례는 집중 경향치central tendency의 위아래로 단기 변동이 일어난다는 것을 발견했다.

거래 계획은 시장 행동의 개념—가격은 평균 가치의 위아래로 변동한다는 개념—을 받아들이도록 하고 이를 행동 계획으로 탈바꿈시킨다. 추세와 이탈을 확인하고, 이들을 포착하기 위한 도구를 선택하고, 자금관리 원칙 · 이익 목표점 · 손실제한주문 가격을 정한다.

● 조사

1. 다우산업평균지수 30개 주식의 4년치 데이터를 다운로드한다.

2. 주간 차트에 26주 지수이동평균을 표시하여 장기 추세를 확인한다. 노련한 거래자는 기간이 더 길거나 더 짧은 지수이동평균을 적용하거나 다른 주식에 다른 지수이동평균을 적용해보는 식으로 또 다른 접근법을 시험하고, 최소 후퇴 추세선least regression trendline 같은 다른 추세추종 지표를 시험해본다. 시장의 가치에 대한 평균적 합의를 추적하는 최상의 도구를 찾으려면, 최초의 거래를 하기 전에 많은 조사를 해야 할 것이다.

3. 거래를 할 계획인 각각의 주식에 대해 가치의 평균편차를 구한다. 주가가 지수이동평균으로 되돌아오기 전에 위로 얼마나 상승하는지 또는 아래로 얼마나 하락하는지 측정한다. 채널이 도움이 될 수 있

다. 아니면 그 값들을 스프레드시트에 기입해도 된다. 지수이동평균에서 얼마나 멀리 떨어진 지점에서 반전이 일어나는지 구해서 가격과 백분율로 표시하고, 이런 편차의 평균 지속 시간도 구하라.

● **주별 행동**

당신이 추적하는 모든 주식의 주간 차트를 조사하라. 집중 경향치에서 평균 편차의 75퍼센트 이상 벗어난 주식을 찾아 일간 모니터링 리스트에 올려놓는다.

● **일별 행동**

완벽한 거래 계획은 (공)매도 단계에 대한 상세한 설명을 포함해야 하겠지만, 여기서는 논의의 간편함을 위해 매수에 대해서만 알아볼 것이다.

1. 일간 모니터링 리스트에 있는 주식에 22일 지수이동평균을 적용하여 단기 추세를 확인한다. 기간이 더 길거나 더 짧은 지수이동평균이 나을지 조사해본다. 어떤 주식이 주간 차트상에서 추세 이탈을 하고 있지만 일간 지수이동평균은 움직임을 멈추고 평평해진다면, 거래 후보로 삼아라.

   조사와 관련하여 또 다른 생각들을 해볼 수 있다. 브로드 마켓(거래량이 많고 활발한 시장-옮긴이)이 상승할 때 매수하는 것이 수익성이 더 높을까? 브로드 마켓의 추세는 어떻게 정의하는가? S&P나 나스닥 같은 지수의 이동평균 혹은 신고점·신저점지수(이 지표는 어떤 거래소의 경우든 쉽게 계산할 수 있으며 주식시장에서 매수세의 강도와 매도세의 강도를 측정하는 최상의 수단이다. 신고점지수는 그해 신고점을 기록한 주식의 수이며, 이런 주식은 상승세의 선도주다. 신저점지수는 그해 신저점을 기록한 주식의 수이며, 이런 주식은 하락세의 선도주다. 이 두 값을 매일 비교하면 상승 선도주가 강한지 하락 선도주가 강한지 볼 수 있다. 이 지표는 선도주가 어떻게 움직이고 있는지 보여주는데, 대중은 보통 선도주를 따를 것이라고 예상할 수 있다) 같은 지표는 어떻게 쓰일 수 있는가? 주식이 고유한 흐름에 따라 움직인다면, 브로드 마켓 따위는 잊어버려라. 그렇지 않을 경우에는 브로드 마켓이 상승할 때 많이 매수하고 하락할 때 적게 매수하라.

2. 주간 차트가 하락 이탈을 보여줄 경우 일간 지수이동평균의 상승 때 매수한다. 우선은 진입의 형태를 결정하기 위해 약간의 조사가 필요하다. 지수이동평균 아래서 진입하거나, 그 근처에서 진입하거나, 시장가로 진입하거나, 아니면 전날의 고가를 돌파할 때 진입하는 방법을 알아본다.

3. 일간 차트에서 안전영역 지표를 이용하여 손실제한주문 가격을 정하고, 주간 지수이동평균을 보고 이익 목표점을 정하라. 매수 주문을 매일 다시 계산하여 설정하라.

주당 리스크를 금액으로 계산해보고 2퍼센트 원칙을 준수할 때 얼마나 많은 주식을 매수할 수 있는지 판단하라. 계좌에 5만 달러를 갖고 있는 거래자는 체결오차와 수수료를 포함하여 거래당 1,000달러가 넘는 리스크를 부담해서는 안 된다. 계좌의 6퍼센트가 이미 다른 거래로 리스크에 노출되어 있는 경우는 새로운 거래에 들어가지 않아야 한다.

이 계획은 다음의 몇 가지 원칙을 포함하고 있다.

- 주가가 주간 지수이동평균 아래에 있을 때만 매수한다.
- 일간 지수이동평균이 상승할 때만 매수한다.
- 필요한 조사를 하고, 손실제한주문 가격을 매일 다시 계산하고, 계좌 총액의 2퍼센트 이상을 리스크에 노출시켜서는 안 된다.

또한 거래자는 이 계획에 따라 정확히 어디에서 시장에 들어가고, 어디에 이익 목표점을 정하고, 얼마나 큰 규모로 거래를 할지(2퍼센트 원칙과 6퍼센트 원칙을 따르는 한)를 판단하고 결정해야 한다. 기록을 성실히 작성하여 이런 계획을 뒷받침해야 한다는 것은 두말하면 잔소리겠다.

시간이 가면서 거래 계획은 더욱 정교해질 것이다. 시장은 여러 차례 당신을 속일 것이다. 그러면 그때마다 당신은 계획을 조정해야 하고, 그럴수록 계획은 점점 더 오래갈 수 있을 것이다. 이상의 거래 계획은 삼중 스크린 분석(다양한 시간 스케일과 지표들)을 자금관리 시스템 및 진입, 청산 관리와 연결시켜준다.

거래 계획 B ● B라는 거래자는 3만 달러의 주식자본$^{risk\ capital}$이 있고 선물을 거래하고 싶어한다. 그는 선물시장이 대부분의 시간 동안 평평한 거래 범위 내에 머물지만, 간간이 상대적으로 짧고 빠른 추세가 형성되는 것을 알았다. 그는 이런 단기의 충동적인 움직임을 거래하고자 한다.

● 조사

거래자 B는 상대적으로 돈이 적으므로 값싼 시장을 공략해야 한다. 시장의 일상적인 노이즈 수준이 자금관리 원칙을 허물어뜨려서는 안 되기 때문이다.

예컨대 S&P500 지수의 1포인트는 S&P500 선물의 250달러다. 보통 하루에 5포인트 정도 움직인다고 봤을 때 금액으로 치면 1,250달러가 변동하고, 그러면 거래자의 3만 달러 계좌는 4퍼센트 손실에 노출된다. 즉 소액 계좌에 2퍼센트 원칙을 적용하려면 변동성이 크고 비싼 시장들은 거래 대상에서 제외해야 한다는 얘기다. 커피, 대두, 통화 그리고 그 외 몇 시장은 계좌의 자본이 훨씬 더 커질 때까지 뛰어들지 않는 것이 좋다.

1. 옥수수, 설탕, 구리의 2년치 과거 데이터를 다운로드한다. 옥수수는 변동성이 가장 낮은 곡물이며, 설탕은 변동성이 가장 낮은 열대 산물이다. 둘 다 유동성은 매우 크기 때문에 진입과 청산이 용이하다. 오렌지주스 같은 다른 값싼 시장과 다른 점이다. 오렌지주스는 거래량이 적기 때문에 거래자들이 큰 체결오차에 노출된다. 구리 시장은 유동성이 크고, 경기 호황 때만 예외로 한다면 상대적으로 차분하다. 전자거래되는 지수 선물 E-minis는 주식시장에 흥미가 있는 선물 거래자들에게 좋다. 각 계약에 대해 두 종의 데이터를 다운로드하라. 즉, 주간 차트용으로 적어도 2년치가 넘는 연속된 데이터와 일간 차트용으로 6개월치의 최근월물 데이터를 다운로드하라.

2. 몇 가지 지수이동평균을 시험하여 주간 차트에서 추세를 추적하는데 가장 좋은 것을 선택하라. 일간 차트에 대해서도 똑같은 일을 하라. 각 시장에 대해 최적의 채널을 찾아라. 특히 일간 차트상의 지난 3개월에 대해 가장 잘 맞는 채널을 골라라. 채널은 최근 시장 움직임의 90~95퍼센트를 수용해야 한다. 최근 3개월은 현재의 시장과

관련성이 무척 크다. 하지만 채널을 연구할 때 극적인 팽창과 수축에 대비하여 2년 전의 차트까지 훑어보는 것도 좋은 생각이다. 많은 거래자들은 시장 변화 때 방향 감각을 상실하는데 만약 시장의 과거를 알고 있다면 혼란이 훨씬 덜할 것이다.

● 주별 행동

해당 시장의 주간 차트를 검토하고 추세를 결정하라. 주간 추세가 상승세면 일간 차트를 펼쳐 매수 기회를 찾아라. 주간 추세가 하락세면 공매도 기회를 찾아라. 주간 추세가 불분명하면 그 시장에서 거래 기회를 찾길 포기하거나 아니면 곧바로 일간 차트를 보라.

지수이동평균의 경사를 이용하여 주간 추세를 판단할 수도 있지만, 특히 몇 개 안 되는 시장만 추적할 때는 좀더 많은 것을 생각해서 추세를 판단할 수 있다. 예컨대 지수이동평균과 MACD 히스토그램을 동시에 사용하여 추세를 확인할 수 있다. 두 지표가 같은 방향으로 움직인다면, 그 움직임은 특히 강력함을 의미한다.

● 일별 행동

여기서도 논의의 편의성을 위해 매수만을 다루고자 한다. 그러나 공매도에도 동일한 논리를 적용할 수 있다. 모든 선물 거래자는 공매도를 불편하게 여겨서는 안 된다. 선물시장에는 업틱룰이 없고, 숏 포지션의 수는 롱 포지션의 수와 항상 같다.

1. 임펄스 시스템을 적용한다. 지수이동평균과 MACD 히스토그램이 상승하면, 강력한 매수 신호다.

2. 다음날 롱 포지션을 취한다. 하지만 상단 채널선 위에서는 매수하지 말라.

   이런 공격적인 진입은 시장의 급격하고 충동적인 움직임을 붙잡기 위해서다. 당신은 현재 거래하고 싶어하는 시장에서 이런 아이디어를 조사하고 시험해보아야 할 것이다. 기계적인 거래 시스템은 시장이 변하고 나서 한참 뒤에야 거래에 뛰어들도록 하는 함정이 있는데 이를 피할 수 있어야 한다.

   거래에 들어가기 전에 먼저 어디에 손실제한주문을 해둘지 계산하라. 이 거래에서 자본의 몇 퍼센트가 리스크에 노출되는지 확인하고, 자금관리 원칙에 따르면 이를 받아들일 수 있는지 확인하라. 6퍼센트 원칙에 따를 경우, 거래를 해도 좋은가? 예컨대 이달에 계좌 총액의 3.5퍼센트를 잃었는데 보유 중인 포지션이 자본의 2퍼센트를 리스크로 삼고 있다면, 더 이상 새로운 거래를 해서는 안 된다. 자본 총액의 6퍼센트 이상을 리스크에 노출시켜서는 안 되기 때문이다.

3. 일간 차트상에서 안전영역 지표를 이용하여 손실제한주문 가격을 정하라.

   손실제한주문 가격을 계산하여 거래에 진입해도 좋다는 결론이 나온다면 매수 주문을 내라. 그리고 주문 확인을 하자마자 손실제한주문을 내라. 날마다 손실제한주문 가격을 다시 계산하고 새로운 손실제한주문을 내라. 손실제한주문을 머릿속으로만 해두면, 스크린에서 시선을 뗀 사이에 갑작스러운 격렬한 움직임이 일어나 큰 낭패를 당할 수 있다.

매수 신호가 사라지면 그날 폐장 전에 이익을 취하라. 이를 위해서는 폐장되기 몇 분 전에 여러 가지를 계산해보아야 한다. 매수 신호가 강력한 상태로 남아 있는 한 거래를 유지하라. 일간 차트의 상단 채널선은 임펄스 시스템의 이익 목표점으로 삼기에는 너무나 가깝다. 이러한 거래 방법을 필히 시험해보기 바란다.

이 거래 계획은 침범해서는 안 될 원칙들과 당신의 판단을 필요로 하는 선택 조건들로 이루어져 있다. 다양한 시간 스케일을 이용하고, 자금관리 원칙을 따르고, 손실제한주문을 이용하고, 상세한 기록을 작성해야 한다는 것은 타협의 여지가 없는 원칙이다. 그러나 시장이나 진입 시점, 이익 목표점을 선택하고 거래 규모를 결정하는 것은 모두 당신의 판단에 따라 이뤄진다.

계속하여 시장을 조사하고 전문지식이 늘어나면 그에 맞게 거래 계획을 조정해야 한다. 사소한 변화도 기록하고 거래자로서 자신의 발전 과정을 기록해야 한다는 것을 명심하라. 또한 거래 계획에 공매도 포함해야 한다는 것을 잊지 말라. 공매도는 선물 거래의 중요한 일부이기 때문이다.

어떤 점에서 당신은 의사결정 과정의 순서도를 고안하고 싶을지도 모르겠다. 그렇다면 다음을 참고할 수 있을 것이다.

1. 6퍼센트 원칙에 따르면, 거래가 허용되는가?
 : 답이 No일 경우 거래를 포기한다. 답이 Yes일 경우 2로 간다.

2. 주간 차트에서 신호가 발생했는가?
 : 답이 No일 경우 다른 시장으로 간다. 답이 Yes일 경우 3으로.

3. 일간 차트에서도 같은 방향으로 거래를 하라는 신호가 나타났는가?
   : 답이 No일 경우 그 시장은 건너뛴다. 답이 Yes일 경우 4로.

4. 이익 목표점과 손실제한주문 가격은 어디인가? 리스크-보상 비율을 보았을 때 거래할 만한 가치가 있는가?
   : 답이 No일 경우 그 거래는 하지 않는다. 답이 Yes일 경우 5로.

5. 2퍼센트 원칙에 따르면 허용되는 거래 규모는 얼마이며, 실제로 얼마나 거래를 해야 하는가?

이처럼 각 거래에 대해 포괄적인 순서도를 그릴 수 있다. 중요한 점은 자금관리나 여러 시간 스케일과 관련이 있는 몇 가지 필수적인 원칙을 어겨서는 안 된다는 것이다. 이런 원칙을 지키는 한 폭넓고 다양한 분석 및 거래 기법을 적용할 수 있다. 상세한 기록을 작성·관리하고, 전문가처럼 거래를 하고 싶다면 경험으로부터 계속 배워야 한다는 사실을 잊지 말라.

● 초보자, 준전문가, 전문가 ●

거래자들이 하는 질문은 그들의 발전 단계를 보여준다. 초보자들은 늘 거래 기법에 관해 묻는다. 무슨 지표를 이용해야 하는가, 어떤 시스템을 선택해야 하는가 등. 그들은 올바른 스토캐스틱의 매개변수와 이동평균선의 가장 적당한 기간을 알고 싶어한다. 대부분의 초짜들은 이익이라고 하면 환장을 하는 반면 리스크에 관해서는 손톱만큼의 생각도 없다. 이런 사람들을 재앙으로부터 구해줄 수 있는 것은 아무것도 없다.

운이나 노력 또는 타고난 경계심 덕분에 완전한 무지의 시기에도 살아남은 생존자들은 계속 앞으로 나아간다. 그들은 거래 대상을 선택하고 매수 및 매도 시점을 찾는 법을 배운다. 그만큼 알게 된 다음에는 왜 이익이 들쭉날쭉한지 묻기 시작한다. 계좌 총액이 어떤 달은 20퍼센트 증가했다가 다음 달은 20퍼센트 감소하는 이유는 무엇인가? 상당한 돈을 버는데도 불구하고 왜 자본은 늘어나지 않는 건가?

두 번째 단계의 거래자들은 종종 이익을 취하자마자 다 써버리곤 한다. 그들은 돈을 버는 자신의 능력에 대해 확신을 하지 못한다. 나는 오래전에 스위스 프랑 선물로 약간의 이익을 얻은 뒤 보석 가게로 달려가 아내를 위해 목걸이를 샀던 기억이 있다. 또 한 번은 푼돈에 불과한 이익을 얻고 딸에게 값비싼 아비시니아 고양이를 사주는 데 쓰기도 했다. 아비시니아 고양이는 수명이 길다. 이름이 스위시인 딸아이의 그 고양이를 볼 때마다 나는 충동적인 거래로 점철되었던 과거의 날들을 떠올리곤 한다.

이 수준에 머물러 있는 거래자들은 마치 얼음 구멍 속의 꽃처럼 계속 오르락내리락 거린다. 그들은 다음 단계로 도약하기 위해서는 가장 큰 장애물을 극복해야 하는데, 거울을 들여다보았을 때 보이는 바로 그 사람을 뛰어넘어야 한다. 그들은 충동적인 거래에서, 자제심을 내팽개친 거래에서, 손실제한주문도 없이 하는 거래에서 자신이 어떤 역할을 하는지 깨달아야 한다. 거래 기법이 아무리 뛰어나다 하더라도 정신이 올바로 박히지 않으면 승자가 될 수 없다. 개인의 성격과 기질, 버릇은 그 어떤 컴퓨터보다 거래 결과에 큰 영향을 미친다. 이 단계에 있는 거래자들은 이렇게 묻는다. "손실제한주문을 꼭 해두어야 하나? 그냥 머릿속으로 생각해두고 있으면 안 되는 건가?" "나는 왜 방아쇠를 당기는 걸 두려워하는 걸까?" "왜 내가 거래를 안

한 주식이 거래를 한 주식보다 훨씬 더 오르는 걸까?"

이 단계에서 살아남아 성공하여 세 번째 단계에 오른 거래자들은 느긋하고 차분하다. 그들의 질문을 들어보면, 그들이 자금관리에 관심이 있다는 것을 알 수 있다. 그들의 거래 시스템은 뛰어나고 그들은 잘 훈련되어 있다. 거래자본을 어떻게 할당하고 리스크를 어떻게 줄여야 하는지 많은 시간을 들여 생각한다.

이 세 가지 단계는 밑변이 넓고 상부가 좁은 피라미드를 형성한다. 이 여행은 낙오율이 무척 높다. 내가 이 책을 쓰는 것은 당신이 이 여행길을 좀더 쉽고 빠르고 덜 고통스럽게 갈 수 있으면 하는 바람에서다. 아울러 당신이 이 과정에서 돈도 더 많이 벌었으면 한다.

그렇다면 각 단계별로 적절한 이익 목표는 얼마나 될까? 내가 제시하는 숫자는, 최소라 하더라도 너무 낮아 사람들이 놀랄지 모르겠다. 당신은 돈을 벌고 싶어하며, 사실 할 수만 있다면 원하는 대로 그보다 훨씬 더 많은 돈을 벌어도 된다. 하지만 내가 제시하는 기준은 당신이 최소 요구조건을 만족시키는지 여부를 판단하는 데 도움을 줄 것이다. 이 기준을 근거로 자신이 곤란에 처해 있다는 것을 깨달으면 거래를 잠시 멈추고, 다시 생각해보고, 거래 기법을 조정하라. 예컨대 당신이 은행에서 거래 관련 업무 담당자인데 번번이 이익 목표에 미달된다면 매니저는 당신의 거래 권한을 빼앗아가 버릴 것이다. 개인 거래자는 매니저가 없으므로 스스로 규율을 부과해야 한다. 이 책으로 인해 당신이 거래를 잠시 멈추고, 다시 생각하고, 거래 방식을 재조정하여 좀더 높은 곳에 도달할 수 있다면, 책을 쓰면서 보낸 시간이 아깝지 않을 것이다.

초보자

A. 초보자의 경우 허용 가능한 최소 실적의 수준은 연당 거래자본의 10퍼센트 손실이다. 내가 이 기준을 제시하면 사람들은 크게 놀란다. 그들은 대부분의 초보자들이 돈을 금세 까먹는다는 사실을 잊고 있다. 많은 초보자들은 한 주는 아니라 해도 한 달이면 10퍼센트의 손실을 본다. 당신이 10퍼센트 이하의 손실을 기록하면서 일 년을 버텨, 거래에 관해 많은 것을 배웠다면 수업료를 싸게 지불했다고 해야 할 것이다. 그러고 나면 당신은 다른 사람들보다 시장에서 앞서 나갈 수 있을 것이다.

B. 초보자의 목표는 거래 비용을 모두 회수하고 나서 거래 계좌의 연간 수익률이 재무부 채권이나 이에 상당하는 리스크 없는 투자 대상에서 제시되는 현재 이자율의 1.5배가 되도록 하는 것이다. 소프트웨어, 데이터, 강의, 책(지금 읽고 있는 이 책도 포함하여)에 들인 모든 비용을 거래 계좌에서 제해야 한다. 초보자들은 종종 천국의 열쇠를 약속하는 전문가들에게 돈을 쏟아붓는다. 이 모든 거래 관련 비용을 계좌에서 제하면 현실을 똑바로 바라보는 데 도움이 된다. 이런 비용을 모두 회수하고 재무부 채권의 이자율보다 높은 수익률을 기록한다면 당신은 더 이상 초보자가 아니다!

준전문가(노련한 아마추어 혹은 중급 거래자)

A. 노련한 아마추어의 경우 허용 가능한 최소 실적의 수준은 재무부 채권 현재 이자율의 2배에 해당하는 수익률이다. 발전은 혁명적인 것이 아니라 진화적인 것이다. 좀더 일찍 손절매를 하고, 좀더 일찍 이익의 일부를 실현하고, 거래의 기술을 몇 가지 더 익혀라. 거래 비용을 모두 회수하고 난 뒤 자본 수익률이 위험 없는 투자 대상의 수익률의 2배에 달한다면, 당신은 효율적 시장 이론가들보다 훨씬 앞서 있다 할 것이다.

B. 노련한 아마추어 또는 준전문가의 목표는 연간 20퍼센트의 자본 수익률을 올리는 것이다. 이 단계에서 거래자본의 규모는 중요한 요소가 된다. 만약 100만 달러를 거래한다면 어쩌면 거래 이익만으로도 살아갈 수 있을 것이다. 하지만 상대적으로 적은 액수, 예컨대 5만 달러의 계좌로 거래를 한다면 어떻겠는가? 당신이 거래하는 법을 알고 있다고 하더라도 5만 달러의 20퍼센트는 생활하기에 충분한 돈이 되지 못한다. 자본이 부족한 거래자들은 대개 소액의 계좌에서 비현실적인 수익을 뽑아내려다가 과도거래로 자멸한다. 터무니없는 리스크를 받아들이면 터무니없는 결과를 얻을 뿐이다. 거래 시스템을 고수하면서 다른 사람들의 돈을 빌려 거래자본을 늘리는 것이 더 낫다(다음의 "프로가 되는 길"을 보라).

전문가

A. 전문가의 경우는 최소 실적 수준에 대해 훨씬 더 융통성을 가질 수 있다. 수익이 비교적 꾸준하지만, 노련한 아마추어의 수익보다 반드시 크지는 않다. 전문가의 수익률은 그래도 재무부 채권의 이자율보다는 늘 높아야 한다. 그보다 낮다면 우스운 일이 될 것이다. 전문가는 실적이 괜찮은 해에는 100퍼센트의 수익률을 올릴 수도 있겠지만, 상당한 돈을 매년 되풀이해 거래할 때 20퍼센트가 넘는 수익률이면 꽤 좋은 성적이다. 조지 소로스 같은 공인된 천재도 일생을 평균했을 때 수익률이 연간 30퍼센트 수준이었다.

B. 전문 거래자의 목표는 충분한 돈을 리스크 없는 투자 대상에 집어넣고, 거래를 그만두더라도 평생 현재의 생활수준을 유지하는 것이다. 이 단계에서 거래는 즐기기 위해서 계속하는 게임이 된다. 소로스가 개인적인 생활을 위해 돈을 더 이상 벌 필요가 없다는 것은 분명하다. 하지만 그는 정치 운동과 자선사업에 기부를 하기 위해 즐거운 마음으로 아직도 거래를 한다. 더

이상 돈에 욕심을 내지 않을 때 더 많은 돈이 굴러들어온다는 것은 참으로 흥미로운 일이다.

● 프로가 되는 길 ●

초보자는 상대적으로 적은 규모의 계좌로 시작하는 것이 좋다. 그중 준전문가 수준으로 확고하게 올라온 일부 사람들은 계좌 규모를 키워 수익을 늘릴 필요가 있다. 거액의 계좌를 굴리는 전문가는 대규모 매매로 시장에 영향을 미치지 않도록 주의해야 한다. 전문가는 또 거래 실적이 하락하는 것을 조심해야 한다. 실적 하락은 규모가 커졌을 때 빈번히 일어나는 부작용이다.

초보자의 경우 거래 계좌의 최소 규모는 약 2만 달러다. 일단 노련한 아마추어 또는 준전문가의 수준에 올라서면 8만 달러 정도가 알맞은데, 거래를 보다 자유롭게 하고 다각화할 수 있도록 해주는 액수다. 계좌 총액이 25만 달러에 도달하면 당신은 전문 거래자가 되어보는 게 어떨까 생각할지 모른다. 이 액수들은 절대적인 최솟값이라 할 수 있다.

만약 각 액수들을 좀더 크게 잡을 수 있다면 당신의 생활은 한결 편해질 것이다. 5만 달러로 시작해서 그 금액을 12만 달러로 늘려 준전문가 수준에 도달하고, 50만 달러로 전문적인 거래의 길로 들어선다면 성공의 가능성도 그만큼 높아질 것이다.

하지만 그만한 돈이 없다면 어떻게 하겠는가? 적은 돈으로 거래를 하면 압박감이 치명적인 수준으로 상승한다. 소액 계좌로 거래하는 사람은 필수적인 2퍼센트 원칙을 적용할 수 없다. 만약 5,000달러밖에 없다면 그에게 허용된 리스크는 거래당 100달러에 불과하다. 이 정도면 시장 노이즈 때문에 손실제한주문이 발동하여 금세 시장을 나와야 할 게 뻔하다. 어떤 초보자는 절박한 마음에 눈을 질끈 감고 손실제한주문도 없이 거래에 들어간다. 대개 돈을 잃겠지만 혹여 딴다고 해도 기껏해야 2,000달러일 것이다. 그 뒤 다른 거래를 하여 돈을 1만 달러로 불릴 수 있을지도 모른다. 그런데 만약 똑똑한 사람이라면 이제부터는 거래 규모를 줄이고 2퍼센트 원칙을 활용할 것이다. 그는 운이 매우 좋았을 뿐이고, 따라서 이제부터라도 자금을 합리적인 거래 시스템으로 운용해야 한다. 하지만 대부분의 사람들은 성공에 도취되어 손을 멈추지 못한다. 5,000달러를 두 배로 불린 초보자는 대개 주식 거래가 별것 아니며, 자기 자신이 천재라고 생각하고 물 위를 걷는 기분을 느낄 것이다. 하지만 불행하게도 곧 물속에 빠져 익사하고 만다.

처음에 주식 관련 직업을 얻는 것으로 시작할 수도 있을 것이다. 그러나 월스트리트에서는 스물다섯 살이 넘는 사람을 채용하여 봉급을 주면서까지 트레이더로 키우려 하지는 않는다. 좀더 현실적인 방안은 생활비를 과감하게 줄이고 밤에 부업을 하면서 가능한 한 빨리 돈을 모으는 것이다. 돈이 모일 때까지는 모의투자를 한다. 이것은 인내와 규율을 필요로 하는 일이다. 최고의 거래자 몇 명은 정말로 이런 식으로 시작했다.

세 번째 선택은 다른 사람의 돈으로 거래를 하는 것이다. 자기 자본으로 거래를 하면 스트레스 수준을 줄일 수 있는데 돈을 끌어들이면, 긴장이 커지고 거래에 방해가 된다. 자금을 모으기 위해 대출을 받는 것은 현명한 방법이 아니다. 대출 이자는 성공으로 향한 길에서 넘을 수 없는 벽으로 작용한다. 가족과 친구들로부터 돈을 빌리면 그들의 신뢰가 틀리지 않았다는 것을 보여주기 위해 끊임없이 허세를 부려야 한다는 또 하나의 골칫거리가 추가된다.

그리고 초조한 돈은 남의 주머니로 더 빨리 흘러들어 간다. 돈을 갚아야 한다는 것 때문에 근심하면서는 거래에 집중할 수가 없다. 중역을 고용하는 회사들은 대개 후보자들의 신용을 체크하고 빚이 많은 사람은 탈락시킨다. 돈을 걱정하는 사람은 일에 제대로 집중할 수 없기 때문이다. 내가 아는 어떤 사람은 실패만 거듭했던 사람인데, 결혼식 때 어머니로부터 25만 달러라는 거액의 선물을 받았다. 어머니는 그에게 일종의 투자로 거래소 회원권을 사라고 얘기했다. 그는 자기주장이 강한 어머니에게 재정적으로 의존해야 하는 상황에 화가 났고, 자신이 정말로 얼마나 잘났는지를 보여주기로 마음먹었다. 그는 그 회원권을 담보로 돈을 빌려 거래를 시작했다. 하지만 그의 계획은 결국 모두가 예상하던 결말을 맞았고, 가족들로부터 걸핏하면 '그 잃어버린 회원권'에 대해 얘길 듣곤 한다.

일단은 자기 돈으로 거래하는 법을 배우는 것이 낫다. 다른 사람의 돈을 필요로 할 때는 당신이 무엇을 할지 알고 있고 자신의 기술로 수익을 확대하고 싶을 때다. 금융계에는 유능한 투자 전문가를 찾아 엄청난 자본이 떠돌고 있다. 몇 년간 좋은 실적을 보여주기만 한다면 당신이 운용하고 싶은 돈은 충분히 끌어다 쓸 수 있을 것이다.

내 친구 한 명은 공대를 나왔지만 선물거래소에서 객장 직원으로 일하기 시작했다. 그는 거기서 몇 년 동안 거래하는 법을 배우면서 5만 달러를 저축했다. 그다음에는 직장을 그만두고 전문적인 거래자로 나섰다. 그는 꾸준히 연간 50퍼센트의 수익을 올리며 부업으로 책을 쓰고 강의에 나가기도 했지만, 허덕이는 생활이 끝나지 않았다. 그의 수익은 대략 일 년에 2만 5,000달러였다. 하지만 이 돈에서 집세와 식비를 지불해야 했고, 때로는 테니스 라켓도 사고 양말도 사야 했다. 이렇게 몇 년 보내다가 운 없는 한 해를 맞자 아무런 수익도 나지 않았다. 그는 할 수 없이 거래자본에서 생활비를 빼다 써야 했는데, 그 뒤 다행히 거대 투자관리 회사와 연결이 되었다. 회사는 그의 실적을 조사한 뒤 일정한 조건 아래 5만 달러를 제공했다.

그는 회사를 통해 낮은 수수료로 거래를 했고, 운용 자금에서 난 수익 중 20퍼센트를 자기 몫으로 가져갈 수 있었다. 그는 늘 기대에 부응했고 회사는 계속 그에게 더 많은 돈을 맡겼다. 몇 년 뒤 그의 운용 자금은 1,100만 달러에 이르렀다. 그런데 그때 다시 실적이 나쁜 한 해가 찾아왔다. 수익은 18퍼센트에 지나지 않았다. 과거라면 자본에 손을 대야 했을 것이다, 그러나 지금은 얘기가 달라졌다. 1,100만 달러의 18퍼센트 이익이면 거의 200만 달러다. 여기에서 그의 몫 20퍼센트를 구하면 40만 달러다. 이 액수가 그가 실적이 나쁜 해에 벌어들인 돈인 것이다. 그는 현재 1억 달러 이상의 돈을 운용하고 있는데 거래자로서 실적은 그다지 변하지 않았지만, 보수의 규모는 하늘을 찌르고 있다.

비공식적으로 다른 사람에게 돈을 빌려 거래를 할 수도 있는데 이 경우에는 면허가 없어도 된다. 하지만 관리 자금이 일정한 한도를 넘게 되면 등록을 해야 한다. 주식시장과 선물시장은 규제 기관이 다르기 때문에 법령도 다르다. 우선 사람들에게 그들의 계좌에 대한 대리 위임권을 달라고 할 수 있다. 대리 위임권이 있으면 돈을 인출할 수는 없지만 해당 계좌로 거래를 할 수는 있다.

일단 당신이 법적인 등록 절차를 거쳤다면 개인관리 계좌들을 그대로 놔두는 것은 좋은 생각이 아니다. 계좌 소유주들이 각 거래 때마다 확인서를 받고서 당신에게 질문을 퍼부어댈 게 뻔하기 때문이다. 따라서 모든 계좌를 공동관리 아래 두는 게 좋다. 그러면 월말에 회원들에게 공동관리 자금의 가치와 각자의 지분에 대해 알려주는 명세표를 보낼 수 있다.

선물 투자 매니저는 미국 선물협회로부터 규제를 받는다. 상품거래상담사CTA가 되려면 플로어 트레이더가 아닌 한 '시리즈 3'이라는 시험을 통과해야 한다. 주식시장의 투자 매니저는 미국증권거래위원회로부터 규제를 받는다. '시리즈 7'이라는 그들의 시험은 훨씬 더 어렵고, 많은 사람들이 준비하는 데 수 개월을 보낸다.

보다 자유시장에 가까운 미국 선물협회는 회원들이 성과 보수로 수익의 일부를 요구하는 것을 허용한다. 변호사들이 승소 시 성공 보수를 요구하는 것과 비슷하다. 선물 매니저가 수익의 20퍼센트를 가져가는 것은 드물지 않다. 하지만 대부분이 그렇게 돈을 버는 것은 아니다. 많은 수는 운용 보수로 자산의 1~2퍼센트를 가져간다. 5,000만 달러에 대한 1퍼센트면, 성실하게 일한 대가로 일 년에 50만 달러를 버는 것이다. 여기에 성과 보수라도 받는다면 횡재가 아닐 수 없다.

보다 귀족적인 미국 증권거래위원회는 성과 보수를 허용하지 않는다. 그래서 등록 회원은 자산의 몇 퍼센트를 가져가는 것에 만족할 수밖에 없다. 주식시장의 자산은 선물시장의 경우보다 훨씬 크기 때문에 이런 수수료는 결코 코웃음 칠 만한 것이 아니다. 과대 선전을 일삼는 뮤추얼 펀드들의 경우는 수수료 문제가 펀드의 장기적 실적에 결정적인 요인이 된다. 예컨대 뱅가드 펀드는 낮은 수수료를 늘 핵심적인 셀링 포인트로 삼아 대부분의 날고 긴다는 매니저들을 계속해서 앞서고 있다.

주식시장의 투자 매니저는 성과 보수에 관한 미국 증권거래위원회의 규정을 회피하는 방법을 찾아냈다. 헤지펀드라는 수단을 만들어낸 것이다. 소득 조사와 자산 조사를 통과한 이른바 적격 투자자들만 헤지펀드에 대한 투자가 허용된다. 헤지펀드 매니저는 대개 자신의 돈을 펀드에 투자하고 선물시장에 준하는 성과 보수를 받는다. 헤지펀드 매니저는 고객들의 돈과 함께 자신의 돈으로 거래를 한다. 아마도 이 때문에 헤지펀드가 실적 면에서 뮤추얼 펀드를 앞서는 것이 아닌가 생각된다. 부유한 투자자라면 시장을 추적하는 것보다 헤지펀드 매니저를 조사하여 그들에게 돈을 맡기는 것이 나을지 모른다. 만약 당신도 그렇게 하고자 한다면 펀드 매니저들이 펀드에 자기 자산을 얼마나 넣었는지 꼭 확인해보아야 할 것이다.

성공한 투자 매니저는 세 단계의 발전 과정을 거친다. 많은 수는 우선 비공식적으로 상당한 액수의 계좌 몇 개를 굴린다. 그런 다음 기관에 등록을 하면 운용 자금은 수백만 달러로 증가한다. 5년 동안 꾸준한 수익을 낳고 손실을 적게 본 투자 매니저는 최상의 전리품을 획득한다. 연금과 기부금의 운용이다. 이들이야말로 전문 투자 매니저계의 진정한 엘리트라고 할 수 있다.

CHAPTER 10
나의 트레이딩 룸으로 오라

뛰어난 거래는 자금관리에서 시작하여 자금관리로 끝난다. 6퍼센트 원칙은 우선 당신이 거래를 시작해야 할지 여부를 가르쳐줄 것이다. 그런 다음 당신이 주문을 내기 전에 2퍼센트 원칙이 진입 지점과 손실제한주문 가격 사이의 거리에 근거하여 해당 거래에 허용되는 최대 규모를 가르쳐줄 것이다. 이 두 가지 원칙 사이에 시장 분석이 존재한다. 이 장에서는 당신을 위해 시장 분석 과정을 설명할 것이다.

충격적인 사실이지만 거래에 관한 책을 쓰는 사람 대부분은 거래를 하지 않는다. 그들은 공들여 선택한 이론적 사례에 의존하여 책을 쓴다. 자신의 거래 기록을 제시하는 유일한 사람들은 투자 전문가들이다. 나는 내 돈으로 실제 거래를 한다. 물론 그렇더라도 흥미를 좇는 사람들에게 내 거래 기록들을 낱낱이 공개할 필요를 느끼지는 않지만, 당신은 나를 믿고 이 책을 샀다. 신뢰는 상호적인 것이기 때문에 나는 나의 몇 가지 거래를 소개하여 당신에게 답하고 싶다.

여기에 소개되는 거래는 최근 몇 개월 동안 이루어진 것이다. 이 모든 거래가 이미 종료되었다는 사실이 중요한 점이다. 거래자가 저지를 수 있는 가장 나쁜 실수는 진행 중인 거래에 대해 얘기하는 것이다. 할 얘기를 마구 하고 남의 얘기를 듣다 보면 애초의 계획이 틀어지기 마련이다. 하지만 종료된 거래는 과거의 경험이 되고 우리는 그로부터 언제든 무엇인가를 배울 수 있다.

이 장에 나오는 차트들은 한 거래자가 어떻게 매수 및 매도 결정을 했는지 보여준다. 내 결정은 대개 삼중 스크린 거래 시스템에 기초하고 있다. 나는 장기 시간 스케일에서는 전략적 결정을 내리고 단기 시간 스케일에서는 전술적 결정을 내렸다.

거래를 시작할 때마다 나는 차트를 출력하여 거래를 지시한 핵심 거래 신호를 표시했다. 그리고 거래를 마칠 때마다 다시 차트를 출력하여 청산을 지시한 신호를 표시했다. 또 처음에 어떻게 잠재적 거래 기회를 알게 되었는지, 진입 때와 청산 때에 어떤 느낌이었는지 따위를 간략하게 적어두었다. 나는 모든 거래에 대해 논평을 남기려고 노력하는 한편, 간결함과 신속성을 염두에 두어 핵심 사항만을 기록했다.

내 거래일지는 하드커버에 나선철로 제본된 앨범으로 트레이딩 룸의 책장 위에 놓여 있다. 나는 때때로 저녁에 그 방에 들어가 안락의자에 퍼져 앉아 하나씩 하나씩 다시 살펴본다. 어떤 페이지에서는 기쁨을 느끼고, 어떤 페이지에서는 쓰디쓴 맛을 느끼고, 어떤 페이지에서는 배움을 얻는다.

당신도 앞으로 거래 기회를 찾으려 할 텐데, 그때는 이제 보게 될 패턴들과 똑같은 것을 찾아야 한다고 생각하지 말기 바란다. 이것은 어떤 사람의 거래일지에서 간략히 발췌한 일부 내용—최근에 했던 몇 가지 거래—일 뿐이기 때문이다. 또한 거래는 지극히 개인적인 일이다. 사람들은 거래라는 게임의 서로 다른 측면에 반응한다. 시장에서 돈을 버는 방법은 많고, 돈을 잃는 방법은 그보다 훨씬 더 많다. 내 거래일지의 몇 페이지를 당신에게 보여주는 주된 이유는 당신도 자신의 경험에서 뭔가를 배우기 위해서는 거래를 기록해야 한다는 것을 알려주기 위해서다.

● 나의 거래일지 중에서 ●

내 거래일지의 차트는 원래 컬러로 출력되었고 내가 펜으로 직접 남긴 표시가 여기저기 있다. 내가 거래일지의 여백에 쓴 평가는 대개 간결하고 생략된 형태다. 출간을 위해 이 원고를 준비하면서 나는 차트를 컬러가 아니라 흑백으로 다시 출력하고, 이해하기 쉽게 글을 약간 늘려야 했다.

사람들에게 거래일지를 보여주는 것은 부부가 내밀한 순간에 있을 때 사람들을 침실로 초대하는 것과 거의 비슷한 느낌이다. 그런데 우리는 나이가 들면서 다른 사람들이 우리에 대해 어떻게 생각하든 그다지 상관하지 않게 된다. 말하자면 좀 뻔뻔해지는 것이다. 아마 몇 년 전이었다면 누군가에게 거래일지를 보여줄 수 있으리라고는 생각도 할 수 없었을 것이다.

중요한 질문은 이런 것이다. 당신이 내 거래 기록을 보고 어떻게 할 것인가? 주의 깊게 책장을 넘길 것인가? 각 거래 신호를 평가하며 천천히 내용을 음미할 것인가? 감탄할 것인가? 아니면 완벽하지 못한 거래를 보고 비판할 것인가? 당신에게 나의 최근 여섯 차례의 거래를 보여주기 전에, 나는 단 한 가지 질문만을 마음에 품고 있다. 당신도 정말로 거래일지를 작성할 것인가? 내 거래 사례에 자극을 받는다면 내 바람은 이루어진 셈이다.

거래 1. CSCO(롱 포지션)

주식시장은 일 년 동안 하락해오다가 최근에 그 경향이 가속화되고 있었다. 이 거래를 하기 한 달 전 나는 트레이더 캠프에 있었다. 그때 초대 강사로 온 저명한 전문가에게 금융시장뿐만 아니라 경제 전체가 심각한 하락의 바닥에 와 있는데 어떤 회사가 이런 상황을 견딜 수 있을 것 같으냐고 물었다. 말하자면 이런 폐허 가운데서 어떤 주식을 사야 하느냐는 질문이었다. 그의 대답은 BGEN, CSCO, IBM이었다. 나는 이 세 주식을 주간 검색 목록에 올려놓았다.

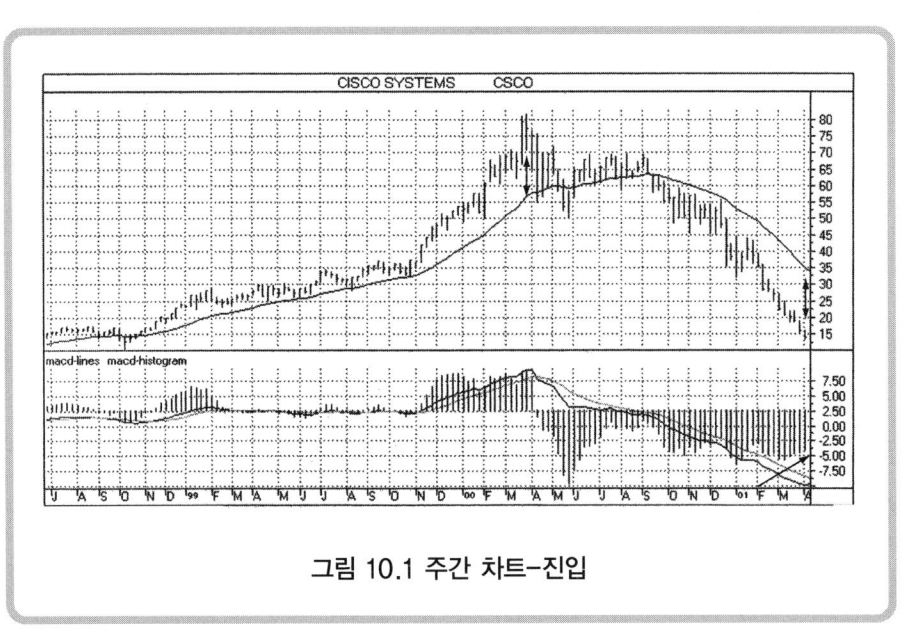

그림 10.1 주간 차트-진입

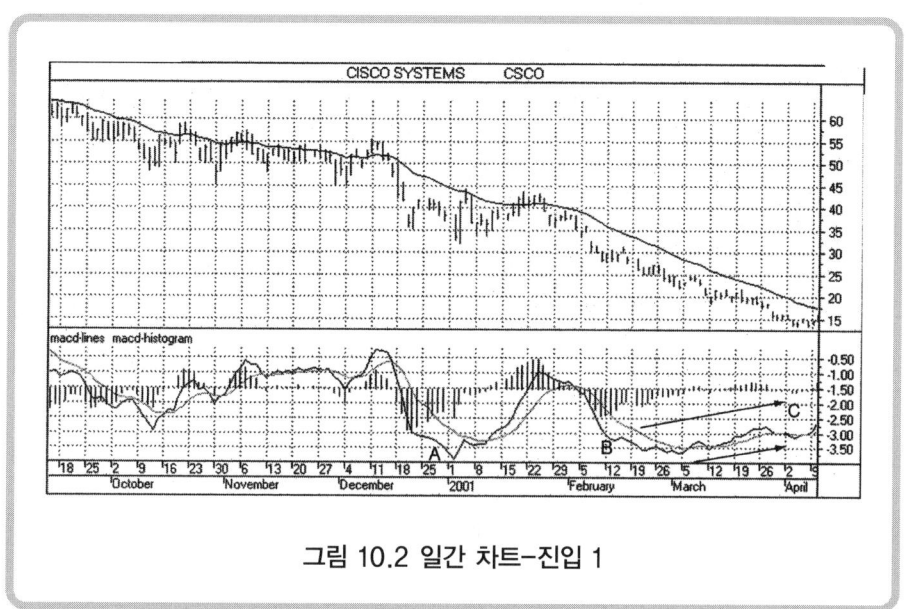

그림 10.2 일간 차트-진입 1

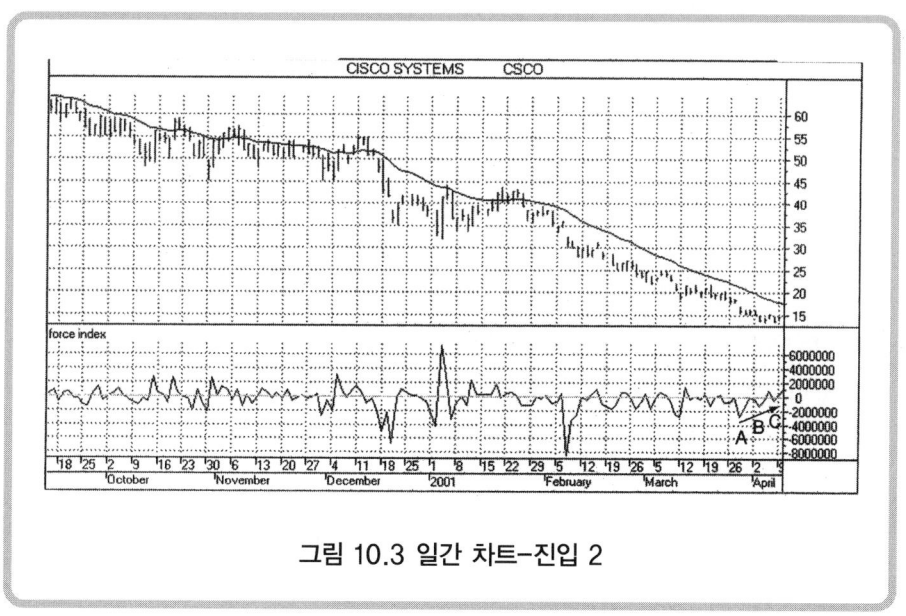

그림 10.3 일간 차트-진입 2

● 진입

주간 차트: CSCO는 85퍼센트 이상 가치가 떨어졌다. 그러나 이 회사는 허황된 일부 닷컴 기업들처럼 사라져버리지는 않을 것이다. 주간 거래 범위가 좁아졌다. 차트 오른쪽 가장자리 근처의 가격 바들은 길이가 2달러 정도에 지나지 않는다. 일 년 전에는 가격 바들의 길이가 10달러였으니 과잉 투기적 요소가 빠져나갔다는 증거다. 주간 MACD 히스토그램은 지난 6주 동안 차트 오른쪽 가장자리에서 상승해왔다. 상승세다. 주간 차트의 주가는 지수이동평균보다 한참 아래에 있다. 2000년의 고점 때에는 주가가 지수이동평균보다 한참 위에 있었다. 주가를 지수이동평균에 연결하는 '고무줄'이 팽팽하게 늘어나 있는 상태다. 되돌아올 때가 되었다.

일간 차트: 주가와 MACD 히스토그램 사이에 엄청난 상승 다이버전스가 형성되었다. 바닥 A에서 매도세가 대단히 강했다가 바닥 B에서 약화되었고 지금 C에서는 거의 아무런 힘도 행사하지 못하는 것을 보라. 게다가 B-C에서 주가와 MACD선이 드물게 볼 수 있는 상승 다이버전스를 형성했다. 2일 강도지수와 주가 사이에서 삼중 상승 다이버전스 A-B-C가 형성되어, 주가를 하락시키려는 최근의 시도들이 갈수록 약화되었다는 것을 보여준다. 이 다이버전스는 지금 매수하라고 외치고 있다. 매도세가 동력을 상실했고 매수세가 주도권을 잡으려 하고 있다는 것을 보여주기 때문이다.

행동: 2001년 4월 9일 13.91에서 롱 포지션을 취함. 손실제한주문 가격은 전저점 아래인 13.38.

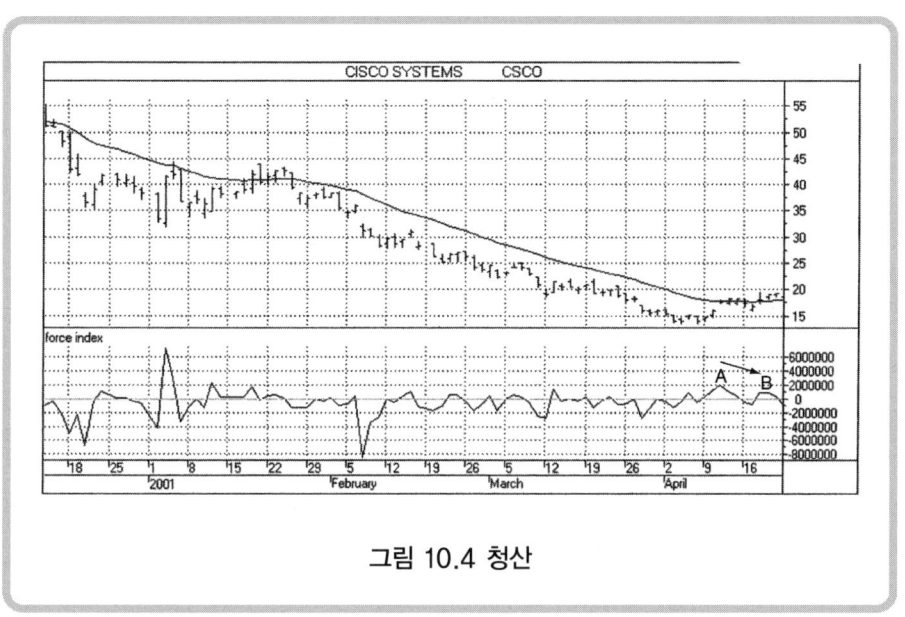

그림 10.4 청산

● 청산

일간 차트: 주가가 지수이동평균보다 약간 위로 상승하며 과매도 상태가 끝났다. 주가는 멈춰 있는 것처럼 보인다. 2일 강도지수는 하락 다이버전스 A-B를 형성하며, 지난 3일간의 랠리가 전주보다 약화되었음을 보여준다.

행동: 2001년 4월 20일 18.85에서 롱 포지션 처분. 거래 점수 55퍼센트(9포인트 채널폭에서 4.94를 취함).

거래 2. GX(롱 포지션)

서로 다른 주식이 종종 며칠 간격으로 비슷한 패턴을 형성하기도 한다. 따라서 선도주가 어떻게 움직이는지 알면, 정체주에서 비슷한 패턴을 찾아볼 수도 있다. 한 친구 덕분에 나는 GX에 관심을 갖게 되었다. 그녀는 내게 전화를 걸어 자신이 좋아하는 몇몇 주식들에 대한 의견을 물었다. 그때 GX의 패턴이 이미 내 관심주가 되어 있던 CSCO와 놀랍도록 비슷하다는 것을 깨달았다.

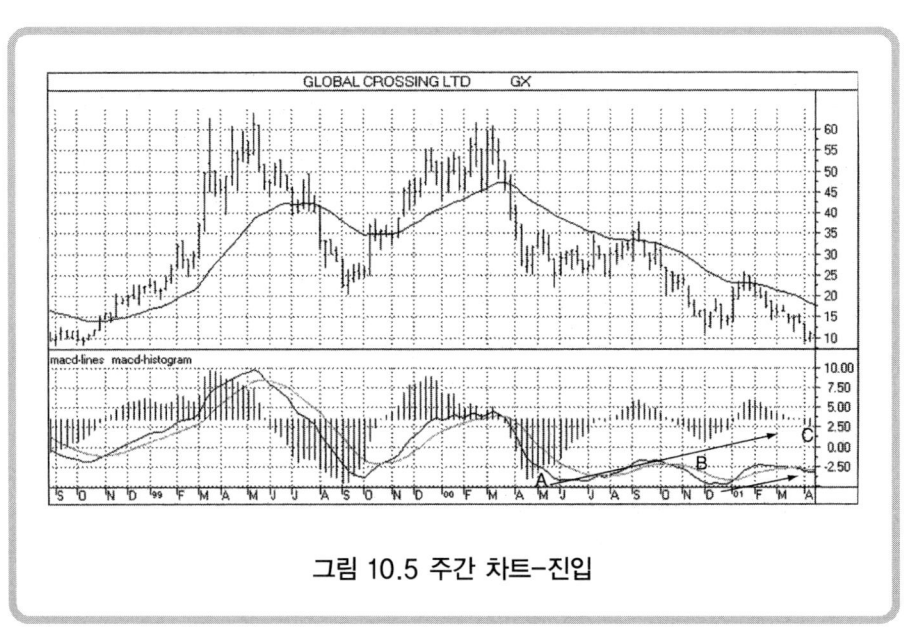

그림 10.5 주간 차트-진입

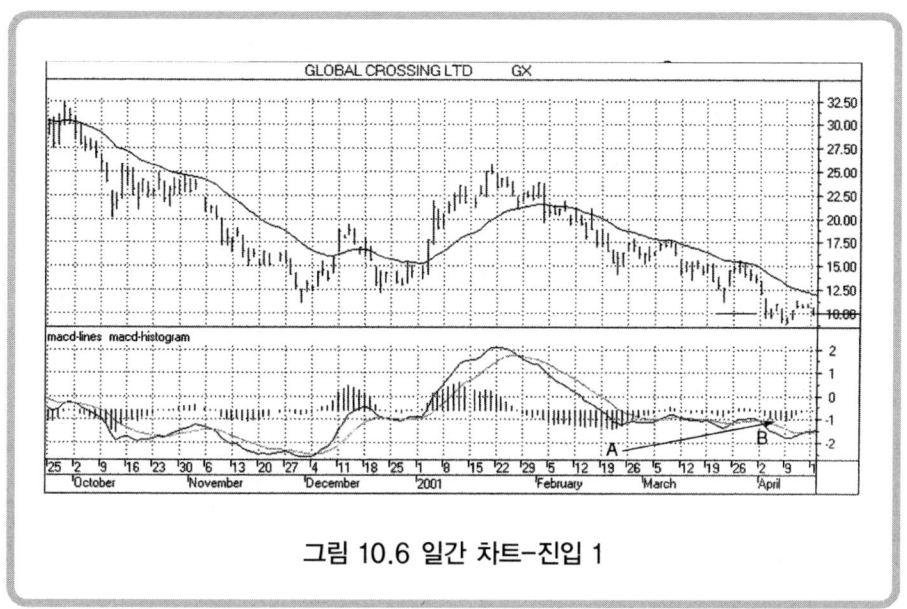

그림 10.6 일간 차트-진입 1

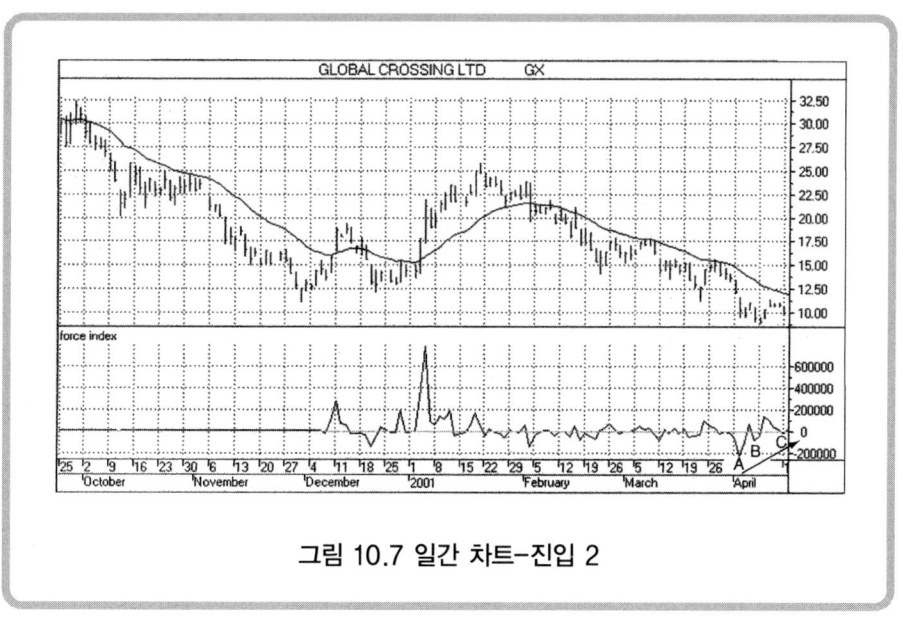

그림 10.7 일간 차트-진입 2

● 진입

주간 차트: GX는 가치의 80퍼센트 이상을 잃었다. 주가는 주간 지수이동평균 아래로 그 어느 때보다도 깊게 떨어졌다. 심리적 지지선인 10달러선 바로 위에 있다. MACD 히스토그램과 MACD선은 강력한 상승 다이버전스를 형성하고 있다(각각 A-B-C와 B-C).

일간 차트: MACD 히스토그램과 주가의 상승 다이버전스 A-B는 매도세가 약화되고 있으며, 주가가 관성에서 벗어나고 있고, 더 이상 대단한 매도 압력이 존재하지 않는다는 것을 보여준다. 7일 전 10 아래로 가짜 돌파가 일어났고, 가장 오른쪽에 있는 가격 바가 이 수준을 다시 시험하고 있다. 지난주의 돌파로 형성된 바닥이 논리적인 손실제한주문 지점이 된다. 2일 강도지수는 삼중 상승 다이버전스 A-B-C를 형성하며, 매도세가 더 이상 힘이 없음을 보여준다. 강력한 매수 신호다. 주가가 지수이동평균 위로 상승할 것으로 예상된다.

행동: 2001년 4월 16일 10.05에 롱 포지션 취함. 손실제한주문 가격은 전저점 아래의 8.76임.

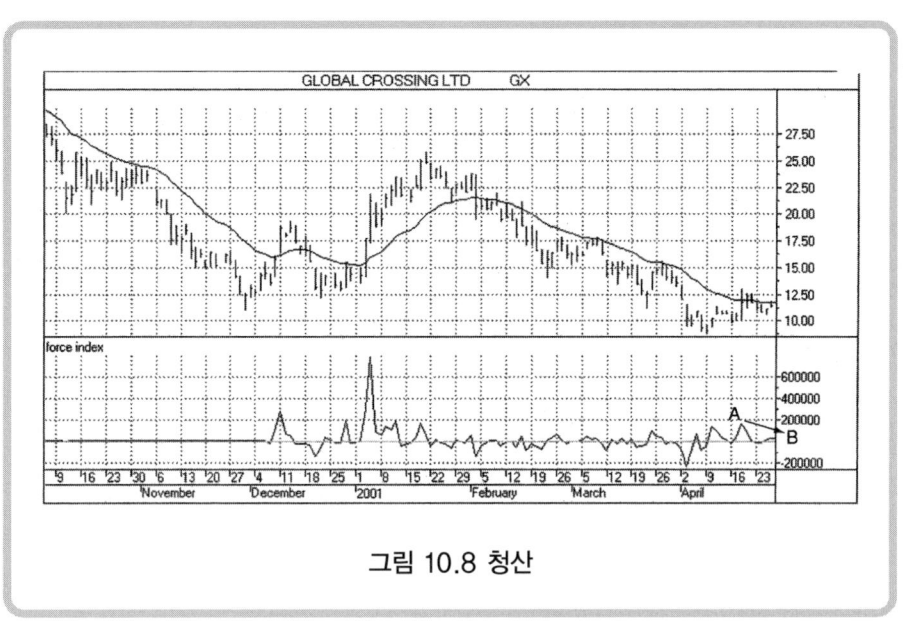

그림 10.8 청산

● 청산

일간 차트: 랠리가 멈추었다. 주가는 이미 지수이동평균 위로 약간 상승해 있는 상태. 2일 강도지수는 하락 다이버전스 A-B를 형성하며, 오른쪽 가장자리에서 보이는 주가 상승의 동력이 떨어졌음을 보여준다.

행동: 2001년 4월 27일 11.47에서 롱 포지션 처분. 거래 점수 24퍼센트(5.82포인트 채널폭에서 1.42를 취함).

거래 3. PG(롱 포지션)

2001년 4월 말 캘리포니아 휴양지에서 주말 미니 캠프 참가자들을 대상으로 강의를 했다. 나는 내 거래 기법을 설명했다. 그 뒤 우리는 내 거래 기법을 여러 주식들에 적용해보는 데 대부분의 시간을 보냈다. 그때 우리가 분석했던 수십 종의 주식 가운데서 PG보다 매력적인 주식은 아무것도 없었다. 월요일 아침 나는 온라인으로 매수 주문을 냈다.

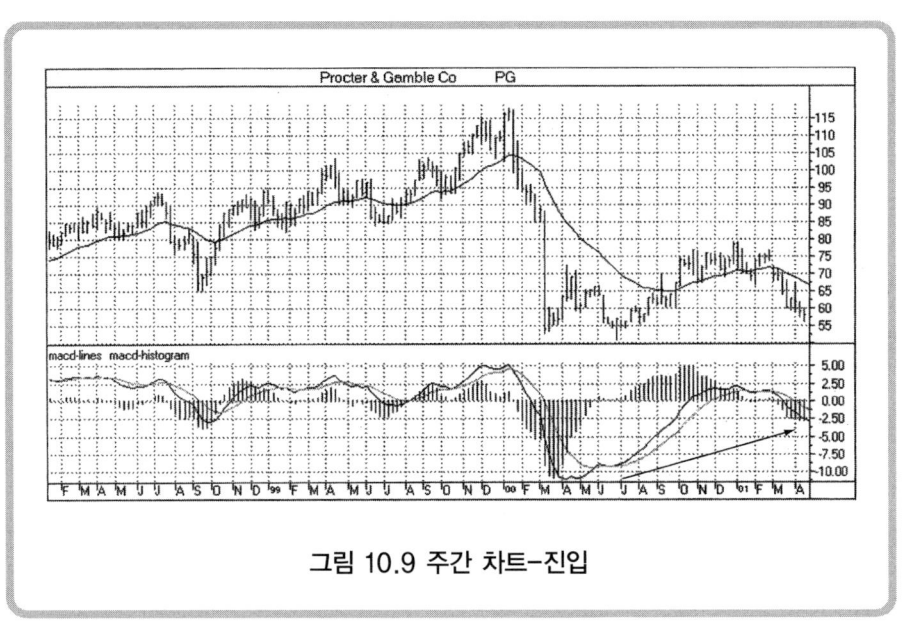

그림 10.9 주간 차트-진입

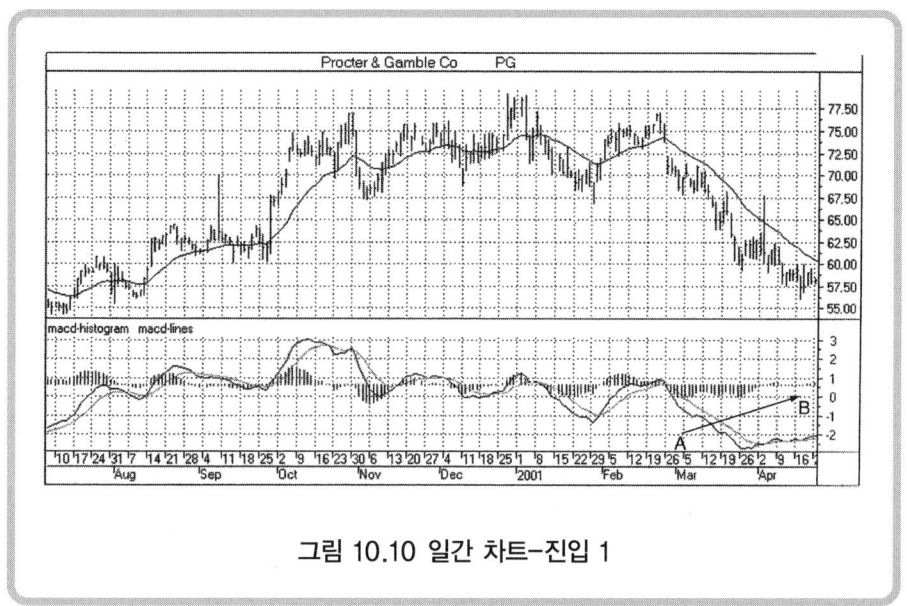

그림 10.10 일간 차트-진입 1

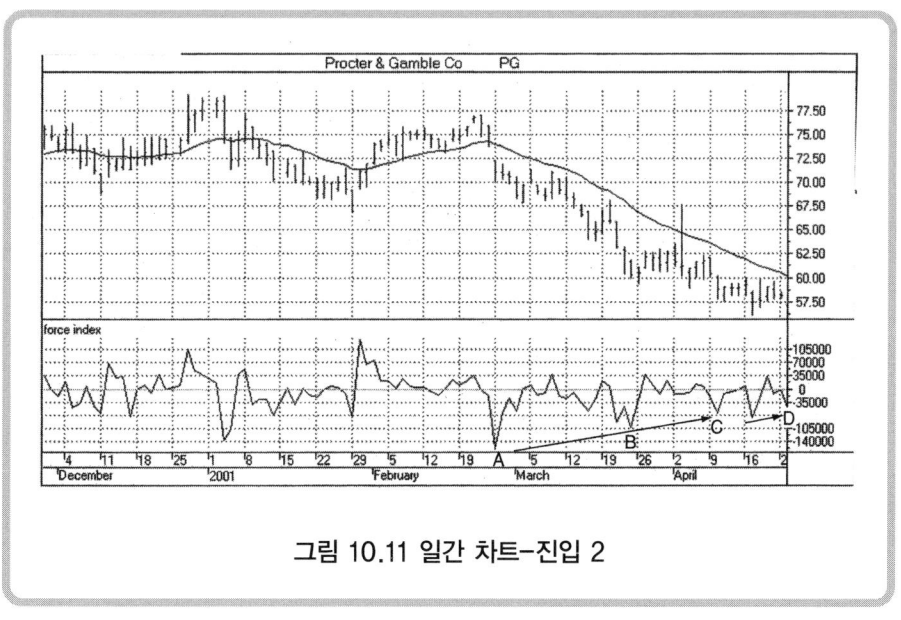

그림 10.11 일간 차트-진입 2

● 진입

주간 차트: 주가가 지지선으로 하락. 주간 MACD 히스토그램은 상승 다이버전스가 완성되기 직전. 브로드 마켓은 상승 중.

일간 차트: MACD 히스토그램의 상승 다이버전스 A-B는 두 번째 바닥이 대단히 얕음. 매도세가 동력을 완전히 상실했음을 보여준다. 2일 강도지수는 2월 이후의 장기 상승 다이버전스 A-B-C-D와 오른쪽 가장자리의 단기 상승 다이버전스 C-D를 보여준다. 방아쇠를 당기라는 최종적인 명령이다. 주가는 적어도 지금 지수이동평균 아래에 있는 거리만큼 지수이동평균 위로 올라갈 것으로 예상된다.

행동: 2001년 3월 23일 58.02에서 롱 포지션을 취함. 손실제한주문 가격은 전저점 아래인 55.95.

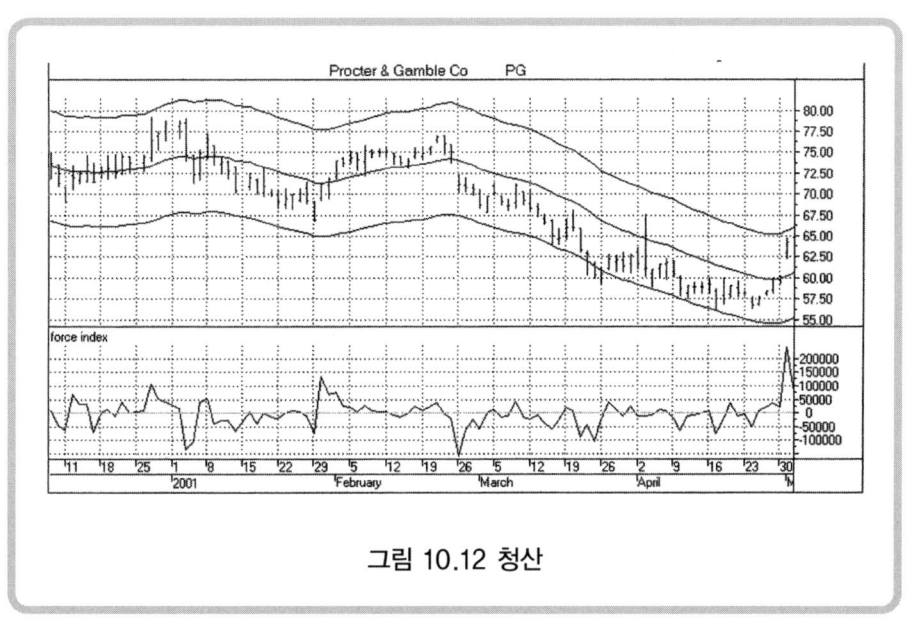

그림 10.12 청산

● 청산

일간 차트: 오른쪽 가장자리에서 주가가 실적 발표에 따라 갭을 형성하며 상승했다. 나는 62에 매도하라는 주문을 내놓고 있었다. 주문은 63에서 이행되었다.

행동: 2001년 5월 1일 롱 포지션 처분. 거래 점수 45퍼센트(10.83포인트 채널폭에서 4.98을 취함).

거래 4. IMPH(롱 포지션)

GX에 대해 내 관심을 불러일으켰던 그 친구가 이번에는 메일을 보내 마음에 드는 또 다른 10여 종의 주식에 대해 의견을 물어왔다. 그중에 IMPH가 관심을 끌었다.

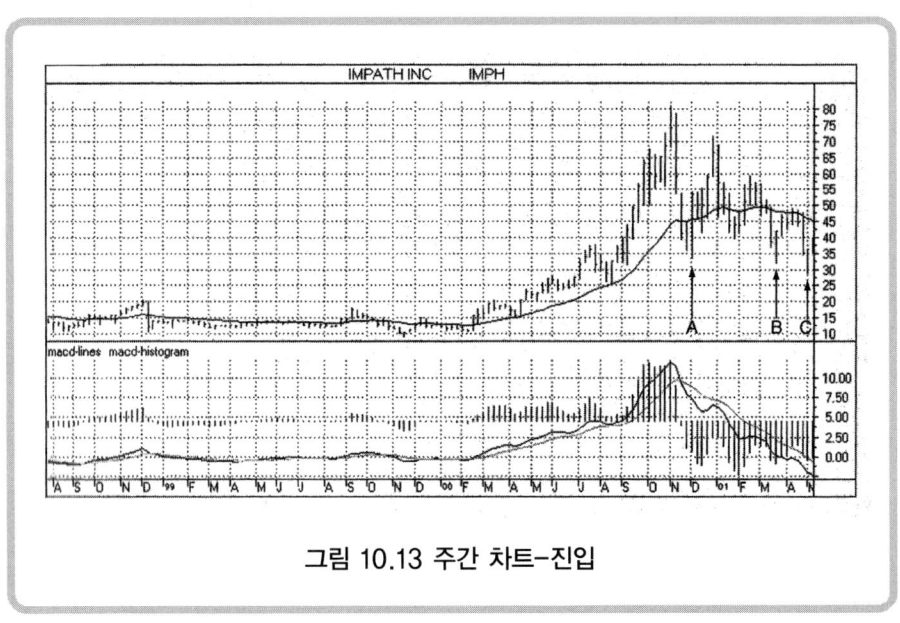

그림 10.13 주간 차트-진입

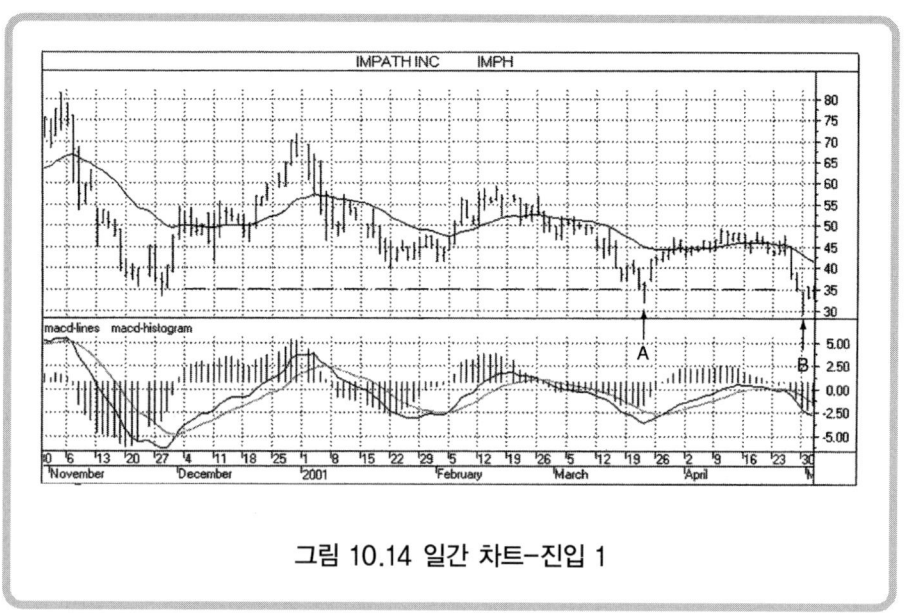

그림 10.14 일간 차트-진입 1

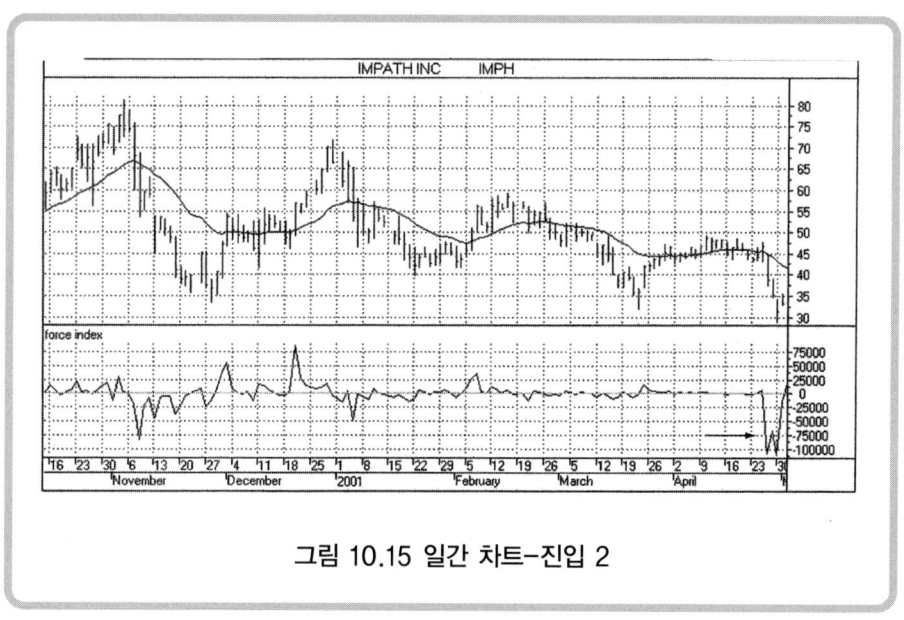

그림 10.15 일간 차트-진입 2

● 진입

주간 차트: 차트의 오른쪽 가장자리에 캥거루 꼬리 C가 있다. 캥거루 꼬리는 주간 차트에서는 보기 드문 패턴이다. 그전의 꼬리 A와 B 뒤에는 주가 상승이 일어났다. 전체적인 시장은 상승세다.

일간 차트: 주가는 지지선 근처에 있다. 캥거루 꼬리 B는 일간 차트에서도 보인다. 오른쪽 가장자리 근처에서 형성된 2일 강도지수의 깊은 바닥은 대규모 청산을 나타낸다. 청산은 끝난 것처럼 보인다. 주가가 지지선 위로 상승했기 때문이다. 주가가 지수이동평균으로 다시 돌아갈 것으로 예상된다.

행동: 2001년 5월 2일 33.86에서 롱 포지션 취함. 손실제한주문 가격은 꼬리의 절반인 30.50.

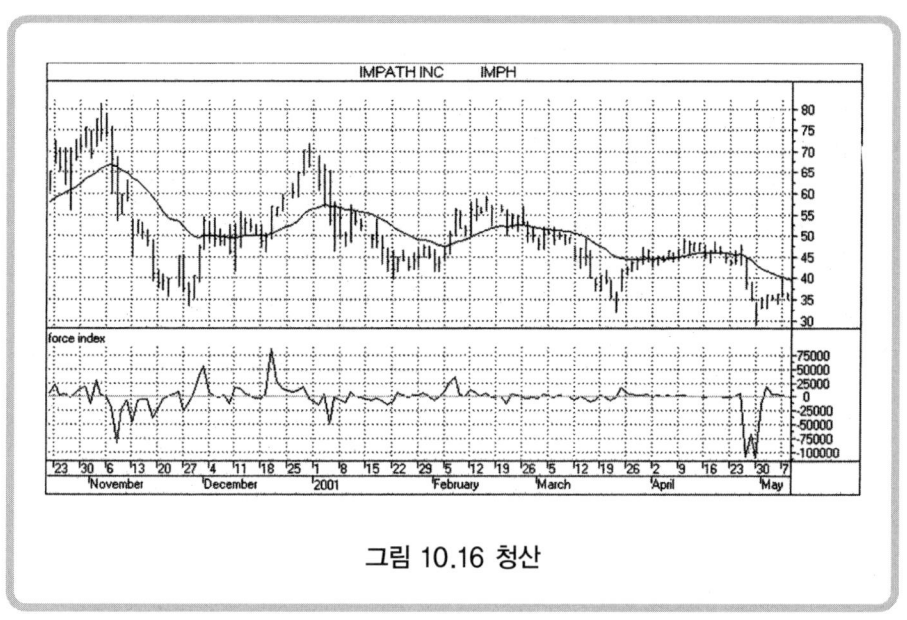

그림 10.16 청산

● 청산

일간 차트: 또 다른 꼬리가 나타남. 이번에는 위를 가리킴. 예상되었던 지수이동평균으로의 주가 반등이 실제로 일어났지만, 그 수준에서 이익을 실현하기 전에 주가가 다시 하락함.

행동: 2001년 5월 8일 36.39에서 롱 포지션 청산. 거래 점수 16퍼센트 (16포인트 채널폭에서 2.53 취함).

거래 5. OCA(숏 포지션)

치과의사인 한 친구가 자신의 치과 관련 회사를 인수하려는 어떤 회사에 대해 알아봐 달라고 내게 부탁했다. 그 회사는 그에게 회사 주식을 주겠다고 제안했는데 거래를 해도 괜찮은지 모르겠다고 말했다. 내 생각에는 거래를 해서는 안 될 것 같았다.

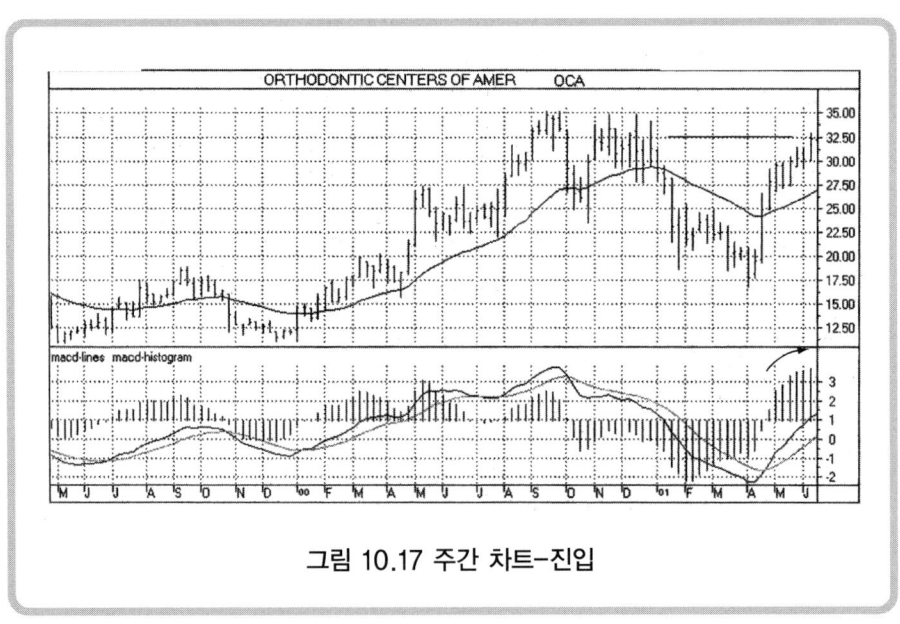

그림 10.17 주간 차트-진입

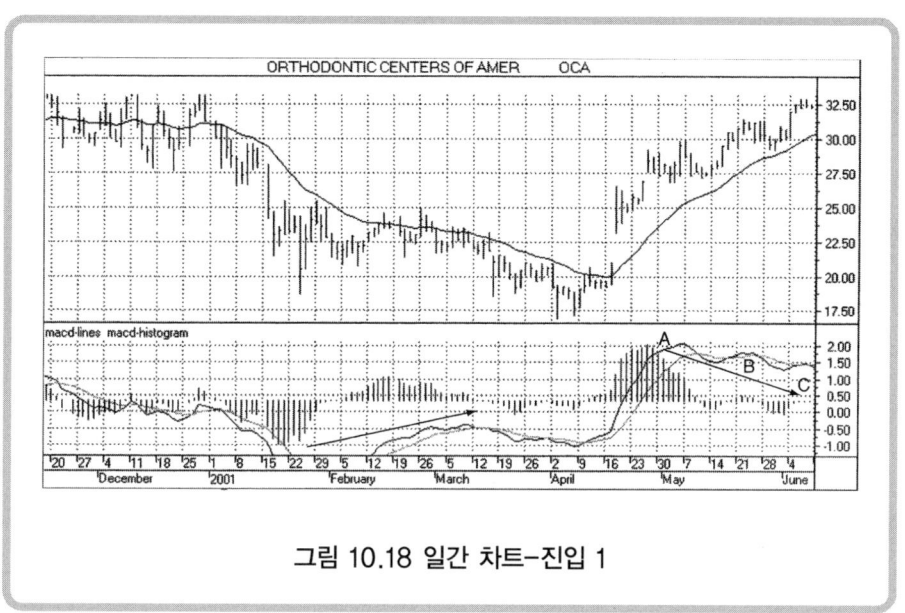

그림 10.18 일간 차트-진입 1

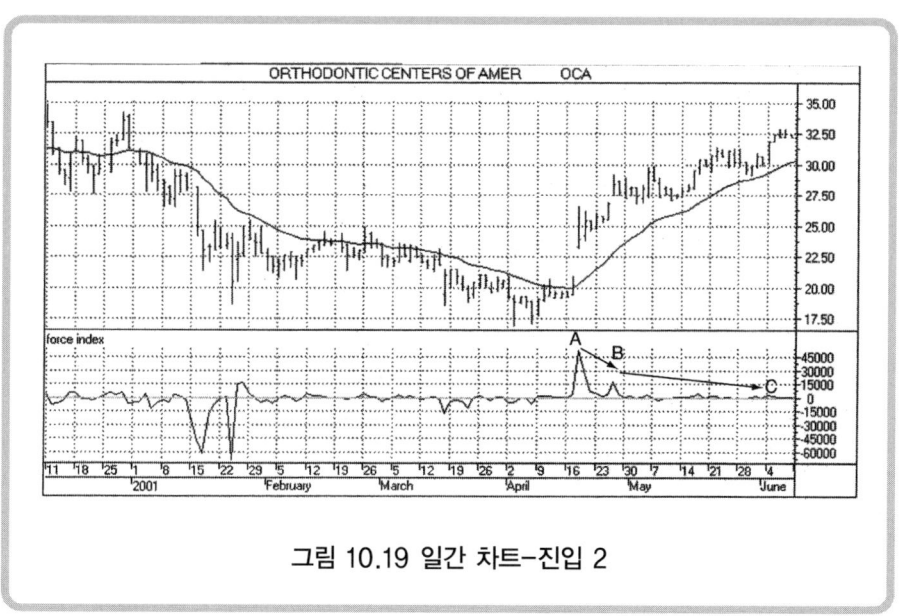

그림 10.19 일간 차트-진입 2

● 진입

주간 차트: 주가 상승이 강력한 저항선에 부딪혔고, 주간 MACD 히스토그램은 오른쪽 가장자리에서 평평해지고 있다. 상승이 막바지에 접어들었다는 뜻이다.

일간 차트: 일간 차트의 MACD 히스토그램과 MCD선(A-B-C), 그리고 강도지수(A-B-C)에서 강력한 하락 다이버전스가 형성됨. 지난주의 좁은 일일 거래 범위는 매수 세력이 시장에서 철수했다는 것을 보여준다. 이번 상승에 대한 저항이 압도적이다. 공매도를 하고 안전영역 손실제한주문을 해두는 것이 거래 계획이다.

행동: 2001년 6월 11일 32.21에서 공매도 거래. 손실제한주문 가격은 33.49.

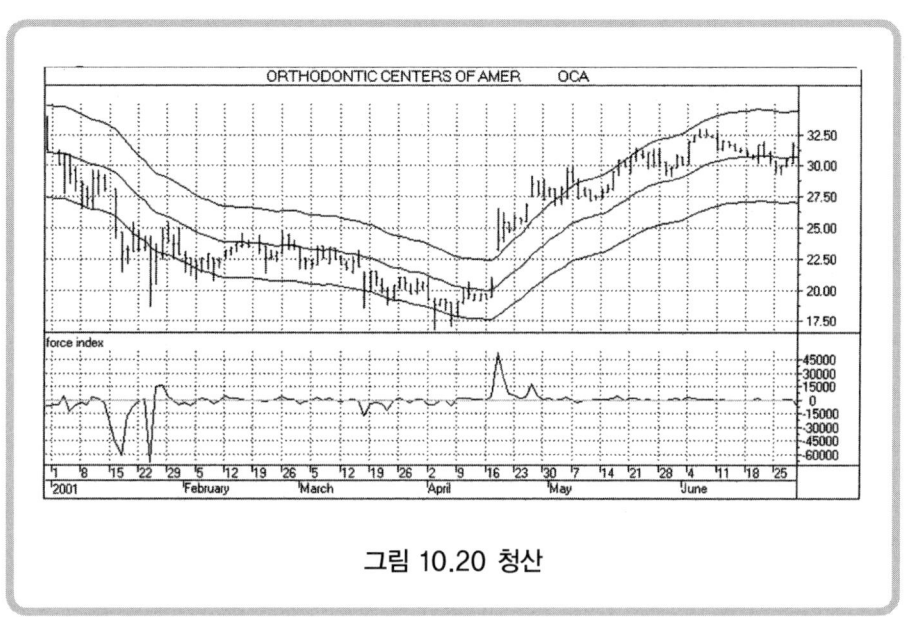

그림 10.20 청산

● 청산

일간 차트: 지수이동평균 근처에 강력한 지지선. 주가는 크게 떨어지지 않음. 오른쪽 가장자리의 최근 상승일에서 주가가 안전영역 손실제한 주문에 걸림.

행동: 2001년 6월 28일 31.46에서 환매. 거래 점수 11퍼센트(7포인트 채널폭에서 0.75 취함).

거래 6. EBAY(숏 포지션)

2001년 여름, 시장이 점점 무거워지면서 많은 주식이 하락했다. EBAY는 당시 내 정기 검색 목록에 있었던 주식이다.

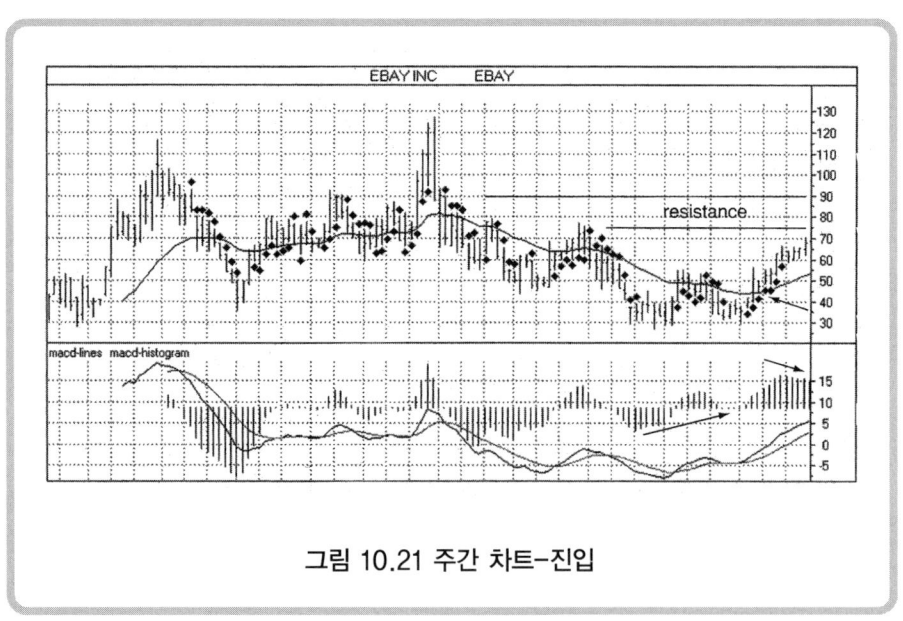

그림 10.21 주간 차트-진입

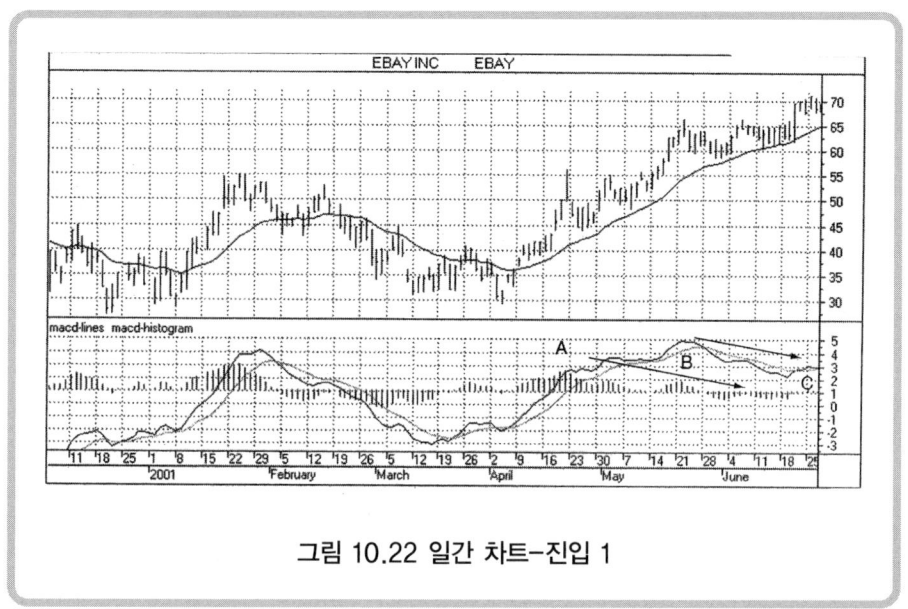

그림 10.22 일간 차트-진입 1

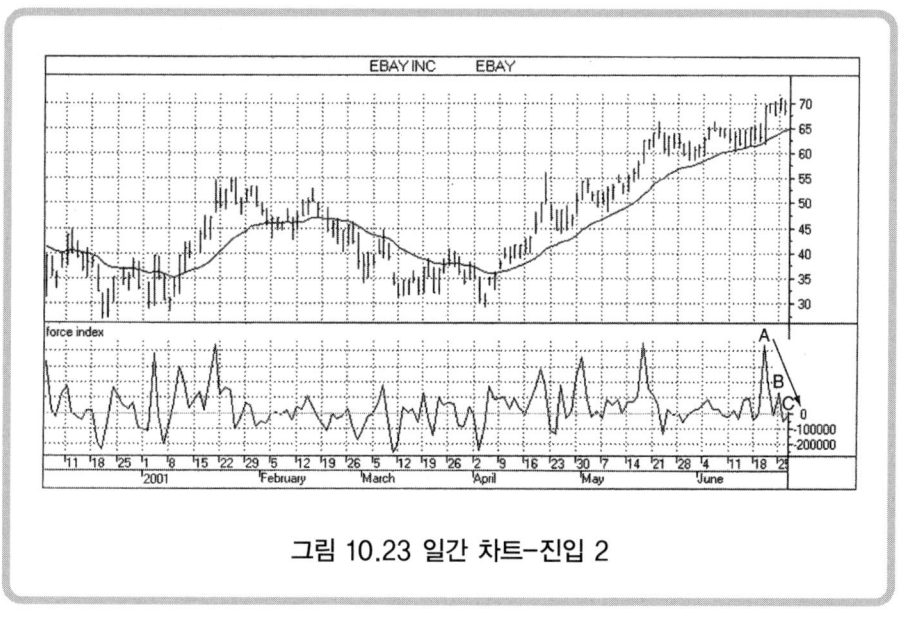

그림 10.23 일간 차트-진입 2

● 진입

주간 차트: 상승은 저항선을 만났다. 주간 MACD 히스토그램은 지난 4주 동안 하락했다. 임펄스 시스템은 더 이상 매수 신호를 보내지 않고 있다. 마지막으로 매수 신호가 나타난 것은 A에서였다. 어쨌든 공매도가 가능해졌다.

일간 차트: 주가와 MCD 히스토그램 사이에서 강력한 하락 다이버전스(A-B-C)가, 그리고 주가와 MACD선 사이에서 드문 하락 다이버전스(B-C)가 형성되었다. 오른쪽 가장자리에 보이는 강도지수와 주가의 삼중 하락 다이버전스 A-B-C는 방아쇠를 당기라는 신호다. 공매도를 하고 안전영역 손실제한주문을 해두는 것이 거래 계획이다.

행동: 2001년 6월 25일 69에서 공매도 거래. 손실제한주문 가격은 72.51.

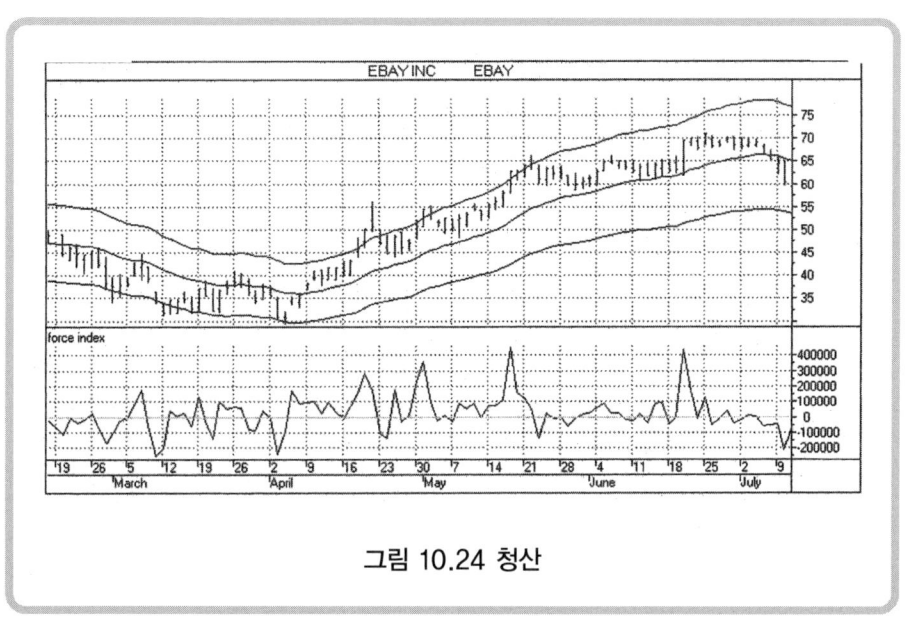

그림 10.24 청산

● 청산

일간 차트: 주가가 지수이동평균 아래로 하락. 대략 원래 지수이동평균 위로 형성했던 거리만큼. 강도지수는 그 어느 때보다도 낮은 수준. 환매를 할 시기.

행동: 2001년 7월 11일 59.34에서 환매. 거래 점수 42퍼센트(23포인트 채널폭에서 9.79 취함).

📖 에필로그

● 이제 당신 차례다 ●

나는 20년간 거래를 했고, 이 책을 쓰는 데 3년을 들였다. 일은 힘들었지만, 즐거웠다. 이 책을 읽는 게 쉽지 않았을 것이다. 책장을 훌훌 넘기지 않고 연구하듯 꼼꼼하게 읽었다면 말이다. 나는 몇 가지 단계로 이 책을 썼다. 이 책의 모든 사고와 개념을 이해하려면 아마도 두 번 이상 읽어야 할 것이다. 앞으로 전문지식이 늘고 새로운 질문이 생기면, 수개월 혹은 수년에 걸쳐 이 책을 다시 펼쳐들고 부분 부분을 읽어보기 바란다.

우리는 함께 오랜 시간을 보냈지만 이제 갈림길에 와 있다.

나는 원하던 바를 성취했다. 거래에 관한 나의 생각을 이 책에 집약시켜놓은 것이다. 이제 워드 프로세서에서 해방되어, 자유롭게 내가 가진 열정을 추구하러 나설 생각이다. 나는 거래와 여행을 특히 좋아한다. 나는 더 많은 시간을 스크린 앞에서 보낼 것이다. 더욱더 먼 곳을 여행하고, 인터넷 연결만 되어 있다면 어디든 거기서 거래를 함으로써 내 두 가지 관심사를 통합할 것이다.

당신은 무엇을 해야 할까?

당신은 심리학, 기술적 분석, 자금관리, 기록 작성에 관해 배웠다. 당신이 성공에 관해 진지하게 생각하고 있다면, 당신이 배운 것을 실제로 적용해보아야 한다. 그 모든 것을 당신에게 맞게 만들 필요가 있다.

당신이 첫 번째로 해야 할 일은 기록 작성 시스템을 만드는 것이다. 기록을 작성하는 일은 날카로운 면도날로 면도를 할 때 거울을 보는 것과 비슷하다. 거울을 보면, 거울 없이 면도하는 것보다 안전하다. 이 문제에 관해 생각하다 보면 한 환자를 알코올 중독자들의 모임에 보냈던 일이 기억난다. 그는 그 모임 덕분에 완전히 알코올 중독에서 벗어났다고 말했다. 술을 마시고 취하는 것에서 더 이상 즐거움을 느낄 수 없게 되었다는 얘기였다. 기록을 작성하면 당신에게도 비슷한 일이 일어날 것이다. 즉 더 이상 충동적인 거래를 하지 않게 될 것이다.

그다음으로는 자금관리 계획을 세워야 한다. 거래 계획, 의사결정나무를 작성함으로써 자금관리 계획을 실천하라. 일단 이렇게 하면 당신은 대다수 군중과 반대되는 방향으로 움직일 것이다. 이 책이나 다른 여러 책에서 읽는 모든 것을 테스트해보라. 테스트만이 거래 기법을 자신의 것으로 만들어준다.

상당한 보상을 원하는 사람들은 종종 자기 자신을 지나치게 몰아댄다. 좀더 느긋하게 학습 과정을 즐기기 위해서는 일단 소액으로 거래를 하는 것이 좋다. 그렇게 하면 더 많은 돈을 벌 뿐만 아니라 보다 기민하고 명석하고 자유로우며 침착한 사람이 될 것이다.

나는 이 길을 걸어오면서 많은 선택을 했고, 내면의 악마와 싸웠으며, 그러는 동안 순진한 초보자에서 자기 자신이 뭘 하는지 알고 있는 사람으로 발전했다. 이 길에는 험난한 곳이 많지만, 그 여정이나 보상 모두 그만한 가치가 있다고 하겠다.

이 책을 마친다고 해서 꼭 안녕이라고 말할 필요는 없을 것 같다. 내가 트레이더 캠프를 계속 운영하는 한 당신은 언제든 캠프에 참가할 수 있다. 그러면 우리는 한 주를 같이 보내면서 거래에 관해 더 많은 것을 함께할 수 있을 것이다. 이 책의 모든 새로운 아이디어는 먼저 캠프 참가자들에게 제시되었던 것이다. 나는 이 책을 캠프 참가자들에게 헌정한다.

나는 이 책에 내가 아는 모든 것을 쏟아부었고 아무것도 감추지 않았다. 당신도 뛰어난 거래자가 되기 위해 온 존재를 다 바치기 바란다. 이제 나는 당신의 성공을 기원하며 나의 트레이딩 룸으로 돌아간다.

알렉산더 엘더
뉴욕
2002년 2월

감사의 말

여기에 마지막으로 글을 쓰는 것은 후식을 먹는 것과도 비슷하다. 이 책을 쓰느라 3년 이상을 보낸 뒤, 마침내 그동안 나를 도왔던 사람들에게 감사를 표시할 기회가 왔다.

무엇보다 캠프 참가자들에게 감사를 드린다. 나는 이 책을 그들에게 헌정하고자 한다. 지난 수 년 동안 나는 트레이더 캠프를 운영하면서 시장에서 가장 명석하고 가장 탐구적인 몇몇 사람들과 사귀게 되었다. 그들의 질문 덕분에 나는 내 생각들을 보다 깊이 살피고 보다 명확히 정리할 수 있었다. 현재까지도 매월 맨해튼의 내 아파트에서 열리는 캠프 참가자들의 모임은 나에게 가장 중요한 행사 중 하나다.

회사 직원에게, 특히 매니저 이나 펠드먼에게 고마움을 전한다. 내가 여행 중이거나 해외에서 거래를 하고 있을 때 믿은 바대로 그녀는 내 고객을 잘 돌봐주었다.

오랜 친구 프레드 슈츠먼은 바쁜 스케줄에도 불구하고 시간을 내서 원고를 읽어주었다. 독수리처럼 날카로운 그의 눈은 몇 가지 실수를 잡아냈다. 프레드는 내 첫 책도 똑같이 검토해주었다. 당시 출간 기념 파티에서 그에게 내 어시스턴트 매니저를 소개시켜주었다. 그들은 곧 데이트를 시작하더니 결혼했고, 작년에는 셋째 아이가 태어났다. 프레드는 멋진 가족을 꾸렸다. 그에게는 열심히 일한 덕분에 예상치 못한 보너스가 생긴 셈이다.

루 테일러는 나의 첫 책을 헌정한 바 있는 나의 가장 친한 친구인데, 이 책을 마치기 일 년 전에 사망했다. 그의 지혜로운 충고들은 값으로 따질 수조차 없는 것들이다. 그가 이 책의 출간 기념 파티에 없을 것을 생각하면 가슴에 커다란 구멍이 난 기분이다.

　　파리에서 저널리스트로 일하고 있는 큰딸 미리엄은 이 원고를 편집하는 데 도움을 주었다. 몇 년 전만 해도 내가 딸아이의 숙제를 봐줬었는데, 이제는 그녀가 내 원고에 빨간색 칠을 하고 있다. 미리엄이 구사하는 영어의 정확성과 문체는 흠 잡을 데가 없다. 어렸을 때 아버지가 숙제를 봐준 빚을 모두 갚고 있는 듯하다. 둘째딸 니카는 뉴욕에 사는 역사가로 한편으로는 면도날처럼 날카로운 감식안의 소유자이도 하다. 그녀는 이 책의 표지 디자인을 고안했고 활자를 선택해주었으며, 책의 외관과 느낌이 더 나아질 수 있도록 이런저런 제안을 해주었다. 두 딸뿐 아니라 막내아들 대니는 일을 하고 있는 동안 내게 많은 즐거움과 위안을 선사했다. 나는 종종 아이들과 함께 베네치아, 피지, 뉴질랜드, 혹은 다른 곳으로 여행을 갔다. 아이들이 대체로 늦잠을 자는 편이라 스키를 타러 가거나 박물관 순례를 가기 전에 나는 카페에 앉아 이 책을 쓰는 시간을 가질 수 있었다.

　　한때 우리 회사에서 매니저로 일했던 캐롤 키건 케인은 내가 이전에 발표했던 책을 모두 편집했던 친구다. 그녀는 이 책의 교정쇄도 봐주었다. 그녀가 괜찮다고 하기 전까지는 내가 쓴 어떤 책도 완전히 마무리된 게 아님을 다시 한 번 확인했다.

오랜 친구 테드 보나노는 집필 과정에서 가장 스트레스 받는 일로부터 나를 막아주었다. 출판 계약을 협상하는 일 말이다. 테드는 올림픽 조정 경기 코치인데(몇 년 전 그가 시드니 올림픽에 참가했을 때, 나는 그 축복받은 3주 동안 체육관은 근처에도 가지 않았다), 우리는 함께 운동을 가곤 했다. 달리기를 하거나 무거운 역기를 들면서 그와 일에 관해 얘기를 나누는 것은 무척 즐거운 일이다.

마지막으로 세계의 많은 친구들에게 감사를 전하고 싶다. 그 친구들은 내가 이 책을 쓰는 동안 때때로 해변이나 높은 산, 아니면 도시의 저택에서 머물게 해주었다. 그들 중 많은 이가 주식 거래자인데, 내가 그들의 환대로부터 큰 즐거움을 누린 만큼 내가 그들과 나눈 많은 지식과 정보들이 그들에게 도움이 되었으면 하는 바람이다.

알렉산더 엘더
뉴욕
2002년 2월

📖 참고문헌

- Achelis, Steven. *Technical Analysis from A to Z*
  (New York: McGraw-Hill, 1995).
- Appel, Gerald. *Day-Trading with Gerald Appel*(video)
  (New York: Financial Trading, 1989).
- Basso, Thomas F. *Panic-Proof Investing*
  (New York: John Wiley & Sons, 1994).
- Belveal, L. Dee. *Charting Commodity Market Price Behavior*
  (1969)(Homewood, IL: Dow Jones Irwin, 1989).
- Bernstein, Peter L. *Against the Gods*
  (New York: John Wiley & Sons, 1996).
- Bloom, Howard. *The Lucifer Principle*
  (New York: Atlantic Monthly Press, 1995).
- Briese, Stephen E. *The Inside Track to Winning*(video)
  (New York: Financial Trading, 1993).
- Brower, William. Personal communication.
- Caplan, David. *Trade Like a Bookie*
  (Oxnard, CA: Com-Op Publishing, 1995).
- Chande, Tushar S., and Stanley Kroll. *The New Technical*

Trader(New York: John Wiley & Sons, 1994).

- Dominguez, Joe, and Vicky Robin. *Your Money or Your Life* (New York: Penguin Books, 1992).
- Douglas, Mark. *The Disciplined Trader* (New York: New York Institute of Finance, 1990).
- Douglas, Mark. *Trading in the Zone* (Englewood Cliffs, NJ: Prentice-Hall, 2001).
- Edwards, Robert D., & John Magee. *Technical Analysis of Stock Trends*(1948)(New York: New York Institute of Finance, 1992).
- Ehlers, John. Personal communication.
- Ehlers, John. *Rocket Science for Traders* (New York: John Wiley & Sons, 2001).
- Elder, Alexander. *Rubles to Dollars* (New York: New York Institute of Finance, 1999).
- Elder, Alexander. *Study Guide for Come Into My Trading Room* (New York: John Wiley & Sons, 2002).
- Elder, Alexander. *Study Guide for Trading for a Living* (New York: John Wiley & Sons, 1993).

- Elder, Alexander. *Trading at the Right Edge* (video) (New York: Financial Trading, 1996).
- Elder, Alexander. *Trading for a Living* (New York: John Wiley & Sons, 1993).
- Elder, Alexander. *Winning Psychology and Tactics* (video) (New York: Financial Trading, 1999).
- Friedentag, Harvey Conrad. *Options-Investing without Fear* (Chicago: International Publishing, 1995).
- Gleick, James. *Chaos* (New York: Viking Penguin, 1987).
- Guppy, D. Personal communication.
- Hagstrom, Robert G., Jr. *The Warren Buffett Way* (New York: John Wiley & Sons, 1995).
- Hartle, Thom. *Talking with "Turtle" Russell Sands* (Stocks & Commodities. 1992; 10(12): 544-548).
- Hieronymus, Thomas A. *Economics of Futures Trading* (New York: Commodity Research Bureau, 1971).
- Hurst, J. M. *The Profit Magic of Stock Transaction Timing* (Englewood Cliffs, NJ: Prentice-Hall, 1970).

- Kaufman, Perry J. *Smarter Trading*
  (New York: McGraw-Hill, 1995).
- LeBeau, Charles. Personal communication.
- LeBeau, Charles, and David W. Lucas. *Technical Traders Guide to Computer Analysis of the Futures Market*
  (New York: McGraw-Hill, 1991).
- Leigh, Norman. *Thirteen against the Bank*
  (London: Weidenfeld, 1976).
- LeFevre, Edwin. *Reminiscence of a Stock Operator*
  (New York: George H. Doran Company, 1923).
- Lynch, Peter. *One Up on Wall Street*
  (New York: Simon & Schuster, 1989).
- McMillan, Lawrence G. *Options as a Strategic Investment,* 3rd ed.(New York: New York Institute of Finance, 1999).
- Murphy, John J. *Technical Analysis of the Financial Markets*
  (Englewood Cliffs, NJ: Prentice-Hall, 1999).
- Natenberg, Sheldon. *Option Volatility and Pricing*
  (New York: McGraw-Hill, 1994).

- Nison, Steve. *Japanese Candlestick Charting Techniques* (New York: New York Institute of Finance, 1991).
- Perry, Roger. Personal communication.
- Perry, Roger. RightLine Report-Stock Splits and Momentum Trading(a peresentation in the Traders' Camp, January 2001).
- Schabacker, Richard W. *Technical Analysis and Stock Market Profits*(London: Pearson Professional, 1997).
- Schwager, Jack D. *Market Wizards*(New York: HarperBusiness, 1990).
- Schwager, Jack D. *Technical Analysis of the Futures Markets* (New York: John Wiley & Sons, 1995).
- Schwager, Jack D. *The New Market Wizards*(New York: HarperBusiness, 1992).
- Steidlmyer, J. Peter, and Kevin Koy. *Markets & Market Logic* (Chicago: Porcupine Press, 1986).
- Sweeney, John. *Campaign Trading* (New York: John Wiley & Sons, 1996).
- Teweles, Richard J., and Frank J. Jones. *The Futures Game,*

3rd ed.(New York: McGraw-Hill, 1998).
- Tharp, Van K. *Trade Your Way to Financial Freedom* (New York: McGraw Hill, 1998).
- Thorp, Edward O. *Beat the Dealer* (New York: Vintage Books, 1966).
- Vince, Ralph. *Portfolio Management Formulas* (New York: John Wiley & Sons, 1990).
- Wilder, J. Welles, Jr. *New Concepts in Technical Trading Systems* (Greensboro, SC: Trend Research, 1976).

저자 소개

의학박사 알렉산더 엘더는 뉴욕에 거주하는 전문 거래자이며, 거래자들 사이에서 현대의 고전으로 간주되는 『Trading for a Living』과 스터디 가이드의 저자이기도 하다. 1993년에 출간된 이 세계적 베스트셀러는 중국어, 네덜란드어, 프랑스어, 독일어, 그리스어, 일본어, 한국어, 폴란드어, 러시아어로 번역되었다. 그는 또한 『Rubles to Dollars』를 썼는데 러시아의 변화를 다룬 책이다.

    엘더 박사는 레닌그라드에서 태어나 에스토니아에서 자랐으며, 이곳에서 열여섯 살에 의과대학에 진학했다. 그리고 선의船醫로 일하던 스물세 살 때 아프리카에 정박해 있던 소련 선박에서 뛰어내려 미국으로 망명했다. 뉴욕 시에서 정신과 의사로 일했고, 컬럼비아 대학교에서 학생들을 가르치기도 했다. 정신과 의사로서의 경험 덕분에 그는 거래 심리를 꿰뚫어보는 독특한 통찰력을 얻게 되었다. 그의 저서와 기사, 소프트웨어에 대한 논평 등은 그에게 현존하는 최고의 전문 거래자 중 한 명이라는 명성을 가져다주었다.

엘더 박사는 컨퍼런스의 환영받는 강사이고 트레이더 캠프—거래자들을 위한 일주일간의 수업—의 창시자이기도 하다. 독자들은 언제라도 좋으니 글이나 전화로 엘더의 온라인 정보지 무료 구독을 신청하기 바란다.

Financial Trading, Inc.
P.O. Box 20555, Columbus Circle Station
New York, NY 10023, USA
Tel. 718-507-1033, Fax. 718-639-8889
e-mail: info@elder.com
website: www.elder.com

옮긴이 | 조윤정

연세대학교 지질학과를 졸업하고 중앙일보 신춘문예에서 단편소설이 당선되어 등단했다. 현재 글쓰기와 번역 작업에 전념하고 있다. 옮긴 책으로 『차트로 주식투자하는 법』 『캔들차트 투자기법』 『차트 패턴』 『윌리엄 오닐의 공매도 투자기법』 『역발상의 기술』 등 다수가 있다.

나의 트레이딩 룸으로 오라!
알렉산더 엘더의 신 심리투자기법

초판 1쇄 2009년 10월 2일
초판 17쇄 2025년 6월 9일

지은이 | 알렉산더 엘더

펴낸곳 | (주)이레미디어
전화 | 031-908-8516(편집부), 031-919-8511(주문 및 관리)
팩스 | 0303-0515-8907
주소 | 경기도 파주시 문예로 21, 2층
홈페이지 | www.iremedia.co.kr
이메일 | mango@mangou.co.kr
등록 | 제396-2004-35호

기획편집 | 공순례, 김윤정
디자인 | 오렌지
마케팅 | 김하경

저작권자ⓒ2009, 알렉산더 엘더
이 책의 저작권은 저작권자에게 있습니다. 저작권자와 도서출판 이레미디어의 서면에 의한 허락 없이 내용의 전부 혹은 일부를 인용하거나 발췌하는 것을 금합니다.

ISBN | 978-89-91998-29-2 03320
가격 | 25,000원

이 책은 투자참고용이며, 투자 손실에 대해서는 법적 책임을 지지 않습니다.